시민교육과 사회과

CITIZENSHIP EDUCATION & SOCIAL STUDIES

● 시민 교육과 사회과에 대한 반성과 실천

시민교육과 사회과

강 대 현 지음

한국학술정보(주)

사람마다 책을 내는 여러 가지 목적이 있겠지만, 이 책을 내게 된 목적은 '돌아다니는 논문들을 정리해서 묶어 놓자'는 다분히 사적이고 사소한 이유에서이다. 그동안 시민교육과 사회과교육을 전공해 오면서, 두서없이 이 부분 저 부분 당시 고민이나 필요에 따라서, 때로는 주어진 과제로 몇 편의 논문들을 작성해 왔다. 그런 논문들이 이제 십수 편이 되었고, 그 중에 일부는 다시 보기 싫을 정도로 완성도가 떨어지는 논문들도 있지만, 그 중의 일부는 그럭저럭 강의에서 활용할 수 있는 정도의 것들도 생겼다.

사실 그동안의 논문들을 선별해서 책으로 묶으면서 조금 욕심을 내어서 비어 있는 부분을 채울 수 있는 논문 두 세편의 초안 쓰는 것을 시작해 보기도 했다. 그러나 이 책의 다른 논문들에 비해 아직 정리가 덜 되어 추후 학술지에 게재한 이후에 다시 정리해서 추가하는 것이 좋을 것 같아 제외했다. 따라서 이 책에 실린 논문들은 모두 학위논문 혹은 기존의 학술지에 게재되었던 저자의 논문들을 정리하면서 일부 수정한 것들이다. 그중에는 저자 개인이 아니라 공저로 되어 있는 논문 두 편도 있는데, 미리 해당되는 분께 양해를 구하고 해당 장의 각주에서 공동 저자를 밝히는 정도로 했다.

이 책은 크게 3부로 되어 있다. 제1부는 '시민교육과 사회과 목표'에 대한 논의로 주로 현대 정치 및 사회 철학 논의와 사회과교육의 철학적 논의를 중심으로 이루어져 있으며, 일부 논문에는 사회학적 논의와 역사적 고찰도 포함되어 있다. 1부에 실린 논문들은 우리가 사회과교육을 통해 길러내려고 하는 시민이 과연 누구인가에 대해서 답변하려고 고민했던 글들이다.

제2부는 '사회과 교육 내용의 구성과 적용'으로 시민교육을 위해 사회과 교육 내용을 어떻게 구성해야 하며, 실제로는 어떻게 교육과정을 구성하여 적용하고 있는지를 중심으로 논의가 이루어지고 있다. 2부에 실린 논문들은 사회과에서 무엇을 가르쳐야 할 것인지에 대한 고민의 결과들이다. 그래서 철학적이고 이론적인 논의와 더불어 교육과정 분석이나 운영과 관련된 실제적인 논의도 일부 포함되어 있다.

제3부는 '사회과 교사의 전문성과 수업'에 대한 논의로 사회과 목표와 내용을 가지고 구체적으로 수업을 기획·실행하는 교사의 수업 전문성과 관련된 논의와 수업 평가 및 컨설팅에 대한 논의를 포함하고 있다. 3부에 실린 논문들은 사회과 교사는 어떤 수업 전문성을 가져야 하며, 어떻게 그런 전문성을 기를 수 있는지에 대한 고민의 결과들이다. 그래서 이 부분에서는 이론적인 논의보다는 실천적인 논의에 보다 초점을 두고 있다.

필자가 1993년 대학원에 진학한 이후, 시민교육과 사회과교육에 대해서 고민하고 글을 써 온 지도 벌써 15년이 지났다. 사실 지금까지 이 길을 가고 있는 것은 스스로의 선택과 결단이기보다는 보이지 않는 힘에 의한 관성과 안정을 추구하는 성향에서 기인한 바가 컸다. 그래도 나름대로 위안을 삼는 것은 내 전공을 오로지 삶의 수단이나 생계의 방편으로만 여기지 않고, 부분적으로 삶의 목적과 본질적인 일로 생각하고 고민해 왔다는 점이다.

그렇지만 아직도 몇 가지 고민하는 주제들에 대해서는 정리할 시간이 필요해 보인다. 이 주제들이 나름대로 정리되고 나면 새로운 일을 하고 싶다. 새로운 일은 가능하면 머리를 굴리고 글을 쓰는 일이 아니라 마음을 움직이고 몸을 쓰는 일이였으면 한다.

끝으로, 게으른 천성을 일깨워서 일할 수밖에 없도록 이끌어 주는 사랑하는 가족과 일한 것 이상으로 보상해 주는 직장에 고마움을 느끼며, 나를 만들었고, 빚어 가시는 하나님께, 이것저것 만들어서 보여주려는 딸과 아들의 심정으로 이 책을 바친다.

제**1**부 시민교육과 사회과 목표

제1장 현대사회와 시민교육   ◆12

    Ⅰ. 시민교육의 난맥상   14

    Ⅱ. 다원주의 사회와 시민교육   15

    Ⅲ. 현대 자유주의와 공동체주의의 시민교육:

              동질적 다원주의 사회의 시민교육   21

    Ⅳ. 현대사회에 적합한 시민교육에 대한 모색:

              이질적 다원주의 사회의 시민교육   27

    Ⅴ. 현대사회에 적합한 시민교육: 관용과 정치적 연대성   32

제2장 시민사회와 시민교육   ◆35

    Ⅰ. 시민사회란 무엇인가   36

    Ⅱ. 한국사회는 시민사회인가   50

    Ⅲ. 시민교육, 어떻게 할 것인가?   56

제3장 한국사회와 시민교육   ◆62

    Ⅰ. 한국 시민교육의 변천과정   64

    Ⅱ. 한국시민교육의 특징   80

    Ⅲ. 한국시민교육의 개선 방안   83

    Ⅳ. 결 론   86

제4장 사회과 목표로서의 시민   ◆90

    Ⅰ. 서론: 시민이란 누구인가?   91

    Ⅱ. 인간과 시민 개념의 비교 분석   93

    Ⅲ. 자유주의와 공동체주의, 그리고 시민   104

    Ⅳ. 현대사회와 다원주의, 그리고 시민   112

    Ⅴ. 결론: 사회과 교육에서 양성해야 할 시민   116

제2부 사회과 교육 내용의 구성과 적용

제5장 사회과의 기반과 내용   ◆120

　Ⅰ. 서 론   121

　Ⅱ. 사회과의 현실: 세력 균형   123

　Ⅲ. 사회과의 정체성 찾기 1: 사회과의 기반 탐색   128

　Ⅳ. 사회과의 정체성 찾기 2: 사회과의 내용 구성   135

　Ⅴ. 결 론   143

제6장 사회과 교육 내용의 구성   ◆146

　Ⅰ. 서 론   147

　Ⅱ. 사회과와 사회과학의 관계   150

　Ⅲ. 사회과학의 단순화＋모방＋활용으로 구성된 사회과 내용   155

　Ⅳ. 결 론   168

제7장 사회과 교육 내용의 적정성   ◆171

　Ⅰ. 서 론   172

　Ⅱ. 교육 내용 적정화 개념과 기준   176

　Ⅲ. 사회과 선행 연구 속에서의 적정성 논의   184

　Ⅳ. 사회과 교육내용의 적정성 분석틀의 제안   194

　Ⅴ. 결 론   198

제8장 사회과 교육과정의 운영   ◆201

　Ⅰ. 서 론   202

　Ⅱ. 제7차 초등 사회과 교육과정에 대한 선행 연구 고찰   203

　Ⅲ. 제7차 초등 사회과교육과정의 적용 과정 및 내용 분석 208

　Ⅳ. 제7차 초등 사회과 교육과정의 운영 실태 분석   220

　Ⅴ. 결 론   239

제3부 사회과 교사의 전문성과 수업

제9장 사회과 수업 평가 ◆ 246

Ⅰ. 서 론 247

Ⅱ. 사회과 수업 평가 논의의 현주소 251

Ⅲ. 사회과 수업 평가의 운영 실태 분석 268

Ⅳ. 사회과 수업 평가의 필요성과 방향 277

Ⅴ. 결 론 286

제10장 사회과 수업 평가 기준 ◆ 291

Ⅰ. 서 론 292

Ⅱ. 사회과 수업 평가의 영역 및 요소 295

Ⅲ. 사회과 수업평가 기준(안) 개발 304

Ⅳ. 사회과 수업평가 기준(안)의 활용 313

Ⅴ. 결 론 320

제11장 사회과 수업 컨설팅 유형 및 사례 ◆ 325

Ⅰ. 서 론 326

Ⅱ. 사회과 수업 컨설팅의 방향 330

Ⅲ. 사회과 수업 컨설팅의 유형 332

Ⅳ. 사회과 수업 컨설팅의 사례 335

Ⅴ. 결론 및 향후 계획 350

제1부

시민교육과 사회과 목표

제1장 현대사회와 시민교육[1]
— 현대 자유주의와 공동체주의 시민교육에 대한 반성 —

과연 다원주의 사회에서 우리가 보편적으로 합의할 수 있는 시민교육 목표가 존재할 수 있을까? 그리고 만약 어렵사리 합의한 목표인 최소한의 시민 개념이 혹시 합의를 가장한 일원론(monism)의 지배와 억압의 논리라면, 그러한 시민 개념을 가르치는 교육은 다원주의를 포기하는 결과가 되지 않을까?

이 장은 이러한 다원주의(pluralism) VS 시민교육(citizenship education)의 딜레마에서 출발해서, 일차적으로 롤즈와 매킨타이어로 대표되는 현대 자유주의와 공동체주의 시민교육 논의는 합리성이나 전통이라는 특정 신념을 공유한 동질적 사회의 다원주의에 해당되는 것임을 밝히려고 한다. 그리고 그것이 이질적 사회의 다원주의에 적용될 경우 그 일원론적인 성격으로 인하여 억압과 배제의 논리에 기반한 배타적인 시민교육 목표를 설정할 수밖에 없으며, 그 결과 다원주의를 포기하는 결과를 낳을 수밖에 없다는 것을 보여주려고 한다.

---

[1] 이 장의 내용은 『시민교육연구』 제31권(2000)에 실린 '현대 자유주의와 공동체주의 시민교육에 대한 비판적 고찰'을 일부 수정한 것이다.

　물론 이질적 사회를 동질화시키는 이러한 시민교육은 그 자체로 나쁘다고 판단할 수는 없다. 그러나 그 과정에서 발생하는 억압과 배제가 대부분 동등한 담론의 과정 없이 다수가 소수를, 강자가 약자를 상대로 가해질 수 있기 때문에 우리는 특정 신념을 가르치는 시민교육에 대해 색안경을 끼고 볼 수밖에 없다. 그렇다고 이질적 사회의 시민교육에 있어 무정부주의(anarchism)를 주장하는 것 역시 하나의 극단적인 신념(상대주의나 회의주의)에 기반을 둔 것이다. 이 또한 물리적인 힘에 의한 또 다른 형태의 억압과 배제(약육강식)를 낳을 가능성이 있다.

　이 장은 어떠한 형태의 억압과 배제를 피하면서도, 다원주의 사회를 인정하는 동시에 이러한 다원주의 사회 속에서 조화로운 삶의 양식을 배우는 시민교육 목표를 생각해 보고자 하는 시도이다. 이러한 다원주의 사회와 시민교육의 양립가능성은 롤즈와 메킨타이어와 달리 다원주의 사회를 비교적 이질적으로 파악한 하버마스, 영, 왈쩌의 시민성 논의를 통해서 어느 정도 살펴볼 수 있다. 하버마스, 영, 왈쩌 등은 사회를 이질적인 집단들 사이의 관계로 파악하고, 그들 사이의 시민성 논의를 통해 소수나 약자에 대한 억압과 배제를 최소화하려고 시도하고 있다.

　그러나 그들도 역시 일정 정도 논의 과정에서 롤즈와 매킨타이어와 마찬가지로 억압과 배제의 가능성을 내포하고 있어, 이러한 문제점을 보완하여 다원주의 사회의 시민교육 목표를 설정하려고 한다. 결론적으로 이 장에서 주장하는 시민교육의 목표는 합리성이나, 전통 같은 어떤 특정한 내용을 가르치는 것이 아니라, 서로 다르다는 것을 인정하는 관용과, 동시에 다르지만 동등한 공동체 구성원으로서의 자격을 인정하는 정치적 연대성(political solidarity)의 태도를 형성시키는 것에 초점을 두게 될 것이다.

I. 시민교육의 난맥상

오늘날 시민 교육이라는 용어처럼 빈번하게 사용되는 말도 드물 것이다. 또 누구나 사용하다 보니 시민교육처럼 다양한 의미로 사용되는 말도 드물 것이다. 우리 한국사회에서도 서구 문화의 수용을 강조하는 사람들 뿐만 아니라 우리나라의 역사와 전통을 가르쳐야 한다고 주장하는 사람들도 시민교육을 한다고 말한다. 심지어 쿠데타를 일으켰던 독재자들도 시민교육을 한다고 주장하곤 했다.

그리고 이러한 시민교육이라는 용어 혼란의 배후에는 그들이 시민교육 목표로 삼는 시민 개념의 다양성이 존재한다. 이때 시민은 크게 자기의 권리를 행사하는 '자율적인 개인'(autonomous individual)을 뜻하기도 하며, 공동체 내의 지위와 역할을 수행하는 '공동체의 구성원'(member of community)을 뜻하기도 한다. 또 때로는 시민은 전통 사회의 백성(신민)이나 근대 민족 국가의 국민과 동일시되기도 한다.

이러한 시민 개념의 다양성은 바로 현대 사회가 하나의 인간관이나 세계관이 지배하는 일원적 사회가 아니라 다원적 사회임을 반영한다. 결국, 시민교육의 난맥상이 나타나게 된 배후에는 정치·경제적 이해관계뿐만 아니라 다양한 세계관과 인간관이 병존하는 다원적 사회로서의 현대 사회가 있다.

Ⅱ. 다원주의 사회와 시민교육

1. 다원주의 사회

현대사회는 고대사회나 중세사회처럼 하나의 전통을 공유하고 있는 일원적 사회가 아니다. 또 근대 사회처럼 보편적인 인간과 이성에 대한 확신을 갖고 있는 또 다른 의미의 일원적 사회도 아니다.[2] 현대사회는 과거 사회와 달리 하나의 전통이나 세계관 또는 인간관이 지배하는 일원적 사회가 아니라, 다양한 전통과 세계관, 인간관이 병존하는 다원주의 사회이다. 이는 현대사회의 일부로서 존재하는 우리 한국사회도 예외라고 볼 수 없다.[3]

1) 다원주의의 차원(dimension): 집단 간, 개인 간, 개인 내의 다원주의

여기서 다원주의라 함은 단순히 몇 가지의 신념들 간의 차이를 의미하는 것이 아니다. 다원주의는 전반적인 인간관과 세계관의 불일치를 의미한다. 따라서 다양한 인간관과 세계관이 병존한다는 것은 사람들마다 자신과 세상을 바라보는 관점이 다르다는 것이다. 이러한 다원주의는 크게 세 가지 차원에서 나타난다.

---

[2] 일원적 사회는 하나의 전통을 공유하는 사회일 수도 있지만 하나의 사고방식이 지배하는 사회일 수도 있다. 근대 사회는 다양한 삶이 존재하는 자유주의 사회였지만, 보편적인 이성과 이성적 사고를 신뢰한 사회라는 점에서 일원적 사회라 할 수 있다.

[3] 조영제(1998)는 그의 논문에서 한국 사회를 일원적 사회로 보는 것은 피상적인 관찰의 결과이며, 한국사회는 다음의 이유들로 인해 다원적 사회임이 분명하다고 주장하고 있다. 그는 한국사회의 다원적 성격을 전통사회로부터 근대 산업사회로의 전환과정에서 일어난 동·서문화의 충돌, 세계 어떤 국가에서도 찾아보기 힘든 다종교상황, IMF경제위기와 세계화, 민족 문화에서 세계문화로의 전이 등의 이유를 들어 정당화하고 있다.

첫째, '집단 간의 다원주의'이다. 이는 주로 세계나 국가 차원에서 집단 간에 일어나는 다원주의로 서로 다른 문화, 민족, 집단이 충돌할 때 나타난다. 이는 교통과 통신의 발달로 다양한 문화가 서로 접촉하는 과정에서 이루어지는 다원주의이다. 집단 간의 다원주의에서 심각하게 나타나는 것은 집단 간의 갈등과 전쟁이며, 집단 내에는 여전히 동질성이 유지된다.

둘째, 국가나 사회 차원에서 한 집단 내의 '개인 간의 다원주의'로 이는 주로 자유주의 문화 속에서 개인들이 삶의 양식을 스스로 선택하는 과정에서 나타난다. 이는 근대 사회 이후에 자유주의적 삶의 방식이 일반화되면서 자신의 삶을 스스로 선택하는 경향이 강해지면서 나타난 다원주의의 모습이다.

그리고 이러한 선택의 과정에서 집단 간의 다원주의가 집단 내의 다원주의로 전환될 수 있으며, 그 결과 심지어 반자유주의적인 삶의 방식마저도 선택할 수 있게 되었다. 물론 자유주의 사회는 자신의 정체성 유지를 위하여 이러한 개인들의 반자유주의적인 삶의 방식을 일정 정도 통제할 수밖에 없다.

마지막으로, '개인 내의 다원주의'로 여러 매체를 통해 다양한 삶의 양식에 노출된 개인이 자신 내부에서 두 개 이상의 신념 간의 병존 혹은 갈등과 충돌을 경험하는 경우이다. 이는 매우 독특한 형태로 개인 내부의 서로 다른 신념이 존재해서 갈등하는 경우이다. 최근의 정보화 사회로의 진입은 개인을 다양한 정보와 문화에 노출시켜 개인 내의 다원주의를 자극하고 있다.

그러나 이것은 다원주의가 어디서 나타나느냐는 점에서는 다르지만, 국가나 사회 간이든, 집단 내의 개인 간이든, 개인 내부에서든 다양한 인간관과 세계관이 병존한다는 점에서는 동일하다. 오늘날의 다원주의는 초기에 국가나 사회 차원에서 집단 간이나 개인 간에 나타나다가, 최근에는 개인 내부에서도 나타나는 경향이 강해지고 있다.4) 대부분의 현대인들은 어떤 확고한 하나의 신념에 기초하여 살아가기보다는 다양한 신념들 간의 불안정한 균형을 유지하며 살고 있다. 따라서 현대 사회는 이러한 세 가지 차원의 다원주의를 모두 갖고 있는 사회라고 볼 수 있다.

그러나 다원적 사회에서 중요한 것은 다원주의가 어디서 나타나느냐는 다원주의의 차원이 아니라, 다원주의가 얼마나 심각하게 나타나서 갈등하느냐 하는 다원주의의 정도일 것이다.

2) 다원주의의 정도(degree): 동질적, 이질적 다원주의

한 사회 내에서 이러한 세 가지 차원의 다원주의가 얼마나 심각하게 나타나느냐에 따라서 다원주의는 크게 동질적 다원주의와 이질적 다원주의로 나누어 볼 수 있다.5) 동질적 다원주의라 함은 다원주의가 한 사회 내에 어느 정도 퍼져 있으나, 그러한 다원주의 세력이 모두 공유하고 있는 그 사회의 기본적인 문화는 존재하는 경우이다.

이 경우 이러한 사회에서의 시민교육은 그러한 공유된 기본적인 문화를 전수하는 것이 된다. 이러한 동질적 다원주의 사회에서는 다원주의와 시민교육 간의 갈등이 심각하지 않다. 왜냐하면 서로가 공유하는 부분에 대해서는 누구나 자율적으로 그것을 수용하며, 그것이 교육의 내용으로 들어가더라도 자기의 문화의 일부이기 때문에 거부하지 않는다. 다만, 어떤 한 두 집단이 공유되지 않은 자신들만의 특수한 문화나

---

4) 최근에 정보화사회의 도래와 함께 개인은 다양한 정보에 노출되어 있어서 다중적 인성(multiple personality)이 형성될 가능성이 높아지고 있다.

5) 이병호(1998)는 그의 논문에서 다원주의를 모던적 다원주의(modern pluralism)와 포스트모던적 다원주의(postmodern pluralism)로 나눠서 논의를 하고 있다. 그의 이러한 구분에 따르면, 모던적 다원주의는 그 다원주의 내부에 일정한 합의나 규칙이 존재하는 것이며, 포스트모던적 다원주의는 그 다원주의 내부에 일정한 합의나 규칙마저 인정하지 않는 것이라고 말한다. 이 글에서 사용하는 동질적 다원주의와 이질적 다원주의 역시 유사한 구분으로 동질적 다원주의는 다원주의 내부에 최소한의 합의나 규칙이 있다는 것이요, 이질적 다원주의는 다원주의 내부에 어떠한 합의나 규칙도 찾을 수 없다는 것이다.

가치를 전수하고자 하는 경우에 한해서 갈등은 발생한다.

　그러나 이질적인 다원주의는 다원주의 세력 간의 공유하는 부분이 거의 없는 경우이다. 즉 인간의 생물학적 필요와 관련되는 점을 제외하고는 아무런 세력 간의 문화적 공유점이 없거나 배치되는 경우가 있을 수 있다. 특히 종교 세력 간의 다원주의가 그렇다. 이 경우 역사는 전쟁과 파괴로 점철되어 왔다. 그리고 단지 그러한 세력 간의 절묘한 세력균형이 이루어지는 경우에 한해서 잠정적인 평화(modus vivendi)가 유지될 수 있었다. 그리고 이러한 잠정적인 평화는 언제라도 깨질 수 있는 성질의 것이다.

　그렇다면 교육을 통하여 영구적인 평화를 얻을 수는 없을까? 그러나 여기에 딜레마가 있다. 이질적인 사회에서는 다원주의 세력 간의 공유하는 바가 거의 없기 때문에 공적인 교육이 이루어질 수 없으며, 이루어진다고 하더라도 다수나 강자의 논리가 반영될 수밖에 없다. 그리고 그러한 교육은 결국 이질적인 다원주의를 동질화시키는 작업이며, 그 과정 속에서 강자들의 약자에 대한 억압과 배제가 이루어질 가능성이 높다.

〈표 1〉 다원주의의 차원 및 정도에 따른 유형

차원＼유형	동질적 다원주의	이질적 다원주의
개인 내	I 하나의 통합된 인격을 갖고 있지만, 여러 가지 다양한 측면을 소유한 개인	II 이중, 삼중의 인격을 가진 개인(심할 경우 정신 병리 증상을 갖고 있는 개인)
개인 간	III 서로 다른 개인이지만, 공유하는 부분이 있어서 집단생활이 가능한 개인들	IV 서로 다른 개인으로서 공유하는 부분이 거의 없어 집단생활이 불가능한 개인들
집단 간	V 서로 다른 집단들이지만, 공유하는 부분이 있어, 한 사회나 국가로서 공동체 생활이 가능한 경우	VI 서로 공유하는 부분이 없는 집단들로 한 사회나 국가로서의 공동체 생활이 불가능한 경우

2. 다원주의 사회와 시민교육의 딜레마

과거에 고대 그리스나 중세 도시의 시민교육은 현대사회에 비해 상대적으로 매우 단순한 것이었다. 고대나 중세의 공동체는 대부분 하나의 세계관이 지배한 사회로 개인은 하나의 전통이 지배하는 공동체 내에서 비교적 안정적으로 일생을 보낼 수 있었다. 따라서 고대나 중세의 시민은 공동체의 목적을 위해 자신의 지위에 따른 역할을 잘 수행하는 덕목을 지니기만 하면 좋은 시민이었다. 따라서 시민교육도 그런 덕목을 가르치기만 하면 되었다.6)

그리고 서구의 근대시민사회까지만 해도 아직까지 하나의 인간관(자유주의의 인간관)이 지배함으로써 인해서 시민교육이 지향하는 시민은 합리적으로 자신의 권리를 추구하고 타인에 대한 최소한의 의무(harm principle)를 수행하기만 하면 좋은 시민이었다. 이른바 시민교육은 합리성을 가지고 자신의 권리를 행사하고 타인에게 직접적인 해를 가하지 않는 시민을 기르기만 하면 되었다. 그래서 이러한 합리성의 고양은 바로 시민교육의 동의어라고까지 할 수 있었다.

그러나 오늘날 현대 사회는 세계화로 인하여 국가 간의 장벽이 허물어지면서, 이를 통해서 다양한 민족과 문화의 직접적인 접촉이 잦아지고 있으며, 그러한 현상은 국가나 사회 차원뿐만 아니라 개인에게까지 투영되고 있다. 이로 인해 현대 사회에서 하나의 세계관 혹은 인간관에 기초하여 특정한 내용을 가지고 시민교육을 한다는 것은 불가능해 보인다. 그리고 그렇게 하는 것은 다원주의를 포기하는 것이요 결과적으로 강자의 약자에 대한 억압과 지배로 비춰질 수밖에 없다. 결과적으

---

6) 한국의 전통사회(조선사회) 역시 고대 그리스나 중세 도시처럼 하나의 세계관(유교적인 세계관)이 지배한 사회로 개인은 그러한 공동체의 구성원으로서 자신의 지위와 역할에 맞는 행동을 하면 좋은 시민(인간)으로 평가받을 수 있었다. 예를 들어 삼강오륜의 도리를 가르치고 배우는 것이 한국 전통사회의 시민교육이었다고 할 수 있다.

로 시민교육은 고대 그리스나 중세 도시, 혹은 근대시민사회의 유물이
며, 현대의 다원주의 사회에는 부적절한 것으로 보인다.

따라서 현대의 다원주의 사회에서는 더 이상 이와 같은 하나의 세계
관이나 인간관에 기반을 두어서 시민교육 목표로서의 바람직한 시민성
을 규정할 수 없다고 할 수 있다. 왜냐하면, 다원주의 사회의 시민교육
이 지향하는 시민성이 하나의 세계관이나 인간관과 같은 동일한 신념
을 지닌 동질적인 집단에 기반을 둘 경우, 그러한 신념을 지닌 집단
내부에서는 누구나 동의하고 따를지 모르지만, 다른 신념이나 집단에
속한 사람들을 억압하거나 배제할 수밖에 없기 때문이다.

자유주의자들과 공동체주의자들 간의 계속되는 시민성 논쟁들(citize-
nship debates)도 다분히 이러한 성격의 대립이라 볼 수 있다. 여기에서
다원주의 사회와 (자유주의자들이나 공동체주의자들의) 시민교육 간의
딜레마가 생겨난다. 이제 자유주의와 공동체주의의 지속적인 논쟁 속에
서 결국에는 다수가 소수를, 강자가 약자를 강제하는 방식을 택하여
다원주의 사회를 일원화시키거나, 아니면 상대주의나 무정부주의 입장
에 서서 공적인 시민교육을 포기하고, 교육을 사적인 영역으로 넘겨서
다원주의 사회를 있는 그대로 유지하는 갈림길이 존재한다.[7]

그리고 현대 자유주의자와 공동체주의자들은 이러한 갈림길에서 다
원주의 사회를 일정 정도 포기하고 공적인 시민교육을 유지하는 길을
택한다. III장은 현대 자유주의자들과 공동체주의자들이 어떻게 다원주
의를 일정 정도 포기하고 시민교육을 유지하는지를 보여주고 이러한
시민교육이 지니는 한계를 제시하려고 한다.

---

7) 과연 공적인 시민교육을 포기하는 것이 다원주의 사회를 유지하는 것인가
   에 대해서도 의문이 든다. 왜냐하면 다원주의 집단 간의 세력균형이 깨질
   경우 물리적인 힘에 의한 더 노골적인 약육강식의 상태가 될 수도 있기 때
   문이다.

Ⅲ. 현대 자유주의와 공동체주의의 시민교육: 동질적 다원주의 사회의 시민교육

1. 현대 자유주의의 시민교육: 합리성의 이름으로

자유주의자들은 합리성의 이름으로 다원주의를 일정 정도 포기한다. 현대 자유주의자의 대표라 할 수 있는 롤즈(Rawls, J.)도 합당한 다원주의(reasonable pluralism)라는 개념을 가지고 근본주의자, 상대주의자, 회의주의자들을 배제시킨다.[8] 그러나 문제는 근본주의자, 상대주의자, 회의주의자들을 억압하고 배제하는 데 사용되는 자유주의자들이 정의한 합당성(reasonableness)이나 합리성이 과연 보편적인 합당성이나 합리성인가 하는 것이다. 즉 합당성(rationality)이나 합리성이 강자가 약자를 배제하고 지배하기 위한 허울 좋은 이름일 수가 있기 때문이다.

『정치적 자유주의』(Political Liberalism)라는 저작에서의 롤즈는 자신이 그리는 인간은 사회와 무관한 인간이 아니라 자유주의라는 이름의 공동체 속의 인간이며, 목적과 분리되어서 목적을 선택하는 인간이 아니라고 주장한다. 다만 자유주의라는 이름의 공동체 속에서, 그리고 지배적인 가치관이 없는 다원주의 사회 속에서 정의의 문제를 논할 때만큼은 목적과 분리되어서 사유할 뿐이라는 것이다(Rawls, J., 1993).

그러나 정치적 자유주의에서의 롤즈의 답변은 그의 자유주의적 이상을 보편(세계 일반)에서 특수(자유주의 공동체)로 축소했을 뿐 여전히

---

8) 롤즈는 *Political Liberalism*(1993)에서 그의 자유주의는 고전적 자유주의자들이 주장한 일원주의로서의 포괄적 자유주의(comprehesive liberalism)가 아니라 다원주의를 수용하는 정치적 자유주의(political liberalism)라고 주장한다. 그러나 그가 수용하는 다원주의는 모든 다원주의 세력이 아니라 미국사회의 자유주의 문화를 공유하는 합당한 다원주의 세력에 국한된 것이다. 따라서 이러한 합당한 다원주의는 자유주의 문화를 수용하지 않는 다양한 세력과 집단들을 배제할 수밖에 없다.

자유주의라는 공동체가 최선의 공동체이며, 자유주의적 삶이 최선의 삶이라는 주장을 버리지 않고 있다. 따라서 그 공동체 내에서는 여전히 목적과 분리된 개인을 상정하고 인간은 합리적으로 목적을 선택한다는 점에서 여전히 시민성은 합리적 선택을 할 수 있는 능력이며, 그 이상도 그 이하도 아니라는 자유주의의 일원론적인 신념이 배어들어 있다.

이러한 자유주의의 시민교육은 결국 합리성의 이름으로 다원주의를 포기할 뿐만 아니라, 합리성의 이름으로 자신과 다른 신념을 지닌 사람들의 자유를 침해하는 결과를 낳게 될 수도 있다. 여기에 일종의 자유의 역설이 생긴다. 즉 자유주의자들은 다른 신념을 가진 사람들을 (자유주의자의 방식으로) 자유 하도록 강제하게 되는 것이다.

따라서 자유주의자들이 수용할 수 있는 다원주의는 그들의 신념에 배치되지 않는 다원주의이며, 따라서 이것은 자유주의자들의 신념을 내포하는 매우 동질적인 다원주의이다. 그러나 오늘날 현대사회는 더 이상 자유주의자들이 생각하는 그러한 동질성을 갖고 있다고 볼 수 없다. 왜냐하면 현대사회에도 삶의 목적에 우선하는 합리성과 자유를 인정하지 않는 사람들이 있기 때문이다. 따라서 이러한 상황 속에서 현대사회에 자유주의자들의 시민교육을 적용하는 것은 강제며 억압이며 배제가 될 수 있다.

2. 현대 공동체주의의 시민교육: 전통의 이름으로

공동체주의자들은 자유주의자들과 유사하게 다원주의를 일정 정도 포기한다. 다만 합리성의 이름으로 다원주의를 포기하는 것이 아니라 전통의 이름으로 다원주의를 포기한다. 공동체주의자들이 보기에, 인간은 전통(tradition)을 공유하고 있는 존재이며, 관행(practice)을 통하여 전통을 전수하고 전수받는 활동이야말로 시민교육의 핵심이다. 그러나 다원주의 사회에서 과연 무엇이 전수되어야 할 전통이며, 무엇이 버려야 할 인습인가? 공동체주의자들도 결국 그들이 생각하는 전통의 이름으로 다원주의를 포기할 수밖에 없다.

현대 공동체주의자의 대표라 할 수 있는 매킨타이어(Macintyre, A.)는 서구의 도덕·정치 문화의 기원, 발달 그리고 쇠퇴에 초점을 두고 있다.[9] 매킨타이어의 이론은 중세 더 나아가 아리스토텔레스 시대에 그 기원을 두고 있다. 그 때는 현재 모습의 인간(현실태로서의 인간)과 본질이 실현되었을 때의 가능한 인간(잠재태로서의 인간)을 구분했다. 윤리는 이 양자의 차이를 극복하여 전자로부터 후자로의 이행(성장)을 가능하게 하는 것이었다. 그는 잠재태와 현실태를 구분하여, 경험과 실천 이성의 도움으로 잠재태에 이르도록 하는 것을 인간의 본성으로 보았다.[10]

이러한 아리스토텔레스의 이론에는 다음과 같은 문제점들이 있다. 첫째, 인간의 목적 설명을 위해 형이상학적 생물학을 전제하고 있으나, 오늘날 그런 생물학은 불신받고 있다. 그러므로 그런 형이상학적 전제에 근거하지 않는 목적의 규명이 필요하다. 둘째, 고대 그리스의 폴리스가 사라진 지금, 도덕을 위해서 필요한 폴리스, 즉 현대에 맞는 공동체 개념을 구상해야 한다.[11]

매킨타이어는 이런 문제점을 인식하면서 관행(practice), 설화(narrative), 전통(tradition) 등의 세 가지 개념을 중심으로 자신의 윤리학을 전개한다. 관행(practice)은 사회적으로 형성된 상호 협력적 인간 활동의 일관되고 복합적인 형태이다. 그리고 그 활동 형태에 적합하고 부분적으로 그 활동을 규정하는 탁월성(excellency)이라는 기준을 달성하려는 과정에서 실현되는 것은 그런 활동 유형에 내재적인 선(good)이다. 선은 인

---

9) Macintyre, A. (1984). *After Virtue: A Study in Morlal Theory.* Notre Dame: University of Notre Dame Press.

10) Mulhall, S. & Swift, A. ed(1992). *Liberals and Communitarians.* Oxford: Blackwell. pp.77-80.

11) ibid. p.82.

간이 탁월성 그리고 그와 관련된 목적과 선의 개념을 성취하려는 인간의 능력이 체계적으로 확장된 결과이다.[12]

결국 우리는 전통에 속한 존재가 된다. 전통은 일련의 관행으로 구성되고, 관행의 중요성과 가치를 이해하는 방식이다. 이를 통해 관행은 형성되고 세대 간에 전수된다. 이 전통 속에 구현된 공동체적 이해는 패권적이지도 정태적이지도 않다. 그 이해는 지속적으로 논의의 대상이 된다. 그래서 어떤 제도가 전통을 담지할 때 그 안에 사는 삶은 무엇이 좋은 제도인지에 대해 지속적으로 논의하게 된다.

개인이 전통에 속한다면, 그 개인적 삶의 역사는 인간의 좋은 삶에 대한 역사적·사회적으로 확장된 논의라는 보다 큰 설화에 포섭된다. 그래서 그 전통이 개인의 삶에서 무엇이 좋은 삶인가에 대해 결정을 해 준다. 물론 그 경우에도 전통의 변화 가능성은 있으므로 고착화된 결정이 이루어지는 것은 아니다.

그러나 그럼에도 불구하고 개인이 전통을 포섭하는 것이 아니라 전통이 개인을 포섭한다. 이러한 전통 속의 인간을 전제로 하는 시민교육은 동질적인 다원주의 사회에서는 가능할 수 있지만, 이질적인 다원주의 사회에서는 무엇이 전통인가에 대한 끊임없는 논쟁을 불러일으킬 뿐만 아니라, 복수의 전통을 인정하더라도 전통과 전통 간의 대화를 단절시킴으로 인해 진정한 다원주의 사회에 적합한 시민교육이 될 수 없다. 특히 현대사회처럼 정보 통신의 발달과 세계화를 통하여 급속도로 탈전통화의 길을 가고 있는 사회에서는 더더욱 그렇다.

3. 현대 자유주의와 공동체주의의 시민교육의 한계: 억압과 배제

앞에서 살펴본 대로 현대 자유주의자의 대표라 할 수 있는 롤즈

---

12) ibid. p.83.

(Rawls)도 모든 사회의 인간들에게 보편적인 선험적 인간관이라는 형이
상학적 기반을 버리고, 자유로운 현대 미국 사회라는 역사 속에서 살아
가는 자유롭고 평등한 시민을 상정한다. 그러나 롤즈의 경우도 비록 현
대 미국 사회에서 부분적으로 존재하는 '잘 질서 지어진 사회'(well-
ordered society)의 기본 구조의 바탕이 되는 정의의 원칙을 명료화하는
과정에 국한되지만, 이상적인 담화 상황인 원초적 입장에서 사회를 개
인들이나 집단들 간의 합의에 기초해서 정당화한다.

이러한 개인들의 합의에 기초해서 사회의 기본 구조를 세우는 것은
'목적(선)과 분리된 개인'과 '삶의 목적에 우선하는 합리성'이라는 공동
체주의자들이 받아들일 수 없는 일원론적인 요소를 지니고 있다. 이러
한 일원론적인 요소는 다원주의 사회에서 그러한 요소를 받아들이지
않는 신념들을 배제하거나 억압하는 결과를 낳는다. 게다가 현대 다원
주의 사회에서는 사회를 구성하는 개인의 합리성과 자유에 대해서도
회의가 일고 있다.

또 현대 공동체주의의 대표라 할 수 있는 매킨타이어(Macintyre)의
경우에도 아리스토텔레스의 형이상학적 생물학을 버리기는 하지만 역
사적 전통의 관행 속에 내재한 선과 인간 삶 전체의 선 또는 목적 개
념을 도입함으로써 자유주의자들이 받아들일 수 없는 '전통 속의 개인'
과 '합리성에 우선하는 삶의 목적'이라는 일원론적인 요소를 지니고 있
다. 이러한 일원론적인 요소는 전통 내의 시민성을 규정함에 있어서는
문제가 없지만, 전통과 전통 사이의 시민성이나, 탈전통화되어 가는 사
회의 시민성을 규정하는 데는 한계가 있다.

따라서 이러한 자유주의와 공동체주의의 시민성은 단지 동일한 세계
관이나 인간관을 가진 일원적 사회나 국가 혹은 동질적인 다원주의 사
회나 국가에서 자국 내의 시민교육이 지향하는 시민성으로 받아들여질
수 있다. 그러나 다양한 세계관과 인간관이 존재하는 다원적인 사회와
국가, 다양한 국가와 민족이 만나는 세계에서의 시민교육이 지향하는
시민성이 될 수 없다. 다원주의 사회의 시민교육은 더 이상 하나의 공

동체를 상정하고 시민성을 규정할 수 없게 되었다. 또 하나의 인간관을 상정하고 시민성을 규정할 수도 없게 되었다.

이제 남은 것은 우리와 전혀 다른 인간관과 세계관을 지닌 사람들과 함께 새로운 사회의 청사진을 그리고, 새로운 사회의 구성원들이 연합할 법적인 틀과 제도, 사회적 관계를 그려야 한다는 사실이다. 이때 우리는 서로 다른 신념을 지닌 사회의 구성원들이 협력하고 그들의 갈등을 해소하기 위해 무엇을 배워야 하는지를 물어볼 필요가 있다. 여기에 다원주의 사회의 시민교육이 지향하고자 하는 시민성이 있다.

여기서 다시 롤즈의 자유주의적 시민성으로 돌아가서, 이상적인 담화 상황으로서의 원초적 입장을 만들고 사회의 기본 구조를 개인이나 집단들 간의 합의에 기초해서 안정적으로 세우는 것도 한 가지 방법일 수 있다. 그러나 이러한 시도는 다원주의를 진정으로 받아들이는 것이 아니다. 왜냐하면 원초적 입장을 인정하지 않는 사람들은(목적에 우선하는 자유로운 개인이라는 인간관을 받아들이지 않는 사람들은) 합당하지 않다고 배제되기 때문이다. 아니면 매킨타이어의 공동체주의적 시민성으로 돌아가서, 다른 전통을 지닌 사람들의 공동체에는 무관심한 채 자신의 공동체의 역사적인 전통 속에서 좋은 삶의 방식을 찾을 수 있다. 그러나 이러한 시도도 다원주의를 진정으로 받아들이는 것이 아니다.

앞에서 언급했듯이 롤즈나 매킨타이어는 하나의 공동체나 하나의 인간관에 기반을 둔 일원적 사회에서는 시민교육이 지향하는 시민성의 대안이 될 수 있을지 몰라도, 현대 다원주의 사회에서는 시민성의 대안이 될 수 없다. 이제 남은 삶의 방식은 현대사회의 다원주의 간의 세력 다툼이거나 대화와 협력이다. 우리 인류가 전쟁을 싫어하고 평화를 원한다면 현대 다원주의 사회의 유일한 대안은 다원주의 간의 화합과 미래사회에 대한 모색의 과정으로서의 모든 사람들이 참여하는 동등한 상황에서의 대화와 협력이다. 그렇다면 모든 사람이 참여하는 동등한 상황에서의 대화와 협력을 가능케 하는 것은 무엇인가?

Ⅳ. 현대사회에 적합한 시민교육에 대한 모색: 이질적 다원주의 사회의 시민교육

1. 하버마스의 절차적 합리성과 시민교육

하버마스(Habermas)는 유럽시민성에 대한 논의[13]에서 시민성이 혈통이나 문화의 동질성에서 그 정체성을 가져 온 어떤 실체가 아니라 자유롭고 평등한 시민들의 연합 내에서 논쟁의 과정에서 성취된 합의이며, 이는 모든 사람들이 인식하는 절차에서 나온다고 주장한다. 따라서 하버마스는 롤즈와 달리 다원주의 사회에서 정체(Polity)의 표현을 형식적 합의에 맡긴다. 시민들은 모든 사람들에 의해 정당화된 합의에 맞는 원칙에 따라 그들의 평화로운 공존을 조직화하고자 한다. 그런 연합은 상호 인식의 관계에 의해 구조화되어, 그런 관계하에 모든 사람들은 다른 사람들에 의해서 자유롭고 평등하다고 존중되도록 기대될 수 있다.

하버마스에 따르면, 스위스나 미국 같은 다문화 사회의 예들은 입헌적 원칙들이 뿌리내리는 정치문화가 같은 언어, 같은 민족, 같은 문화를 공유하는 시민들에 기초할 필요가 없음을 보여준다.[14] 정치적 문화는 다문화적 사회에서 공존하는 삶의 방식의 다양성과 통합에 대한 인식을 날카롭게 하도록 기능한다. 따라서 장래의 유럽 연방공화국에서도 같은 법적 원칙들이 다른 민족적 전통들과 역사들에 비해 보다 나은 위치에서 해석될 수 있어야 한다. 각 민족의 전통들은 유럽공동체의 공동의 초국가적으로 공유하는 정치 문화의 중첩적 합의에 의해 연결되어야 한다.[15] 그러나 이러한 견해는 롤즈의 역사판(historical version)

---

13) Habermas, J.(1994). Citizenship and National Identity. Steenbergen, B. V. ed.(1994). *The Condition of Citizenship.* London: Sage Publications.
14) ibid. pp.21−24.
15) ibid. pp.28−32.

에 가깝다. 왜냐하면 하버마스의 시민성의 기반은 선험적이지도 않고 원초적 상황을 상정하지도 않지만, 여전히 인간의 역사 속에서 생겨난 인간의 절차적 합리성(의사소통적 합리성)에 두기 때문이다.

결과적으로, 하버마스는 합리성을 포기하지는 않지만, 이를 내용으로 규정하지 않고, 절차로만 남겨둠으로써 일정 정도 다원주의 사회의 유지를 가능케 한다. 그리고 이러한 절차라는 것이 보편적으로 인식가능하며, 이러한 절차를 가르치는 것이 시민교육의 핵심이라고 주장한다. 그러나 이러한 절차 역시 일종의 합리성이며, 따라서 그가 수용할 수 있는 다원주의는 이러한 특정 절차가 보편적이라고 인정하는 다원주의일 수밖에 없다. 따라서 하버마스의 합리성도 여전히 배제와 억압의 가능성을 가지고 있으며, 동등한 상황에서의 대화와 협력의 장애가 될 수 있다. 따라서 하버마스의 절차적 합리성 역시 다원주의 사회의 시민교육의 출발점으로는 문제가 있다.

2. 영의 현실 정치 과정과 시민교육

영(Young)은 보편적 시민성의 이상에 대한 비판을 통해 근대의 모든 사람을 위한 보편적 시민성은 시민성의 지위가 특수성과 차이를 초월한다는 전제를 가진다고 주장한다. 보편적 시민성은 시민들 간의 사회·집단적 차이나 부·지위·권력의 불평등과는 상관없이, 시민성은 모든 사람에게 정치적 공공 영역의 동료로서 동일한 지위를 부여한다. 평등이 동일성으로 해석될 때, 보편적 시민성의 이상은 최소한 두 가지 의미를 갖는다. 첫째, 일반성이다. '특수'와 반대되는 일반적인 것으로 정의되는 보편성으로 시민들이 공통적으로 지니고 있는 것이다. 둘째, 동등한 대우이다. 모두를 위한 동일함을 말하며, 동일한 방식으로 모두에게 적용되는 법과 규칙이라는 의미에서의 보편성이다. 즉 개인과 집단의

차이와는 상관없는 법과 규칙의 적용이다.[16]

영에 따르면 모든 사람을 위한 시민성을 시민성의 다른 두 가지 의미(일반성과 동등한 대우)와 연결시키는 것 자체가 문제이다. 현대 피억압자들의 사회 운동은 이러한 결합을 약화시켰다. 그들은 동화(assimilation)의 이상에 반대해서, 집단 특수성의 긍정성과 자부심을 주장했다. 또한 그들은 법과 정책이 항상 모든 집단에 대한 동등한 대우를 강요해야만 한다는 것이 정의인가에 대해 문제제기했다. 이러한 도전은 모든 사람이 완전한 시민성에 포함되고 참여하는 방법으로서 차별화된 시민성(differentiated citizenship)의 개념을 가져왔다.

영이 주장하는 바는 다음과 같다. 모든 사람의 포함과 참여라는 의미에서 시민성의 보편성은 근대 정치 이념에 함의된 보편성의 두 가지 의미들(일반성과 동등한 대우)과의 긴장을 내포하고 있다. 첫째로, 집단 특수성을 초월하는 일반의지를 표현하고 창조하는 것은 실제로 그러한 일반적 관점을 수용할 수 없다고 판단한 집단들을 배제시키게 되고, 시민들의 동질화를 강요하게 된다. 따라서 공적 토론과 의사결정에 모든 사람이 포함되고 참여하기 위해서는 집단 대표의 메커니즘이 필요하다. 둘째로, 동등한 대우의 원칙을 엄격히 고수하게 되면 이것이 억압과 착취로 이어지는 경향이 있다. 따라서 사회 정치 제도에 모든 사람이 포함되고 참여하기 위해서는 집단 차이에 따른 특수 권리를 인정할 필요가 있다.

그러나 여기에는 어떤 철학적 주장도 풀 수 없는 근본적 문제가 있다. 그렇다면 누가 어떤 집단이 대표되어야 한다고 결정하는가? 어떤 절차에 의해서 이런 결정이 이루어지는가? 영은 아무런 원칙이나 프로그램도 제시하지 않은 채, 이미 정치 과정이 현실적으로 존재하며, 그 속에서의 호소력 띤 원칙들이 있을 수 있다는 것으로 대답을 회피한다.

---

16) Young, I. M.(1989). Polity and Group difference: A Critique of the Ideal of Universal Citizenship. Shafir, G.(1998). *The Citizenship Debates*. Minneapolis: University of Minnesota Press.

영은 이미 현실의 정치과정 속에 약자나 소수의 집단에 대한 이해와 존중이 있는 것처럼 논한다. 그래서 영은 시민교육보다는 현실의 정치 과정에 더 기대를 갖는 것으로 보인다.

3. 왈쩌의 시민사회와 시민교육

왈쩌(Walzer)는 좋은 삶의 배경으로 비판적 결사체(Critical Association)로서의 시민사회를 그리면서, 민주국가(Democratic State), 협력경제 (Cooperative Economy), 시장(Market Place), 민족(Nation) 등의 답변들 은 그것들이 지니는 단일성 때문에 좋은 삶의 배경이 될 수 없다고 주 장한다. 그것들은 인간 사회의 복잡성, 헌신과 충실함의 불가피한 갈등 을 놓치고 있다. 왈쩌의 최신의 답변은 좋은 삶은 시민 사회, 즉 분열 과 다툼의 영역, 그러나 또한 구체적이며 진정한 연대의 영역인 시민사회 에서 이루어질 수 있다고 주장한다(Walzer, 1991; Shafir, 1998).

사람들은 거기서 E. M. Foster의 명령, 즉 'Only Connect'를 수행하 며, 사회적 또는 공동체적 사람이 된다. 그리고 이것이 존재해야 하는 최상의 것이다. 여기서 묘사되고 있는 그림은 어떤 특정한 구조를 위 해서가 아닌 사회성(Sociablity) 그 자체를 위하여, 자유롭게 서로 교제 하고, 의사소통하며, 다양한 집단들을 형성하고, 재형성하는 사람이다. 왜냐하면 사람들은 정치적 또는 경제적 존재가 되기 이전에 본성상, 사회적이기 때문이다.

시민사회 논의는 네 가지 설명(민주국가, 협력경제, 시장, 민족)과 나 란히 옆에 존재하는 다섯 번째의 설명이 아니며, 좋은 삶에 대한 네 가지 이데올로기적 설명에 대한 하나의 교정책이다. 시민사회는 그것들 의 단일성에 도전하며, 시민사회 나름의 단일성을 가지고 있지 않다. 시민사회의 결시채적 삶은 선에 대한 모든 견해들이 실현되고 평가되어, 부분적이고 불완전하며 궁극적으로는 만족스럽지 못하다는 것이 드러나는 어떤 실제적인 기반(actual ground)이다.

만약 압제가 선동적인 폭동의 원인이라면, 압제의 원인은 무엇인가? 왈쩌는 이데올로기적 단일성, 즉 종교들의 비관용적 보편주의와 대부분의 민족의 배타성이 중심적인 역할을 하고 있다고 강조한다. 시민사회의 실제적인 경험은 이러한 두 가지에 반하여 작동하는 것으로 보인다. 실제로 시민사회가 잘 작동함으로써 종교적 신념과 민족적 정체성이 자유로운 결사체로의 네트워크상에서는 오랫동안 지속되지 않는 것으로 보인다.

그러나 왈쩌는 아나키스트의 입장과 달리, 권력과 강제로부터 완전히 벗어나 단지 시민사회만을 선택할 수 있는 가능성은 없다고 생각한다. 결사체들의 네트워크는 통합되나, 국가권력기관 없이 존재할 수는 없다. 이는 사회주의자의 협력 또는 자본주의자의 경쟁 어느 것도 국가 없이 있을 수 없는 것과 같은 이치다. 그것이 그렇게 많은 (국가에 대한) 반대자들이 현재의 관료가 된 이유이다. 국가 기구의 사용 또는 통제를 수반하지 않은 승리는 결코 없다. 여기에 왈쩌의 시민사회논의의 역설이 있다.

단지 민주 국가만이 민주적인 시민사회를 창출할 수 있다. 그리고 단지 민주적인 시민사회만이 민주적인 국가를 유지할 수 있다. 민주정치를 가능하게 하는 시민성은 결사체의 네트워크 속에서 학습될 수 있다. 따라서 국가는 자유주의 이론에서 나타나는바, 즉 시민사회의 단순한 틀이 될 수 없다. 국가는 시민사회를 위한 투쟁의 도구이며 공동의 삶에 특정한 모양을 부여하기 위해 사용되는 것이다.

시민교육은 바로 이런 시민사회를 유지시킬 수 있는 소양을 갖춘 시민을 길러내는 것이다. 그러나 왈쩌는 교육보다는 국가 제도와 행정에 더 많은 기대를 걸고 있는 것으로 보인다. 그러나 의식 있는 시민 없이 민주적인 시민사회를 창출할 수 있는 민주국가가 먼저 존재할 수는 없다. 그렇다면 다원주의 사회에서 민주적인 시민사회를 창출하는 시민의식은 과연 무엇인가?

V. 현대사회에 적합한 시민교육: 관용과 정치적 연대성

하버마스의 의사소통과정, 영의 현실 정치 과정에 기반을 둔 집단대 표제와 차별권에 의한 정치과정, 왈쩌의 비판적 결사체로서의 시민사회에 모든 사람들로 동등하게 참여할 수 있게 하는 가능성은 어디에서 오는 것일까? 하버마스는 그것은 의사소통적 합리성에서, 영은 현실의 정치과정 자체에서, 왈쩌는 일정정도 국가제도나 기구에서 찾는다.

그러나 그것은 표면적인 이유들에 불과하며 서로 다른 신념과 가치 체계를 가진 사람들로 의사소통을 하게 하고, 정치적 과정에 참여케 하고, 비판적 결사체로서의 시민사회를 구성케 하는 힘은 바로 그 시민사회 구성원들의 의식과 태도에 달려 있다. 따라서 다원주의 사회의 조화로운 삶을 위한 시민교육은 합리성이나 덕목 같은 특정 내용을 가르치는 것이 아니라 다른 신념과 가치체계를 지닌 사람들과 더불어 살아가는 삶의 태도를 기르는 것일 수밖에 없다.

여기서 우리는 더불어 사는 삶의 소극적 태도로서의 관용을 생각해 볼 수 있다. 그러나 관용만으로는 부족하다. 관용은 다른 신념이 가치 체계를 소극적으로 인정하는 태도이지, 적극적으로 더불어 사는 삶의 태도는 아니다. 관용은 단순히 다르다는 것을 인정하는 것에 불과하다. 더불어 사는 삶에는 다르지만 동등하다는 의식과 태도가 요구된다.

우리는 비록 서로 다르지만 하나의 정치공동체의 성원으로서 동등하다는 의식, 우리가 동질적이어서 동등한 것이 아니라, 달라도 동등하다는 느끼는 태도야말로 다원주의 사회의 시민이 갖추어야 할 진정한 태도라 할 수 있다. 이 글에서는 이러한 태도를 정치적 연대성(Political Solidarity)이라 명명하고자 한다. 이러한 정치적 연대성이야말로 절차적 합리성을 만들며, 정치적 과정으로 올바르게 유지시키며, 비판적 결사체를 가능케 하는 힘이라 할 수 있다.

이러한 정치적 연대성은 동질적인 공동체에서 나타나는 단순한 사회성과는 구별되는 것으로 이질적인 집단이나 신념체계와의 오랜 교감을 통하여 만들어질 수밖에 없는 것이다. 다원주의의 시민사회가 다양한 시민들의 의사소통의 네트워크이며 비판적 결사체로 잘 기능하려면 적어도 다원주의 사회의 이질적 대중은 왈쩌의 사회성(Sociability)이 보다 한 차원 높게 승화된 정치적 연대성(Political Solidarity)을 가지고 있어야 한다. 즉 비록 인간관이나 세계관은 서로 다르지만 다원주의 간의 화합과 미래 사회를 모색하는 하나의 정치공동체의 정치적 구성원(동료)으로서의 연대성을 가지고 있어야 한다. 이는 동일한 세계관이나 인간관, 또는 삶의 양식에 기반을 둔 사적인 연대성(Private Solidarity)이나 도덕적 연대성(Moral Solidarity)과 대비되는 것이다.

결론적으로, 다원주의 사회의 시민교육은 동일한 내용을 가르치는 것이 교육이어서는 안 되며, 다른 신념과 가치 태도를 지닌 사람들과 더불어 살아가는 태도를 배워야 한다. 즉 자신과 전혀 다른 인간관이나 세계관을 가진 사람을 인정하는 관용을 넘어서 동등한 사회의 구성원으로 느끼는 정치적 연대성이 요구된다. 그리고 이러한 정치적 연대성의 형성은 이질적인 집단이나 신념 체계와의 오랜 교감을 통하여 인간의 사회성의 폭과 차원을 높임으로써 가능해질 수 있을 것이다. 물론 지속적인 교감이 반드시 연대성 형성으로 이어질 가능성은 갈등이 지속적으로 표출될 가능성보다 희박해 보인다. 그러나 규범적으로 그리고 장기적으로 어떤 가능성이 인류 전체에게 유익할지는 매우 자명하다. 가능하다면, 후속적인 작업을 통하여 어떻게 현실적으로 다원주의 사회에서 사람들이 관용을 넘어서서 정치적 연대성의 태도를 지닐 수 있는가에 대한 논의를 해 보려고 한다.

참고 문헌

이병호(1998). "포스트모던 다원주의와 사회과 교육: 정의와 연대성을 위한 교육", 서울대학교 박사논문.

조영제(1998). "다원주의 사회의 기본 덕목으로서의 관용과 그 시민교육적 함의", 서울대학교 박사논문.

Habermas, J.(1994). Citizenship and National Identity. Steenbergen, B. V. ed.(1994). *The Condition of Citizenship*. London: Sage Publications.

Macintyre, A. (1984). *After Virtue: A Study in Morlal Theory*. Notre Dame: University of Notre Dame Press.

Miller, D. & Walzer, M. ed(1995). *Pluralism, Justice, and Equality*. Oxford: Oxford University Press.

Mulhall, S. & Swift, A. ed(1992). *Liberals and Communitarians*. Oxford: Blackwell.

Rawls, J.(1993). *Political Liberalism*. New York: Columbia University Press.

Steenbergen, B. V. ed.(1994). *The Condition of Citizenship*. London: Sage Publications.

Shafir, G.(1998). *The Citizenship Debates*. Minneapolis: University of Minnesota Press.

Sterba, J. P. ed(1995). *Morality and Social Justice Point / Counterpoint*. Maryland: Rowman & Littlefield Publishers, Inc.

Sterba, J. P.(1995). *Contemporary Social and Political Philosophy*. U.S.A.: Wadsworth Publishing Company.

Walzer, M.(1983). *Spheres of Justices*. U.S.A.: Basic Books.

Walzer, M.(1991). The Civil Society Arguement. Shafir, G. ed.(1998). *The Citizenship Debates*. Minneapolis: University of Minnesota Press.

Young, I. M.(1989). Polity and Group difference: A Critique of the Ideal of Universal Citizenship. Shafir, G. ed.(1998). *The Citizenship Debates*. Minneapolis: University of Minnesota Press.

제2장 시민사회와 시민교육[1)

— 시민사회, 한국 시민사회 그리고 시민교육 —

우리는 흔히 같은 용어를 다른 의미로 사용하는 경우를 자주 경험한다. 그리고 실제 사전을 찾아봐도 하나의 의미로만 사용되는 용어를 발견하기란 쉽지 않다. 그러나 하나의 용어가 다른 의미로 사용할 때 적어도 교집합과 같은 공통성은 아니더라도 대체로 가족 유사성(family resemblance) 정도는 나타나는 것이 일반적인 현상이다.

그런데 시민사회라는 용어를 둘러싼 혼란은 일반적인 용어 사용의 혼란을 넘어선다는 점에서 우리를 당황스럽게 한다. 시민사회라는 용어는 역사성과 규범성을 동시에 지니고 있다. 물론 이러한 특징은 가치가 개입될 수밖에 없는 사회과학에 사용되는 용어의 숙명이기도 하다. 또 시민사회라는 용어는 개인주의(자유주의)와 공동체주의, 자본주의와 사회주의라는 다양한 이념의 스펙트럼 위에 걸쳐 있다.

따라서 시민사회라는 용어는 누가 언제 어디서 어떻게 왜 사용하느냐에 따라서 전혀 다른 의미로 쓰인다. 심지어 같은 저자의 같은 책에

---

1) 이 장의 내용은 필자의 박사학위논문인 '한국 시민사회의 성장 과정에 대한 분석과 시민교육적 함의'(2001)를 요약 정리한 것이다.

서도 다른 의미로 사용되어 우리를 혼란스럽게 한다. 물론 이러한 경우는 저자의 무지가 원인일 수도 있지만 시민사회라는 용어가 갖고 있는 다의성도 무시할 수 없다.

철학의 사명이 우리 삶의 궁극적인 이상을 밝히는 것에서부터 용어의 혼란을 없애는 것으로 축소된 데에는 용어의 명료화 없이는 의사소통이 불가능하고, 의사소통 없이는 우리 삶의 궁극적인 이상을 실현하기 위한 논의(이론)와 실천이 불가능하다는 사실에서 기인한다고 볼 수도 있다.

따라서 이 글에서는 시민사회의 의미에 대한 탐색으로부터 시작해서, 한국시민사회에 대한 논의, 그리고 한국시민사회라는 현실에 기초하여 앞으로의 시민교육이 어떤 방향으로 진행되어야 할지에 대해서 살펴보려고 한다. 즉 시민사회론의 역사와 유형을 먼저 살펴보고 나서, 이러한 논의에 기초하여 한국사회(한국시민사회)를 진단하고, 이러한 진단에 기초하여 한국시민교육의 현재와 미래에 대해서 논하려고 한다.

I. 시민사회란 무엇인가

1. 시민사회론의 역사

시민사회론의 역사를 살펴보면 시민사회에 대한 두 가지 경향을 읽을 수 있다. 하나는 고대 그리스에서 기원을 두는 견해로 이때 시민사회는 정치적으로 조직된 공동체(국가나 정치사회)를 의미하며, 다른 하나는 근대국가와 자본주의 형성에서 기원을 두는 견해로 이때 시민사회는 필요, 생산, 계급, 재산, 경쟁의 영역(시장이나 경제사회)을 의미한다.[2]

---

2) 리델(Manfred Riedel, 1983)은 시민사회 개념의 용법에 있어서 전통적 개념

전자는 고대 그리스나 로마의 시민과 그들의 공동체에서 연유한 것으로, 국가와 시민사회를 구태여 구별하지 않거나, 시민사회를 국가의 일부로 파악하는 입장으로, 이러한 시민사회 개념은 근대의 몽테스키외나 루소의 사회이론, 그리고 공동체주의자들의 이론에서도 자주 등장한다. 이러한 입장은 귀족적이든, 민주적이든 간에 군주의 전제에 반대해서, 일종의 공화주의의 정체를 옹호하는 것이며, 국가의 보편성이나 규범성을 인정하는 것이다.

후자는 근대에 이르러 자본주의가 성장함에 따라 나타난 것으로, 중세의 교회공동체와 대비하여 도시를 중심으로 생겨난 세속화된 시민공동체에서 연유한 것으로 시민사회를 시장을 중심으로 한 경제영역에 두는 견해이다. 이러한 입장은 특히 스미스의 견해서 분명해지는데, 스미스는 시장을 중심으로 하는 시민사회는 보이지 않는 손에 의하여 자율적으로 조정될 수 있다고 생각한다.[3]

그러나 이러한 시민사회의 두 가지 경향을 이해하는 것은 시민사회론의 역사를 이해하는 출발점에 불과하다. 근대 이후 시민사회는 다양한 사상가들에 의해서 다양한 모습으로 그려졌고, 그 결과 시민사회는 다양한 사상들의 경계선 위에 복합적인 의미로 나타난다.

과 근대적 개념 사이에 구별이 필요하다는 것을 주장한다. 전통적인 개념은 아리스토텔레스로부터 물려받은 것으로 국가와 시민사회, 또 시민사회와 정치사회를 동일한 것으로 인식하는 관점이다. 근대의 자연법 전통에도 여전히 위력을 발휘하고 있는 이 관점은 원래 인간 본성에 기초한 '자연사회'와 인간들이 인위적으로 만들어놓은 '정치사회'를 대비시키고자 하는 의도와 관련되어 있다. 이처럼 국가와 시민사회의 규범적 통일을 중시하는 전통적 입장과 달리 근대 초기의 시민사회 개념은 대체로 국가와 시민사회의 분리를 관찰하고 있을 뿐 아니라, 그것을 근대성의 조건이자 결과로 관찰하고 있다.
3) 스미스의 이러한 보이지 않는 손에 대한 신뢰의 이면에는 자연법에 대한 신뢰가 존재한다. 스미스는 시민사회가 본성적으로 주어진 자연적 질서에 기반을 둔다고 생각한다(Seligman, 1992: 32).

1) 근대 초기 논의

시민사회라는 용어의 사용과 별개로 시민들의 공동체로서의 시민사회라는 관념은 매우 오래된 것이며, 시민사회를 부르주아 시민사회로 보기 시작한 것은 인류 전체 역사에 비추어 볼 때, 매우 최근의 일이다. 소위 국가와 구별된 시민사회 개념의 형성은 근대 이후의 일이며, 심지어 근대에 와서도 시민사회가 처음부터 국가와 뚜렷이 구분되어 논의된 것은 아니다.

18세기 말까지 '시민사회'는 여전히 문명화되지 않은 사회, 혹은 전제적인 지배가 이루어지는 '자연 상태'와 반대되는 개화된, 개명된 사회나 헌법에 기초해서 지배가 이루어지는 입헌국가(법치국가)의 의미로도 사용되었다. 심지어 19세기 중엽까지도 시민사회는 법에 의한 지배, 야만성 대신에 문명성이 지배하는 정치 체제를 의미하기도 하였다.(신광영, 1994: 83)

따라서 오늘날까지 시민사회라는 용어에 기본적으로 뿌리 깊게 남아 있는 의미는 바로 '문명화된 사회(civilized society)'이다. 즉 폭력이나 강제에 의해서 통제되는 사회가 아니라 법에 의해서 지배되는 사회를 의미하며, 문명화된 사회 중에서도 법이 지니는 민주성으로 인해 지배하는 자와 지배받는 자가 동일한 민주주의 사회, 민주주의 국가를 의미한다.

2) 자유주의의 등장

시민사회론이 국가론과 분리되어, 독자적인 사회이론으로 자리매김한 것은 자유주의의 등장과 더불어서 이루어졌다. 자유주의는 근대국가와 자본주의 형성과정에서 등장한 시장을 사회구성의 중심에 둔 논의이다. 대표적인 고전적 자유주의자인 로크는 자신의 사회이론에서 공적 내용을 상당히 제거해 버리고 사적 이익 보호에서 사회 구성의 근거를 찾았다. 물론 홉즈가 이러한 견해의 토대를 놓았지만, 로크는 사적 이익에 상당한 힘을 실어 주고 국가는 개인의 사적 재산과 관련해 조직된 시민사회에서 강제기능을 가진 도구로 여겼다.

이러한 자유주의 시민사회 개념은 아담 스미스에 의해 비로소 확립된다. 스미스는 중상주의와 경제에 대한 정치적 규제를 반대하고, 시민사회를 국가로부터 분리된 시장에서 형성된 사적 이익의 영역으로 보는 근대적 관점을 제시했다. 물론 스미스가 뭔가 새로운 것을 발견한 것은 아니며, 그의 공헌은 노동 분업을 시장에 연결시키고, 시장을 시민사회의 핵심에 갖다 놓은 데 있다. 결과적으로, 스미스의 시민사회는 시장이 만들어 낸 상호의존의 네트워크이다(Smith, 1993: 120-1).

자유주의의 등장과 더불어 시민사회는 사적 소유권에 기반을 두어 개인들이 자유롭게 계약하여 권리를 주장하고 의무를 지는 국가와 분리된 경제사회라는 의미를 지니게 된다. 이러한 의미에서 가장 주목할 부분은 개인들이 누리는 자유와 권리이다. 즉 시민사회는 강제나 권력으로부터 자유로운 사회를 의미하며, 그 기반은 사적 소유권에 기초한 시장이라는 것이다.

3) 사회주의의 등장

자유주의는 국가에 대한 부정적인 전제로 인하여 국가를 최소화하고 사회를 최대화하기 위한 국가 권력의 사회적 통제를 이념으로 하고 있다. '최소국가, 최대사회'는 절대왕정에 저항했던 초기 자유주의적 전통을 그대로 이론화한 결과였다. 그러므로 사회 내의 경제 관계보다는 국가와 사회 간의 정치적인 관계를 주된 논의의 대상으로 한다.

그러나 사회주의는 자유주의가 간과하고 있는 시민사회 내부의 경제관계와 계급관계에 초점을 맞추고 있다. 마르크스는 국가를 시민사회 내부의 경제관계와 계급관계의 반영물로 보는 경제환원론적인 입장을 견지하고 있다. 마르크스는 자유와 민주주의 문제에만 초점을 맞춘 자유주의 시민사회 개념을 착취와 지배에 기초한 자본주의 생산관계를 은폐하는 부르주아 이데올로기라고 비판하면서, 정치적인 원리보다는 경제적인 원리로 시민사회의 특징을 다루고 있다.4)

마르크스는 역사적으로 시민사회가 18세기 유럽 자본주의가 발전하면서 나타났다고 보았다(Marx, 1973: 84). 마르크스는 자본주의와 더불어 등장한 시민사회가 경쟁과 소외를 통하여 인간의 자연적 유대를 해체시키고, 공동체적인 요소 대신에 개인주의적인 요소를 강화시킨다고 보았다. 자본주의가 시민사회를 만들었다는 주장에서 시민사회는 부르주아 계급의 가치가 지배하는 사회를 의미한다. 시민사회를 정치적 관계 속에서 논의하고 있는 자유주의자와는 달리, 마르크스는 이들을 비판하면서 시민사회를 경제적인 관계 속에서 파악했던 것이다.

따라서 사회주의자들은 자유주의자들과 더불어 국가와 분리된 시민사회를 이야기하지만, 이때 시민사회는 사적 소유권에 기반을 둔 자유로운 사회가 아니라 사적 소유권으로 인해 계급 간의 착취가 일어나는 불평등한 사회로 그려진다. 그리고 국가도 이러한 시민사회의 반영물에 지나지 않는다고 주장한다. 지금까지 시민사회가 가지는 문명, 민주, 자유라는 긍정적 의미는 퇴색되고 착취와 소외라는 부정적 의미가 그 자리를 대신하게 된다.

현대 시민사회론은 이러한 다양한 사상적 배경 위에 서 있다고 할 수 있다. 따라서 오늘날 논의되는 시민사회론은 고대나 중세적인 관념의 영향 위에서 자유주의와 사회주의로 대표되는 근대시민사회론을 계승하거나, 고대나 중세로 회귀하거나, 현대적 상황에 맞게 이를 재구성하는 형태를 띠고 있다.

---

4) Marx, Karl and Friedrich Engels(1975). Collected Works, Moscow: Progress Publisher. vol.3: 162－163의 내용을 신광영(1995), "시민사회개념과 시민사회형성" p.89에서 재인용함.

2. 현대 시민사회론의 유형

현대시민사회론의 복원은 다양한 지평에서 이루어지고 있다. 서구 복지국가의 실패, 동구권의 사회주의 국가와 제3세계의 권위주의 국가의 실패 이후에 동구권이나 라틴 아메리카와 아시아의 민주화 과정에서 논의되는 있는 시민사회론은 여러 가지 복잡한 지평 속에서 다양한 모습으로 이루어지고 있다.

1) 고전 시민사회론의 복원: (신)공화주의

공화주의 시민사회론은 고대 그리스나 로마, 중세의 교회 공동체에서 찾을 수 있는 형태로 시민사회를 사적인 경제영역을 배제하는 공적으로 조직된 정치적 혹은 종교적 공동체로 보는 견해이다. 이러한 견해는 시민사회를 국가(교회)와 동일시하거나, 국가(교회)의 일부로 보는 견해로서, 근대의 몽테스키외나, 루소에게서도 일정 정도 찾아볼 수 있는 입장이다.

공화주의 시민사회론자들은 사회라는 것이 개인의 이해관심에 의해 조직될 수 있다는 생각은 위험천만하며, 사적인 인간은 결코 사회를 유지하는 데 기여할 수 없으며, 개인의 이해관계를 초월하여 주어진 공공선을 배우고 학습할 때 시민사회가 구현될 수 있다고 생각한다. 이러한 공화주의 시민사회론에서 시민사회는 국가(교회)와 분리된 영역이 아니라는 점에서 독자적인 시민사회론이라 할 수 없으며, 일반사회론이나 국가론의 일부로서 논의될 뿐이다.

최근에 엘리트 민주주의나 다원주의에 대한 비판으로서 등장하는 참여 민주주의의 이론가들은 오늘날 존재하고 있는 대의 정부의 비민주적 형태를 보완하기보다는 그것을 대체할 만한 제도적 모델들을 제시하려고 한다. 참여 민주주의 이론가들이 이념형으로서 고대 폴리스나 중세

후기 자치 도시의 공화주의적 전통, 혹은 노동운동 속에서 싹튼 새로운 형태의 민주주의를 옹호하면서, 각각은 사회 전체를 위한 하나의 구성 원리로서 제시되고 있다(Cohen & Arato, 1994: 7). 이러한 참여 민주주의자들의 논의 역시 일종의 공화주의 시민사회론이라고 볼 수 있다.

그러나 이러한 공화주의 시민사회론은 고대 사회처럼 일원적이고 동질적인 공동체에서는 의미가 있을 수 있지만, 현대사회처럼 다원적이고 분화된 사회에서는 적용될 수 없는 비현실성을 지니고 있으며, 동시에 국가주의나 전체주의의 위험성도 내포하고 있다고 볼 수 있다.

2) 근대 시민사회론의 계승: (신)자유주의, 사회주의(마르크스주의)

공화주의 시민사회론이 고대 그리스나 로마에 뿌리를 두고 있는 국가 중심의 공적인 정치사회에 대한 논의라면, 자유주의나 마르크스주의 시민사회론은 중세의 일부 도시나 근대 국가에서의 자본주의 시장경제의 성립과 함께 등장한 시장중심의 사적인 경제사회에 대한 논의이다. 자본주의의 발달과 함께 중세까지 사회의 구성원리에서 배제되어 있던 개인의 사적 이해관심이 사회를 구성하는 중요한 원리가 되기 시작하자, 사회는 개별적인 이해관심을 지닌 시민들에 의해서 구성되는 것으로, 국가는 이를 유지하는 최소한의 강제기구로 자리매김하게 되었다.

이러한 입장을 옹호하는 사람들은, 공화주의 시민사회론자들과 달리 국가와 시민사회를 구별하였고, 더 나아가 공화주의 시민사회와 반대로 국가보다 시장에 기반을 둔 시민사회를 더 우위에 두기 시작하였다. 이렇게 시민사회를 국가와 분리된 시장 중심의 경제사회로 보는 견해는 크게 둘로 나뉜다. 하나는 그러한 시장 중심의 경제사회가 자율적인 조정과 연대를 형성해 낼 수 있다고 보는 자유주의의 입장이며, 다른 하나는 그러한 사회가 계급 간의 갈등과 투쟁의 장이 될 것이라는 사회주의(마르크스주의)의 입장이다. 각각은 시장에 대한 긍정적인 평가나 부정적인 평가를 내림으로써 시민사회를 유토피아로 갈망하거나 역사적 현실로 비판한다.

오늘날 자유주의 시민사회론은 신자유주의자들의 논리 속에서 재생되어 나타나고 있다. 최근에 들어서 공산주의 국가의 몰락과 복지국가의 실패는 더더욱 이러한 자유주의 시민사회론의 부활을 부추기고 있다. 그러나 이미 자유주의 시민사회론은 근대사회 속에서 계급사회의 문제점을 드러낸 바 있다. 즉 공적인 악의 축소는 사적인 악의 확대로 이어지는 것을 우리는 이미 경험한 바 있다.

또 극단적인 자유주의 시민사회 관념은 급진적인 정치 희망, 더 나아가 때로는 반정치적 희망을 불러일으킬 수도 있다. 간단하게 말해서 시민사회가 정치기구보다 더 우위에 있다는 것이다. 그 결과, 정치구조를 시민들이 만들 수도 있고, 부수어 버릴 수도 있는 권력을 말할 수 있게 되었다는 것이다. 또 다른 한편으로 정치 없는 사회에 대한 전망(무정부주의)까지 제시한다. 시민사회는 자율적으로 운영되고 자기 충족적이기 때문에 정치가 필요 없다는 것이다(Taylor, 1995: 219).

반면에 사회주의(마르크스주의) 시민사회 개념은 국가와 사회를 대립시키는 2분 모델에 기초하고 있지만, 자유주의 시민사회론이 간과하고 있는 시민사회 내부의 경제관계와 계급관계에 초점을 맞추고 있다. 마르크스의 전통을 이어받은 사회주의 시민사회론자들은 국가는 시민사회 내부의 경제관계와 계급관계의 반영물로 보는 경제환원론적인 입장을 여전히 견지하고 있다.

마르크스주의자들이 공통적으로 인식하고 있었던 점은 현상적으로 나타난 시민사회의 속성이 실제 자본주의의 구조적 논리를 은폐하고 있으며, 따라서 시민사회는 허구적인 이중성을 보여주고 있으며, 첫째 독립적인 개인들의 자유로운 선택과 등가교환으로 나타나는 경제 관계는 실제로 착취관계와 종속관계의 외형이라는 것이다. 또 다른 허구적인 속성은 이데올로기적인 내용으로서 사회를 자유롭고 평등하며, 그리고 재산을 가지고 있는 개인들의 합의로 본다는 견해이다.

이러한 마르크스주의 시민사회 개념은 사회적인 것을 모두 경제영역으로 보거나 경제에 의해서 규정되는 것으로 봄으로써 경제환원주의적 사회관이라는 비판을 계속해서 받고 있다. 그리고 오늘날 국가의 영역으로 환원될 수도 없고, 경제의 영역으로 환원될 수도 없는 사회적 요소의 존재, 그리고 그러한 사회적 요소들의 중요성이 강조되면서 시민사회를 경제사회로 보는 마르크스주의 시민사회 개념에 대한 비판이 제기되고 있다(신광영, 1994: 91).

3) 시민사회론의 현대적 재구성: 다원주의, 비판이론.

현대사회는 과거 고대 그리스처럼 국가를 중심으로 통합된 정치공동체가 아니며, 근대 서구에서처럼 시장을 중심으로 하는 부르주아 시민사회의 성격만 띠고 있는 것도 아니다. 현대사회는 정치, 경제, 사회 분야가 서로 관련되지만 분화되어 나타나고, 각자는 자기 영역에서 독자성을 띠고 있다. 즉 현대사회는 다원적인 주체들로 구성된 다원적이고 분화된 사회이다. 물론 국가나 시장이 여전히 강력한 힘으로 작용하고 있지만, 양자는 그 자체로 어떠한 규범성도 갖고 있지 않다는 인식이 일반화되어 가고 있다.

이렇게 분화된 현대사회 속에서, 그리고 국가나 시장이 물리적 강제력은 갖고 있지만, 더 이상 규범성을 지니지 못하는 상황 속에서, 즉 국가와 시장이 일정 정도 실패한 상황 속에서 국가를 중심으로 하는 공화주의 시민사회 개념이나 시장을 중심으로 하는 자유주의 시민사회 개념은 더 이상 적절치 못하다는 것이 중론으로 받아들여지고 있다. 현대 시민사회론자들 대부분은 만약 현대적 상황 속에서 공화주의 시민사회론이나 자유주의 시민사회론을 다시 추구하거나, 혁명을 통하여 자유주의(부르주아) 시민사회를 해체하고자 한다면, 다시 한번 국가의 실패나 시장의 실패를 경험하게 될 것이라고 생각한다.

따라서 현대 시민사회론자들 중 상당수가 이러한 위험성을 인식하고, 시민사회를 시장과 국가 사이에서 독자적으로 존재하는 중간영역으로 그리고 있다. 즉 현대 사회에 등장하는 시민사회 개념은 시장을 중심으로 하는 경제사회와 국가를 중심으로 하는 정치사회와 분화된 독자적인 중간영역이라는 것이다.

이러한 중간영역으로서의 시민사회론에는 다시 두 가지 흐름이 존재한다. 하나는 우파 진영에서 나온 자유주의 시민사회론을 수정한 다원주의 시민사회론으로, 이 경우 시민사회는 국가와 개인(시장) 사이에 존재하는 중간영역이기는 하지만, 다분히 국가와 더 거리를 두어 국가의 독재를 견제하는 성격이 강하다. 다른 하나는 좌파 진영에서 근대적인 시민사회를 해체하고자 한 마르크스주의를 수정한 비판이론의 시민사회론으로, 이는 시장의 한계와 국가의 한계를 인식하면서도 자본주의 시장의 팽창을 견제하는 비판적인 담론과 실천의 영역으로 시민사회를 주장하는 것이다.

다원주의 시민사회론은 개인(시장)과 국가 사이에 존재하는 자발적 결사체를 중심으로 한 현실의 시민사회 조직에 대한 긍정적인 평가에서 출발한다. 즉 다원주의 시민사회론은 개인과 국가 사이의 완충장치로서 시민사회 조직을 상정한다. 이 경우 시민사회는 토크빌의 견해를 따라 가정이나 학교 같은 친밀한 영역이나 교회나 동호회 같은 자발적 결사체를 중심으로 조직된 네트워크를 의미한다.

시민사회에 대한 대부분의 자유주의적 접근과 마찬가지로, 다원주의는 사적인 이해관심에 의존한다. 알몬드와 버바는 전체주의로부터 교훈을 얻었으며 너무 정치가 많이 활성화되는 것은 위험하다고 생각한다. 조금만 생각하고, 기꺼이 타협할 준비를 갖추고 있으며 너무 많이 기대하지 않는 것이 최선이라 생각한다. 다원주의는 전후 자유주의의 완화된 정치에 완전히 적응한 산물이다. 그것의 핵심 가정은 가족, 일, 소비에 대한 사적인 관심이 시민들의 에너지를 대부분 흡수하게 된다는 것이다. 이러한 논의에 따르면, 다원주의 사회과학에서 사회계급은 사라져 버린다.

그러나 이러한 다원주의의 주장은 많은 문제점을 내포하고 있다. 대중이 그들의 무지, 무관심 등에 의하여 적극적 정치활동에 제약을 받을 것이란 주장과 엘리트들은 그들의 내면화된 민주주의 가치, 정치체계의 제도와 주기적 선거, 시민사회 이익집단들 간의 활발한 네트워크에 의해 견제될 것이란 주장은 사실이 아님이 드러났다. 60년대와 70년대의 미국의 민권, 반전 운동은 상당수의 대중이 민주적인 활동에 참여할 충분한 능력이 있음을 드러내 주었고, 반면에 엘리트들은 이에 적대적임을 보여주었다. 공적 삶은 개인들의 이해관계의 단순한 총합 이상이며 정치는 다원주의가 기대하던 것보다 더 넓은 맥락에서 이루어지는 것이 명백하다(Ehrenberg, 1999: 207-8).

결과적으로 다원주의 시민사회는 민주적 전제를 막는 면에서도 사적 이해관심이나 지역주의를 벗어나기 어렵다는 한계를 가질 뿐만 아니라, 자본주의 시장이 사회적 연대를 해칠 수 있다는 데는 전혀 문제의식도 없다는 점에서 무기력하고 오히려 이를 조장하는 측면까지 지닌다. 한마디로 다원주의 시민사회론은 정치적 민주화도 담보할 수 없을 뿐더러 경제적 민주화에도 별 관심이 없다는 점에서 현대사회 문제를 해결하는 데에는 한계가 있는 논의라 할 수 있다.

반면에 그람시의 뒤를 이어 호르크하이머, 아도르노, 마르쿠제, 아렌트, 그리고 세네트 등의 비판이론가들은 모두 시민사회의 상업화가 공적 삶을 시장의 힘으로부터 보호하는 것을 불가능하게 하고 있다고 걱정하였다. 즉 상업화 형태의 전체주의적 논리는 공과 사를 혼합시키는 위험성을 갖고 있고 민주주의를 위태롭게 하고 있다고 보았다. 적어도 이들은 동구의 공산당 독재가 민주주의에 위협적일 뿐만 아니라 서구 시민사회의 상업화 역시 민주주의에 위협적이라는 것을 지적한 점에서 매우 탁월하다. 그러나 이들은 어떻게 시민사회의 상업화를 막을지에 대해서는 여전히 혁명의 논리나 국가의 논리를 강조하거나 과거 고대 그리스 공동체로 회귀를 주장하고 있다는 점에서 반현대적이다.

하버마스는 비판이론을 견지하면서도 이러한 문제들을 비교적 현대적으로 잘 해결하고 있다. 그는 시민사회와 국가의 매개물로서 공공영

역을 상세히 성찰한 점에서 최고의 영향력 있는 현대 사상가라고 할
수 있다. 그리고 이러한 하버마스의 담화적 공공영역과 생활세계라는
개념은 비록 서구사회에서 자본주의의 팽창과 함께 시민사회가 상업화
되고 식민화되고 있지만, 현대적 상황 속에서 적절하게 복원할 수 있
을 경우, 현대사회에 적합한 시민사회 논의가 될 수 있다.

3. 현대사회에 적합한 시민사회론

오늘날 현상적으로 나타나고 있는 시민사회는 근대적인 시민사회의
재생의 측면과 근대적인 시민사회와의 결별이라는 두 가지 모습을 다
띠고 있다. 그러나 현대적 상황에서 이론적으로 정당화될 수 있는 것
은 근대시민사회의 재생이 아니다. 근대시민사회는 이미 욕구의 체계
나, 계급사회로서 비판받은 바 있으며, 헤겔이나 마르크스에 의해서 극
복되어야 할 대상으로 그려진 바 있다. 이른바 현대사회에서 적합한
시민사회는 국가와 분리될 뿐만 아니라 시장과도 거리를 두는 중간영
역이어야 하며, 이렇게 재구조화할 때, 시민사회는 국가의 민주화나 경
제의 민주화를 위해서 비판적 담론과 실천의 영역으로 작용할 뿐만 아
니라, 새로운 가치를 창출하고, 이를 정당화하는 민주주의의 핵심적인
공간으로서 작용할 수 있다.

따라서 현대사회의 성패는 이론적으로나 실천적으로나 국가와 분리되
고 시장과도 거리를 둬서 도덕적인 정당성을 만들어 낼 수 있는 국가와
시장 사이의 독자적인 시민사회의 확보에 달려 있다. 다행스럽게도 오늘
날 현대사회의 이론적 논의와 현실 문제의 실천적 필요가 맞물려 이러한
도덕적인 정당성의 공간으로서의 시민사회가 등장하고 있다. 즉 사적 이
익 추구라는 시장의 논리나 질서유지와 안정이라는 국가의 논리와는 다
른 민주적이고 정의로운 사회를 만들어 가는 공적 담론과 실천의 영역이

등장하고 있다. 그러나 이러한 영역을 보다 강화하기 위해서는 이론적 정당화와 현실에 대한 엄밀한 분석, 그리고 실천적 노력이 맞물려야 한다.

이런 점에서 하버마스가 현대시민사회론에 기여한 공헌은 담화적 공공영역에 대한 역사적 설명에서 시작된다. 하버마스는 국가와 시장을 매개하는 공공영역을 개념화하며 현대사회의 구조적 변화를 역사적으로 논의한 바 있다(Habermas, 1989a: 28). 이 담화적 공공영역은 사람들이 자유롭고 평등한 조건에서 공동의 관심사에 관해 이야기할 수 있는 영역이다. 자본주의 발달과 초기형태의 상품생산에 조건화되어, 담화적 공공영역은 사상의 자유로운 교환을 허용하여 여론을 형성하고 권력을 제한함으로써 정당성의 원칙을 확립하였다(Habemas, 1989b: 136).

이런 담화적 공공영역의 출현은 부르주아 시민사회의 사적 관심을 공적인 일로 바꾸어 놓았다. 상품 생산이 가정으로부터 벗어남에 따라 비판적으로 사고하는 공중이 공통의 관심에 대한 담화를 통해서 초기 공공영역에 대한 통제력을 국가권력으로부터 빼앗을 수 있었다. 그러나 곧 시장의 힘이 영향력을 발휘하게 되면서, 처음에 이성에 의해 조직되었던 공공영역은 곧 더 이상 전체 사회를 대변한다 할 수 없는 적나라한 계급이해에 의해 왜곡되었다. 하버마스는 공공영역의 자율성이 침해된 원인을 일상생활의 상업화에서 찾았다. 공공영역은 유사 공공영역으로, 그리고 문화적 소비의 사적 세계로 대체되었다(Habermas, 1989a: 168).

하버마스는 최근에 담화적 공공영역 대신에 생활세계를 도입하고 의사소통을 통하여 이루어지는 사회영역을 논의하고 있다. 하버마스는 국가와 시장이라는 기능적 체계와 의사소통적 생활세계를 구분한다. 여기서 생활세계는 '합의에 대한 해석적 이해'가 이루어지는 일상영역이다. 이러한 상호이해는 공통적으로 받아들이는 해석의 틀이 존재할 때만 가능한 것이다. 하버마스는 이러한 공통성이 문화적으로 주어진 지식 그리고 해석을 필요로 하지 않는 암묵적 지식을 통해서 이루어진다고 본다. 모든 의사소통행위는 생활세계 내에서 이루어지기 때문에 생활세계는 일종의 인지적 준거체계라 할 수 있다(Habermas, 1981: 172, 신광영, 1995: 96에서 재인용함).

코헨과 아라토는 하버마스의 체계/생활세계의 개념을 도입하여 비판이론의 전통에서 시민사회 개념을 발전시키고 있다. 이를 통해서 그들은 자신들의 시민사회 개념이 현대적인 사회적 조건에 적합함을 보여주는 동시에, 현대시민사회가 보여주고 있는 부정적인 측면을 밝히고자 한다(Cohen & Arato, 1992: 200). 하버마스 이론에 기초하여 코헨과 아라토는 시민사회를 생활세계로 규정함으로써 그람시에 비해서 훨씬 적극적인 의미의 삼분 모델을 제시하고 있다.

그러나 코헨과 아라토의 삼분 모델에서도 토크빌의 시민사회 모델에서와 마찬가지로 시장과 시민사회가 어떠한 관계를 보이는지 불분명하다. 하버마스, 코헨과 아라토 모두 시민사회를 주로 국가와의 관계를 규정하는 것으로 포착하고 있다. 그리고 이들의 이론 내에서 시민사회는 사회의 재생산과 관련된 사회통합의 측면에서만 논의된다는 한계를 지닌다. 그 결과, 시민사회 내부에 대한 관심과 분석을 어렵게 한다.

그러나 지금까지 시민사회 논의들 중에서는 하버마스와 코헨·아라토의 시민사회론은 현대적 상황 속에서 가장 적합하다고 볼 수 있다. 물론 하버마스 시민사회론은 담화윤리에 호소함으로써 시민사회 조직에 대한 규범적인 기획의 성격이 강하기는 하지만, 하버마스는 이미 서구사회에서 담화적 공공영역의 역사적 발달 과정 논의를 통하여 시민사회론이 역사적 현실과 무관한 논의가 아님을 밝힌 바 있으며, 또 코헨과 아라토를 통해서 다시 한번 구체화된 바 있다.

따라서 하버마스의 담화적 공공영역과 생활세계 논의와 코헨과 아라토의 시민사회 개념은 행정적, 경제적 체제의 논리에 의해 왜곡되어 있는 서구사회 및 한국사회를 묘사해 주는 개념인 동시에 실제로 존재하고 있는 자유민주정권의 민주주의를 확장하게 하는 주요한 거점 지역을 나타내는 개념이 될 수 있다. 그러나 하버마스나 코헨·아라토는 그들의 시민사회론을 이론적으로 정당화하는 데 초점을 맞추고, 규범적인 개념으로 사용하는 데 주력한 나머지, 분석적인 개념으로 전환하여,

현실을 구체적으로 드러내고, 이를 통하여 실천적인 함의를 이끌어 내는 데까지 이르지는 못했다. 여기서는 이러한 시민사회 개념을 한국사회분석에 적용해보려고 한다.

Ⅱ. 한국사회는 시민사회인가

1. 한국시민사회의 기원

한국시민사회가 언제 어떻게 형성되었는가에 대해서는 시민사회를 바라보는 관점에 따라 서로 다르다. 우선, 시민사회를 자본주의 발전과 그에 따른 사회적 분화의 산물로 이해하는 관점을 취할 경우, 시민사회의 출발점은 한국 자본주의의 시발점을 언제로 보느냐에 따라 입장이 달라진다. 그러나 정치·세력 중심적 관점을 취하게 되는 경우에는 시민사회를 국가와 분리된 자유로운 집단적 조직과 행위, 그리고 파당적 경쟁이 이루어지는 사회적 조건이자 공간으로 보기 때문에 자본주의 경제발전과는 다소 무관하게 규정할 수 있다(윤상철, 1997: 70).

소위 한국시민사회의 기원과 관련하여 다섯 가지 견해가 존재한다. 첫째, 시민사회의 형성을 가장 멀리 구한말까지 소급해 보는 견해들은 전통적인 신분구조의 해체와 직업을 매개로 한 계급구조의 중요성이 크게 부각되기 시작하였다는 점에 주목하는 입장이다. 둘째, 봉건적 사회구조, 의식구조, 생활양식이 바뀌기 시작한 20세기 초반으로 보는 견해는 이 시기에 신분제도가 철폐되고 자본주의의 성립과 발달이 진행되었다는 점에 초점을 두는 입장이다. 셋째, 해방 이후 시민사회의 기반이 형성되기 시작하였다고 보는 입장이다. 넷째, 1960년대를 기점으로 본격적인 자본주의 발전이 이루어지면서 시민사회가 형성되었다고 보는 입장이다. 마지막으로 1987년 이후를 형성시기로 보는 입장도 있다(윤상철, 1997: 70).

한국시민사회의 형성과 발전에 관한 논의들은 시민사회의 공간 형성, 자본주의 발전에 따른 경제적 토대 형성, 시민사회 내의 조직화된 세력의 형성이라는 세 가지 기준 가운데 무엇을 핵심적인 요소로 보는가에 따라 상이한 입장을 취하게 된다. 대부분의 논의들은 해방 이후 민족국가가 형성된 시점부터 시민사회에 대해 논의하게 되지만, 시민사회의 형성과 발전이 자본주의화라든가 이로 인한 시민사회의 분화와 조직화로 인해 단절적으로 이루어졌다고 보기는 어렵고 그 이전의 맹아적 시민사회를 중시해야 한다는 점을 고려할 때 한국시민사회 논의는 20세기 전후까지 소급하는 것이 타당해 보인다.

즉 시민사회의 등장이 봉건적인 사회제도, 의식구조, 생활양식을 대신하여 근대적인 사회제도, 의식구조, 생활양식이 형성되는 것을 말한다면, 한국에서 시민사회가 성립되기 시작한 시기는 20세기 전후로 볼수 있다(유팔무, 1993: 267). 또 근대적인 민간운동의 역사를 볼 때도 한국시민사회의 시작은 20세기 전후라고 볼 수 있다. 이 시기에 한국은 사회적으로 전통적인 신분제도가 철폐되고, 경제적으로 비록 외세에 의해 파행적으로나마 자본주의가 도입되었으며, 과도기적 정치 상황에서 취약했던 국가권력은 일본제국주의에 의해 장악되어 국가에 대한 사회의 저항과 도전이 시작되었다. 이처럼 한국시민사회의 형성은 처음부터 일본제국주의에 의해 왜곡된 형태로 진행되었기 때문에 시민사회가 서구와 같이 자연스럽게 확산되지는 못하였다(김호기, 1999: 270).

그러나 그럼에도 불구하고, 개화기와 일제시대는 한국시민사회의 태동기임에는 분명하다. 개화기의 서구문물 유입과 일본제국주의 세력에 의한 식민지 지배는 전통사회 질서를 해체하고, 국가의 전통적인 권위를 파괴하는 결과를 낳았으며, 이 과정에서 일본 제국주의 국가에 반대하는 세력으로서의 한국 민족사회가 형성되기 시작하였기 때문이다. 그리고 이러한 한국 민족사회는 국가에 대항하는 저항적인 시민사회의 기원으로 볼 수 있다. 이러한 저항적 시민사회의 태동과 더불어 과거 전통사회에 존재했던 도덕적 정당성을 지닌 국가 개념은 사라지고, 국가는 강제력이라는 근대적인 개념으로 인식되기 시작하였다.

2. 한국시민사회의 성장과 변화

1945년 8·15해방 이후 시민사회 세력들은 국가권력의 공백상태에서 급격하게 부상했고 그 자율성도 크게 확대되었다. 하지만 미군정이 들어서고 서구 정치제도가 도입되면서 이승만 정권이 국가권력을 장악하게 되었고, 국가에 대한 시민사회의 실질적인 공간은 매우 협소해지고 그 자율성도 급속히 약화되었다(최장집, 1989). 그러나 한국 전쟁 이후 억압적 국가기구와 반공 이데올로기에 의존하여 시민적 권리를 제한해 온 국가권력은 부정부패와 비민주성으로 인해 시민사회 세력의 저항에 다시 직면하게 된다.

우선, 국가부문을 보면, 해방 이후 남북 간의 이념 대립으로 인해 남북한에는 각각 자유민주주의 정권과 공산주의 정권이 등장하게 되었다. 결국 분단국가의 성립은 국가 정당성의 위기를 불러왔고, 이러한 남북 분단이라는 상황 속에서 남한의 정권은 국내기반이 약했던 이승만이 대통령이 되어 친일파를 중용하면서 독재의 길을 가게 되었고, 이로 인해 일제의 강압적인 통치에 저항했던 독립단체들은 권위적인 독재에 저항하는 민주화 세력으로서 그 역할을 전환하게 되었다.

아이러니컬하게도 36년 동안의 일제 지배와 그만큼 기간 동안의 권위적인 국가 지배는 계속해서 저항적인 독립단체가 민주화 세력으로 전환되어 국가를 견제하고 비판하는 기능을 담당할 수밖에 없는 여건을 제공하였다. 물론 이러한 국가와 시민사회 간의 대립은 일제시대와 유사하게 사실상 국가와 국가의 대립이었다. 즉 정당성이 없는 군사정권과 정당성을 지닌 잠재적인 민주정권 간의 대립이었기 때문이다. 만약 민주화라는 것이 혁명을 통해서, 아니면 한 번의 정권교체로 완성될 수 있는 것이라면, 이러한 시민사회 세력은 혁명이나 정권교체를 통해서 한꺼번에 국가가 정치사회의 구성원으로 편입되었을 것이다. 그러나 역사는 다르게 흘러갔고, 민주화는 끝이 없는 여정이었음이 드러난다.

한국시민사회의 성장과 관련해서 1970년대와 1980년대를 구분하는 가장 극적이고도 역사적인 사건은 바로 1980년 5월의 광주민중항쟁이다. 전두환 정권은 광주민중항쟁을 폭력적으로 탄압하고, 신군부 세력을 중심으로 한 새로운 권위적인 군사독재 정권을 창출하였다. 그러나 신군부의 강압적인 통치에도 불구하고 이후 한국시민사회는 지속적인 민주화운동을 통하여 보다 대중적인 형태를 띠면서 확대된다.

즉 60, 70년대 권위적인 군사독재하에 성장한 저항적 시민사회는 80년대 민주화 투쟁 과정에서 대중의 지지를 얻어 공간적으로 크게 확대된 것이다. 그리고 6월 항쟁은 바로 이러한 저항적 시민사회가 가장 확대된 계기이자, 그러한 확대의 정점이었다. 이 시기의 한국시민사회는 여전히 국가에 반하는 저항적 결사와 운동의 영역을 중심으로 성장하였고, 시민사회단체들도 주로 재야단체들이 중심이 되었다. 그러나 그 규모와 성격 면에서는 이전의 시민사회단체보다 더 대중적이고 공개적이었다.

1990년대 한국사회는 말 그대로 복합적인 변화의 물결 속에 있었다. 그 변화의 복합성을 구성하는 변인은 크게 몇 가지로 압축될 수 있다. 첫째, 민주화의 확산과 진통으로, 80년대부터 시작된 민주화의 큰 흐름이 구조적·제도적 수준에서 관철되어 가는 시기였다. 둘째, 개방화·세계화의 물결로 90년대 한국사회의 변화는 세계사적인 변화의 흐름과 분리될 수 없었다. 셋째, 정보화의 물결로 정보화는 세계화의 가장 중요한 촉진 수단이기도 하고, 양자를 분리해서 현재의 변화를 설명한다는 것은 사실상 불가능하지만, 정보통신혁명이 가져온 사회변동은 세계화로 환원될 수 없는 독자적 성질을 지닌다. 넷째, 새로운 양극화의 양상으로 90년대 말의 시점에서 우리 사회도 빈부 간의 양극화 문제에 봉착하게 되었다. 다섯째, 문화소비사회로의 본격적 전환과 삶의 심미화로, 한국사회가 본격적인 대중소비사회로 이행하게 되었다는 것이다(박형준, 2001: 180-184).

이러한 변화의 경향들 속에 90년대 시민사회의 지형은 놓여 있다. 중요한 것은 이러한 다섯 가지 변수들 가운데 양극화를 제외하고는 모두 시민사회를 활성화하는 여건을 제공한다는 점이다. 우선, 국가의 민주화와 시민사회가 직접적인 상관관계를 갖는다는 것은 따로 설명할 필요가 없는 것이다. 소위 세계화는 국가 간 관계의 중요성은 상대적으로 축소시키는 대신 시장이나 시민사회의 개방적 상호작용은 크게 활성화시킨다. NGO들의 국제 연대 활동뿐만 아니라 시민사회 각 영역에서 국경을 넘은 의사소통과 상호작용이 활성화되도록 하는 것이다. '세계시민사회'라는 개념이 부상하게 되는 것도 이를 통해서이다. 정보화 역시 사이버스페이스라고 하는 새로운 시민사회의 장을 형성할 뿐 아니라, 각종 미디어들을 매개로 해서 정보교류와 의사소통을 크게 활성화시킨다. 시민사회를 국가와 시장으로 환원되지 않는 생활 영역 및 공적 영역으로 보고 그 특성을 개방성·다원성·공공성이라 규정한다면, 90년대 한국의 시민사회는 이러한 시민사회의 엔트로피를 크게 높여 놓은 시기였다고 할 수 있을 것이다(박형준, 2001: 185).

그렇다고 90년대 시민사회가 권력의 진공 상태에 놓여 있는 것은 아니다. 시민사회 자체가 이런저런 권력적 요소들과 전략들, 그리고 메커니즘이 실현되는 공간이고, 이를 통한 '구별짓기'가 시행되는 공간이기 때문이다. 그러므로 90년대의 변화 속에서 시민사회를 가로지르는 권력의 재구조화가 어떻게 일어나고 있는가를 주의 깊게 살펴보지 않으면 안 되는 것이다. 과거처럼 개발독재형의 정치권력이 시민사회를 강압적으로 통제하는 방식이 효력을 잃게 되면서, 90년대 시민사회에 작동하는 권력은 다원적인 원천을 갖는 권력들이 독자적으로 작용하기도 하고 접합되기도 하는 복합적 양상을 띠고 있다.

3. 한국시민사회의 특징과 과제

한국시민사회는 서구시민사회와 달리 자본주의보다는 제국주의나 권위주의에 대한 정치적 투쟁 과정에서 결사와 운동 영역을 중심으로 저항적으로 형성되었다. 따라서 한국시민사회는 서구와 동일하게 국가와 시장 사이에 존재하는 중간영역이지만, 자생적인 물적 토대에 의해서 형성되기보다는 정당성 없는 국가 권력에 대한 반발로 이루어졌기 때문에 여전히 정치적이고 공적인 성격이 강한 저항적 시민사회인 동시에, 90년대 민주화 이후 시민사회 내부의 구성적 관심이 증가함에 따라 비정치적이고 사적이며 계급적인 성격도 갖게 되었으며, 그 결과 상업화의 위험성도 띠고 있다.

따라서 한국시민사회는 서구시민사회보다 정치적이고 공적인 성격을 강하게 지니고 있는 긍정적인 성격도 있지만, 동시에 그러한 성격이 내부의 자생적인 토대 위에서 만들어진 것이 아니라, 외부에 대한 투쟁 과정에서 만들어졌기 때문에 합리성과 지속성을 띠기보다는 비합리적이고 선동적으로 흐를 위험성을 내포하고 있다. 반면에, 아직 시민사회 내부의 구성적 관심은 덜 성숙되어 새롭게 등장한 경제논리에 의해서 왜곡될 위험성을 띤 전환기 시민사회이다.

따라서 한국시민사회는 아직까지 양적 성장(예컨대, 법적 시민권의 보장, 생활양식과 사회조직의 분화 등)의 범주에 머물러 있을 뿐, 질적 성숙(예컨대, 철저한 권력분산의 보편화, 시민참여의 제도화, 시민의식의 내면화 등)의 측면에서는 여전히 매우 취약한 수준이다. 다시 말해 형식적 대의민주주의의 틀은 그런 대로 유지·보완해 나가고 있으나, 실질적 민주주의의 구축을 위한 제도적 개혁과 규범적 내면화는 상대적으로 지지부진한 상황이다. 이러한 한국시민사회의 불안정성은 무엇보다도 시민사회의 성숙을 가로막는 한국 특유의 역사·문화적 조건과 구조적 제한성 때문에 발생하는 것이다.

즉 서구와 달리, 한국시민사회는 강력한 중앙집권적 국가주의의 전통, 분단구조에 의한 국가건설의 미완성, 연고주의 문화에 따른 시민사회의 분열과 합리성의 부재, 국가·자본·언론의 결탁, 시민사회의 과도한 정치화, 복지국가적 기반의 취약성, 시민운동의 풀뿌리화 저조라는 특수성을 시민사회의 형성과정에서 드러내고 있다. 이러한 시민사회를 위축시키는 구조적 제한성으로 인하여 시민사회는 폭발적인 외형적 성장에도 내적 성숙의 전기를 확장시키지 못하고 있다(김성국, 1998: 40). 결과적으로 한국을 포함한 민주화 이행기에 있는 사회들에서는 한편으로는 정치적 민주화의 퇴행을 막을 수 있는 국가에 대한 시민사회의 강력한 견제가 요구되며, 다른 한편으로는 시민사회 자체의 민주화가 이루어져야 한다.

민주주의의 공고화는 정치적 민주주의를 제도화시키고, 민주주의를 사회 영역으로 확대 심화시키는 과정이다. 민주주의의 공고화를 위하여 시민사회의 국가 권력 통제를 제도화하는 것과 동시에 시민사회 자체의 민주화가 이루어져야 한다. 이것이 사회적 민주화의 핵심이며, 이중적 민주화(double democratization)이다. 그리고 이것은 사회적인 수준에서 국가와의 관계 속에서 국가에 대응하는 시민사회의 강화와 동시에 시민사회 자체의 민주화라는 이중적 과제로 요약할 수 있다. 이러한 시민사회의 민주화는 시민사회조직 내부의 민주화와 더불어 새로운 시민사회구성원의 충원을 필요로 한다.

Ⅲ. 시민교육, 어떻게 할 것인가?

1. 한국시민교육의 현주소

한국시민사회가 권위적인 국가에 의해서 억압되어 온 것처럼, 한국

시민교육도 국가에 의해 왜곡되어 국민교육 혹은 신민교육, 혹은 이데올로기교육의 양상으로 왜곡되어 왔다. 심지어 반공교육이 시민교육으로 여겨지기까지 하였다. 그러나 이러한 시민교육은 현대시민사회에 적합지도 않을 뿐더러 반시민사회적이다. 이러한 시민교육은 한국시민사회의 활성화에 기여했기보다는 권위적인 국가독재의 정당성을 부여할 뿐이었다.

이러한 시민교육은 권위주의적 군사독재 정권이 사라진 지금에도 제도나 관행으로 고착되어 있거나, 교육문화나 학교문화가 되어, 우리 학교를 위기로 몰아가고 있다. 소위 권위적인 위계와 질서, 일방적인 충성이나 복종을 강조하는 이러한 권위적인 학교문화는 바로 오늘날 시민사회의 구성원들을 양성하는 데 장애물로 작용하고 있을 뿐만 아니라, 학교의 위기나 붕괴를 일으키는 원인이 되기도 한다.

그리고 최근에 세계화의 흐름 속에서, 신자유주의의 논리가 득세하면서 시장의 논리를 학교에 도입하여 경쟁력 있는 개인의 양성에 초점을 맞추는 또 다른 시민교육의 흐름이 나타나고 있다. 이러한 움직임은 특히 교육개혁이라는 이름으로 학교현장을 개혁하는 논리로 활용되고 있다. 그러나 이러한 시민교육은 교육 논리를 상업논리로 대체하는 것이며, 교육이라는 공공영역의 상업화를 초래할 뿐이다.

2. 한국시민교육의 미래

국가나 시장에 의존적인 학교에서 독자적인 시민사회의 구성원으로서의 시민이 길러질 수 없다. 즉 국가나 시장으로부터 일정 정도 거리를 두지 않는 학교에서 국가나 시장으로부터 자유로운 시민을 길러낼 수 있으리라고 생각하는 것은 허황된 기대이다.

국가의 행정 논리나 시장의 경제 논리를 견제할 수 있는 비판적인 시민을 양성하고자 한다면, 반드시 학교가 그러한 공간이 되고, 학교에 그러한 문화가 만들어질 수 있는 토양이 조성되어야 한다. 민주화되지 않는 학교에서 자란 학생들이 과거처럼 국가에 반하는 저항적 시민으로 성장할 개연성은 있으나 국가나 시장 사이에서 자율성과 연대의식을 지닌 '시민사회의 시민'으로 성장할 가능성은 매우 희박하다.

그리고 학교가 아무리 국가나 시장으로부터 자유롭다고 하더라도, 학교가 소수의 지배자들에 의해 운영될 경우 이러한 학교에서 스스로를 비판하고 제한할 수 있는 시민들이 양성될 수 없다. 따라서 시민사회의 구성원으로서의 의식과 능력을 기르기 위해서는 반드시 학교가 국가나 시장과 거리를 둘 뿐만 아니라, 학교사회 자체가 민주적으로 운영되어야 한다. 민주적인 시민사회의 구성원으로서의 시민은 국가와 시장으로부터 자유로울 뿐만 아니라 그 내부가 민주적인 학교에서 나올 수밖에 없다.

결론적으로 한국시민사회의 장래는 학교시민교육의 성패에 달려 있다고 해도 과언이 아니다. 그리고 학교시민교육의 성패는 바로 학교를 얼마나 민주적인 공간으로 재편하느냐에 달려 있다. 민주적인 학교 체제와 민주적인 학교 운영, 그리고 민주적인 교사들과 민주주의를 배울 수 있는 프로그램의 개발 없이 한국시민사회의 성숙을 논하는 것은 그야말로 기적이나 요행수를 바라는 것에 불과하다. 그리고 이러한 학교의 민주화는 '전환기 시민사회'를 살아가는 우리들의 몫이기도 하다.

그리고 이러한 학교의 민주화는 단순히 학교 자체의 민주화를 통해서 이루어지는 것이 아니라 사회의 전반적인 제도와 문화의 민주화와 함께 진행되는 것이다. 따라서 한국시민사회의 장래가 학교의 민주화와 민주시민교육의 성패에 달려 있는 것과 마찬가지로, 학교의 민주화와 민주시민교육의 성패 역시 한국시민사회의 활성화 여부에 의존적일 수밖에 없다. 따라서 학교와 사회 간에 민주화의 선순환이 이루어지도록 노력하는 것이 민주시민교육을 접근하는 최선의 방안이다.

참고 문헌

김동춘(1992). "한국 자본주의 발전과 시민사회의 성격", 한국사회학회·한국정치학회 편.『한국의 국가와 시민사회』, 서울: 한울

김동춘(1998). "한국시민사회의 성숙과 신사회운동의 가능성", 임희섭·양종회 편(1998).『한국의 시민사회와 신사회운동』, 서울: 나남출판.

김성국(1992). "한국자본주의 발전과 시민사회의 성격", 한국사회학회·한국정치학회 편.『한국의 국가와 시민사회』, 서울: 한울.

김성국(2001). "한국의 시민사회와 신사회운동", 유팔무·김정훈 편,『시민사회와 시민운동2』, 서울: 한울.

김용철(1996). "한국의 민주화 이행과 시민사회의 역동", 한흥수 편.『한국정치동태론』, 서울: 오름.

김호기(1993). "그람시적 시민사회론과 비판이론의 시민사회론─한국적 수용을 위한 비판적 탐색",『경제와 사회』, 가을호.

김호기(1995).『현대자본주의와 한국사회』, 서울: 사회비평사.

박원순(1999). "국가개혁의 견인차, 시민·사회단체의 역할",『국가개혁과 시민사회』, 한국정치학회·한국언론재단 국가개혁 특별학술회의 자료집.

박형준(1992). "시민사회론의 복원과 비판적 재구성", 이병천·박형준 편.『마르크스주의의 위기와 포스트 마르크스주의Ⅱ』, 서울: 의암출판.

박형준(2001).『성찰적 시민사회와 시민운동』, 서울: 의암출판.

손봉호외(1999). "한국의 시민사회와 시민윤리: 규범의식 함양을 위한 시민교육 탐색",『시민교육연구』, 제28집. 서울: 한국사회과교육학회.

손호철(2001). "국가─시민사회론: 한국정치의 새 대안인가?", 유팔무·김정훈 편,『시민사회와 시민운동2』, 서울: 한울.

신광영(1994). "시민사회 개념과 시민사회 형성",『한림대 아시아문화연구소 보고서』.

신광영(1999).『동아시아의 산업화와 민주화』, 서울: 문학과지성사.

안병영(1999). "세계화와 신자유주의: 충격과 대응", 안병영·임혁백 편.『세계화와 신자유주의』, 서울: 나남출판.

유팔무(1993). "한국의 시민사회론과 시민사회 분석을 위한 개념틀의 모

색", 경남대 극동문제 연구소 편, 『한국 정치사회의 새 흐름』.

유팔무(1998). "참여민주주의와 대안적 교육체제의 모색", 『동향과 전망』. 98년 여름호(통권 제38호).

유팔무·김호기 편(1995). 『시민사회와 시민운동』, 서울: 한울.

유팔무·김정훈 편(2001). 『시민사회와 시민운동Ⅱ』, 서울: 한울.

윤덕홍·정달현 편(1993). 『현대 속의 한국 사회』, 서울: 중문출판사.

윤상철(1997). 『1980년대 한국의 민주화이행과정』, 서울: 서울대학교출판부.

윤정일외(1991). 『한국의 교육정책』, 서울: 교육과학사.

이신행(1997). 『한국의 사회운동과 정치 변동』, 서울: 민음사.

이신행 외(1999). 『시민사회운동』, 서울: 법문사.

이홍균(1997). "국가와 시민사회 그리고 비정부 조직: 서구와 한국의 비교 연구", 『동서연구』, 연세대학교 동서문제연구원.

임현진·송호근 편(1995). 『전환의 정치, 전환의 한국사회』, 서울: 사회비평사.

임희섭·양종회 편(1998). 『한국의 시민사회와 신사회운동』, 서울: 나남출판.

정수복 편(1993). 『새로운 사회 운동과 참여 민주주의』, 서울: 문학과 지성사.

조대엽(1999). 『한국의 시민운동』, 서울: 나남출판.

조희연(1999). 『NGO 이해교육을 위한 교재 및 교육 방법 개발 연구』, 교육부.

조희연(1998). 『한국의 국가·민주주의·정치변동』, 서울: 도서출판 당대.

진덕규(2000). 『한국 현대정치사 서설』, 서울: 지식산업사.

최장집(1989). 『한국현대정치의 구조와 변화』, 서울: 까치.

최장집·임현진 편(1993). 『시민사회의 도전』, 서울: 사회비평사.

한국정치학회(1999). 『국가개혁과 시민사회』, 서울: 한국정치학회

한배호(1992). "정치변동과 국가-시민사회의 긴장관계", 한국사회학회·한국정치학회 편, 『한국의 국가와 시민사회』, 서울: 한울.

한태선(1997). "한국시민사회의 문화적 특성과 그 이해", 『사회과학논총』, 제16집. 한양대학교.

허평길(1999). "서구 시민사회론의 변천과 사회과교육에 주는 시사점", 『시민교육연구』, 제29집. 서울: 한국사회과교육학회.

황경식(1999). "사회개혁과 시민운동", 한국 시민운동의 비전과 현실.

Cohen, J.(1982). "Civil Society and Its Discontents", *Class and Civil*

Society. Martin Robertson & Company Ltd.

Cohen, J. L. and Arato, A.(1997). *Civil Society and Political Theory.* Cambridge: The MIT Press.

Ehrenberg, John(1999). *Civil Society —The Critical History of an Idea.* New York: New York University Press.

Habermas, Jürgen(1989a). *The Structural Transformation of the Public Sphere.* Cambridge: The MIT Press.

Habermas, Jürgen(1989b). "The Public sphere: An Encyclopedia article", in Stephen Eric Bronner and douglas McKay Kellner, eds.(1989). *Critical Theory and Society: A Reader.* New York: Routledge.

Keane, John(1988). *Democracy and Civil Society.* London, New York: Verso.

Seligman, Adam B.(1992). The Idea of Civil Society. Princeton: Princeton University.

Taylor, Charles(1995). *Philosophical Arguments.* Cambridge: Havard University Press. Walzer, Michael ed.(1995). *Toward a Grobal Civil Society.* Providence · Oxford: Berghahn Books.

제3장 한국사회와 시민교육[1]
— 한국 시민교육에 대한 사적 고찰 —

　해방 이후 한국은 권위적인 국가 중심체제였으며, 권위적인 국가가 주체가 되어 자본주의 경제체제를 도입하여, 상당 기간 동안 사회의 모든 영역이 국가 부문에 의해 억압되어 있었다. 따라서 한국 시민사회는 서구와 동일하게 국가와 시장을 근간으로 형성되었지만, 시장보다는 주로 국가 권력에 대한 끊임없는 투쟁의 과정을 통해 성장하였으며, 이러한 과정을 통해서 한국 시민사회는 권위적인 국가에 의한 억압에 대해 저항하기도 했지만, 그로 인해 왜곡되기도 하였다(강대현, 2001). 이처럼 한국시민사회가 권위적인 국가의 억압 속에서 성장하는 과정에서, 한국 시민교육도 국가에 의해 주도되어 국민교육 혹은 신민교육, 혹은 이데올로기 교육의 양상으로 전개되어 왔으며, 때로는 반공교육이 시민교육으로 둔갑하기도 하였다

　그리고 이러한 배경에는 분단국가라는 상황과 한국전쟁이 있었다. 특히 한국전쟁은 그나마 정착되기 시작했던 국민들의 민주주의 의식을

---

1) 이 장의 내용은 『시민교육연구』 제33권(2001)에 실린 '한국 시민교육에 대한 사적 고찰'을 일부 수정한 것이다.

무디게 만들고 민주주의 제도에 대해 오해하도록 하였다. 특히 반공이 데올로기와 안보의 논리를 강화시킴으로써, 국민들로 민주적인 사고를 전개하지 못하도록 하였으며, 심지어는 정치적인 민주화를 요구하는 것을 반국가적 행위로까지 오인하는 수준에까지 이르게 되었다. 1955년도의 문교 정책에서 제시된 '반공사상을 철저히 기르고, 민주 도의 생활을 확립시킴으로써, 통일 독립의 선봉'이 된다는 표현은 반공 사상이 곧 민주주의 사상인 것처럼 오해하는 것이었다(전득주외, 1992: 233). 그리고 불행히도 이러한 오해는 정치적 민주화가 진행되고 있는 현재도 여전히 남아 있다.

또한 최근에 세계화와 신자유주의 논리가 교육에 적용되면서 학교에서 효율성의 논리를 강조하면서 시장에서 경쟁력을 지닌 전문인을 양성하는 것을 공교육의 당면 과제로 여기고 학교교육에 시장원리를 도입하는 신자유주의적 교육개혁의 움직임이 일고 있다. 국민의 정부나 참여 정부가 추진해 온 교육개혁도 신자유주의적 교육개혁이라 말할 수 있다. 자립형 사립 고교의 도입, 교육의 수월성 추구, 교사 성과급 제도 신설, 교사 평가제의 추진 등은 학교사회에 경쟁 원리를 도입하려는 움직임을 반영하고 있다.

국민의 정부는 이미 출범 당시부터 과거 정부가 추진하던 교육개혁을 이어받아 계속 추진할 것을 천명한 것도 신교육체제라 불리는 5·31교육 개혁안의 연장이라 볼 수 있다. 5·31개혁안의 중요한 성격은 시장 원리를 적용하여 학교체제를 생산자 중심에서 수요자 중심으로 바꾸어 보겠다는 구상이 반영된 것이라고 볼 수 있다. 이는 교육을 하나의 상품으로 보고 시장원리를 적용하여 교육의 질을 향상시켜 보자는 것이다. 즉 교육의 수월성 추구와 교육의 효율성 확보가 공교육의 당면 과제로 부상한 것이다(조형우, 2001: 35). 그러나 이러한 신자유주의적 교육개혁은 학교사회를 경쟁의 장으로 바꿀 수는 있지만, 민주 시민을 양성하는 곳으로 바꿀 수 있을지는 의문스럽다.

그러면 지금부터 학교시민교육 변천과정을 중심으로 한국 시민사회의 민주화와 발전을 저해하거나 왜곡하는 국가 중심의 국민교육이나 시장중심의 효율성 제고 움직임이 어떻게 형성되어 왔는지를 살펴봄으로써 한국 시민교육의 현주소를 진단하고, 한국 시민사회 활성화에 기여할 수 있는 바람직한 시민교육 개선 방안을 찾아보기로 하자.

Ⅰ. 한국 시민교육의 변천과정

한국 시민교육의 변천과정에 대한 논의에 앞서 한국 시민교육의 시발점이 언제인지를 명확히 아는 것이 필요하다. 민주시민교육은 민주주의를 국가의 이념과 체제의 이상으로 한다는 것을 전제로 한다. 그리고 그 이념과 체제의 지향성에 따라, 국가의 모든 의사결정의 실질적 주체로서 요구되는 구성원의 능력과 태도를 함양하는 교육활동을 말한다. 따라서 구한말이나 해방 직후에 있었던 민주적 가치와 태도의 생활화 교육은 본질적인 의미의 민주시민교육이라기보다는 민주시민교육의 준비기나 태동기로 보는 것이 타당하다. 한국의 민주시민교육의 본격적인 시발점은 1948년 민주공화국을 표방한 대한민국의 정부수립부터로 보아야 한다(전득주 외, 1992: 229).

한국 시민교육이 출발점이 1948년 정부수립부터라면 한국 시민교육의 주된 장은 어디였는가? 한국 시민교육은 주로 학교라는 근대적인 교육제도를 통해서 이루어졌기 때문에 학교 시민교육의 변천과정을 한국 시민교육의 변천과정으로 봐도 무방할 것이다. 그러나 자료의 한계로 인해 특정 학교라는 구체적인 현장보다는 학교 일반과 관련된 문교부(이후에 교육부, 교육인적자원부로 개칭됨)의 교육정책이나 교육과정 논의를 중심으로, 그리고 학교 밖에서 이루어진 교육 활동에 대한 언급도 하면서 한국 시민교육의 역사를 살펴보려고 한다.

1. 미군정기와 정부 수립 초기의 시민교육

한국은 서구처럼 시민혁명을 거치면서 국민 일반의 합의에 의해 민주주의가 성립한 것이 아니다. 해방과 더불어 한국을 점령했던 미국과 당시의 지도층들에 의하여 민주주의가 국가의 이념과 체제로 설정되었을 뿐이다. 따라서 민주주의는 국민 일반에게 생소한 것이었으며, 심지어는 지도층들 사이에도 이에 대한 견해 차이를 보이는 경우도 있었다. 사실 미군정기로 불리는 해방 직후부터 민주공화국의 수립이 있기까지 3년 동안 한국의 지도층들 간에는 국가의 이념과 체제의 지향에 관한 많은 논쟁과 세력 간의 경쟁이 있었다.[2] 이러한 정치에서의 경쟁과 갈등은 그대로 교육에서도 재연되어, 민주시민교육과 그 도구 교과로서 사회과(Social Studies) 도입과 관련해서 여러 세력 간의 이견과 경쟁이 존재했다.[3]

---

[2] 진덕규(1999: 144)에 따르면, 해방 이후 미군정시대는 이전의 정치제약으로 자발적 결사체의 활동이 불가능했음에 비추어 볼 때 이를 폭발적으로 증가시켰다. 당시 이처럼 폭발적으로 돌출했던 자발적 결사체는 다음 몇 가지로 구분할 수 있다. 이들의 유형별 성격과 그 점유비율은 당시의 정치사회적 성격을 짐작하게 해 준다.(이 수치는 1945년 10월에서 1947년 5월까지 조사 가능한 조직체를 대상으로 하였으며 명백히 정치적 특정성을 보여주는 조직체는 제외하였다. 노동조합과 같은 것은 여기에 포함시켰다. 이 조사는 신문잡지 등에 등장한 23,800여 건의 조직체를 중심으로 하였기 때문에 유사한 명칭은 가급적 제외시켰지만 중복이 있을 수 있다)
   1. 보수지배세력의 반공노선 조직체 - 19%
   2. 중도우파적인 정치조직체 - 8%
   3. 중도좌파적인 정치조직체 - 21%
   4. 순수민간단체로서의 비정치 조직체 - 16%
   5. 사회주의 지지의 반우파적 정치지향 조직체 - 27%
   6. 기타 및 미상 - 9%
[3] 이러한 상황에서 미군정청은 공민, 지리, 역사로 나누어 가르치던 것을 한데 묶어서 새 교과를 만들고자 하는 움직임을 보였다. 이는 미군정청이 미국의 이해관계를 보장하기 위해 미국식 민주주의를 적극적으로 보급하는 과정에서 그 가장 유력한 교육적 도구로서 사회과를 염두에 두고 있었기 때문이다. 그런데 이 구상을 실현하기 위해서는 우선 해결해야 할 두 가지

그리고 이와 같은 상황이 완전하게 정리되지 못한 채로 국가는 수립되었다. 이 같은 배경 때문에 건국 초기의 시민교육은 몇 가지 특징을 가지면서 진행되었다. 첫째, 시민교육이 국가 주도하에 이루어졌다. 둘째, 당시 교육 엘리트들은 자유민주주의의 이상과 민족주의와의 조화를 꾀하고자 했다. 셋째, 민주주의를 새로운 국가에서 모든 판단의 기준과 행동의 실천 원리로 받아들여야 한다는 입장을 지녔다. 넷째, 겉으로는 민주주의 민족교육이라는 이름이 표방되었지만, 엘리트들 간의 견해차가 컸다. 결과적으로, 서구민주주의의 이식과 이 같은 특징들로 인해 초기 한국 시민교육은 교육 엘리트들의 추상적인 논의의 수준을 벗어나지 못하였다(전득주 외, 1992: 230-231).

그 결과 한국시민교육의 실제에 있어서는 민주주의보다는 민족주의나 반공주의를 보다 강조하는 양상을 띠게 되었다. 분단국가라는 정치적 상황 속에서 한국의 국가는 민족주의와 반공주의가 결합된 형태의 국민교육이 실시된 것이다. 이러한 양상은 정부수립 초기에 교육 관련 논의에서 자주 드러나는데, 초대 문교부장관이었던 안호상의 일민주의 사상보급과 학도호군단 결성에 초점을 둔 문교시책에서도 나타난다. 안호상이 문교시책으로 일민주의를 내세운 까닭은, 우리나라 교육을 구미식 개인 자본주의적인 민주교육과, 소련식 공산주의적 민주교육과 구별하기 위하여 일민주의 교육, 다시 말하면 민주적 민족주의 교육을 표방한 것이다.

그는 이러한 일민주의 교육이념에 따라 학도호국단을 발족시켰다. 이는 단체훈련을 통해 신체를 단련하고 정신을 연마하여 민족의식을 고양함으로써 애국적 단결심을 갖추게 하기 위해 중등학교 이상의 각

문제가 남아 있었다. 첫째는 사회과 신설을 위해 새로운 학교교육의 내용과 방법을 계획하고 만드는 일이며, 둘째는 한국 측 특히 조선교육심의회를 움직여서 사회과 본질을 이해시키고 그 교육과정을 작성하는 것이었다. 그리고 이 과정에서 사회과 도입을 할 것인지 여부, 또 사회과의 학적 체계와 실천에 관한 찬반논란이 벌여졌으나 결과적으로 미군정청의 의도대로 '사회생활과'가 도입·시행되었다(이진석, 1992: 60-62).

급 학교에 조직되었던 단체이다(손인수, 1998: 417). 물론, 36년간의 일제 식민지를 경험하고, 곧이어 분단국가라는 현실을 겪게 된 상황에서 문교부가 '애국·애족할 수 있는 국민'을 양성하기 위해 학도호국단을 중등학교 이상의 각급 학교에 설치하도록 하는 의도는 충분히 이해할 수 있으나 그 조직과 운영은 마치 히틀러시대의 유겐트의 재현을 연상케 하는 것이 되어, 이에 대해 국내외에서 비난과 반대가 많았다(손인수, 1994: 192-193).

정부 수립 초부터 6·25 직전까지 이러한 일련의 교육 정책과 지침들은 그대로 현실에 반영되었다고 볼 수는 없지만, 해방 이후의 사회적 분위기와 맞물려서 상당 부분 학교의 실제 운영에 영향력을 행사하였으며, 결과적으로 민주주의보다는 민족주의나 반공주의를 보다 초점을 둔 학교 시민교육을 낳았다고 볼 수 있다.

2. 1950년대의 한국 시민교육

1950년 6월 25일에 발발된 한국전쟁은 임진왜란과 맞먹는 민족사적인 대참상이었으나, 어떤 의미에서는 민족 공동체 의식과 반공사상의 강화에 기여하게 된다. 백낙준은 전시 문교를 이끌면서 당시 국가적·사회적·시대적 요청에 적응하기 위하여 3대 방침을 구현하기 위하여 지식교육·기술교육·도의교육·국방교육 등 4대 중점교육을 제기했다(손인수, 1979: 28-30). 이 시기의 한국시민교육은 전시 체제하의 교육과 전쟁 이후의 교육으로 나누어 살펴볼 수 있다.

한국 전쟁의 발발과 더불어, 당시 교과서와 교실이 없는 상황에서 문교부는 '전시 임시 교육 요강'을 만들어 초등학교용 『전시생활』과 중등학교용으로는 『전시독본』을 임시교재로 만들었다. 이 전시 교재는 교과목 구분 없이 그 자체가 국어과이면서 동시에 사회생활과의 교과서

역할을 하였는데, 그 내용은 학생들로 하여금 국방에 대한 신념을 배양
하는 군사 내용과 유엔군에 대한 내용, 침략자 규탄 내용으로 군사·정
치교육에 그 목적이 있었다. 이러한 전시 교재에서 단적으로 나타나듯
이 전시교육의 목표는 멸공 통일과 전후 재건에 있었는데, 이 목표는
그대로 전시 국민의 생활목표가 되었다. 전쟁 초기의 혼란이 지나가고
전쟁이 장기화되자, 문교부는 1951년 서울에서 '전시 하 교육특별조치
요강'을 제정 공포하여, 전시 생활목표를 학습목표로 규정하고, 전쟁 동
안 중단되었던 수업을 재개할 것을 시달하였다. 이때 전시교육의 중점
은 "멸공 필승의 신념을 배양하고 전국과 국제 집단 안정보장의 인식을
명확히 하여 전시 생활을 지도"하는 데 두었다(이진석, 2001: 45-46).

전쟁 이후 1950년대 교육개혁 운동은 교육과정의 생활화와 과학화를
위하여 교육과정을 개편하고, 교육을 생활과 밀접한 관계를 갖게 할
뿐만 아니라, 또한 이를 과학화하는 수단으로 학생들이 지능·적성·
취미·관심들에 대한 이해를 근거로 학습과 생활지도를 하고, 과외활동
을 통한 전인교육을 실시하고자 하였다. 이때 제정된 제1차 교육과정
은 미국의 진보주의 교육의 영향을 받아 종래의 지식 중심의 교육을
지양하고 학생의 경험과 생활을 존중하는 교육과정을 지향하게 된다.
이에 따라 아동의 경험을 토대로 하는 단원중심의 학습, 또는 문제해
결학습이 등장하게 되고, 종전의 공민·역사 및 지리 등으로 나누어졌
던 교과들을 통합해 '사회생활과'라는 새 과목을 만들었으며,4) '도덕과'

---

4) 한국 사회과는 1995년 8월 제1차 교육과정의 공포와 더불어 성립되었다고
볼 수 있다. 1945년 10월 21일 미군정청 학무국의 교육과정표 시달로 일본
수신과를 대체하여 공민과가 등장하게 된다. 그런데 이 공민과는 애국애족
적이고 민주공민으로서 필요한 자질을 함양하기 위한 교과로서 사회과적
교과의 성격을 띠지만, 미국의 'Social Studies'의 성격을 지닌 사회과는 아
니었다. 해방 이후 민주주의 교육의 실천교과로서 사회과의 도입을 둘러싸
고 많은 논의를 거쳐 1946년 9월 1일부터 새로운 민주적인 각급 학교의 교
육과정이 교육심의회에서 제정되어 모든 교육내용이 이를 중심으로 구성하
게 되었고, 이때 '사회생활과'란 교과 명칭이 공식적으로 등장하였다. 그리
하여 1946년 9월 신학기부터 사회과를 실시하고자 하였으나 교과서문제,

를 부활해 "어린이나 청년이나 정신적인 수양을 할 기회"를 교육과정에서 제공하도록 했다. 문교부는 이러한 동향과 보조를 맞추어 1955년에는 문교부령으로서 종전의 학적부를 '생활기록부'로 고칠 것을 지시하였고, 중등학교에서는 학생의 생활지도를 위하여 '상담제'를 두는 곳이 나타나기 시작하였다(손인수, 1998: 436).

이러한 움직임은 대학에서도 일어나, 학생지도를 위한 연구회, 협의회가 대학 학생지도의 임무를 맡은 사람들 사이에 열리게 되었다. 이러한 일을 추진시키는 데 있어 지능측정법·학력표준화검사 등이 지도의 근거와 자료를 제공하였음은 물론이다(오천석, 1964: 489). 그리고 1950년대 말에 이르러 특수대학원이 설치되기 시작하여 대학원제도가 일반대학원과 특수대학원으로 이원화되어, 일반대학원은 학술연구에 치중하고 특수대학원은 주로 응용과학과 전문기술의 영역에서 고급전문인을 양성하는 데 역점을 둠으로써 그 성격을 달리하게 되었다.

이러한 1950년대의 교육과정의 생활화와 과학화는 나름대로 의의를 지니고 있지만, 이러한 교육개혁과 문교부 정책이 전통적인 교과중심의 교육과정을 생활중심의 교육과정으로 대체하는 데까지 이르렀다고 볼 수는 없다. 게다가 권위적인 일제 유산의 잔재와 분단국가라는 한국적 특수성으로 인해 한국사회나 한국학교 모두 미분화된 상태였으며,5) 따

사회과교사 연수문제 등으로 정상적인 수업을 하지 못하고 혼란을 겪게 되었다. 뿐만 아니라 사회과의 정체성과 적합성에 대한 논의로 상당 기간 시행착오를 거듭하다가 1946년 12월 7일에 초등학교 사회생활과 교수요목이 제정·공포되고 이듬해에 교수요목집이 발간됨으로써 사회과의 틀이 잡혀지기 시작하였다. 그리고 중등학교에서는 1948년에 가서야 사회과 교수요목이 공포되어 초등학교에 비해서는 1년 정도 시차가 있는데 이 기간 동안에는 학교 사회과 교수요목이 교과서 편찬에 준거가 되었다. 그러다가 정부수립 후 1949년 12월 31일에 교육법이 제정·공포됨으로써 사회과는 법적으로 규정된 교과로서 등장한다. 그리고 이후 1955년 8월에 제1차 교육과정의 공포와 더불어 한국 사회과는 성립되었다(이진석, 1992: 31).
5) 1950년대만 해도 한국의 지식인들은 미분화된 동질성을 갖춘 집단이었다. 대다수가 이데올로기 면에서는 반공, 정치적으로는 반이승만 노선이었다. 한국전쟁 직후였기 때문에 혁신계가 발을 붙일 수 있는 상황이 아니었으

라서 한국학교가 민주적인 생활문화를 배우고 익히는 장소가 되기에는 역부족이었다. 오히려 1950년대 학교는 교육부의 새로운 교육정책이나 교육과정 개혁에도 불구하고 여전히 이념적으로는 민족주의와 반공주의를, 현실적으로는 교과나 지식 중심의 교육과정이 운영되는 국민 교화의 장인 동시에 입시와 취업에 대비하는 경쟁과 선발의 장이었다.

3. 1960년대의 한국 시민교육

4·19와 5·16 등 두 차례의 변혁을 담고 있는 1960년대는 한국교육사에 있어서 변천을 이끌어 온 시기였다. 1960년 4월 29일 허정 과도정부가 들어섬과 동시에 취임한 이병도 문교부 장관은 과도 문교시책 중 가장 긴급을 요하는 3대 교육방침을 천명하였는데, 첫째 학원의 정상화, 둘째 사도의 확립, 셋째 교육의 중립성 확보에 두었다. 과도정부의 뒤를 이어 1960년 7·29총선거 후 제2공화국의 민주당 정권이 수립되고 새롭게 임명된 오천석 문교부 장관은 교육의 민주화를 위하여 당면한 문교정책으로 우선 교육의 질적인 향상을 전제로, 첫째 학원의 민주화, 둘째 중앙집권적인 행정체제로부터 권한의 지방이양, 셋째 교육의 질적인 향상에 주안점을 두었다.6)

한편, 이때의 교원노조 조직과 그 파동은 전국적이고 매우 심각한 것

며, 국민의 마음이 멀찌감치 떠난 이승만정권을 지지하는 지식인도 찾아보기 힘들었다.

6) 이를 위하여 오천석은 다음과 같은 사항들이 교육행정의 개혁으로 요청된다고 말한다. ① 중앙집권주의를 청산하여야 한다. ② 교육행정기관으로부터 관료주의가 청산되어야 한다. ③ 교육행정기관은 연구·기획·봉사기관으로 재편성되어야 한다. ④ 행정기관은 민으로부터 유리되어서는 안 된다. ⑤ 도와 시의 자치제를 완성하여야 한다. ⑥ 교육위원회와 교육감의 권한의 경계선이 밝혀져야 한다(오천석, 1957, 『새교육』에서). 그런데 놀랍게도 이러한 교육행정의 개혁은 오늘날도 민주시민교육을 위한 제도적 조건으로서 여전히 유효하여, 아직 실현되지 못한 것들이다.

이었다. 이때 교원노조는 중앙에 대한교원노동조합 연합회를 두고, 각 도에는 도 연합회를 두는 한편, 정부 및 대한교련과 정면으로 투쟁을 벌였다. 특히 경상남·북도는 이 운동이 가장 활발하여, 경남은 전 교원의 약 9할, 경북은 약 7할가량이 노조에 가입하고 있었다. 물론 오천석 장관을 위시한 문교당국은 이에 반대하였다(오천석, 1960: 308-311). 이러한 교원노조의 활동에서 알 수 있듯이 제2공화국은 이승만의 12년 가까이 계속된 권위주의 체제의 급격한 붕괴라는 새로운 상황 속에 각계각층의 욕구가 분출하여 사회는 불안정했다. 정치 역시 분파작용을 거듭할 뿐 제구실을 하지 못하였다. 여기에 혁신계를 중심으로 하는 통일운동 및 현상타파운동이 급격히 번져나가 기존 질서의 안정을 위협하기에 이르렀다. 1961년 5월 16일의 군사쿠데타는 이러한 배경에서 일어났다.

4·19혁명과 제2공화국을 뒤로하고, 1960년대의 역사를 전개하기 시작한 박정희 정권은 특히 역사적 과업으로서 '조국의 근대화'를 슬로건으로 내걸고 교육에서는 인간개조운동을, 사회교육 면에서는 재건국민운동을 강력히 추진하였다. 박정희 정부는 그동안 비난의 대상이 되어온 학원의 질서를 바로잡아 교육의 정상화를 촉진하기 위한 방법으로 1961년 9월 「교육에 관한 임시특례법」과 1963년 6월 「사립학교법」을 제정·공포하였다. 「교육에 관한 임시특례법」은 1961년 9월 1일 법률 제708호로 제정·공포된 특례법으로 전문 22조 및 부칙으로 구성되어 있다. 이는 5·16 이후 교육의 정상화를 실현한다는 명목으로 교육법·교육공무원법 등 법령에 특례를 규정한 것이다. 「교육에 관한 임시특례법」의 목적은 동법 제1조에서 "본 법은 국민교육의 정상적 질서를 확립하고, 그 질적 향상을 도모하기 위하여 교육행정 또는 학교법인에 관하여 교육법 및 교육공무원법과 기타 법령에 대한 특례를 규정함을 목적으로 한다"고 했다.

이 기간 중, 특히 1963년 2월 15일에는 교육과정을 전면 개편함으로써 1954년 휴전 성립 직후에 제정되어 충분한 내용 설정의 미비와 자주적이고 구체적인 교육목표를 결여하고 있었던 종래의 교육과정을 대체하였다. 이 교육과정에서는 내용에 있어 자주성·생산성·유용성을, 조직 면에서 합리성을, 운용 면에서 지역성을 강조하였다. 따라서 1960년대는 광복 후 도입된 생활중심·경험중심의 진보주의 교육사조를 실천면에서 적극 도입한 시기로서, 단편적인 지식 중심의 종래 교육에서 탈피하여 아동의 경험과 흥미 등을 중시한 생활중심 교육과정을 강조하였다. 이에 따라 실과교육·과학기술교육을 강조함은 물론 모든 교과를 통하여 생산성의 향상을 의도하였다. 초등학교·중학교의 교육과정은 교과활동과 반공·도덕 생활 및 특별활동의 3개 과정으로, 고등학교는 교과활동과 특별활동의 2개 과정으로 전체 구조를 갖추었다.

결과적으로 60년대 한국시민교육은 여전히 국민교육이 강조되었으며, 이와 더불어 산업사회에 필요한 인력을 확충하기 위한 노력도 함께 병행되기 시작하였다. 이러한 특징은 과학기술 및 실과교육에 대한 강조와 교육활동과 생산성 향상을 결부시키는 움직임에서 잘 드러난다. 그러나 이러한 학교사회에서의 생산성 향상 움직임도 국가주도하에서 획일적으로 이루어짐으로써 학교는 여전히 권위적인 국가에 장악된 채, 국가에 필요한 인력을 양성하는 곳에 머물러 있어야 했다. 이를 구체적으로 보여주는 사례가 바로 '국민교육헌장' 제정이다.

국민교육헌장은 1968년 6월 15일 박정희 대통령이 권오병 문교장관에게 제정을 지시함으로써 시작되었다. 이에 권오병 장관은 문교부의 박성탁, 김동욱 장학관과 은용기, 김종빈 편수관으로 하여금 헌장에 들어갈 덕목들을 검토하도록 지시하였다. 이들은 처음에 150개 정도의 덕목들을 나열해 놓고 토의를 거쳐 이를 50개 정도로 압축하였다. 이후 정부는 사회 각계각층을 망라하여 헌장 기초위원과 심의위원 44명을 선출하여 전체회의 4회, 소위원회 4회 및 6차에 걸친 수정 작업을 통해 마침내 총 393자의 헌장 전문을 완성, 11월 26일 국회에서 여야 만장일치로 통과시켰다(정재걸, 1998). 이후 국민교육헌장은 1993년 폐지될 때까지 모든 교과서에 실렸으며, 국민들로 하여금 암송케 하여, 국민교육의 지표로 삼았다.

4. 1970년대의 한국 시민교육

1970년대의 교육은 1968년에 제정·공포된 국민교육헌장 이념의 정초로 첫 장이 열렸다. 여기에는 반공이데올로기의 확산과 다분히 획일적인 교육정책을 하고자 하는 의도가 담겨져 있다. 박정희 대통령 자신도 1970년대에서 우리나라의 운명을 좌우하는 역사적 과제가 무엇이냐 하는 현실 문제의 확신 있는 답을 국민교육헌장에서 구하려고 했다. 이에 박정희 정권은 교육헌장을 선포하자마자 전국의 학생·공무원들에게 이를 암송케 하고, 각종 행사 때마다 반드시 낭독케 하였으며, 각종 교과서의 속표지에는 전문을 수록토록 강제 규정했다. 또 각종 입학시험과 공채시험에는 반드시 이를 출제토록 했다(손인수, 1998: 466).

이러한 강압적인 지시에 대한 거부감이 많은 국민들 사이에 자리잡았지만, 감히 이를 드러낼 수 없었다. 국가의 교육지표로 채택된 국민교육헌장의 이념은 국적 있는 교육의 추진으로 구현되기 시작했다. 국적 있는 교육은 1972년 10월 유신 이후 유신교육으로 승화되면서 반공·안보교육의 강화, 새마을 교육과 운동의 심화로 뿌리를 내렸다. 이에 따라 문교부는 국민정신교육의 강화를 위해 반공교육·안보교육·유신교육 등을 철저히 하고, 각급학교의 교과를 개편하여 이데올로기적 교육이념을 장려했다. 이때 지도계층 가운데는 철저하게 반공주의를 설파하며, 반공주의를 통해 자신의 친일 행각을 감춘 사람도 많았다. 즉 친일의 매국이 반공의 애국으로 변신되었다.

이런 허구적인 이데올로기 교육이념을 다룬 학과목은 '국민윤리'였다. 특히 1970년부터 신설된 대학의 국민윤리 과목의 내용은 한국적 민주주의론·국민교육헌장 이념 및 공산주의 비판 등으로 되어 있었다. 이 세 가지의 교과 단원은 이미 초등학교·중학교·고등학교 교육과정에서 기초적으로 다 익힌 것들이었다. 물론 그것을 더욱 고도의 이론·이념화를 목적으로 하는 것이겠지만, 이것이 형식적인 교과운영에 치우쳤기 때문에 학생들로부터 실질적으로 소외되는 교과가 되었다. 그럼에도 문교부는 1974년부터 국민윤리·한국사·교련·체육만 법정교과목으로 삼았다. 이들 정책교과목이 학생들에게 인기가 없었음은 긴 설명이 필요치 않다(손인수, 1998: 467).

이 밖에도 박정희 시대에 이루어진 교육정책은 무수히 많이 있다. 앞서 언급한 바와 같이 국민교육헌장 제정과 함께 유신교육, 국적 있는 교육, 충효 교육과 같은 이데올로기 교육정책으로부터 중학교 무시험 진학제도, 고등학교 평준화 정책, 대학입학 예비고사 제도와 같은 입시정책, 그리고 새마을 교육, 교육대학의 설립, 교육자치제의 변형 실시, 사립학교법의 제정과 같은 정책에 이르기까지 내용과 범주가 다른 수많은 교육정책들이 입안되고 실시되었다. 이 많은 정책들을 이 자리에서 일일이 다 검토하기는 어렵기 때문에, 여기서는 박정희시대의 교육개혁 사례 중 가장 정치적 색채가 강한 새마을 교육에 대해서 검토해 보기로 하자.

새마을 교육은 형식상 학교 새마을 교육과 사회 새마을 교육, 그리고 새마을 기술교육으로 대별된다. 그러나 학교 새마을 교육은 그 목표가 "국민교육헌장의 이념하에 학교교육을 통하여 학생과 향토 주민에게 새마을 정신을 함양함으로써 향토 개발과 국가발전에 공헌하는 실천적인 한국인을 육성한다"고 되어 있다. 달리 말해 그 대상은 학생들에게 한정되지 않고 있음을 알 수 있다. 실제로 학교 새마을 교육은 가정과 학교를 직결한 어머니 교실, 주부교실의 장소가 되었으며, 학교 주변 환경 정비, 미화작업, 청소 이웃돕기, 교통정리, 사회정화 캠페인, 봉사활동 등의 제반 활동에 있어서도 학생과 지역 주민이 함께 참여하였다.

실제로 1972년부터는 전국 200여 개의 학교를 개방하여 새마을 학교를 개교, 일반 성인들을 대상으로 정신계몽 교육을 시행하고 158개의 실업계 고등학교를 상설 새마을 학교로 만들었다. 새마을 학교의 교육 내용은 정신계몽이 절반이고 나머지 절반은 새마을 기술 교육으로 1973년부터 10년간 47만 명의 국민에게 증산기술, 건전한 국민윤리, 합리적인 생활태도 등에 대한 교육을 시행하였다. 그리고 1974년부터는 모든 마을을 순회하며 농민들을 대상으로 영농 기술교육, 가족계획 교육을 실시하였다. 1972년 7월 2일 수원에 새마을 지도자 연수원을 설립한 것을 시작으로 새마을 학교와 별도로 전국에 80여 개의 교육기관을 설립하여 새마을 지도자, 사회 지도층 인사, 고급 공무원부터 일반 국민에 이르기까지 정신교육 및 기술교육을 실시하였는데, 1980년 10월 말까지 교육 실적은 연인원 6천 8백만 명에 이른 것으로 집계되었다(정재걸, 1998).

결론적으로 새마을 운동과 새마을 교육은 두 가지가 별개의 것이 아닌 통합된 형태로 전개되었다. 새마을 운동의 주관 부서인 내무부에서도 새마을 교육은 "주지주의적 교과나 지식의 전달이 아닌 체험적 상호 교육의 방법을 채택하고 있으며" 따라서 "결과적으로 새마을 사업 자체가 국민교육의 과정이었으며, 잘 살 수 있는 길이 무엇인가를 배우고 익히는 주민 훈련장으로서의 역할"을 하였다고 말하고 있다(내무부, 1980: 313).

요약하면 1970년대의 교육은 '국적 있는 교육'이라는 기치 아래 반공안보 교육·주체성 교육 등에 역점을 두었으며, 과학기술 교육과 산학협동기술이 강화되어 전 국민의 과학화 운동이 실시되었고, 새마을운동의 일환으로 교육의 사회적 기능을 개발하기 위한 새마을교육이 전개되었다. 그런데 이러한 일련의 교육 개혁은 계엄령을 비롯한 여러 강압적인 수단들이 사용되는 정치적 상황에서 이루어졌고, 결과적으로 한국의 민주주의를 후퇴시키고, 한국 시민교육을 국가 중심의 국민교육으로 획일화하는 데 일조하였다고 볼 수 있다.

5. 1980년대의 한국 시민교육

1979년 12·12사태를 통해 권력을 탈취한 전두환 정권은 1980년 5

월 17일 비상계엄령을 전국으로 확대하고, 이어 5월 17일 국가보위 비상대책위원회(국보위)를 구성하여 국가 전권을 장악하였다. 국보위는 군부세력이 주도하는 13개의 분과위원회로 구성되었는데, 7·30 교육조치는 이 중 문교·공보위원회(문공위원회, 위원장 오자복 장군)에 의해 이루어졌다. 문공위원회는 6월 중순 한국교육개발원 김영철 박사 팀에게 "학교교육 정상화를 위한 과열과외공부 해소대책 연구"를 지시하였다. 그리고 그 결과에 따라 7월 11일 국보위 자체 비공개 소규모 세미나와 7월 22일 세종문화회관 대강당에서 개최된 공청회를 거쳐, 마침내 7월 30일 "학교교육의 정상화 및 과열과외 해소방안"이라는 제목의 혁명적 조치를 전격적으로 발표하였던 것이다(정재걸, 2000).

7·30 교육조치의 주요 내용은 1) 대학입시에 고등학교 내신성적을 반영토록 하고, 2) 초·중·고등학교 교육과정을 축소 운영하며, 3) 대학 졸업정원제를 실시하고, 4) 대학 수업을 전일제로 운영하도록 하며, 5) 대학 입학 인원을 확대하고, 6) 방송통신대학의 수업연한과 정원을 확대하여, 7) 교육방송을 실시하고, 8) 교육대학의 수업연한을 4년으로 연장한다는 것이었다. 그러나 이러한 8가지의 안은 사실 교육대학 수업연한을 제외하면 모두 과외금지라는 한 가지에 초점을 맞춘 것이었다. 이러한 7·30 교육조치는 정권의 정당성 창출을 위한 불순한 목적으로 시행된 것임에도 불구하고, 우리 시대의 마지막 평등주의적 교육정책이었다. 경제적 불평등을 현실화하는 사교육을 강제로 금지시킴으로써 가급적 학생들 자신의 능력에 따라 대학진학을 하도록 해야 한다는 평등교육의 이념은 앞으로는 더 이상 정책으로 입안되기 어려운 상황에 이르렀다(정재걸, 2000).

1980년대 들어 제5공화국의 국정지표로 채택된 교육개혁은 전인교육 및 정신교육의 2대 이념과 과학교육 및 평생교육의 2대 원리 등 4대 원칙인데, 즉 국민정신교육의 강화, 과학기술교육의 진흥, 전인교육의 충실, 평생교육의 확충이었다(문교부 1983: 27-29). 1984년도의 문교예산은 정부 예산 11조 1,729억 원 중 20.4%에 해당하는 2조 2,753억 원이었다. 이 예산을 뒷받침으로 국민정신교육 9대 덕목을 생활화하고 이념·사상교육의 충실과 국가시책 교육을 철저히 하는 등 국민정신교육을 심화했다. 그리고 유아교육 확충 및 초·중등학교 교육환경 개선과 교육내용에 충실을 기하여 기초교육을 다졌고, 기초과학교육 충실과 과학영재교육의 추진 및 첨단 과학교육을 강화하고 직업·기술교육을 심화했다(손인수, 1998: 506-507).

문교부는 또 9대 덕목의 생활화를 위해 각종 교재의 개발·보급과 교육 및 연수를 강화했다. 이는 '선진조국의 국민자세'를 형성하기 위한 덕목으로 주인정신·명예심·도덕심·협동정신·사명감·준법정신·애국심·반공정신·통일의지가 그것이다. 이 9대 덕목은 1980년대의 한국인에게 전달하고자 하는 메시지였다. 그것은 우리의 민족사에서 두드러진 경제적·물질적 생활의 풍요를 이룩한 1980년대의 우리들 자신에게 선진국민으로서 마음의 풍요와 정신적 성숙을 함께 뒷받침하기 위해서 우리가 다짐해야 할 바를 밝힌 것이다(한국정신문화연구원, 1984).

또한 1984년에는 고등학교 새 교육과정이 시행되었다. 이에 따라 1950년대의 반공·도덕교육이 1960년대에는 민주시민교육과 국민정신의 개조로, 1970년대에는 유신·새마을교육으로 나타났다가 1980년대에는 국민정신교육이 된 것이다. 그러다가 1984년부터 시행된 고등학교 새 교육과정에 의하며, 교육과정의 구성의 기본방향을 (1) 국민정신교육의 체계화, (2) 전인교육의 충실, (3) 과학기술교육의 강화에 두었다. 또한 1985년 3월 7일 발족한 교육개혁심의회는 교육개혁의 기본방향을 21세기를 주도할 주체적이고 창조적이며 도덕적인 한국인상을 창조하기 위해 교육개혁이 구상되어야 한다고 주장하면서 21세기를 주도할 '한국인상'의 특징으로 자주적 인간·창조적 인간·도덕적 인간의 세 가지를 정하였다. 이와 함께 한국인상을 구현하기 위한 교육개혁의 기본방향으로 한국인의 긍지를 심는 교육을 비롯한 9개 항목을 제시한 바 있다(손인수, 1998: 509).

그러나 이러한 교육개혁의 기본 방향은 사실상 총론에 머물러 있어서 각론으로 구체화되거나, 현장의 학교교육으로 뿌리내리지는 못했다. 오히려 80년대 학교는 권위적인 군사정권에 대항하는 저항과 투쟁의 장소로 여겨졌고, 따라서 신군부가 내놓는 교육개혁이 아무리 괜찮을 것이라고 할지라도 학교현장에 그대로 반영되기에는 무리가 있었다. 게다가 교육개혁의 입안을 담당해야 할 교육개혁심의회는 교육의 자율화와 수월성 추구하는 기본 방향을 제시하여 결과적으로 7·30 교육조치를 전면 부정하였다. 그리고 이러한 방향은 노태우 정부의 기본적인 교육노선이 되었다. 90년대 들어 김영삼 정부의 교육개혁위원회 역시 수요자 중심의 교육개혁이라는 슬로건을 통해 교육의 다양화와 차별화만을 강조하였으며, 김대중 정부의 신자유주의 교육정책 역시 경쟁을 통한 수월성을 추구하게 되었다.

6. 1990년대의 한국 시민교육

90년대 민주화와 더불어 한국시민교육에 있어 가장 큰 변화는 그동안 한국시민교육을 국민교육으로 획일화시켰던 권위적인 국가가 사라졌다는 점이다. 따라서 교육개혁은 주로 학교나 교사의 자율권을 보장하는 쪽으로 진행되었다. 여기서 특기할 만한 점은 이러한 교육개혁이 권위적인 문화에 젖어 있던 학교를 실질적으로 바꾸는 데까지 이루지 못했고, 교육 주체나 교육당국 역시 구태를 벗어나지 못하고 있다는 점이다. 그리고 이러한 권위주의 교육의 잔존에는 여러 가지 역학적 힘과 매체가 작용하고 있다.

윤정일(윤정일 외, 1991)은 오늘날 우리 사회의 권위주의 교육에서 제도적으로 가장 중요한 매체가 되어 온 것은 대학입시제도라고 지적한다. 대학입시제도란 대학진학과 입학을 희망하는 사람들을 시험을 통해 선발하는 제도를 말하는데 한국사회에서는 국가가 이를 주로 통제하였다. 대학입시제도에 대한 국가의 통제방식은 국가고시처럼 입시를 직접 관리하거나 대학별 입학정원을 규제하는 등 직접적인 것과 대학이 별도의 본고사를 치르도록 하거나 고등학교 내신성적을 평가하도록 하여 각각 입시성적의 일부로 반영하게 하는 등 간접적인 것이 있으며, 통제의 방식과 정도는 지난 수십 년간 다양하게 변천해 왔지만, 그 성격만큼은 변함이 없다.

게다가 세계화와 신자유주의 논리 속에서 학교사회에 경쟁과 효율의 논리 도입을 주장하는 목소리가 생겨나면서 학교개혁이 마치 기업의 구조조정과 유사한 것으로 받아들이는 입장들이 생겨났고, 시민교육을 능력 있는 경제인(전문인) 양성하는 것과 동일시하는 입장까지 생겨나고 있다. 즉 세계화와 신자유주의 논리 속에서 학교사회에 경쟁의 논리가 도입되면서, 학교사회에 효율성을 제고하는 움직임이 일고 있다.

1994년 9월 5일 발표된 교육개혁위원회의 제1차 보고서 이후 4차례에 걸쳐 발표된 교육개혁안은 여러 가지 개혁 과제를 담고 있다. 그리고 이에 대한 평가도 여러 가지로 나타나고 있다. 그렇지만 교육개혁위원회의 개혁 방안을 관통하는 가장 중요한 특징은 교육이 공급자 중심에서 소비자 중심, 또는 수요자 중심으로 바뀌어야 한다는 것이라고 할 수 있다(정재걸, 1997). 이는 1990년대 이후 문민정부와 국민의 정부가 제시한 교육개혁안에서도 잘 드러난다. 최근 들어 정부가 제시하고 있는 교육개혁안은 교육공급자인 학교 및 교원과 교육행정기관의 편의 중심 교육으로부터 학습자 중심의 교육으로 전환을 시도하고 있다. 여기서 학습자 중심의 교육론은 그 중요한 내용으로 ① 학생과 학부모의 교육선택권을 확대할 것과, ② 학교 간의 경쟁과 이 결과에 바탕을 둔 보상의 원칙을 제시함으로써 '시장기제의 도입'을 시도하고 있다(조형우, 2001: 37).

이러한 움직임은 결국 교육 수요자가 학교나 교육내용의 선택권을 행사하고, 교육 서비스의 공급자는 교육프로그램을 경쟁을 통하여 개발하고, 교육의 질을 개선하고, 수용에 부응하는 교육을 하도록 강요하겠다는 것이다. 이러한 시장중심의 신자유주적 교육개혁은 일면 한국교육에 긍정적 영향을 미칠 것으로 기대되기도 한다. 교육 정책의 중앙집권적이고 획일적 집행이 자율적이고 탄력 있는 교육정책의 집행으로 변하며, 나태한 모습의 학교현장이 경쟁을 통해 개혁될 것이고, 학교운영위원회 활동으로 교육문제를 풀 수 있을 것이며, 학교 배정의 자유로운 선택이 가능해질 것이다.

그러나 교육의 공공성으로 인해 교육제도에 경제원리를 적용하는 데에는 한계가 있을 것이다. 앞에서 보았듯이 경제적 불평등으로 인한 교육적 불평등의 심화는 사회적 불평등을 확산시키며, 경쟁과정에서 발생하는 공동체의식의 부재와 이기주의는 교육의 기본을 훼손할 가능성도 있다. 결국 학교사회에 시장중심의 효율성을 높이는 개혁은 학교의 정체성과 위상을 손상시키고, 학교의 학원화를 촉진할 것이며, 한국학교에서 시민교육은 제대로 자리잡기도 전에 사라질 위기에 봉착하게 될 것이다.

Ⅱ. 한국시민교육의 특징

앞에서 살펴본 대로 해방 이후 한국시민교육은 주로 학교라는 근대적인 교육제도 속에서 이루어져 왔다. 초등의무교육이 실시됨과 더불어 초등학교는 대한민국 국민이면 누구다 다니는 보통교육기관으로 자리잡게 되었고, 초등학교 취학률이 100%에 육박하면서, 학교는 민주시민을 양성하는 대표적인 기관으로 자리잡게 되었다. 그러나 실제로 학교에서 민주시민교육이 이루어진 것은 아니다. 60년대에서 80년대에 이르는 군사독재정권하에서 학교는 애국·애족하는 국민양성에 주력하였으며, 90년대 이후에는 세계화와 신자유주의 논리로 인해 민주시민보다는 시장에서 경쟁력 있는 직업인을 양성하는 데 주력하고 있다. 최근 교육부가 교육인적자원부로 개칭된 배경에도 이러한 시장중심의 효율성 논리가 있음을 확인할 수 있다.

이 장에서는 지금까지의 논의를 토대로 해방 이후 한국시민교육의 특징을 국가 중심의 국민교육과 시장 중심의 효율성 제고 움직임으로 나누어 살펴보고자 한다.

1. 국가중심의 국민(신민)교육

해방 이후부터 80년대까지 한국시민교육은 한국시민사회의 활성화를 위해 기여하기보다는 권위적인 국가독재의 정당성을 부여하는 기능을 주로 수행해 왔다. 과거 권위주의적 군사독재정권들은 국민윤리를 강화하거나, 학교에 대한 국가 간섭을 확대하는 방식으로 국가의 국민(신민)을 양성하고자 시도하였으며, 이러한 교육은 일정정도 성공하여(?) 한국시민사회의 발전을 저해하는 요소로 작용하고 있다.

소위 일제침략과 분단국가라는 역사적 상황으로 인해 한국시민교육은 민족주의와 반공주의가 결합되어 민주시민교육이라는 이름하에 국가 중심의 국민(신민)교육이 이루어진 것이다. 따라서 민주주의 신념, 가치, 태도보다는 애국·애족하는 국민 양성이 민주시민교육의 중핵으로 받아들여지는 상황이 수십 년 동안 계속되었으며, 더구나 권위적인 군사정권 지배하에서 민주시민의 자질이라고 할 수 있는 자유와 평등의 원리보다는 복종과 희생의 원리가 강조되었으며, 이로 인해 대안을 가진 비판보다는 무조건적인 복종이나 무한 투쟁이 교육현장에서 보다 현저하게 등장하곤 하였다.

이러한 국가중심의 국민(신민)교육은 그러한 교육을 강조한 권위주의적 군사독재 정권이 사라진 지금에도 제도나 관행으로 고착되거나, 하

나의 교육문화나 학교문화가 되어, 우리 학교를 병들게 하고 있다. 소
위 권위적 위계와 질서, 일방적인 충성이나 복종을 강조하는 이러한
권위적인 학교문화는 바로 오늘날 시민사회의 구성원들을 양성하는 데
장애물로 작용하고 있을 뿐만 아니라, 학교의 위기나 붕괴를 불러일으
키는 원인으로 작용하고 있다.

2. 시장 중심의 효율성 제고

그동안 한국 학교에서는 또 다른 하나의 시민 교육적 흐름이 있었는
데 바로 자본주의 시장에서 경쟁력을 지닌 개인을 기르는 것이었다.
특히 90년대 이후 세계화의 흐름 속에서, 그리고 신자유주의 논리의
도입과 더불어 강조되고 있는 이러한 입장은 매우 그럴듯 해 보이나,
이는 시민사회 영역을 자본주의 시장과 동일시하는 논의이며, 따라서
바람직한 시민을 합리적인 개인(경제 행위자)에 국한되는 것으로 파악
하는 견해이다.

그리고 이러한 합리적인 개인(경제 행위자)을 양성하는 것을 목표로
삼고 있는 교육은 오늘날 권위주의적 군사정권의 붕괴와 함께, 그리고
신자유주의의 논리와 함께 마치 과거국민교육에 대한 대안처럼 받아들
여지고 있다. 그 결과 시장의 논리를 학교로 끌어들이고, 수요자 중심
의 교육, 교직사회에 경쟁논리의 도입 등으로 나타나고 있다. 특히 최
근에 와서는 이러한 신자유주의의 논리가 교육개혁이라는 이름으로 학
교현장을 개혁하는 데 활용되고 있다.

그러나 이렇게 길러진 합리적인 개인(경제 행위자)은 국가로부터는
자유로울 수 있지만, 시장으로부터는 자유로울 수 없다.

Ⅲ. 한국시민교육의 개선 방안

지금까지의 한국시민교육은 주로 국가중심의 국민교육에 대한 지나친 강조와 권위적인 규사정권하에서 조금씩 도입되어 오디가 최근에 들어 확대된 시장 중심의 효율성 논리로 인해 왜곡되어 왔으며, 학교는 한국시민사회를 활성화시키고, 한국시민사회 발전에 기여할 수 있는 민주시민을 양성하기보다는 애국·애족하는 국민 혹은 시장에서 경쟁력 있는 경제 행위자 양성에 주력해 왔음을 확인하였다. 그 결과, 학교는 한국시민사회의 새로운 구성원을 양성하는 장소로서보다는 국가의 권위적인 명령과 지침이 전달되는 장소로, 경쟁과 효율이 요구되는 장소로 왜곡되어 왔음도 확인할 수 있었다.

이러한 학교에서는 진정한 민주 시민을 양성할 수 없으며, 적어도 다음 세 가지 측면에서 개선될 때 비로소 진정한 시민교육기관으로 자리잡을 수 있을 것이다. 첫째 학교는 민주시민교육을 하는 데 적합한 장소로 개편되어야 한다. 즉 학교 체제 자체가 민주적인 생활공동체로 조직되어서 학교에서 이루어지는 모든 활동이 민주적으로 운영됨으로써 그 속에서 자연스럽게 민주시민으로서의 자질을 기를 수 있게 해 주어야 한다. 둘째 학교의 교사는 민주적인 리더십을 갖도록 재교육되거나, 신규 교사 양성 과정에서 민주적인 리더십 교육이 제대로 이루어져서 학생들이 교사들과의 관계 속에서 민주시민으로서의 자질을 배울 수 있게 해 주어야 한다. 마지막으로 학교의 모든 교육과정과 프로그램이 민주주의의 내용과 방법으로 구성되고 운영됨으로써 학생들이 민주주의에 대한 지식, 기능, 가치, 태도 등을 배울 수 있게 해 주어야 한다.

1. 학교의 민주화

국가나 시장에 의존적인 학교에서 독자적인 시민사회의 구성원으로서의 시민이 길러질 수 없다. 즉 국가 중심의 국민교육의 경우 지나친 국가교육과정에 대한 의존은 학교 자체를 국가 신민을 기르는 장소 이상의 역할을 하지 못하도록 제한할 것이다. 또 시장 중심의 효율성 제고의 경우 시장의 논리만을 받아들인다면, 사적으로 유능한 개인을 양성할 수 있을지 모르지만, 공적인 시민의 자질을 기르는 데까지는 이르지 못할 것이다. 국가나 시장으로부터 일정 정도 거리를 두지 않는 학교에서 국가나 시장으로부터 자유로운 시민을 길러낼 수 있으리라고 생각하는 것은 지나친 기대이며 환상이다.

더욱이 학교교육과정은 단순히 교과서를 통해서 공식적으로만 제공되는 것이 아니라 학교문화로서 제공된다. 따라서 국가의 행정 논리나 시장의 경제 논리를 견제할 수 있는 비판적인 민주시민을 양성하고자 한다면, 반드시 학교가 민주적인 공간이 되고, 학교에 민주적인 시민문화가 만들어질 수 있는 토양이 조성되어야 한다. 민주화되지 않는 학교에서 자란 학생들이 과거처럼 국가에 순종하는 '국민'이나 국가에 저항하는 '시민'으로 성장할 개연성은 있으나, 국가나 시장 사이에서 자율성과 연대의식을 지닌 "시민사회의 시민"으로 성장할 가능성은 매우 희박하다 (강대현, 2001).

그리고 학교가 아무리 국가나 시장으로부터 자유롭다고 하더라도, 학교 내부가 소수의 지배자들에 의해 운영될 경우 이러한 학교에서 스스로를 비판하고 제한할 수 있는 시민들이 양성될 수 없다. 즉 전체주의적 학교, 전체주의적 학교 문화 속에서는 또 다른 독재의 논리가 자리잡고 있기 때문이다. 따라서 시민사회의 구성원으로서의 의식과 능력을 기르기 위해서는 반드시 학교가 국가나 시장과 거리를 둘 뿐만 아니라, 학교사회 자체가 민주적으로 운영되어야 한다. 민주적인 시민사회의 구성원으로서의 시민은 국가와 시장으로부터 자유로울 뿐만 아니라 그 내부가 민주적인 학교에서 나올 수밖에 없다(강대현, 2001).

2. 민주적인 교사 양성

학교의 민주화는 학교의 중핵이라 할 수 있는 교사들의 민주성 제고 없이는 이루어질 수 없다. 학생들이 학교에서 만나는 이는 교사들이며, 교사들은 통해서 학교현실을 접하고 있다. 따라서 학교체제의 민주화와 더불어 민주적인 리더십을 지닌 교사 없이는 제대로 된 시민교육을 할 수 없다. 따라서 학교의 민주화와 더불어 민주적인 리더십을 지닌 교사의 양성은 한국시민교육을 개선하는 데 있어 매우 중요한 영역이라 할 수 있다.

우선 기존의 교사들은 권위적인 학교문화 속에서 순응하거나 저항은 해 봤지만 민주적으로 학교를 운영하고 수업을 진행해 온 경험이 거의 없다. 따라서 기존의 교사들에게 민주적인 리더십을 함양할 수 있는 교사 재교육 프로그램이 절실하다. 이는 학교나 교육당국 자체에만 맡겨둘 수 없으며, 시민사회단체와 연계하는 것이 바람직해 보인다. 또한 사범대학 교육과정을 개선함으로써 새롭게 임용되는 신규교사들에게도 학교를 운영하고 수업을 진행함에 있어 민주적인 리더십을 발휘할 수 있는 자질들을 육성할 필요가 있다.

그리고 이러한 재교육 프로그램이나 신규교사양성 프로그램의 구성이나 운영에 있어서도 국가나 대학이 일방적인 결정에 의해 이루어지기보다는 교사들의 적극적인 참여와 활동을 유도하는 방향으로 이루어져야 한다. 아무리 좋은 프로그램이라고 할지라도 일방적으로 운영될 경우, 그 속에서 민주주의나 민주적인 리더십을 배울 수 없다.

3. 민주적인 교육과정 구성

한국시민교육의 개선을 위해서는 교육과정 역시 민주적인 내용과 방법으로 재구성될 필요가 있다. 기존의 교육과정은 교육부나 교개위로부터 상명하달식으로 구성되는 양상을 띠고 있다. 물론 7차 교육과정과 더불어 학교의 자율권이나 수업의 자율권이 확장되고 있는 일면이 있기는 하나, 아직까지 지침일 뿐 교육과정 내용이나 구성방법이 완전하게 민주화되었다고 볼 수는 없다.

민주적인 교육과정의 구성에 있어 가장 중요한 것은 교육에 관계하는, 보다 구체적으로 말하자면 학교에 관계하는 모든 구성원들, 학교 당국, 교사, 학부모, 학생들 간의 합의를 거쳐 교육과정이 구성하는 절차가 마련되어야 한다. 만약 이러한 절차가 마련되지 않고서는 아무리 민주적인 내용의 교육과정이라고 할지라도 사실상 비민주적인 것으로 받아들여질 수밖에 없다.

그리고 이렇게 합의에 기초해서 마련된 교육과정이라고 할지라도 비민주적으로 운영되어서는 안 된다. 교육에 관계하는, 즉 학교에 관계하는 모든 당사자들의 합의에 기초해서 운영될 때, 학생들은 민주주의를 배울 수 있을 것이다. 즉 민주적인 교육과정은 그 내용뿐만 아니라, 구성이나 운영에 있어서도 민주적이어야 한다.

Ⅳ. 결 론

결론적으로 한국시민사회의 장래는 한국학교에서 이루어지는 시민교육의 성패에 달려 있다고 해도 과언이 아니다. 그리고 학교시민교육의 성패는 바로 학교를 얼마나 민주적인 공간으로 재편하느냐에 달려 있다. 민주적인 학교 체제와 민주적인 학교 운영, 그리고 민주적인 교사들과 민주주의를 배울 수 있는 프로그램의 개발 없이 한국시민사회의 성숙을 논하는 것은 그야말로 기적이나 요행수를 바라는 것에 불과하다. 그리고 이러한 학교의 민주화는 전환기 한국사회를 살아가는 우리들의 몫이기도 하다(강대현, 2001).

현재, 한국학교는 내용적으로는 입시에 대한 물신주의와 권위에 대한 복종과 존경만을 교육할 뿐 민주시민교육을 포기하고 있다. 학력사회 경쟁에 모든 학교들이 다 참가하여 벌이는 상황 아래서 새로운 사회 성원들이 공공 의식을 갖는 민주시민으로 성장하기를 기대하는 것은 힘들다. 이러한 점에서 교육 과정과 교육 방법의 근본적인 개혁이 있어야만 학교가 중요한 사회화 기관으로서 사회적 민주화에 기여할 수 있을 것이다.

그리고 작금의 학교붕괴의 원인도 학교시설의 낙후나 교사들의 자질 부족, 가정교육의 실패에서 찾는 것과 더불어 시민교육기관으로서의 학교의 정체성과 정당성을 확보하지 못한 한국시민교육의 왜곡에서도 일정 정도 찾을 수 있을 것이다. 따라서 한국시민교육을 바로잡는 일은 바로 학교를 바로 세우는 일과 무관하지 않으며, 학교붕괴를 막는 하나의 처방일 수 있을 것이다.

참고 문헌

강대현(2001). "한국시민사회의 성장과정에 대한 분석과 시민교육적 함의", 서울대학교 박사학위논문.
교육개혁위원회(1998). 『21세기 한국교육의 발전지표』, 서울: 교육개혁위원회.
교육개혁위원회(1998). 『한국교육개혁백서』, 서울: 교육개혁위원회.
김신일(1991). 『교육사회학』, 서울: 교육과학사.

김영우·피정만(1995).『최신 한국교육사 연구』, 서울: 교육과학사.

내무부(1980).『새마을 운동 10년사』, 서울: 내무부.

문교부(1983).『80년대 한국교육개혁』, 서울: 문교부.

문교부(1988).『문교 40년사』, 서울: 문교부.

손인수(1979). "한국교육과 용제 백낙준 선생",『연세교육과학』, 제15집. 서울: 연세대학교 교육대학원.

손인수(1994).『한국교육운동사(Ⅰ)』, 서울: 문음사.

손인수(1998).『한국교육사연구(하)』, 서울: 문음사.

오천석(1960).『민주교육을 지향하여』, 서울: 을유문화사.

오천석(1964).『한국신교육사』, 서울: 현대교육총서출판사.

윤정일(1991).『한국의 교육정책』, 서울: 교육과학사.

이경호(2000). "한국 사회과 성립을 둘러싼 집단간 갈등에 관한 연구",『21세기에 대응하는 사회과교육과정의 논리와 쟁점』, 2000년 한국사회과교육학회 학술대회 자료집.

이진석(1992). "해방 후 한국사회과의 성립과정과 그 성격에 관한 연구", 서울대학교 박사학위논문.

이진석(2001). "전시교육체제에 있어서 사회과교과서 내용분석",『민족통합시대의 국가, 사회, 그리고 교육』, 한국사회과교육학회 2001년 정기학술대회 자료집.

이태근(1988).『사회과 교수법』, 서울: 교학연구사.

전득주외(1992).『현대민주시민교육론』, 서울: 평민사.

정세구역(1989).『민주시민교육』, 서울: 교육과학사 / Engle, S. H. & Ochoa, A. S.(1988). Education for Democratic Citizenship. N.Y.: Teacher's College Press, Columbia University.

정재걸(1997). "6월항쟁 10년, 교육개혁의 현주소", 한국사회과학연구소,『동향과 전망』, 1997년 여름호.

정재걸(1998). "제3공화국의 교육개혁과 정치", 안성기외(1998).『한국교육개혁의 정치학』, 서울: 학지사.

정재걸(2000). "7·30 교육조치", 미발표 논문.

조형우(2001). "신자유주의적 교육개혁의 성공조건으로서 교육시민운동",

서울대학교 석사학위논문.

진덕규(1999). "미군정시대 정치사회의 시민사회적 함의성에 대하여", 한국
　　사회학회·한국정치학회 편. 『한국의 국가와 시민사회』, 서울: 한울.

차석기(1999). 『한국민족주의 교육의 생성과 전개』, 서울: 태학사.

한국정신문화연구원(1984). 『선진조국의 국민자세』, 서울: 한국정신문화연
　　구원.

제4장 사회과 목표로서의 시민[1]
― 사회과 교육 목표로서의 '시민' 개념에 대한 분석 ―

이 장은 사회과 교육의 목표인 '시민' 개념을 다양한 측면에서 분석하는 것을 목표로 하고 있다. 이러한 분석은 크게 네 가지 측면에서 '시민이란 누구인가'라는 질문에 답하는 것을 구성되어 있다.

첫째 인간과 시민 개념의 비교 분석을 통하여 시민이 개념적으로나 현실적으로 공동체와 분리될 수 있는 보편적인 인간이나 자율적인 개인이 아니라 공동체의 구성원으로서의 지위(권리), 역할(의무), 자질(능력)임을 밝히고 있다. 동시에 그 공동체가 역사적으로 등장해서, 시민을 '지배자' 혹은 '소유자'로 보고 구성원의 자유와 평등을 보장한 민주적인 공동체(민주 국가)임을 밝히고 있다.

둘째, 시민을 바라보는 대표적인 두 관점인 자유주의와 공동체주의 입장에서 시민에게 요구되는 자질을 분석하여, 자유주의에서는 합리성과 정의를, 공동체주의에서는 참여와 배려를 주요한 시민의 자질로 강조한다는 것을 밝히고 있다. 그리고 이러한 두 관점의 시민 자질이 서

---

1) 이 장의 내용은 『사회과교육』 제46권 1호(2007)에 실린 '사회과교육 목표로서의 시민 개념에 대한 분석'을 일부 수정한 것이다.

로 배타적인 것이 아니라 함께 가르쳐질 수 있는 것임을 논하고 있다.

셋째, 현대 사회의 대표적인 특징인 다원주의적 사실과 이념을 토대로 현대 시민에게 요구되는 주요한 자질로 관용과 연대가 있음을 밝히고 있다. 또한 이러한 관용과 연대가 자유주의에서 요구하는 합리성과 정의나 공동체주의에서 요구하는 참여와 배려와 함께 가르쳐질 수 있는 것임을 논하고 있다.

끝으로 이러한 자질들을 종합하여 사회과에서 가르쳐야 할 시민의 자질들을 하나의 목록으로 제시하고 있다.

Ⅰ. 서론: 시민이란 누구인가?

사회과 교육을 논할 때 항상 빠지지 않는 것이 민주 시민 교육, 시민 교육, 공민 교육, 시민성 교육 등의 말이다. 그리고 사회과 교육의 목표는 민주 국가(사회)에서 요구하는 시민적 지식, 시민적 기능(지적, 정치적 기능), 시민적 태도(민주주의에 대한 서약 등)를 갖춘 시민을 양성하는 것이라고 말한다(정세구 역, 1989: 33; 최종덕, 2000: 355). 그러나 이러한 정의는 시민이란 누구인가, 혹은 누가 시민인가에 대한 실체적인 논의 없이 형식적인 진술에 머물러 있어 시민 교육에 대한 의미 있는 시사를 주지 못하고 있다.[2]

---

2) 우리는 시민 교육에 대한 다양한 개념들을 가지고 있다. 그들 중 몇 가지는 논리적으로 모순되기도 하고, 그리고 다른 것들은 본질적으로 모순된 것은 아닐지라도, 서로 다른 우선권을 주장한다. 즉 학문적 훈련, 사회 문제, 법 관련 교육, 가치 명료화, 도덕 발달, 비판적 사고, 공동체 참여 등 이러한 접근법들은 시민교육을 위한 학교교육과정 내에서 우선권을 얻기 위해 서로 경쟁하고 있다. 교육자들이 위와 같은 특정 제안을 받아들일지, 거절할지 생각할 때, 그들이 보다 근본적인 문제, 즉 '시민 자질이란 무엇인가?'에 대한 일관성 있는 답변을 하기도 전에, 그들은 위와 같은 제안이 제시하는 용어로 그 문제를 규정하도록 유혹받고 있다. 따라서 시민 자질

사실 사회과 교육에서 시민이란 누구인가라는 질문을 할 때는 '공동체 속에 잘 살고 있는' 시민 혹은 사회과 교육을 통해 '양성해야 할 시민'이라는 규범적 의미도 강하게 내포되어 있기 때문에 시민 혹은 시민성은 공동체 속에서 실존하는 구성원들의 현실적인 지위(status)와 권리(right)이기도 하지만, 그러한 지위가 요구하는 역할(role)이나 의무(obligation)이기도 하며, 그러한 역할이나 의무를 수행할 수 있는 능력(ability)이나 자질(quality)이기도 하다.

따라서 시민이란 누구인가 혹은 누가 시민인가의 문제는 매우 다양한 질문에 대한 숙고와 함께 답해져야 할 종합적인 문제이다. 예를 들어 인간이란 무엇인가, 공동체 혹은 국가(사회)란 무엇인가, 시민은 역사적으로 어떻게 등장하게 되었는가, 현대 사회는 어떤 특징을 가지고 있는가, 시민 교육을 어떻게 할 것인가 등 다양한 질문에 대한 숙고와 함께 시민 개념에 대한 답변이 가능하다. 그래서 시민 개념의 정립은 인간과 공동체(국가나 사회)에 대한 역사적·철학적 통찰뿐만 아니라 현대 사회의 변화와 특징에 대한 사회과학적 분석과 시민 교육적 처방과 함께 이루어질 필요가 있다.

따라서 '시민이란 누구인가'라는 질문에 대한 대답은 몇 가지 차원에서 접근할 필요가 있다. 이 연구에서는 크게 네 가지 차원에서 '시민이란 누구인가'에 대한 질문에 답하려고 한다. 첫째, 보편적인 인간 개념과 대비해서 역사적인 존재로서 시민에 대해 논하려고 한다. 둘째, 시민을 바라보는 대표적인 정치 철학적 관점인 자유주의와 공동체주의의 입장에서 시민에 대해 살펴보려고 한다. 셋째, 현대 사회, 특히 다원주의 사회 속의 시민의 위상과 자질에 대해 살펴보려고 한다. 넷째, 위의 논의를 종합하여 사회과 교육이 양성해야 할 시민의 모습을 논하려고 한다. 이러한 네 가지 단계별 답변 방식과 내용은 완전히 배타적인 것

이란 무엇인가에 대한 개념과 함께 시작하고, 그것으로부터 가르쳐야 하는 교육과정을 도출하는 것이 중요하다.(Newmann, F. M., Bertocci, T. A. & Landsness, R. M., 1977)

은 아니며, 시민 개념에 대한 종합적인 이해를 위해 차용한 것이다.

질 문	단계별 답변 방식
시민이란 누구인가? - 누가 시민인가? -	인간과 시민의 비교를 통하여
	시민을 바라보는 (정치) 철학적 관점에서
	현대 다원주의 사회 속의 시민에 대하여
	사회과 교육이 양성해야 할 시민에 대하여

Ⅱ. 인간과 시민 개념의 비교 분석

인간이 인간에 대해서 논한다는 것 자체가 매우 어려운 문제이기는 하지만 철학사를 통해 볼 때 '인간이란 무엇인가'에 대한 질문은 철학적 사유의 출발점이자 종착점이었다.[3] 조금 범위를 넓혀 종교적인 사유를 포함해서, 그동안 학문적 사유의 전통에는 인간에 대한 다양한 관점이 존재해 왔다. 그리고 그러한 관점은 인간 자체에 대해 정의 내리기보다는 대개 신과 인간, 인간과 자연, 인간과 사회, 인간과 인간이라는 '관계' 속에서 정의되는 경우가 많았다.

그래서 존재론은 신, 세계, 인간의 위계를 만드는 작업이라고 부를수도 있다. 철학의 주류가 존재론에서 인식론으로 전환된 근대 이후에도, 즉 철학의 사명이 신, 세계, 인간에 대한 존재론적 고찰에서 언어와 의미에 대한 인식론적 고찰로 좁혀진 이후에도 인간에 대한 제 관점은 암묵적으로 철학적 사유 속에 내재되어서 인식론과 분석 철학의

---

3) 칸트는 그의 『순수이성비판』에서 철학의 문제를 나는 무엇을 알 수 있는가, 나는 무엇을 해야 하는가, 나는 무엇을 바랄 수 있는가의 세 가지 문제로 요약할 수 있다고 했다가, 그 후 그의 『논리학 강의』에서는 그 세 가지 문제를 다시 인간이란 무엇인가의 문제로 환원시킬 수 있다고 하였다.(손봉호 외 역, 1989: 5에서 재인용)

토대가 되고 있다.

철학적 사유의 전통에서 인간에 대한 관점과 정의가 상당 부분 신과 인간, 인간과 세계, 인간과 자연, 인간과 사회 등 '관계'를 토대로 한 것과 마찬가지로 시민에 대한 관점 역시 '관계'를 토대로 하고 있다. 그래서 시민과 공동체, 시민과 국가(정치사회), 시민과 시장(경제 사회), 시민과 시민사회, 시민과 시민 등의 '관계' 속에서 시민을 정의하는 것은 매우 일반적인 방식이다.

이러한 인간과 시민의 개념적 유사성(관계로 정의된다는 측면)과 달리 차이점도 있다. 상대적으로 인간은 역사와 무관하게 정의내릴 수 있는 보편적이고 추상적인 존재이자 개념이다. 그러나 시민은 역사적 상황과 결부되어 나타난 구체적이고 현실적인 존재이자 개념이다. 따라서 시민에게는 '관계'와 더불어 '역사'가 논의의 중요한 준거가 된다. 그래서 보편적이거나 객관적인 시민에 대한 논의는 원칙적으로 불가능하며, 우리가 주로 논의하는 것은 특정 시기, 특정 공동체에 속한 시민성의 여러 변형들이다.[4]

그렇다면 시민이 "개인이 아니라 공동체의 구성원이며, 특별히 역사적으로 존재했던 공동체들 중 특정 유형의 공동체에서 나타난 존재이자 개념"이라는 것에 대해서 좀 더 자세히 살펴보기로 하자.

1. 시민과 공동체: 시민은 개인(individual)이 아니라 공동체의 구성원(membership)이다.

보편적인 인간(universal human) 혹은 자율적 개인(autonomous individual)

---

4) 역사적 기록들은 사회적 환경이 변했을 때 시민성 주제의 어떤 측면들도 함께 변한다는 것을 지적한다. 결과적으로 시민성의 다양한 역사적 개념들이 가능해진다. 이러한 변형의 두 가지 대표적인 사례라고 할 수 있는 로마제국과 중세의 시민성 논의가 Pocock과 Weber에 의해 검토된 바 있다(Shafir, 1998: 6).

은 개념적으로 공동체에 우선하거나 현실적으로 공동체와 분리될 개연
성을 일정 정도 가지고 있다. 즉 자의로든 타의로든 간에 인간은 공동
체를 떠날 수 있는 가능성을 가지고 있다. 물론 보편적인 인간도 공동
체와 분리될 경우 인간이라고 정의하기 어렵다고 할 수 있으며, 자율
적 개인도 공동체를 떠날 경우에는 생존을 위협받을 수 있다. 그러나
적어도 개념적으로나 현실적으로 공동체를 초월하거나 떠나서 살아가
는 인간이나 개인을 상정할 수 있다.[5]

그러나 개념적으로나 현실적으로 공동체와 분리된 사람을 인간이나
개인이라고 부를 수 있지만 공동체(국가나 사회)와 분리된 사람을 시민이
라고 부르기는 어렵다. 시민은 공동체 구성원으로서의 자격(membership)
으로(Butt, 1991), 공동체와의 관계 혹은 공동체의 다른 구성원과의 관
계 속에서 부여된 어떤 지위(권리)와 역할(의무)을 갖고 있는 존재
(Proctor, 1988)이기 때문이다(김왕근 1999: 51에서 재인용). 따라서 우
리가 알고 있는 극단적인 개인주의 혹은 무정부주의자의 관점에서는
인간이나 개인은 존재하지만 시민은 존재한다고 볼 수 없다.

그래서 시민은 본디부터 공동체적이다. 왜냐하면 공동체 이전의 인
간 혹은 공동체를 떠난 인간을 상정할 수 있는 있지만, 공동체(국가나
사회)와 무관한 시민을 상정할 수는 없기 때문이다. 따라서 시민은 근
본적으로 '보수적인' 개념이라고 할 수 있다. 시민은 공동체의 개혁은
요구하지만 공동체 자체를 파괴하는 것을 요구하지 않는다. 만약 그가
공동체를 떠나거나 파괴하기 원한다면 더 이상 그 공동체의 시민은 아
니다. 물론 그가 혼자 살지 않고 다른 공동체로 갔거나 뜻이 맞는 사
람들과 새로운 공동체를 만들었다면 그는 또 다른 공동체의 시민이 된
것이다.

---

5) 개념적으로 부처의 '천상천하 유아독존', 데카르트의 '나는 생각한다 고로
존재한다', 키에르케고르의 '신 앞에선 단독자' 등이나 현실적으로 로빈슨
크루소, 늑대 인간, 속세를 떠나 산 속에서 혼자 생활하는 도인 등이 그 예
가 될 수 있다.

결국 시민은 공동체와의 관계 혹은 공동체 구성원과의 관계 속에서 정의되는 개념이라고 할 수 있다. 그러나 이러한 논의는 매우 상식적이고 원론적이어서 시민 개념과 공동체의 구성원을 의미하는 다른 개념들 사이에 구분이 이루어지지 않는다. 즉 이러한 원초적인 시민 개념을 따를 경우 시민과 백성, 시민과 신민, 시민과 국민, 시민과 민족 등에 대한 구분이 전혀 이루어지지 않는다.

여기서 우리는 시민은 역사 속에서 특정 유형의 공동체 속에서 형성된 존재이자 개념이라는 것을 확인할 필요가 있다. 그래서 우리는 시민을 전제 국가의 백성, 독재국가의 신민, 전체주의 국가의 국민, 민족 국가의 국민이나 민족과 완전하게 동일시할 수 없는 이유를 찾아야 한다.

그렇다면 시민은 지금까지 존재했던 공동체들 중에서 어떤 공동체에서 등장한 개념인가? 시민들은 어떤 공동체를 떠나 어떤 공동체를 지향했는가?

2. 시민과 역사: 시민은 전통적인 공동체를 벗어나 민주적인 공동체를 지향한다.

시민의 가장 특징적인 형태는 고대 그리스의 폴리스(아테네)에서 찾을 수 있다. 역사적으로 고대 그리스의 폴리스는 작은 사회(도시국가)로 생산 환경과 친화적이라기보다는 착취적이며, 야만적인 침략자들의 요새였다. 그러나 이러한 역사적 사실이 시민들의 공동체라는 하나의 이상이 있었다는 사실을 제거하지 못한다.(Pocock, 1998: 32) 아테네의 '이상'으로서 시민에 대한 '고전적인' 설명은 아리스토텔레스의 정치학에서 찾아볼 수 있다. 이 저작에서 시민은 '지배하는 동시에 지배받는 자'라고 한다(Pocock, 1998: 33).

그리고 이러한 그리스의 시민성은 해방(emancipation)의 두 과정으로 나타난다. 첫째 그것은 부족적인 충성에서 벗어나 인간성의 해방과 자발적인 시민공동체로의 연합이다. 따라서 시민성은 인간성의 발견인 동시에 새로운 공동체의 사회적 유대이기도 하다. 둘째, 우리의 물리적 필요를 충족시키는 필연성의 도구적 영역(경제 영역)에서 공동 운명에 대한 합리적·도덕적 숙고를 통해 자유의 행사가 그 자체로 보상이 되는 자유의 영역(정치 영역)으로의 해방이다(Pocock, 1998: 33-34).

물론 고대 그리스의 시민 개념과 권리가 공동체의 모든 구성원에게 부여된 것은 아니다. 여자, 노예, 외국인은 시민권을 갖지 못했고, 노동으로부터 해방되지 못한 자는 시민이 될 수 없었다. 따라서 그리스의 시민성 개념은 가족이나 경제적 삶의 사적 영역에 비해 정치적 삶의 공적인 영역을 우위에 두고, 여성과 노예를 대가로 한 자유로운 남성 시민의 자유와 해방을 의미한다. 그래서 그리스의 시민성 범주는 제한적이며 참여 귀족주의를 넘어서지 못한다.

로마제국에서의 시민 개념은 이와는 다르다. 로마제국에서 시민의 지위는 다양한 계급의 사람들을 상위 계층으로 제국에 편입시켜 제국의 충성스런 지지자가 되도록 개인과 집단에 허용되었다. 시민은 고대 그리스와 달리 정치적 의사결정에 자유롭게 참여하는 것보다 황제와 법률로부터 보호받는 법적 지위가 되었다. 또 로마 시민성은 다른 사람들과 함께 숙고하는 자유가 아니라 '소유자'라는 권리에 의해 정의된다(Shafir, 1998: 4-5).

로마제국에서는 정치적 존재로서의 시민 개념이 법에 의해 규제되는 사람들, 행위들, 그리고 사물들의 세계에 존재하는 법적인 존재로서의 시민 개념으로 이동한다. 개인들은 사물의 소유와 법의 집행을 통해서 시민이 되고, 시민은 법에 따라서 자유롭게 행위하며 법의 보호를 요구하고 기대하는 사람으로서, 그와 같은 법률 공동체의 시민이며 그 공동체에서 그와 같은 것을 할 수 있는 법적인 지위를 가진 사람을 의미하게 되었다(Pocock, 1998: 36).

그래서 광대한 영토와 다양한 민족을 아울렀던 로마 제국에서는 시민의 범위가 많이 확대되었다. 공공영역의 범위가 폴리스에서 제국으로 바뀌었을 뿐만 아니라 시민의 범주가 이방인에게도 확대되었다는 사실은 중요한 변화였다. 로마 성립기에는 시민의 특권이 왕과 귀족들에게만 주어졌고, 그것도 남자 가장에게만 허락되었다. 그러나 그 범위가 점점 확대되어 기원전 500년경에는 로마 평민들, 상인들과 로마에 살고 있는 외지인들도 시민권을 얻어 시민이 되었다. 그 후 그 특권은 점차적으로 확대되다가 2세기에는 다른 지역에 사는 외지인도 로마의 시민이 될 수 있었다(손봉호, 2003: 17).

이러한 그리스의 정치적 시민 개념이나 로마의 법적 시민 개념은 우리의 전통 사회의 백성 개념에서도 일부 찾아볼 수 있다. 특히 조선시대의 양반 계층은 경제나 가사 같은 도구적 영역(경제 영역)으로부터 해방되어서 정치 과정에 참여했을 뿐만 아니라, 일정 정도의 토지를 소유한 지주들로서 왕과 법으로부터 보호받는 법적 지위도 지니고 있었다. 물론 우리의 전통사회는 폴리스와 같은 민주적인 정치 공동체도 아니며, 로마제국과 같은 이질적인 구성원들의 법률 공동체도 아니었다. 그러나 그렇다고 우리 전통 사회가 비민주적이고, 동질적인 부족국가에 머물러 있었다고 보기도 힘들다.

소위 연고와 필요로부터 일정 정도 벗어난 '지배자'나 '소유자'로서의 시민 개념은 그리스와 로마뿐만 아니라 중세 도시에서도 유지된다. 물론 그리스의 시민(polites)이나 로마의 시민(civis)은 주로 노동으로부터 해방된 지주들이었으나 중세의 시민들은 도시의 상인들과 수공업자들이었다. 중세 도시의 시민(citizen / bürger)은 봉건 군주의 간섭으로부터 어느 정도 해방된 도시에서 자신들의 권리와 의무를 자유로이 행사하는 사람을 의미했다. 이들은 자신들의 법, 법정, 자율적 행정 기구를 갖기 시작했는데, 스스로 제정한 법의 지배를 받고 행정 관료를 선출하는 데 참여할 수 있는 권리를 영주들로부터 쟁취했다(손봉호, 2003: 17).

그러나 오늘날과 같은 시민 개념이 본격적으로 등장한 것은 근대로 접어들면서부터이다. 근대 초기에 상대적 자유를 누렸던 도시의 시민들은 절대군주 국가의 백성(국민)이 됨으로써 그 자유를 상당한 정도로 상실한 경우가 없지 않았다. 그러나 다른 한편으로 절대 군주 국가들이 시민 혁명을 거치면서 군주에 종속되어 있는 신민이 아니라 자연법에 근거한 권리를 인정받는 계기가 마련될 수 있었다(Heater, 1990: 27–28). 시민혁명으로 인해 한 왕국의 백성이 아니라 자연법에 근거하여 기본적인 권리와 자유를 누릴 수 있다는 인식이 사람들에게 생겨났으며 모든 시민은 자유를 누릴 뿐 아니라 평등한 권리를 향유할 수 있다는 생각이 자리잡았다.

시민이란 용어에도 변화가 일어나 프랑스 혁명 이후 citoyen은 자유를 누리고 동등한 권리를 가진 국가의 시민으로 경제적인 함의를 가진 bourgeois와는 구별되어 사용되기 시작하였다. 그러나 자본주의가 발달하고(동시에 문제점이 드러나면서) 사회주의 사상이 등장하면서 모든 사람이 정치적으로뿐만 아니라 경제적으로도 평등해야 한다는 인식이 자리잡았고, 진정한 평등은 동등한 정치 참여로 끝나는 것이 아니라 경제적 평등에까지 확대되어야 한다는 인식이 일반화되기 시작하였다(손봉호, 2003: 20). 이러한 근대 시민 개념은 오늘날까지 이어져 시민이란 민주 국가에서 정치적 의사결정에 참여하는 주체이자, 시장 경제에서 합리적으로 이윤을 추구하면서 경쟁하는 동시에 생존 혹은 평등을 보장받는 주체로 그려지고 있다.

결과적으로 시민은 고대와 현대를 연결하는 개념으로 고대그리스의 폴리스나 로마 제국의 정치적인 자아 개념과 프랑스 혁명과 계몽시대의 모든 인간의 동등한 도덕적 가치에 대한 강조로 이어진다. 시민 개념은 자유, 평등, 박애의 계몽주의 사상과 갈등, 억압, 저항의 사회주의 사상의 등장에서도 잘 나타난다. 그리고 시민(성)과 관련된 질문들은 지난 몇 년간에 많은 주요한 현대적 변화들(동구·아프리카·라틴 아메리카의 민주화와 통합, 서구의 민족 갈등, 복지 정책에 대한 논쟁, 이민 등)과 관련된 정책들과 연구들의 초점으로 공공 논쟁의 중심으로 등장하고 있다.

여기서 주목할 만한 것은 바로 각 시대의 시민성의 역사적 개념 그 자체가 아니라 시민성의 개념이 시대로 장소에 따라 변한다는 사실과, 그러한 변천의 과정에서 일종의 유형(pattern)을 발견할 수 있다는 사실이다(Shafir, 1998: 2). 이러한 일련의 시민 개념 변화를 살펴보면, 시민 개념에는 공동체와의 관계 속에서 일종의 해방(초월)과 연합(참여)이라는 과정이 포함된다는 것을 알 수 있다. 즉 시민은 연고와 필요에 바탕을 둔 전통적인 공동체로부터 벗어나 자유와 평등을 보장하는 민주적인 공동체를 지향해 왔으며, 이는 일정 정도 경제적 소유(풍요)를 기반으로 한다는 것이다.

3. 종합: 현재, 시민은 자본주의 체제와 친화적인 민주 국가의 구성원이다.

종합하면 시민은 공동체 혹은 공동체의 다른 구성원과의 관계 속에서 정의할 수 있고, 그 공동체는 보편적이고 추상적인 공동체가 아니라 역사적으로 실재했던 공동체들이다. 물론 여기서 주의할 점은 공동체는 과거에 존재했던 그리스(아테네)나 로마이지만(여기에도 그 당시 사람들이나 현대인들의 공동체에 대한 해석과 이상이 들어 있지만), 시민은 현실적으로 존재했던 소크라테스나 시이저는 아니며 그 당시 여러 사람들이 상호주관적으로 동의하던 '시민'이며 따라서 역사성(현실성)과 함께 어느 정도의 규범성을 지닌 개념이라고 할 수 있다.

결국 인간이 아니라 시민의 경우에는 조금 단순하게 이야기한다면, 우선 공동체가 만들어지고, 이러한 공동체의 구성원으로서의 시민이 있다고 할 수 있다. 다만 시민의 공동체(민주국가 혹은 시민사회)는 여타 공동체와 다른 특징을 지니고 있다. 우선 고대 그리스의 전통을 이어받아, 지배자와 피지배자 사이의 경계가 없다는 것이다. 즉 직접 민주제든 대의제든 간에 시민들이 자신이나 대표를 선출해서 공동체의 운명에 대한 의사결정을 내린다.

이러한 민주적인 공동체가 시민에게 부여하지만, 공동체에 완전히 귀속되지 않는 권리를 정치적 시민권 혹은 정치권(political right)이라 부를 수 있다. 또한 로마의 전통과 중세의 전통을 이어 받아 시민 공동체는 근대로 접어들수록 사유 재산의 소유나 경제적 자립을 토대로 자유로운 경제생활을 할 수 있는 경제적 시민권 혹은 자유권(liberty or liberal right)을 부여하고 있다. 또한 경제생활에 있어 기본적인 수요(basic need)에 대한 평등을 보장받는 사회적 시민권 혹은 사회권(생존권), 때로는 사회적 시민권이 확대된 형태라고 할 수 있는 문화권까지 보장받아야 한다는 논의도 있다(Marshall, 1998: 94).

따라서 시민 공동체는 정치적 참여와 경제적 활동에 있어 자유롭고 평등한 구성원들의 모임이라고 할 수 있다. 따라서 현시점에서 시민 공동체는 민주 국가와 자본주의 경제 체제를 근간으로 한다고 볼 수 있다. 물론 시민 공동체가 민주 국가와 사회주의 경제 체제를 근간으로 할 수도 있지만, 계획 경제는 20세기의 역사적 경험에 비추어 볼 때 비효율적일 뿐만 아니라 인간의 자유를 심각하게 제약하는 측면이 있어 자본주의 경제 체제에 비해 시민 공동체와 덜 친화적이라고 할 수 있다.

자본주의 경제 체제 역시 양극화로 인해 인간의 자유를 제약하고 생존을 위협하는 측면이 있다. 그러나 자본주의는 현재까지 등장한 경제 체제 중 시민들의 기본적인 욕구를 충족시켜 시민들로 하여금 도구적 영역(경제 영역)으로부터 상대적으로 많이 해방되어서 정치 영역에 참여할 수 있도록 한다는 점에서 민주국가와 더 친화적이라고 할 수 있다. 이 점에서 시민성은 민주 국가와는 필연적인 관계에 있고, 자본주의와는 필연적이지는 않지만 매우 밀접한 관계가 있다고 볼 수 있다. 또한 정도의 차이는 있지만 대부분의 민주 국가는 자본주의를 보완하는 선에서(생존권을 보장하는 선에서) 일부 사회주의적인 요소도 받아들이고 있다.

시민권 혹은 시민성은 결국 자본주의를 물적 토대로 한 민주 국가에 의하여 개인에게 부여된 것이며, 시민이란 합법적으로 인정된 민주 국가의 구성원이다. 그 결과, 현시점에서 시민은 개인과 국가 사이에 존재하는 일련의 관계인 권리(지위)와 의무(역할)로 정의된다.

물론 또 다른 견지에서 보면, 시민성은 국가의 문제들을 넘어선다. 사람들은 엄밀히 말해서 국가의 범위를 초월하는(무관한) 수많은 집단들의 구성원들이다. 이런 견지에서 보면, 사람들을 가족, 종교 단체, 직장, 학교, 그리고 세계의 시민들이다(Heater, 1990: 318-319).

따라서 시민은 민주 국가를 근간으로 하되, 이의 물적 토대라 할 수 있는 자본주의 경제 체제와 친화적인 공동체에서 생활할 뿐만 아니라 다양한 단체와 조직뿐만 아니라 지역 사회와 세계 속에서 생활하게 된다. 시민이 살아가는 공간적 지평은 매우 다양하며 중첩적이라고 할 수 있다. 이를 그림으로 나타내면 다음과 같다.

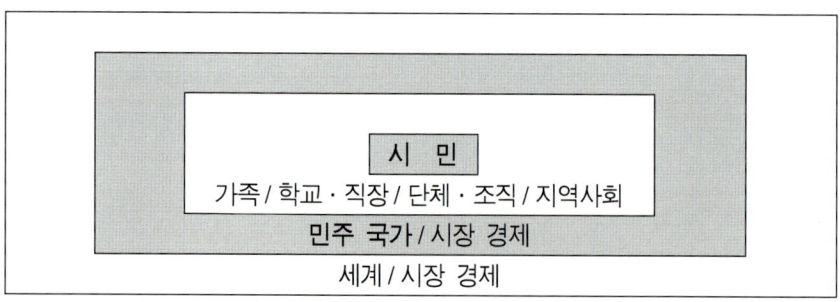

그러나 분명한 사실은 현재, 시민은 자본주의 경제 체제와 친화적인 민주 국가의 구성원이라는 사실이다. 이러한 구성원으로서의 자격은 현재 다른 단체나 조직과 세계의 구성원으로서의 자격과는 다른 차원의 우월한 지위와 역할을 하고 있다. 물론 갈수록 국가 간의 경계가 모호해지고, 과거 봉건 영주의 장원이 해체되고 민족 국가가 발원했던 것

처럼 국가가 해체되고 세계가 하나의 공동체로 구성될 경우에 이러한 민주 국가의 구성원으로서 시민 자격은 더 이상 우월한 지위를 가질 수 없을 것이다. 그리고 그 자리는 지역 사회 주민의 자격이나 세계 시민 사회 시민의 자격이 대신하거나 지역 주민성(municipal / local citizenship), 국가 시민성(national citizenship), 세계 시민(world / global citizenship)이 라는 다중적 지위(multiple status / citizenship)를 가질 수도 있을 것이다 (Heater, 1990: 318 - 319; 이승종, 1997: 51; 김왕근, 1999: 53 - 56; 설 규주, 2000: 24 - 34).

그러나 국가적 시민성과 달리 세계 시민성은 아직까지 현실에 접한 규범이라기보다는 이상에 가까운 규범이다. 물론 세계 대전 이후의 시 민성은 인간성과 인권에 대한 논의가 활발히 일어나면서 국가의 시민 이라는 범주 너머로 확장되고 있다. 유럽 각국에서는 오랫동안 거주해 온 외국인들은 실질적인 권리와 특권을 누리고 있다. 해마(Hammar)는 이들을 하나의 새로운 범주로 분류해야 한다고 주장하면서 denizen(거 주민)이라는 개념을 내놓고 있다. 브루베이커(Brubaker)는 '이중 성원 자격(dual membership)' 모형을 제시하였는데 이에 따르면 두 개의 동 심원 중 citizenship(국적에 기초)은 안쪽 원에 denizenship(거주에 기초) 은 바깥쪽 원에 해당한다고 하였다. 이러한 모형 역시 국가의 영토 (범위) 안에서 시민성 범주가 확대되고 있음을 보여주고 있다.(Soysal, 1998: 190)

따라서 현재의 기본적이고 주도적인 시민 개념은 자본주의 경제 체 제와 친화적인 민주 국가의 구성원으로서의 자격, 지위와 역할, 권리와 의무, 자질과 능력이다. 왜냐하면 시민의 가장 주요한 개념적 정의는 민주적인 정치 공동체의 구성원인데, 세계 시장이나 세계 시민사회의 도래에도 불구하고 세계가 하나의 민주적인 정치 공동체를 형성하고 있지는 못하며 오히려 국제 정치는 힘의 논리에 의해 좌우되고 있어 비민주적인 요소를 가지고 있기 때문이다. 국가를 넘어서는 차원의 민 주적인 정치 공동체가 등장하지 않는 한, 또 그런 정치 공동체가 연방

국가나 국가 연합의 형태를 띠고 있는 한 민주 국가의 구성원으로 시민성 개념 자체는 여전히 유의미하고 우월적인 지위를 가질 수밖에 없다. 따라서 현시점에서 세계 시민성은 정치 철학 등의 이론적이고 규범적인 논의는 될 수 있으나 시민 교육의 주요한 목표와 내용이 될 수는 없다.

Ⅲ. 자유주의와 공동체주의, 그리고 시민

자유주의와 공동체주의는 시민을 바라보는 대표적인 (정치) 철학적 관점이자 정치적 이념이다. 물론 자유주의와 공동체주의는 인류 역사 속에 등장했던 현실 공동체로부터 추상화된 것이라고 할 수 있다. 실제로 자유주의 이념을 가진 사회는 근대 이후 서구 사회로부터 연유하였고, 공동체주의 이념을 가진 사회는 서양의 경우에는 고대 그리스 이후, 동양의 경우에는 그 이전이나 그 이후에 다양한 시기와 장소에서 등장한 바 있다.

그러나 현대 사회로 접어들면서 자유주의와 공동체주의는 특정 사회를 지칭하는 것이라기보다는 인간과 사회, 시민과 국가를 바라보는 정치 철학적 관점이자, 정치·경제·사회·문화 영역의 다양한 문제를 바라보는 대표적인 정치적인 이념과 시각이 되었다. 그 결과 자본주의를 토대로 한 민주 국가 체제와 다원주의 및 세계화 현상을 특징으로 한 현대 사회에서 근대 계몽주의 시기의 고전적 자유주의와 공동체주의의 이분법보다는 자유주의와 공동체주의를 다음 그림에서 보는 것처럼 연속선 상위에 존재하는 관점으로 보는 견해가 주류가 되고 있다.[6]

---

6) 예를 들어 『정치적 자유주의』(Political Liberalism)라는 저작에서 롤즈는 자신이 그리는 인간은 사회와 무관한 인간이 아니라 자유주의라는 이름의 공동체 속의 인간이며, 목적과 분리되어서 목적을 선택하는 인간이 아니라고

자유지상주의   자유주의   공동체주의적 자유주의   자유주의적 공동체주의   공동체주의   전체주의

그래서 대부분의 현대 사상가들은 자유주의나 공동체주의의 양극단이라고 할 수 있는 자유지상주의자나 전체주의자보다는 자유주의와 공동체주의의 성격을 공히 지니고 있는 '공동체주의적 자유주의자' 혹은 '자유주의적 공동체주의자'의 경우가 많다. 그러나 정도의 차이이기는 하지만 여전히 두 관점 사이에는 서로 대비되는 부분이 있기 때문에 시민 개념에 대해서도 자유주의와 공동체주의 관점에서 강하게 요구하는 특징을 중심으로 살펴보려고 한다.

1. 자유주의와 시민: 합리성과 정의
(rationality / reasonableness & fairness / justice)

자유주의 관점에서 시민을 정의하기 위해서는 가장 우선적으로 시민과 국가와의 관계 설정이 요구된다. 앞에서 언급한 바와 같이 민주 국가는 시민에게 있어 가장 기본적이고 본질적인 공동체이다. 민주 국가는 시민권 부여의 주체이자 시민성 교육의 주체이기도 하다. 그러나 자유주의 관점에서는 국가 자체가 시민에 완전히(언제나) 우선한다고 볼 수 없다.

우선 자유주의 사회의 시민은 자신의 지위와 권리를 박탈하는 전체주의 국가를 반대하며 이의 부활 조짐에 대해서 결연하게 행동할 것이다. 물론 이러한 시민 불복종은 국가가 아닌 정부나 정권에 대한 불복

주장한다. 다만 자유주의라는 이름의 공동체 속에서, 그리고 지배적인 가치관이 없는 다원주의 사회 속에서 정의의 문제를 논할 때만큼은 목적과 분리되어서 사유할 뿐이라는 것이다(강대현, 2000: 7에서 재인용).

종일 것이다. 그러나 드물게 국가 자체에 대한 혁명일 수도 있다. 그러나 어디까지나 시민 불복종과 혁명은 민주 국가를 향한 것이지, 민주 국가에 반하는 것은 아니다. 그런 점에서 시민은 언제나 (현재 소속 집단이든 미래 준거 집단이든 간에) 민주 국가의 구성원이다.

그래서 극단적인 개인주의나 무정부주의를 제외하고 자유주의는 엄밀한 의미에서 광의의 '공동체주의'라고 할 수 있다. 극소수를 제외하고 대부분의 자유주의자들은 자유롭고 평등한 시민들의 연합인 민주 국가를 상정한다. 물론 자유주의의 극단이라고 할 수 있는 극단적인 개인주의자나 무정부주의자의 경우에는 공동체주의로서의 속성이 거의 없다. 그러나 극단적인 개인주의나 무정부주의도 인간성의 발현에 따라 유토피아를 낳을 수도 있지만, 약육강식의 정글을 낳을 수도 있다는 점에서 자유주의에 대해서 자충적일 수 있고 필요악으로서의 국가를 요청할 수도 있다.

물론 자유주의가 그리는 정치 공동체로서의 민주 국가는 매우 제한적이다. 자유주의 국가(야경국가)는 국방과 치안에 주력할 뿐, 경제는 시장이, 복지(자선)는 합리적이고 선한 시민들이 스스로 알아서 할 일이기 때문이다. 반면에 자유주의 국가와 달리 자유주의 국가(공동체) 속에서 시민은 매우 다양한 지위와 역할로 바쁘다. 국가의 구성원으로 대표가 되거나 대표를 선출하며, 국가의 활동을 감시 혹은 견제하는 공식적인 정치 활동을 수행하지만, 시장의 구성원으로서 자유로운 경제 활동을 하며, 여러 단체나 조직의 구성원으로서 다양한 취미와 활동을 갖으며, 봉사 및 자선 활동에도 참여한다.

그래서 자유주의 국가 공동체 속의 시민은 국가의 구성원으로서의 활동보다는 다른 영역(경제, 사회, 문화)의 활동을 보다 활발히 하게 되며, 국가보다는 자기가 속한 단체나 조직, 또는 지역 사회나 세계 속에서 더 많은 시간을 들여서 활동할 가능성이 많다. 자유주의 공동체 속에서 국가는 시민에게 있어 기본적이고 우월적인 공동체이기는 하지만, 매우 제한적인 범위 내에서 지위를 부여하고 역할을 요구한다.

따라서 자유주의 국가 공동체 속의 시민은 자유롭게 생각하고 행동하며, 자신의 행복을 추구한다. 다른 사람들에게 피해를 주지 않는 범위 내에서 자유를 만끽한다. 대부분의 경우 평등은 기회의 균등이나 공정한 절차 정도로만 해석된다. 자유주의 이념이나 민주 국가의 원리와 관련 없는 국가 공동체의 전통이나 가치는 참고 대상이지 따라야 할 준거는 아니다. 그래서 좋은 삶(행복)을 선택하기 위한 (개인 차원의) 합리성과 여러 개인들 사이에 협력과 유대를 형성하는 (사회 차원)의 정의는 자유주의 국가의 핵심적인 가치이다. 자유주의 국가는 개인의 (경제적, 정치적) 자유와 (사회적) 정의 위에서 번영하게 된다.

자유주의 국가(자유 민주 사회)에서 도덕적 인간의 구현(바람직한 시민의 형성)은 자기 근원적이며 권리를 행사하고 의무를 수행하는 데 합리적이고 책임 있는 시민이다. 시민은 제한된 정치적 영역에서 활동하고, 그 영역을 유지하면서 행동한다. 권리들은 자유롭고 평등한 시민이라는 개인의 공적 정체성과 관련된 것이지, 종교나 민족 같은 사적 정체성을 결정하는 특징과 관련되지 않기 때문에 시민은 좋은 삶(good life)의 관점을 자유롭게 선택한다(Shafir, 1998: 8).

이제 시민들은 각자의 좋은 삶을 살면서, 협력의 필요성을 고려하고 책임을 가지고 과다하지 않은 요구를 한다. 이 부분이 바로 롤즈가 비록 그의 자유주의 이론 초점은 개인의 권리이지만 개인들은 협력의 덕목들을 가지고 있어서 시민들은 느슨한 관계나 연합이 아니라 안정적이고 강한 유대를 지닌 사회를 창조하게 된다고 주장한 이유이다. 사회적 단일성과 제도에 대한 시민들의 헌신은 시민들이 같은 정치적 정의 개념을 공유하고 수용할 때만 가능하다(Shafir, 1998: 8-9).

따라서 자유주의 국가 속의 시민은 합리적(rational / reasonable)이며 동시에 정의로운(fair / right) 사람들이다. 그리고 자유주의 시민의 핵심 능력과 덕목은 합리성(rationality / reasonableness)과 정의(fairness / righteousness / justice)라고 할 수 있다. 이때의 합리성은 단순히 도구적 합리성에 국한되는 것은 아니다. 왜냐하면 경제적 자유를 통한 합리적

(rational) 이윤 추구뿐만 아니라 정치적 자유를 통한 합당한(reasonable-ness) 의사결정도 포함하기 때문이다. 정의 역시 절차적 정의나 형식적 정의에 국한된 것은 아니다. 왜냐하면 단순히 피해를 주지 않는 것 (harm principle)이나 기회를 균등하게 주는 것 이상의 공리의 원칙이나 차등의 원칙에 준하는 사회적 유대를 만드는 협력이 필요하기 때문이다.

2. 공동체주의와 시민: 참여와 배려(participation & care)

현대 공동체주의는 현대 세계로의 전환 속에서 사라져 버린 공동생활에 대한 갈망에 의해 추동되었다. 자유주의 사회의 많은 병폐들의 근원은 시민들 사이의 유대 약화, 정치에 대한 무관심과 제한적 참여에서 찾을 수 있다.

자유주의의 공리주의적 해석이나 롤즈의 계약론적 자유주의가 개인에 대한 강조와 법적인 틀에서 로마 제국의 시민성 개념과 유사하다면, 공동체주의자들은 그들의 영감을 고대 그리스 폴리스의 시민성에서 찾는다. 그리스의 공동체주의는 아리스토텔레스에 의해서 일관성 있게 제시되었고, 마키아벨리, 루소, 토크빌 등에서 살아 있는 정치적 전통으로 남아 있었다(Shafir, 1998: 2).

자유주의에 비해 공동체주의에서 시민과 국가의 관계 설정은 보다 밀접하다. 자유주의 속에서의 시민은 매우 근본적이기는 하나 국가와 최소한의 관계를 맺지만, 공동체주의 속에서의 시민은 국가와 근본적이면서도 최대한의 관계를 맺는다. 그렇다고 국가가 시민은 강하게 구속하고 제약하는 것은 아니다. 현대 공동체주의 역시 자유롭고 평등한 시민들의 민주 국가를 상정한다. 물론 이념적으로 좌우를 막론하고 공동체주의의 극단인 전체주의 국가 속에서 시민은 자유를 상실하고 때로는 평등을 강제받지만, 이러한 전체주의 국가는 반민주적이기 때문에 시민 공동체라고 볼 수 없다. 즉 무정부주의자들처럼, 전체주의자들은 민주 국가를 부정하고 시민의 존재 자체를 위협하는 사람들이기 때문에 현대 공동체주의의 범주 밖에 있다.

일반적으로 공동체주의에서 국가는 시민에게 있어 매우 본질적이다. 엄밀한 의미에서 이때 국가는 혈연, 지연, 종교 등 다양한 관계로 맺어진 민족적 토양을 갖고 있는 경우가 많다. 물론 다민족 국가도 있지만, 이 경우는 종교적 단일성이나 축적된 역사적 경험의 공유가 없을 경우 느슨한 형태의 연방국가이거나 소수 민족의 저항이 계속되고 있는 분쟁 상태일 수밖에 없다. 이러한 상황에서 시민들은 연방국가보다는 자신이 속한 주정부나 민족에 보다 소속감을 느낀다. 그래서 공동체주의에서 상정하는 국가는 민주국가인 동시에 민족국가일 개연성이 높고 연방국가라고 할지라도 역사적 경험을 통해 공통의 정체성을 갖고 있는 경우이다.

자유주의도 마찬가지지만 공동체주의 속에서도 다양한 단체와 조직, 지역사회와 세계가 중요한 역할을 담당하지만 국가 이상의 구속력을 가질 수는 없다. 공동체주의 속에서 시민은 자신과 동일시하는 공동체(예외적인 상황을 제외하고는 대개는 국가)를 하나씩 가지고 있다. 시민은 자신의 공동체와 불가분의 관계를 느낀다. 이러한 공동체에 대한 위협은 자신에 대한 위협으로 느끼며, 극단적인 상황 혹은 외부의 강제적인 압력 없이 공동체로부터 분리될 수 없다.

공동체 역시 시민들에게 자유나 권리 이상의 것을 제공하려고 한다. 심지어 때로는 자유를 제약하는 한이 있더라고 시민들의 생활에 지원하고 정체성을 심어 주려고 한다. 공동체주의자의 입장에서 자본주의 경제 체제는 시민들의 불평등을 야기할 수 있다는 점에서 때때로 국가 공동체의 위협이 되기도 한다. 그래서 복지는 국가가 담당해야 할 중요하고 핵심적인 영역이다. 사회생활이나 문화생활 속의 자유로운 활동은 공동체의 핵심적인 정체성을 위협할 경우 강제적으로 제한받을 수 있다.

공동체주의 역시 자유롭고 평등한 시민들의 공동체를 상정하지만 여기서의 자유와 평등은 자유주의자의 그것과는 성격이 다르다. 자유는 다른 사람들에게 피해를 가하지 않는 범위 내에서 모든 것을 할 수 있는 것이 아니라 '자신의 행복과 공동체의 번영을 위해서 정치에 참여하여 공공의 의사결정을 내리는 것'이다. 평등은 기회의 균등이나 공정한 절차가 아니라 '생존과 행복에 필요한 최소한의 수요를 충족받아 시민으로서 활동을 가능하도록 배려하는 것'이다.

따라서 공동체주의 속의 시민은 자신의 공동체 문제에 적극적으로 참여하여 정치적 의사결정의 주체가 되며, 다른 구성원들이 자신과 동등하게 생활하고 활동할 수 있도록 배려한다. 따라서 공동체의 운명을 결정하는 의사결정에 현명하게 참여하고 다른 구성원에 대한 배려가 기본적인 가치라고 할 수 있다. 물론 이때의 공동체는 민주 국가이며, (자유주의에서 그리는 것과 다소 다른 의미의) 자유롭고 평등한 시민들의 공동체이다.

비록 공동체주의가 참여와 배려를 강조하지만, 합리성과 정의를 소홀히 하는 것도 아니다. 왜냐하면 정치적 의사결정에 현명하게 참여할 때는 합리성이 요구되며, 약자에 대한 배려는 정의와 부분적으로 조화로울 수 있기 때문이다. 다만 공동체주의자는 합리성과 정의보다는 공동체에 대한 헌신(충성)을 통한 참여와 불평등을 적극적으로 해소하려는 배려를 시민의 보다 중요하고도 핵심적인 자질로 여길 뿐이다.

3. 종합: 시민성＝합리성과 정의＋참여와 배려

결국, 자유주의와 공동체주의자들 사이의 논쟁은 민주 국가와 시장 경제에 기초한 시민의 두 규범적 개념 사이의 논쟁이라고 할 수 있다. 그렇다고 자유주의와 공동체주의에서 그리는 국가, 사회, 시민이 서로 배타적인 것은 아니다. 현대 자유주의와 공동체주의는 민주국가와 시장 경제를 존중하며 시민의 자유와 평등을 보장하기 원하기 때문에 시민성에서 무엇을 보다 초점화시키느냐는 차이 정도로 보는 것이 합당하다.

　물론 자유주의는 시민의 (경제적) 자유와 최소한의 책임(정의의 원칙에 따른 규칙의 준수와 다른 구성원의 권리 존중)을 강조하여 합리성과 정의를 시민의 주요한 자질로 보는 반면에 공동체주의는 시민의 (정치적) 자유(참여)와 적지 않은 책임(공동체에 대한 헌신과 다른 구성원에 대한 배려)을 강조하여 참여와 배려를 시민의 주요한 자질로 본다. 앞에서 논의한 시민의 지위에 더해서 자유주의와 공동체주의에서 요구하는 시민의 자질을 추가하면 다음 그림과 같다.

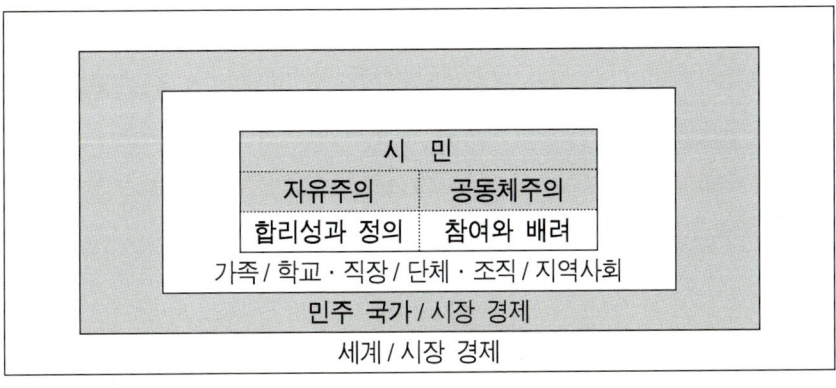

　자유주의와 공동체주의 관점에 대해서 이분법적으로 사고할 필요가 없듯이, 자유주의와 공동체주의에서 요구하는 시민성은 구지 배타적으로 보고 양자택일할 필요는 없다(물론 시민 교육 주체들의 합의에 따라 어떤 시민성에 초점을 두거나 우선순위를 매길 수 있다). 오히려 현대 사회에서는 자유주의와 공동체주의 관점이 서로 다른 모습을 드러내 주고, 실제 사회 문제에 대한 처방도 두 관점에서 병행될 수 있기 때문에, 두 관점에서 요구하는 시민성을 상황에 따라 우선순위를 두어 함께 가르치는 것은 이론적으로나 실천적으로 충분히 가능한 일이다.

Ⅳ. 현대사회와 다원주의, 그리고 시민

앞에서 살펴본 바와 같이 시민이라는 용어는 특정 시기, 특정 공동체에서 기원하며, 자유주의나 공동체주의의 관점에 따라 일정 정도 달라지는 개념이다. 시민이 역사적 존재이며, 상호주관적인 개념이라는 것은 단순히 보편적이고 객관적이지 않다는 의미만은 아니다. 오히려 시민은 역사적으로 형성된 유동적이며, 과정적 존재이자 개념이며 우리의 시각에 따라 달라지는 개념이라는 것이다. 따라서 우리의 관심은 시민성의 정초(foundation)가 아니라 시민성의 유형(pattern)에 있다고 할 수 있다.

그래서 시민이라는 개념 역시 과거 세대가 만들어 놓은 개념이지만, 동시에 현대를 살아가는 우리들이 만들어가고 있는 개념이다. 우리는 상당 부분은 암묵적으로, 가끔은 명시적으로 시민 개념을 만들어가고 있다. 그렇다면 현대 사회는 어떤 모습을 띠고 있으며, 이러한 특징과 어울리는 시민 개념은 무엇인지 고민해 보려고 한다.

1. 현대사회와 다원주의

앞에서 살펴본 바와 같이 근대사회와 마찬가지로 현대사회에서도 여전히 민주 국가와 시장 경제는 시민 생활의 기본 토대이며, 자유주의와 공동체주의 역시 설득력 있는 사회관이자 시민관이다.

그러나 근대 사회와 달리 현대 사회에서는 우열, 미개와 문명, 야만과 이성, 비서구와 서구라는 근대 사회의 위계 구조(서구 중심, 이성 중심 등)가 깨지고 있다. 그리고 현대 사회는 고대 사회나 중세 사회처럼 하나의 전통을 공유하고 있는 일원적 사회가 아니다. 또 근대 사회처럼 보편적인 인간과 이성에 대한 확신을 갖고 있는 또 다른 의미의 일원적 사회도 아니다. 현대 사회는 과거 사회와 달리 하나의 전통이나 세계관 또는 인간관이 지배하는 일원적 사회가 아니라 다양한 전통과 세계관, 인간관이 병존하는 다원주의(pluralism) 사회이다(강대현, 2000: 2-3).

다원주의는 크게 다원성이 존재한다는 것을 사실적으로 인정하는 기술적 다원주의(descriptive pluralism)와 다원성을 이상적인 것으로 생각하고 이를 추구해야 한다고 주장하는 규범적 다원주의(prescriptive pluralism)로 나눌 수 있다(이병호, 1998; 조영제, 1998: 29). 또한 다원주의 정도에 따라 포스트모더니즘 이전의 / 모던적 다원주의(modern pluralism, 동질적 다원주의)와 포스트모던적 다원주의(postmodern pluralism, 이질적 다원주의)로 나눌 수도 있다(이병호, 1998: 23, 28; 강대현, 2000: 4-5).

사실 기술적 다원주의와 동질적 다원주의는 현대 이전에도 논의되어 온 것들이다. 문제는 현대사회의 특징은 규범적 다원주의와 이질적 다원주의에 있다는 것이다. 민주 국가와 시장 경제의 발달은 또한 개인의 자유와 권리에 따른 다양성의 증가와 이를 허용하는 심지어 장려하는 측면을 띠고 있다. 또한 시장 경제의 발달은 국가의 경계를 허물었으며, 국가가 갖고 있는 특권적 지위와 정체성 및 구속성을 약화시키고 있다. 무엇보다도 세계화는 다양한 인종과 민족의 문화 간의 교류를 불러일으켜서 매우 이질적인 문화를 가진 사람들이 함께 모여 사는 현상을 일반화시키고 있다.

민주 국가와 자본주의 경제 체제에 더해서 다원주의적인 체제와 문화의 등장은 시민 개념에 대한 의미 있는 시사를 주고 있다. 그리고 한 국가 내에서도 자유주의자와 공동체주의자뿐만 아니라 이질적인 문화와 정체성을 가지고 있는 사람들을 포함한, 지역, 국가, 세계라는 공간적 차원과 다른 의미의 다중적이고 중첩적인 시민 개념의 필요성을 불러일으키고 있다.

물론 이때 민주 국가 체제 유지와 시장 경제의 발달을 위해 불가피하

게 다원성에 대한 최소한의 제한과 배제가 요구된다. 예를 들어 민주
국가 정체와 자본주의 체제를 부정하는 개인과 집단의 경우, 먼저 민주
국가 정체를 완전히 부인하는 개인이나 집단을 시민으로 허용할 수는
없다. 다음으로 자본주의 경제 체제를 수정하는 것을 넘어서서 완전히
파괴하고자 하는 개인이나 집단에 대해서는 시민으로 인정하기 어렵다.
　또한 추구하는 가치에 있어서도 다원성에 대한 제한과 배제가 요구
된다. 우선 개인의 자유를 인정하지 않는 사람들, 자유를 인정하되, 타
인에 대한 피해를 주는 것까지 포함하는 사람들에게는 시민의 지위를
부여할 수는 없다. 물론 자유 자체(자신과 타인의 자유를 포함하여)에
대한 부정과 달리 타인에게 일시적으로 피해를 주는 것은 일정 정도의
책임을 묻는 형태로 시민의 지위와 권리를 인정할 수 있다. 공동체에
대한 참여와 그 구성원에 대한 배려의 경우에도, 우선 공동체에 대한
헌신과 참여가 전혀 없는 사람들에게는 시민의 지위를 부여할 수 없다.
그러나 그 구성원에 대해 일시적으로 배려하지 않는 것은 일정 정도의
책임을 묻는 것으로 시민의 지위와 권리를 인정할 수도 있다.

2. 다원주의 사회의 시민: 관용과 연대

　그러나 위와 같은 경우(민주 국가와 자본주의 체제와 그 기본 가치를
완전히 부정하는 경우)를 제외하고 다원주의 사회의 시민은 다른 가치관
과 문화를 가진 사람들을 공동체의 구성원으로 인정하고 동등한 시민으
로 대우해야 한다.
　그래서 민주국가와 자본주의 체제를 근간으로 자유주의와 공동체주
의 관점에서 충분히 해석 가능한 근대 사회와 달리 현대사회의 다원주
의적 특성이 요구하는 별도의 시민 자질이 있다. 그것은 자신과 매우
다른 가치관과 문화를 지닌 개인과 집단에 대한 관용(tolerance)과 연대

(solidarity)이다. 다원주의 사회에서 조화로운 삶을 추구하기 위해서는 다른 사람에게 피해를 주지 않는 범위 내에서 합리적으로 자유를 추구하거나 정의의 원칙을 따르고, 공동체의 의사결정에 참여하고 그 구성원을 배려하는 것만으로 충분하지 않다.

자신과 전혀 다른 사고를 하는 인간, 자신이 속한 문화와 매우 이질적인 문화의 구성원과의 관계 설정과 태도 정립이 요구된다. 근대 사회가 서구 중심주의하에서 민주 국가와 자본주의 체제하에서 매우 동질적인 공동체의 시민을 그렸다면 현대 사회는 다원주의 체제와 문화 속에서 민주 국가와 자본주의 체제를 근간으로 하되 매우 이질적인 공동체 사이의 시민을 그릴 수밖에 없다.

그 동안의 시민이 자유(합리성)와 책임(정의), 공동체에 대한 참여와 배려를 요구받았다면 다원주의 사회에서의 시민은 이에 더해서 다른 공동체와 그 구성원에 대한 관용과 연대를 요구받고 있다. 서로 다른 배경과 신념 및 가치 체계를 가진 사람들로 의사소통하고, 정치적 과정에 함께 참여하기 위해서는 구성원들 간의 관용과 연대가 필수적이다. 앞에서 논의한 시민의 지위, 자유주의와 공동체주의 시민의 자질에 더해서 다원주의가 요구하는 시민의 자질인 관용과 연대를 추가하면 다음 그림과 같다.

시민	
자유주의	공동체주의
합리성과 정의	참여와 배려
다원주의	
관용과 연대	

가족 / 학교 · 직장 / 단체 · 조직 / 지역사회
민주 국가 / 시장 경제 / 다원주의 사회
세계 / 시장 경제 / 다원주의 사회

여기서 관용은 싫어하거나 인정할 수 없는 대상이 현저할 경우 부정적 행위를 자발적으로 중지하거나 인내를 가지고 참는 태도를 말한다(조영제, 1998: 65). 따라서 관용은 다른 신념이나 가치 체계를 소극적으로 인정하는 태도이지만 적극적으로 더불어 사는 삶의 태도는 아니다. 더불어 사는 삶에는 다르지만 동등하다는 의식과 태도가 필요하다. 우리는 비록 서로 다르지만 하나의 정치공동체의 성원으로서 동등하다는 의식, 우리가 동질적이어서 동등한 것이 아니라 달라도 동등하다고 느끼는 새로운 연대 의식이야말로 다원주의 사회의 시민이 갖추어야 할 또 다른 태도라 할 수 있다(강대현, 2000: 15-16).

V. 결론: 사회과 교육에서 양성해야 할 시민

그렇다면 사회과 교육에서 양성해야 할 시민은 어떤 모습일까? 이에 대한 대답은 지금까지 논의해 온 '시민이란 누구인가'에 대한 대답을 종합적으로 정리하는 것으로 대신하려고 한다.

첫째, 국가적 시민성을 근간으로 하여 민주 국가의 구성원으로서의 시민성 함양에 주력해야 한다. 물론 향후 지역이나 세계 수준의 시민성 함양에도 관심을 기울어야 할 것이다.

둘째, 국가적 시민성의 두 모습인 자유주의 시민성과 공동체주의 시민성의 조화로운 발달을 기해야 한다. 즉 자유주의 시민성의 핵심적인 능력인 합리성과 정의(감)를 길러 주는 동시에 공동체주의 시민성의 핵심적인 능력인 참여와 배려를 길러 주어야 한다.

셋째, 현대 사회의 다원주의적 특징과 다원주의라는 시각과 이념에 기초하여 이질적인 구성원들 사이의 관용과 연대를 길러 주어야 한다.

이러한 내용들을 사회과 교육이 양성해야 할 시민성의 범주와 내용으로 제시하면 다음 표와 같다.

시민성의 범주	시민성의 내용
시민적 지식	**합리성**(합리성의 기초로서 기본 지식과 개념) 정의(정의에 대한 기본적인 지식과 개념) 참여(공공선, 정체성, 정치적 자아 개념 등) 배려(고통, 약자, 불평등에 대한 이해 등)
시민적 기능	**합리성**(합리적 사고, 의사결정능력), **정의**(절차적 정의나 공정성의 원칙에 따른 사고), **참여**(현명한 참여를 위한 사고) 배려(고통, 약자, 불평등에 대한 사고)
시민적 가치·태도	합리성(합리적인 태도) 정의(정의감, 공과 사를 구분하는 태도) **참여**(참여지향적인 태도) **배려**(약자에 대한 배려하는 마음, 불평등을 해소하려는 태도) **관용**(비난하지 않는 태도, 억압하지 않는 태도) **연대**(이질적인 구성원과의 연대하려는 태도)

※ 진한 글자로 표시된 것은 해당 시민성의 범주에서 중핵적인 시민성의 내용을 의미한다.

참고 문헌

강대현(2000). 현대 자유주의와 공동체주의 시민교육에 대한 비판적 고찰. **시민교육연구**. 한국사회과교육학회. 제31집. pp.1～18.

김왕근(1999). 세계화와 다중 시민성 교육의 관계에 관한 연구. **시민교육연구**. 한국사회과교육학회. 제28집. pp.45～68.

박상준(2006). **사회과교육의 이론과 실제**. 서울: 교육과학사.

설규주(2000). 세계화 지방화 시대의 시민교육. 서울대 석사학위논문.

손봉호(2003). 시민성과 시민윤리. **시민사회와 시민교육**. 손봉호 교수 정년기념 논문집 간행위원회.

손봉호·황경식 역(1989). **몸·영혼·정신**. 서울: 서광사

이병호(1998). 포스트모던 자원주의와 사회과 교육: 정의와 연대성을 위한 교육. 서울대 박사학위논문.

이승종(1997). 지방화, 세계화 시대의 시민의식. **사회와 교육**. 한국사회과교육학회. 제24집.

정세구 역(1989). **민주시민교육**. 서울: 교육과학사. / Engle, S. H. & Ochoa, A. S.(1988). *Education for Democratic Citizenship*. N.Y.: Teacher's College Press, Columbia University.

조영제(1998). 다원주의 사회의 기본 덕목으로서의 관용과 그 시민교육적 함의. 서울대 박사학위논문.

최종덕(2000). 미국 시민교육의 전통과 쟁점. **시민교육연구**. 한국사회과교육학회 제31집. pp.35 - 368.

Heater, D.(1990). *Citizenship: The Civic Ideal in World History, Politics and Education*. New York: Longman.

Ichilov, O. ed.(1990). Political Socialization, Citizenship Education, and Democracy. New York: Teachers College Press, Columbia University.

Marshall, T. H. "Citizenship and Social Class", Shafir, G. ed.(1998). *The Citizenship Debates: A Reader*. Minneapolis: University

Newmann, F. M., Bertocci, T. A. & Landsness, R. M.(1977). "Skills in Citizen Action", Parker, W. C. ed.(1996). Educating The Democratic Mind. New York: State University of New York Press.

Parker, W. C. ed.(1996). Educating The Democratic Mind. New York: State University of New York Press.

Pocock, J. G. A. "The Ideal of Citizenship since Classical Times", Shafir, G. ed.(1998). *The Citizenship Debates: A Reader*. Minneapolis: University of Minnesota Press.

Shafir, G. ed.(1998). *The Citizenship Debates: A Reader*. Minneapolis: University of Minnesota Press.

Soysal, Y. N. "Toward a Postnational Model of Membership", Shafir, G. ed.(1998). *The Citizenship Debates: A Reader*. Minneapolis: University of Minnesota Press.

제 2 부

사회과 교육 내용의
구성과 적용

제5장 사회과의 기반과 내용[1)](#)
─ 사회과의 기반과 내용에 대한 비판적 고찰 ─

    그동안 사회과 정체성 논의는 주로 '시민성'이나 '시민교육'이라는 추상적인 목표에 기초해서 이루어져 왔다. 그러나 이는 시대나 장소에 따라 다르게 규정될 수 있는 목표이며, 사회과라는 하나의 교과 목표일 뿐만 아니라 학교 혹은 사회 교육의 목표이기도 하다. 따라서 이러한 추상적인 목표에 기초한 사회과 정체성 및 내용 구성 논의는 형식적이고 추상적으로 흘러갈 개연성이 높다. 이 글에서는 목표라는 지향을 가지고 사회과 내용을 구성하려는 과거의 시도와 차별되게, 기반이라는 토대에 기초해서 사회과 내용을 구성해 보려고 한다. 집을 지을 때 우리는 지붕부터 세우지 않고 땅부터 다지는 것처럼 사회과라는 교과 역시 사회과가 터해 있는(혹은 관련된) 기반에서 출발해서 내용을 구성하고 그러한 내용을 잘 조직해서 가르칠 때 비로소 목표는 자연스럽게 실현될 수 있기 때문이다.

    따라서 기존의 사회과 정체성 논의에 익숙한 사람들은 약간의 혼동

---

1) 이 장의 내용은 『사회과교육』 제44권 1호(2005)에 실린 '사회과의 기반과 내용에 대한 비판적 고찰'을 일부 수정한 것이다.

이 있을 수도 있다. 즉 추상적인 목표에서 출발해서 구체적인 내용으로 사회과를 체계화시키는 시도에 익숙한 사람들은 기반과 목표를 동일한 것으로 인식할 수도 있기 때문이다. 그러나 기반과 목표는 다르다. 일단 기반은 추상적인 것이 아니라, 가장 구체적인 것으로 우리가 현재 갖고 있는 교육적 자산들이다. 그동안의 여러 사회과 모형들을 고찰해 보면, 사회과의 기반은 크게 역사와 전통(기본적인 문화유산과 가치), 지식과 사고(인문·사회과학적 지식과 사고), 일상생활(일상에서의 삶과 행위) 등의 세 가지 정도로 요약될 수 있고, 각각의 모형은 그 기반에 따라 서로 다른 사회과 내용을 제시해 왔다.

그리고 기본적인 문화유산과 가치, 사회과학적 지식과 사고 등은 모두 일상에서의 삶과 행위에 관련될 때 유의미하게 받아들여질 수 있음으로 사회과의 일차적인 기반은 일상생활이라고 할 수 있다. 그러나 일상생활이라는 것이 역사와 전통의 결과물이요, 일상에서의 합리적인 삶을 영위하기 위해서는 삶과 행위 그 자체보다 이에 대한 반성과 숙고의 과정과 결과물인 인문·사회과학적 지식과 사고 체계의 습득이 요구된다는 점을 고려한다면, 세 가지 기반은 밀접하게 관련되어 있다고 할 수 있다. 이 장은 사회과 세 가지 기반이 어떤 관계를 맺고 있으며, 사회과 내용을 구성할 때 상호보완적이 될 수 있음을 밝힘으로써 사회과 정체성 문제를 실용주의적 논의로 전환하려고 한다.

I. 서 론

이 글은 사회과의 기반과 내용에 대해 이론적으로 고찰하는 것을 목표로 하고 있다. 그러나 이러한 규범적 논의는 현실과 무관한 이상적이고 규범적인 논의라기보다는 현실을 고려한 실제적이고 실용적인 논의가 되기를 바란다. 즉 현실의 경험이나 실천적인 고려에 기초하여 당위를 논하려고 한다. 즉 사회과는 무엇에 기반을 두어 무엇을 가르치는 교과인가에 대해 실천가능하고 실현가능한 당위를 제시하려고 한다.

사회과가 도대체 무엇을 하는 교과인가에 대한 문제제기는 사회과교육을 연구하고 실천하는 모든 사람들의 고민거리였으며, 그 결과 사회과 교육에 대한 다양한 정의와 접근들이 있어 왔다(Bar, Barh & Shermis, 1978; Nelson & Michaelis, 1980; Pandiscio, 1983; Engle & Ochoa, 1988; Woolever & Scott, 1988; Zevin, 1992; Banks, 1999; Martorella, 2001; 차경수, 2000; 권오정 2003). 그런데 국내의 사회과 교육 논의를 보면, 이러한 고민들이 모여서 교과이론과 실천으로 결실을 맺기보다는 외국이론을 답습하거나, 현장에 대한 고려 없이 새로운 이론을 제시하여, 공허한 메아리로 돌아오기 일쑤였고, 이론적인 안내 없는 현장의 노력은 고독한 실천으로 고립된 채, 일선 교사들만 지쳐가는 일들이 반복되어 왔다(강대현, 2002). 그리고 이러한 사실은 사회과에 국한되지 않은 교육 일반의 현상이며, 여러 사람들이 공통적으로 지적하는 바이기도 하다(심미혜, 2001).

사회과의 정체성이란 진부한 논의를 다시 시작하는 데는 이러한 사회과의 이론적 공백이나 이론과 현실과의 괴리 등과 더불어 연구자 개인의 경험에서 나온 이유들도 있다. 우선, 사회과 관련 학회 일을 맡아보면서 사회과 교육을 전공하는 연구자들 사이에도 사회과 교육이 무엇인지, 사회과 교육의 목표라고 하는 시민성이 무엇인지에 대한 대강의 공유점도 찾기 힘들었다는 점이다. 서로 다른 학문적 배경에서 출발하여 사회과교육을 연구하는 관계로 민주시민교육이라는 추상적 목표에는 동의하지만, 민주시민의 자질이 무엇인지에 대한 구체적인 논의로 들어가면, 서로 다른 이야기들이 흘러나왔다. 다음으로, 대학과 현장을 오가면서 이론과 실천 사이에 높은 불신의 벽이 존재함을 느꼈다. 학자들은 교사들의 이론적 빈약함과 비논리성에 집착하고, 교사들은 교수들의 지적 허영과 외국이론에 대한 무비판적 수용을 비난할 뿐이었다.

그래서 이제 다시 한번 진부한 사회과 정체성 논의의 하나로 사회과의 기반과 내용에 대한 화두를 던지려고 한다. 사회과, 도대체 무엇에 기반을 두어 무엇을 가르치는 교과인가? 이러한 질문은 사회과를 전공하는 이들에게는 숙명적으로 답해야 하는 문제제기이며, 이에 대한 진지한 이론적 성찰과 지속적인 고민 없이 사회과 이론을 논하고 사회과 수업을 진행하는 것은 모르는 것에 대해서 이야기하고 가르치는 우를 범하고 있는 셈이다.

II. 사회과의 현실: 세력 균형

미국에서 사회과(Social Studies)라는 교과가 생긴 지도 100년이 다 되어 간다. 그리고 이러한 사회과가 한국에 도입된 지도 50여 년이 지났다. 그런데도 변하지 않는 질문이 있다. 도대체 사회과란 어떤 교과이며, 사회과에서 무엇을 가르쳐야 하는가에 대한 문제제기이다. 이러한 정체성 논의의 배후에는 여러 가지 요인이 있겠지만, 우선 이론적으로는 사회과가 '민주시민교육'이라는 거대하고 추상적인 목표를 지향한다는 것과 사회과가 어떤 특정 학문을 배경으로 이루어지지 않는 데서 기인한다(이혁규, 2000; 권오정, 2003). 이혁규는 다음과 같이 사회과 교육의 독특성을 서술하고 있다(이혁규, 2000).

사회과교육학은 다른 교과학과 다른 독특성을 가지고 있다. 그 첫째는 사회과교육학의 목적과 관련되어 있다. 사회과교육학은 민주시민을 기르는 것을 목적으로 한다. 그런데 민주시민을 기르는 것은 '단일 교과의 목적'이기도 하지만 '학교교육 전체의 지향'이며 동시에 '전체 사회를 위한 기획'이다. 이 점에서 사회과교육 연구자들은 좁게는 교과 현상에서 넓게는 학교 현상과 사회 현상을 규범적으로 조망하고 그 변혁과 실천

전략을 모색할 수 있는 유리한 위치에 있는 자들이다. 특히, 시민사회의 도래와 함께 학교와 사회를 개혁하기 위한 이중적 전략이 절실하게 요청되고 있는 오늘날, 교과-학교-사회를 넘나드는 연구와 실천이 왕성하게 일어나기를 기대해 본다. 둘째는 사회과교육학의 내용적 특수성과 관련된다. 사회과교육학은 단일 학문적 배경을 갖고 있지 않다. 학문과 교과 간에 일대일의 대응관계가 성립하지 않는다는 사실은 끊임없이 사회과교육학에 대한 정체성 논란으로 이어지고 있다. 그런데 이 정체성 논란의 지점은 바로 무엇이 공교육 제도하에서 가르칠 만한 가치가 있는 학습 경험이며 그 경험의 단위를 어떻게 조직해야 하는지에 대한 사고를 숙명적으로 요청한다. 학문과 교과가 상응하는 다른 교과들이 무엇이 가르칠 만한 가치가 있는 경험인가에 대해 무반성적으로 반응하는 데 반해 사회과 연구자들은 가르칠 만한 가치가 있는 경험의 내용과 질에 대해 보다 근본에서 사고할 수 있는 유리한 위치에 있는 것이다. 개별 학문의 내용이 계속해서 팽창하고 새로운 학문이 다기(多岐)하는 상황에서 학문과 교과의 경계에 서서 양자의 관계를 심도 있게 조망해야 할 것이다. 이는 세계에서 유래를 찾을 수 없이 많은 교과 속에서 신음하는 우리나라 학교의 학생들과 이런 불합리한 현실을 강제하는 교육(혹은 학문) 권력의 문제를 해체적으로 조망하고 개선하는데도 필요하다 하겠다.

이러한 추상적인 목표와 다학문적 배경이라는 태생적 문제들은 사회과 교과 현실을 합의가 아닌 세력균형(modus-vivendi)의 문제로 전락시키는 결과를 낳고 있다. 즉 사회과의 기반이나 목표, 내용 등에 대한 이론적인 합의 없이 사회과와 관련된 제 학문들을 전공한 당사자들 사이의 정치적 타협의 결과물로서 사회과라는 교과가 성립되고 있다는 것이다. 따라서 사회과는 어떤 동일한 정체성을 띤 통합된 교과라기보다는 다양한 학문들을 혼합시킨 백화점 교과의 모습을 띠고 있다. 소위 역사, 지리, 일반사회라는 세 가지 영역 간의 삼분의 일이라는 견제와 균형의 비율만이 특징이라면 특징이고, 정체성이라면 정체성일 수 있는 것이 사회과의 현실이다(이혁규, 2001; 강대현, 2002).

이러한 현실은 여러 곳에서 확인할 수 있는데, 1979년에 한국교육개발원 사회과 연구실에서는 사회과 교육의 내용체계 연구를 행한 후, 그 결과를 '사회과 교육과정 내용체계도'라는 내용체계표로 완성하였다. 이 내용체계표는 초·중·고등학교 지도 내용체계는 1단계(초등학교), 2단계(중학교), 3단계(고등학교)로 구성되어 있으며, 단계가 올라갈수록 구체화되어 간다. 즉 1단계에서는 일반적인 원리 혹은 법칙이 기술되고, 2단계에서는 1단계의 원리를 구성하는 이론 혹은 개념이 제시되고, 3단계에서는 2단계의 이론 혹은 개념을 구성하는 개념 혹은 사실이 제시되어 있다.(이명희 외, 2000: 56)

이렇게 만들어진 '사회과 교육과정 내용체계도'는 학문중심의 교육과정에 입각해 있으며, 사회과 각 영역의 내용 요소를 일정한 형식과 틀(원리·법칙-1단계: 초등학교, 이론·개념-2단계: 중학교, 개념·사실-3단계: 고등학교)을 설정하여 체계화하려고 하였다. 그러나 이는 사회과의 3분법을 극명하게 보여줄 뿐만 아니라, 그 형식과 틀의 보편성과 타당성도 의문시되는 시도였다. 즉 원리와 법칙, 이론과 개념, 개념과 사실 순의 추상적인 단계에서 구체적인 단계로의 학습은 구체적인 것에서 출발해서 추상적인 것으로 나아가야 한다는 우리의 교육적 상식과도 다르며, 특히 인문학의 성격이 강한 역사 분야에 그대로 적용될지도 의문스러운 틀이었다(이명희 외, 2000: 57).

그리고 이러한 작업의 후속으로 한국교육과정평가원에서 이루어진 '사회과 교육 목표 및 내용 체계 연구'에서도 사회과의 기반이나 목표에 대한 심도 깊은 탐색 없이 기존의 세 영역을 적절하게 배분하는 데 주안점을 둔 것으로 보인다. 2000년부터 2001년까지 진행된 이 연구에서 연구진들은 사회과라는 공통분모를 거의 인정하지 않고, 지리 영역, 역사 영역, 일반사회 영역이라는 세 가지 범주하에 요구 조사 분석, 국내외 교육과정 분석, 목표 및 내용 체계 설정에 이르는 단계를 거쳐 영역별로 독자적인 내용체계를 제시하고 있다(이명희 외, 2000; 최석진 외, 2001). 다만 이들 연구에서 시대적 상황이나 변화를 반영해야 한다는 당위와 그러한 당위를 실현하기 위한 노력이 있었다는 정도가 의의라면 의의라고 볼 수 있다.

이러한 상황은 이론적인 연구에서뿐만 아니라, 실제적인 학교 현장
에서도 지속적으로 일어나고 있다. 학교 현장에 입문한 사회과 교사들
의 한결같은 곤혹스러움은 전공하지 않은 내용을 가르쳐야 한다는 것
이다. 이혁규는 "제7차 사회과 교육과정 개정과정에 대한 문화기술적
연구"라는 논문에서 자신이 왜 사회과 교육과정 개정과정을 연구하는
지에 대한 이야기를 하면서 이러한 3분법의 철칙 속에서 상치 과목을
가르쳐야 하는 사회과 교사의 곤혹스러움을 잘 표현하고 있다(이혁규,
2001: 250−251). 그리고 이러한 경험은 사회과 교사들 모두가 공유하
는 바이다.

87년, 교사로 된 후 나는 통합교육과정의 실체를 분명히 알게 되었다.
첫 교과협의회 시간, 지리 영역·역사 영역·일반사회 영역이 어색하게
결합되어 있는 '사회' 교과서를 선배 교사들은 잘도 쪼개어서 나누어 가
졌다. 신임교사인 나에게는 1학년 일반사회 부분과 2학년 세계사 부분이
배당되었다. "아! 이것이었구나." 교육과정 이론의 한 유행으로 여전히
위세를 떨치고 있는 통합 사회과 교육과정의 구체적인 모습을 교육현장
에서 처음으로 확인하는 순간이었다. 동시에 공식적인 교육과정의 의도
를 비웃는 현장의 지혜도 체득할 수 있었다. 선배 교사들은 현장의 지혜
를 바탕으로 상치 과목을 가르치는 부담을 피해가고 있었으나 햇병아리
교사에게는 그런 사치가 허락되지 않았다. 나는 주당 3시간이 배당된 1
학년 수업 중 일사 부분만을 맡아서 한 시간씩 가르쳤다. 동시에 2학년
교과서의 역사 부분도 가르쳐야 했다. 그래서 1학년 학생들에게는 '공민'
선생님으로 2학년 학생들에게는 '세계사' 선생님으로 통했다. 처음 세계
사를 가르칠 때의 생경함! 수많은 사실이 무질서하게 뛰놀고 있는 교과
서 속에서 시간의 맥을 찾기는 쉽지 않았다. 역사 관련 대중서가 빈약하
던 시절, 역사가 함축하고 있는 서사적 속성에 길들여져 있는 학생들에
게 들려줄 이야기를 위해 집에 소장되어 있던 모 출판사의 두꺼운 세계
사 책을 열심히 넘기던 생각이 난다. 그러나 몇십 쪽을 넘겨야 겨우 아
이들에게 들려줄 일화 하나를 발견할 수 있을 정도로 그 책은 아이들의

학습과는 거리가 멀었고, 그만큼 수업을 준비하는 과정은 고통스럽고 힘들었다. 자신의 전공 영역만을 가르치는 많은 선배교사들의 경력을 부러워하면서 나는 Lortie(1975)가 지적했듯이 개인주의적 학교 문화 속에서 '가라앉지' 않기 위해 헤엄쳐야 했다.

그리고 이러한 현상은 최근 공통사회 과목의 신설과 관련해서도 재현되고 있다. 제6차 사회과교육과정 개정을 통하여 기존의 일사, 역사, 지리로 삼분되던 기존의 교과 체제를 바꿔서 공통사회를 신설하여 통합교과로 출발하였지만,2) 여전히 교과서 내에서는 3분법의 철칙이 유지되었으며, 제7차 교육과정에서 지리, 일반사회를 포함하는 고1 사회와 고1 국사로 변경된 지금도 고1 사회의 경우, 지리 전공 교사와 일반 사회 전공 교사와 3시간을 1 : 2나 2 : 1 혹은 1.5 : 1.5로 나눠서 가르치고 있는 실정이다.3)

또한 이러한 교과를 가르치기 위해 2001년부터 도입된 교사임용고시에서 공통사회문제 내에서도 일사, 역사, 지리 간의 삼분법이 엄격하게 지켜지고, 출제 단계에서부터 채점 단계에 이르기까지 영역 간의 비율을 지키고 있는 것으로 알고 있다. 물론 일부 통합 문항이 출제되고 있기는 하나, 사회과 교육과정의 일반적인 내용이나 다른 교과에서도

---

2) 물론 이에 대해서 이의를 제기하는 입장도 있다고 한다. 이혁규는 이에 다음과 같이 이야기하고 있다. "물론 사석에서 들은 이야기지만, 혹자는 공통사회가 통합사회가 아니라, 공통사회라고 명명된 이유가 일사, 역사, 지리를 단지 하나의 교과서로 (공통으로) 묶어서 (서로 나눠서) 가르치는 교과이기 때문이라고 주장한다. 나는 '공통'이라는 말을 '삼분'이라는 말로 해석하는 이 견해를 아직까지 이해하지는 못했다"(이혁규, 2001).

3) 연구자가 여러 연구들을 하면서 방문한 대부분의 고등학교에서는 고1 사회를 지리와 일반사회로 나눠서 가르치고 있었다. 최근에 방문한 ○○고등학교에서는 고1 사회를 지리와 일반사회로 나누어서 각각 2시간과 1시간을 가르치고 있었는데, 일반사회 전공의 강△△ 교사는 본인의 전공임에도 불구하고, 대단원 하나하나가 고2 - 3 선택 과목의 일대일로 대응되는 방대한 내용을 일주일에 한 시간으로, 그것도 행사가 있으면 한두 주 빠지는 상황에서 가르치기가 너무 힘들다고 이야기했다(강△△ 교사, 2004년 6월 25일 수업 관찰 및 면담 중에서).

활용되는 일반적인 교수학습방법에 대한 것이 주를 이루고 있어, 공통 사회만의 특성을 지닌 문제들이라고 볼 수 없다.[4]

그렇다면 공통사회 임용고시를 치른 예비교사들은 이러한 사회과의 현실을 어떻게 받아들이고 있을까? 그리고 공통사회를 배우는 학생들은 어떻게 느끼고 있을까? 기존의 일사, 역사, 지리 선생님들은 어떤 생각을 가지고 가르치고 있을까? 이 글에서 이러한 것들을 경험적으로 확인할 수는 없겠지만, 일단 3분법의 논리가 현장의 필요, 특히 학생들의 필요에서 출발하지 않았으며, 교사들의 요구가 반영되지 못한 채, 소위 교육과정 및 교과교육 전문가들과 정책결정자들의 정치적 타협물이라는 점은 틀림없다.

결국 사회과는 공통의 기반 없이 정치적이고 현실적인 타협만이 존재하는 교과로서 존재하고 있다. 그 결과 교사도 학생도 왜 가르치고 왜 배우는지 모른 채 사회과라는 교과를 가르치고 배울 개연성을 높여 주고 있다. 실제로 사회과 교사들은 학기나 학년 간의 연계성도 없이 지리, 역사, 일반사회를 나눠서 가르치고 있으며, 영역 간의 의사소통과 논의의 부재로 인해 서로 중복되는 내용을 가감 없이 가르치고 있다(강대현, 2004).

Ⅲ. 사회과의 정체성 찾기 1: 사회과의 기반 탐색

이러한 사회과의 암울한 현실을 타개하기 위해서는 사회과라는 교과가 무엇에 기반하고 있는지에 대한 이론적 고찰이 필요하다. 사회과라는 교과가 무엇에 기반을 두어 형성되었는지에 대한 이론적 탐색 없이

---

4) 한국교육과정평가원 홈페이지(www.kice.re.kr)에 탑재된 중등교사임용 공통 사회전공 기출 문제 참조하기 바란다.

사회과 목표와 내용 체계를 구성하는 것은 사상누각을 짓는 일이기 때문이다. 이러한 사회과 기반에 대한 탐색은 미국에서 시작된 사회과의 몇 가지 전통이나 모형에서 출발할 수 있다. 이러한 전통들에 대한 분류와 해석은 학자들마다 조금씩 견해는 달리하고 있다.

우선 바(R. Barr), 바스(J. L. Barth), 셔미스(S. S. Shermis) 등은 크게 시민성 전달 모형, 사회과학 모형, 반성적 탐구 모형 등 세 유형으로 나누고 있고(Bar, Barth & Shermis, 1978), 판디치오(T. G. Pandiscio)는 위 세 모형을 비판하면서 비판적 탐구 모형을 대안으로 제시하고 있다 (Pandiscio, 1983). 또 넬슨(J. Nelson)과 마이클리스(J. U. Michaelis)는 문화유산 전달 모형, 사회과학 모형, 반성적 사고 또는 탐구 모형, 사회 비판과 사회 참여 모형, 학생의 개인적·사회적 발달 모형 등 다섯으로 나누고 있으며(Nelson & Michaelis, 1980), 울레버(R. M. Woolever)와 스코트(K. P. Scott)는 시민성 전달, 개인적 발달, 반성적 탐구, 사회과학 교육, 합리적 의사결정과 사회적 행동 등 다섯으로 나누고 있다 (Woolever & Scott, 1988).

그런데 이러한 모형들이 상정하고 있는 사회과의 기반은 사뭇 다르다. 이를 유형화하면, 먼저 사회과의 기반을 그 사회의 기본적인 문화유산과 가치를 중심으로 한 역사나 전통에 두는 입장, 다음으로 사회과의 기반을 제 사회과학을 중심으로 한 현대적인 학문에 두어 '지식과 사고'를 강조하는 입장, 그리고 마지막으로 사회과의 기반을 (현재의) '일상생활'에 두어 일상에서의 삶과 행위를 강조하는 입장 등으로 나눌 수 있다. 이러한 분류는 그리 새로운 것은 아니며, 기존의 목표, 내용, 방법을 기준으로 사회과 모형을 분류하는 논의와도 유사하다.

실제로 바(R. Barr), 바스(J. L. Barth), 셔미스(S. S. Shermis)나 제빈 (Zevin) 등은 사회과를 정의하면서 이러한 세 가지 입장이 사회과를 정의하는 대표적인 전통으로 제시하고 있다.(Bar, Barth, & Shermis, 1978; Zevin, 1992: 7-8) 특히 다음과 같은 제빈의 분류 방식은 이 글의 분류와 거의 동일하다.

모형	목표 / 방법 / 내용
전통1 (Tradition Ⅰ)	시민성 / 문화 전달 / 국가적(민족) 가치 및 유산 (Citizenship / Cultural Transmission / National Values and Heritage)
전통2 (Tradition Ⅱ)	반성적 사고 / 탐구 - 문제 해결 / 사회 비판 (Reflective Thinking / Inquiry - Problem Solving / Social Criticism)
전통3 (Tradition Ⅲ)	사회과학 / 과학적 방법과 경험주의 / 진리에 대한 탐색 (Social Science / Scientific Method and Empiricism / Search for Truth)

그러나 서두에 밝힌 바와 같이 사회과에서 어떤 특정 목표를 지향하면 특정 내용을 특정 방법으로 가르치게 된다는 목표 중심의(목표 속에서 내용과 방법을 추출하거나 추론하는) 모형론과 달리 사회과에서 교육적으로 활용할 수 있는 자산이나 자원에 초점을 두는 기반에 대한 논의는 서로 다른 토대 사이에 가교를 놓아 교과 내용을 풍부하게 할 수 있다는 점에서 유용할 수 있다.

1. 사회과의 기반 Ⅰ: 기본적인 문화유산과 가치

먼저 사회과의 기반(교육적 자원)을 특정 사회가 공유하고 있는 기본적인 문화유산이나 가치와 같은 전통에 두는 견해가 있다. 이 입장은 시민성 전달 모형이나 문화유산 전달 모형에서 나타나는 것으로 교사는 주로 자신이 몸담고 있는 문화에서 전통적으로 굳어진 지식과 행위를 주요한 교수학습내용으로 다룬다.

이러한 기반에 토대를 둔 사회과 교육이 지향하는 시민은 널리 수용되는 관습에 순응하고 특정의 신념을 가진 사람, 어떤 가치에 충실하고, 어떤 활동에 참여하며, 어떤 규범에 따라 행위 하는 사람을 뜻한다(최충옥 외 역, 1993: 45). 이들은 따라서 주로 그 사회의 역사와 전통을 사회과의 내용으로 활용한다. 아니 역사나 전통에 대한 교육 자체가 시민교육이다. 여기서 사회과교육은 단순히 역사적 사실만을 가르치는 것이 아니라 역사 속에 면면히 전해 내려오는 전통과 가치를 가르치는 광의의 역사교육과 거의 동일시될 수 있다(강대현, 2002: 16).

그러나 이러한 기반에 토대를 둔 사회과 모형은 현대적 상황이나 학생들의 필요를 고려하는 데 약하며, 권위적인 교화(indoctrination)의 형태를 띠기 쉽다. 또 역사나 전통이 현대적으로 해석되어 가르쳐지기보다는 과거 사실에 대한 암기와 이해 수준에 머무를 개연성도 있다. 그럼에도 불구하고, 이러한 논의는 신념이나 전통을 강조하는 사회과 교과이론가나 교사들 사이에서 널리 수용되고 있으며, 특히 역사를 전공한 학자나 교사들 사이에서 가장 설득력 있는 사회과 기반으로 인정받고 있다.

물론 역사교육 전공자들이 대부분 이러한 기반에 있는 것은 아니다. 역사를 구성하는 핵심 요소인 이야기와 사료 중에서 어느 것에 주목해서 가르치느냐에 따라, 그리고 사료를 어떻게 다루느냐에 따라 달라 '기본적인 문화유산과 가치'가 아니라 '사회과학적 지식과 과학적 사고'를 사회과의 기반으로 보는 사람들도 있다. 예를 들어 사료를 매우 (사회)과학적으로 접근하고, 이를 통해서 역사적 사실을 있는 그대로 발견하고, 이러한 발견을 토대로 한 과학적 지식과 탐구 방법을 가르치려는 역사교육자가 있다면 그는 사회과의 기반을 기본적인 문화유산과 가치로서의 '역사와 전통'이 아니라, 사회과학적 지식과 과학적 사고로서의 '역사와 전통'에서 찾는 입장에 서 있다고 할 수 있다.

2. 사회과의 기반 II: 사회과학적 지식과 사고

사회과의 기반을 전통보다는 제 사회과학을 중심으로 학문에서 찾는 입장은 사회과학의 발달과 더불어 과학적 사고를 신뢰하고 학문적 지식을 강조하는 흐름 속에서 나타났다. 이 입장은 지닌 사람들은 주로 사회과학적 지식과 그 지식을 찾아내는 과학적 사고와 방법을 신뢰한다.

이러한 기반에 토대를 둔 사회과 모형에서의 교육 목적 역시 시민성 함양이다. 그런데 이때의 시민성은 사회과학의 탐구방식을 철저하게 습득하는 것이다. 여기서는 시민성의 중점이 지적인 능력에 주어진다. 사회과학자들은 타당성이 입증된 개념, 정확한 분석도구와 절차, 체계적인 탐구과정을 사용한다. 따라서 그 탐구 방법을 습득하면 사물을 잘 이해하여 깊이 있게 파악할 수 있고 신중한 추론을 통해 논리 정연한 결론도 맺을 수 있다(최충옥 외 역, 1993: 48).

이러한 사회과학모형에 사회과의 정체성을 확보해 주는 기반은 바로 사회과학이라는 학문이다. 그러나 이러한 입장은 결국 사회과학이 사회생활을 기반으로 해서 형성된 학문이지만, 사회과학 자체는 실천보다는 이론에 치중한다는 점에서 일상인들의 일차적 관심과는 거리가 있는 이차적 지식을 제공할 가능성이 높다.

일반적으로 이러한 입장은 사회과학을 전공하고, 교직을 이수한 사회과 교사들이나 상대적으로 자연과학에 가까운 지리 전공자들에게서 많이 나타나는 견해이다. 이러한 입장은 과학에 대한 신뢰를 바탕으로 과학적 사고와 지식이 일상의 문제를 해결하는 데 가장 기본적인 것임을 강조하는 데서 출발한다.

3. 사회과의 기반 Ⅲ: 일상의 삶

마지막으로 사회과의 기반을 과거의 역사나 전통, 사회과학이라는 학문에 두지 않고 일상의 삶에 두는 입장이 있다. 그리고 이러한 입장은 일상의 삶을 어떻게 규정하느냐에 따라 그 견해가 달라진다. 현재까지 이러한 입장은 크게 둘로 나뉘는데, 일상의 삶을 개인적인 것으로 보느냐 사회적인 것으로 보느냐에 따라 반성적 탐구나 사회비판과 참여 등으로 나뉜다.

1) 개인의 반성적 삶

반성적 탐구는 개인의 반성적 삶에 주목한다. 반성적 탐구의 지지자
도 궁극적 목적은 '시민성' 함양에 두고 있다. 하지만 '시민성'의 의미
는 매우 다르며 합리적이고도 숙고된 의사결정을 내리는 과정으로 정
의된다. 이 정의는 현대인들이 도덕적으로 불명확한 상황에서 의사를 결
정해야 하는 복잡한 상황에 자주 직면한다는 사실에 기인한다(최충옥
외 역, 1993: 51).

또한 이러한 논의는 민주주의와 급격한 사회변동이라는 현대사회의
특성과 밀접하게 연관되어 있다. 자기 지배원리를 특징으로 하는 민주
주의와 항상 선택을 해야 하는 급격한 사회변동을 생각할 때 반성적
탐구는 일상생활에서 요구되는 핵심적인 자질이 된다. 물론 여기서 일
상의 삶이란 주로 개인이 선택하는 반성적 삶이다.

2) 공동체의 현실과 이상

사회비판이나 참여모형은 동일한 일상생활에 기반을 두지만, 반성적
탐구와는 구별된다. 반성적 탐구가 개인의 일상적인 삶에 주목한다면
사회비판과 참여는 공동체의 현실과 이상과 관련된다. 이러한 모형은
경제적 재생산이론, 사회적 재생산이론, 문화적 재생산이론 등을 근거
로 하여 현 학교교육이 사회체제 유지에 기여하고 각종 경제적, 계급
적 불평등을 존속시키고 있다고 주장한다.

재생산 이론에 의하면 학교에서 가르쳐지는 지식과 가치는 실증주의
에서 가정하는 것처럼 객관적이고 보편적인 것이 아니라, 이데올로기적
이며 상대적이라는 것이다. 특정 계층의 이해와 관심을 정당화하고 그
계층이 상대적 우위를 계속 누릴 수 있도록 하는 사회구조를 재생산한
다는 것이다. 여기서 사회과는 이러한 기존의 사회 체제와 구조를 비
판하고, 이를 개선할 수 있는 공동체적 연대를 모색하는 장이 된다.

4. 소결: 사회과의 기반

결국, 사회과교육의 기반이 무엇이냐에 대한 논의는 역사나 전통, 사회과학, 일상생활 등의 세 가지 유형은 나뉜다. 그러나 문제는 이러한 분류가 논쟁의 끝이 아니라 시작이라는 것이다. 즉 역사나 전통이 무엇인가에 대한 다양한 논쟁, 사회과학에 대한 다양한 견해차, 일상을 어떻게 규정할 것인가에 대한 다양한 관점들로 인해 논쟁이 마무리되는 것이 아니라 또다시 시작된다는 것이다.

물론 그럼에도 불구하고, 일상의 삶을 어떤 형태로 규정하든지 간에 사회과의 일차적인 기반은 '일상의 삶'임에는 틀림이 없다. 기본적인 문화유산이나 가치, 그리고 사회과학적 지식과 사고 등도 현재의 일상과 관련될 때 비로소 사회과에서(사회과를 배우는 학생들에게) 의미 있는 것으로 받아들여질 수 있기 때문이다. 그리고 일차적으로 일상생활에 기반을 두어 사회과내용을 구성할 때 대부분의 교사나 학생들이 느끼는 현실 적합성 없는 교과내용으로부터 탈피할 수 있을 것이다.

그러나 비록 사회과의 일차적인 기반이 일상생활(특히 사회생활)이라고 하더라도, 일상에서의 올바른 삶과 행위는 '몰역사성'이나, '비과학성', 즉 기본적인 문화유산과 가치에 대한 무지와 사회과학적 지식과 사고에 대한 몽매 속에서 이루어질 수 없다. 일상의 삶이라는 것도 역사의 연장선이요, 과학적 탐구의 대상이고 보면, 역사에 대한 깊은 이해와 과학적 지식과 사고야말로 무지몽매한 일상인을 깨우는 중요한 기반이자 요소라고 할 수 있다.

즉 사회과의 기반은 일차적으로 일상생활에 토대를 두되, 일상생활이라는 것은 역사와 전통이라는 터전과 사회과학적 지식과 사고 체계와 함께할 때, 실질적인 사회과의 기반이 될 수 있다. 이를 그림으로 나타내면 대체로 다음과 같다.

1차적 기반	일상생활(개인의 반성적 삶+공동체의 현실과 이상)	
2차적 기반	역사	↑ ← 사회과학적 지식과 사고 ↓
	과거 ― ― ― ― ― ― ― ― ― ― ― ― ― ― ― ― ―현재― ― ― ―미래	

Ⅳ. 사회과의 정체성 찾기 2: 사회과의 내용 구성

그렇다면 사회과는 무엇으로 구성되어야 할까? 사회과에서 교사와 학생 사이에서 반드시 다루어져야 할 교수학습내용은 무엇인가? 그러나 이는 사회과의 기반에 대한 논의처럼 단순히 당위에 대한 질문만은 아니다. 현실적으로 가능한가라는 문제 역시 사회과내용을 구성하는 데 있어서 매우 중요하다.

따라서 사회과의 기반에 대한 논의에서 비록 역사·전통, 사회과학 등이 일상생활에 비해서 일차적으로 그 정당성이 약하다고 할지라도 사회과 내용을 구성함에 있어서는 실제로 구성하는 것이 가능한가 혹은 용이한가라는 질문에 대해서는 일상생활이 지니는 모호함과 비규정성으로 인해 보다 설득력 있는 입장이 될 수도 있다. 따라서 기본적인 문화 유산과 가치에 기반을 둔 내용들이나 사회과학적 지식과 사고 등에 기반을 둔 것들도 사회과 내용 구성에 있어서 경쟁력 있는 대안이 될 수 있다.

1. 역사와 전통 중심의 사회과 내용 구성

먼저 사회과는 역사와 전통을 중심으로 구성될 수 있다. 이러한 사회과 내용은 주로 시민성전달모형이나 문화유산전달 모형에서 찾을 수 있는 내용 구성 방식이다. 역사와 전통 중심의 사회과 내용 구성은 우선 기성세대들 간에 자신들이 속한 사회에서 전수할 만한 역사적 내용이나 전통을 선별하고, 이를 교수학습내용으로 조직하게 된다.

예를 들어 미국의 경우, 국가 문화유산에 대한 앎은 '훌륭한 시민'의 필수적인 요소이며, 따라서 미국 역사와 정부기구의 학습이 필요하다고 생각돼 왔다. 이 생각이 정당하다고 판단한 많은 주들은 5학년, 8학년(중2), 11학년(고2)에서 미국역사를 필수로 가르칠 것을 법으로 정했다. 한국전쟁이 끝난 뒤 공산국가가 수많은 미국의 전쟁포로를 억류했을 때, 대부분의 주들이 미국 헌법과 정부기구의 학습을 규정하는 법을 통과시켰다. 때때로 역사와 행정부 수업에서 다뤄야 할 세부적인 내용이 상세히 명시됐고, 사회과 프로그램 작성 시 준거지침이 되었다. 이 경우, 교육내용에는 역사가 우세하고, 보통 연대기적으로 가르치며, 거의 항상 정설로 인정된 주제를 다루어진다. 대표적으로 캘리포니아의 교육과정의 경우와 역사와 지리, 그중에서도 역사를 가장 비중 있게 다루고 있다(이명희 외, 2000; 강선주, 2001에서 재인용).

우리나라의 경우에도 역사교육 전공자들을 중심으로 이러한 견해가 다수 있는데, 특기할 만한 사실은 '미국의 사회과라는 것이 미국 역사의 특수한 산물이기 때문에' 우리나라의 역사교육은 이러한 미국의 영향하에 만들어진 사회과 이전에 이루어졌으며, 따라서 국사 혹은 역사과로 분리하여 가르쳐야 한다는 주장을 펴고 있다는 것이다. 그리고 불가피하게 '범사회과'에 속하더라도 '국사' 혹은 '세계사' 교과서와 수업으로 분리해서 가르쳐야 한다는 것이다. 7차 교육과정 운영과 더불어 고등학교에서는 선택 중심 교과 운영이 일반화되어, 이러한 주장이 반영되고 있으나, 초등학교와 중학교에서, 특히 초등학교에서 현 10개 교과를 넘어서서 기존 사회과를 역사, 지리, 일반사회로 분리하는 것이 받아들여지기는 어려운 실정이다.

그리고 이러한 현실적 어려움보다, 더 중요한 문제는 일상의 삶과 유리된 채 가르쳐지는, 정설로 인정된 견해를 중심으로 기술된 연대기적 역사 교육에 대한 비판이 역사교육 전공자들 사이에서도 이루어지고 있다는 사실이다. 7차 교육과정의 경우에도 국사편찬위원회를 중심으로 시안이 개발되었는데, 초, 중, 고에 걸쳐 시대사가 주를 이르고, 분류사로 일부 편성되어 있는 7차 교육과정은 초등학교에서는 과도한 분량과 어려운 내용으로 교사와 학생들을 당혹케 하고 있고, 중학교에서는 주 1회 수업에 맞지 않는 과도한 분량을, 그리고 상당 부분 초등학교와 고등학교 내용과 중복되는 내용을 가르치고 있는 실정이다. 고등학교에서는 고1 국사 교육과정에서는 중학교에서 배운 시대사를 분류사로 배운다는 사실 이외에는 별반 달라지지 않는 내용을, 그리고 교육과정에는 없었던 7단원을 만들어 선택 교과 '한국근현대사'와 중복되는 내용을 가르치고 있는 실정이다(강대현, 2004).

　이러한 일상과 유리된 채 연대기적으로 가르쳐지는 역사 교육의 문제점들을 극복하기 위하여 '전국역사교사모임'에서는 현대사회와 학생들이 생활하는 일상과의 접점을 찾아 학생들에게 의미 있는 역사를 가르치기 위하여 '살아 있는 한국사 교과서'를 만들었는데, 이러한 시도는 사회과 내용 구성 혹은 (역사과를 독립 교과로 해서) 역사과 내용 구성에 대한 중요한 진전이라고 할 수 있다. 요는 형식적인 통합과 분과가 아니라 역사를 얼마나 학생들에게 의미 있는 교과 내용으로 다가오게 만드느냐의 문제이다.

2. 사회과학으로서의 사회과 내용

　사회과학자는 사회과에 어떤 교육내용이 적절하다고 보는가? 한마디로 말해 사회과학의 사상, 개념, 이론, 원리, 가정들이 사회과 교육내용이 된다. 주의할 것은 우리가 사회과학의 내용을 방법과 구분해서 생각해서는 안 된다는 점이다. 이 구분은 어디까지나 편의상의 구분일 뿐, 실제에 있어서 내용과 방법은 분리하기 힘들다. 사회과학을 지지하는 많은 교사들이, 대학 사회과학 강좌를 수강하며 쓴 필기, 교과서, 각종 선집을 가장 일관되고 믿을 만한 사회과 교육내용이라고 보고, 이를 학생에게 가르친다. 이들은 교과서가 시대에 뒤떨어지고 편협한 내용으로 가득 차 있다고 생각하며, 대학에서 가져온 필기 기록에서 더 믿을 수 있고 흥미 있는 내용을 찾을 수 있다고 믿는 것이다.

이들은 대학에서 배운 사회과학의 내용과 과정을 가르치려 한다. 교수가 강조한 내용은 어김없이 교사의 교수내용 항목에서 나타난다. 그들은 사회과학 전공 교수를 상당히 존경하고 있으며, 사회과학을 가르치는 데 있어 그들에게 뒤지지 않으려 한다. 또한 많은 교사들이 미국 역사학회, 미국 정치학회, 미국 사회학회 그리고 여타의 전문 사회과학 단체에 가입하고 있다. 그들은 자신을 사회과 교사로 생각하지 않으며 대학 아닌 중등학교에서 사회과학을 가르치는 역사학자 내지는 사회과학자로 생각한다.

어떤 교사들은 대학 시절에 배웠던 학문의 정확성을 알기 때문에 이를 종종 교과서가 가정해서 기술하는 신화를 '폭로(debunk)'하는 데 사용한다. 또 어떤 교사들은 대학 강의 그 자체를 수업의 골격과 교수계획의 근간으로 삼기도 한다. 그들은 사회과학의 개념과 일반화를 강조하며, 심지어는 학생들이 지역의 역사를 서술하고 통계자료를 수집하는 등의 직접적인 조사 연구도 실행하도록 한다.

이러한 경향은 우리나라의 경우에도 그대로 수용되어, 사회과는 역사, 지리, 일반사회를 관련 사회과학 지식 체계를 가르치는 교과로 이해되어 왔다. 7차 교육과정에 이르는 동안 이러한 입장은 한 번도 흔들림 없이 반영되어, 사회과 교과서는 사회과학 개념과 관련 사실들을 기술하고 있다. 이렇게 사회과 내용을 구성하는 방식은 매우 손쉬운 것으로 사회과학 내용을 요약 정리하는 방식의 교과서 서술은 7차 교육과정과 교과서에서도 여전히 나타나는 주된 흐름이다.

아무리 사회과학 내용이 사회현상을 이해하고 분석하는 데 도움을 준다고 하더라도 이러한 방식의 사회과 내용 구성은 학생들이 접하는 일상과 선지식에 대한 고민 없이 학자들의 지식 체계를 전수함으로써 사회과를 의미 없고 내용만 많은 교과의 대명사로 만드는 데 가장 큰 공헌을 해 왔다. 그래도 6차부터 사회과학 개념 설명과 함께 탐구활동으로 대표되는 일상의 문제들을 교과 내용으로 구성하려는 시도들이 이루어지고 있는데, 아직까지는 내용 설명과 탐구 활동 간의 간극이 존재하여, 학생들에게 실질적인 활동을 유도하는 내용보다는 '생각해보자' 혹은 '조사해보자' 수준의 탐구활동이 지배적이다.

학생들이 접하는 일상과 접점이 없는 사회과학적 지식 체계와 사고 방식은 직접적이든 간접적이든 학생들에게 의미 있는 교육적 경험으로 다가오지 않으며, 역사, 지리, 일반사회 영역을 불문하고, 학생들에게 사회과를 시험 때만 공부하는 암기 교과 정도로, 정작 일상의 삶과 행위와는 무관한 교과로 만드는 원인이 되고 있다.

3. 일상생활 중심의 사회과 내용

1) 반성적 탐구로서의 사회과 내용

반성적 탐구의 교육 내용은 사적으로 의미 있고 사회적으로 공유되는 문제로 구성된다. 개인의 문제는 사회의 속성을 반영한다는 가정, 즉 사회 문제가 발생했을 때 이는 곧바로 개인에게 영향을 미친다는 가정 때문이다. 약물남용은 사회문제이며 또한 개인의 문제이다. 한 가정에 불법으로 구입한 각성제에 고통당하는 학생, 진통제에 중독된 어머니, 하루 세 갑의 담배를 피우는 아버지, 알코올 중독인 할머니가 함께 있을 수도 있다. '세대차'도 사회문제인 동시에 개인의 문제다. 부모가 자식의 말과 사고방식에 대해 전혀 모르는 경우가 매우 많다. 인플레이션도 마찬가지다. 많은 부모들이 풍부한 영양을 함유한 식품을 살 여유가 없다. 따라서 '문제'는 '개인' 혹은 '사회'라는 식으로 이분화될 수 없다. 반성적 탐구의 사회과교육 내용은 개인에 의해 지각되고, 또한 널리 확산되어 있는 사회적 쟁점인 것이다.

이런 사회 문제가 학생의 필요와 흥미를 반영해야 할 이유는 어디에 있을까? 반성적 탐구 지지자가 의존하는 심리학과 학습이론이 질문에 대한 해답을 제시한다. 이 이론에 의하면 탐구는 문제 상황을 가질 때, 사고의 동기가 일어날 때 비로소 시작된다. '사고 동기'는 '문제'의 다른 표현이다. '문제'는 불명확한 상황 혹은 앎에 걸림돌로 작용하는 무엇으로 정의되며 이 무엇이 사고의 출발점을 형성한다. 그렇다면 이런 문제의식은 어떻게 일어나는가? 문제는 주로 부조화나 갈등에서 생겨난다. 교사는 수업에서 학생의 모순된 믿음을 다룬다. 어떤 학생은 정부나 사용자의 간섭과 감시에서 벗어나려는 개인의 소망이 매우 중요하다고 생각한다. 그렇지만 어떤 학생은 체제 전복과 정치적 위협에 대처하는 정부의 권리를 개인의 자유에 앞세운다. 이런 상반된 견해가 개인 내부에 공존하면서 대립하는 상태가 있을 수 있다. 이런 상황이 문제를 야기한다. 자기 안에 병존하는 두 가치로 말미암아 가치 딜레마에 빠진 상황은 계속해서 불안을 조장하며, 이런 갈등 상황이 미해결로 남는 한 행위 방침이 세워져도 주저, 자기 불신, 죄의식은 여전히 지속된다.

한편 문제의식은 정보부족으로도 생겨난다. 현재의 에너지 위기라는 문제는 풍부한 정보—알래스카의 파이프라인이 이 지역에 서식하는 동물에 어떤 영향을 주는가, 핵분열로 인해 발생하는 방사능은 어떤 위험이 있는가 등등에 대한 자료—가 제공되어야 해결될 수 있다. 마리화나 문제에도 정보가 필요하다. 즉 마리화나는 몇몇이 주장하듯이 과연 해가 없는가, 마리화나는 정신병을 유발하는가, 마리화나는 담배처럼 암을 야기할까에 대한 정보가 요구된다. 이렇게 중요한 정보가 필요한 문제는 매우 많다. 그러나 우리는 실상 관련 정보에 어두운 경우가 많다. 우리는 공공정책의 결정과 더불어 살아갈 수 있는 공동체적 삶을 모색하기 위해 정확한 정보를 가져야 한다.

강조하거니와 반성적 탐구의 교육내용은 학생의 필요와 흥미를 바탕으로 조직되어야 한다. 그러나 이 상투적 어구는 과거 반성적 탐구가 받았던 수십 년간의 상처를 그대로 드러낼 뿐이며, 과거의 갖은 의심·오해·혼란을 다시 불러올 우려가 있다. 현재 많은 사람이 반성적 탐구의 목적을 이해하고 있으며 이들이 사회과 교육의 세 흐름을 접해 본 뒤에도, 여전히 이 모형의 목적을 강력히 지지할 수도 있다. 하지만 문제는 그것이 아니다. 어느 누구도 필요와 흥미에 따른 교육내용 조직 방식을 적절히 설명하거나 제시하지 못한다는 것이다.

2) 비판적 탐구(사회비판과 참여)로서의 사회과 내용

비판적 탐구모형은 비판이론의 영향을 받아 80년대에 나타났다. 지루(Henry Giroux)는 하버마스의 이론에 근거하여 시민교육의 유형을 세 가지로 나누고 비판적 접근을 강조하고 있다. 그리고 판디치오 역시 하버마스와 지루의 영향을 받아 사회과교육의 유형을 나누면서, 시민성 전달 모형과 사회과학 모형은 실증주의적 합리성을 추구하는 것으로, 반성적 탐구 모형은 해석적 합리성을 추구하는 것으로 간주하고서 자신은 해방적 합리성을 추구하는 비판적 탐구 모형을 주장한다.

판디치오(T. G. Pandiscio)는 시민성 전달 모형과 사회과학 모형은 객관성의 베일하에 학교에서 가르쳐지는 지식이 어떤 선택적 전통에 의하여 짜여지는지를 간과하고 그 교과지식의 선택에 개입되는 권력관계 등에 대하여 질문을 하지 않음으로써 결과적으로 사회 재생산적 이해관계에 봉사했다고 주장한다. 결과적으로 사회과는 이러한 재생산적인 이해관계를 폭로하고, 올바른 사회 구성을 위해 현 사회 체제를 비판하고, 새로운 사회 구성을 담당할 수 있는 '비판적이면서 행동하는 시민'을 양성해야 한다(Pandiscio, 1983).

그러나 반성적 탐구와 마찬가지로 어느 누구도 비판적 탐구 모형에 기초하여 사회과 교육 내용을 조직하는 방식을 설명하거나 제시하지 못하고 있다. 요는 역사와 전통 혹은 지식과 사고와 달리 반성적 탐구와 비판적 탐구는 그 자체로 독립적인 교과 내용을 구성할 수 있는 확고하고 풍성한 자원이 없다. 이는 기반과 관련된 논의에서 언급한 바와 같이 역사와 전통, 지식과 사고와 배타적으로 일상생활을 중심으로 독자적인 사회과 내용 구성이 어렵다는 사실을 보여준다.

4. 소결: 사회과의 내용

사회과 내용 구성에 대한 이러한 견해차에도 불구하고 그리고 현실적인 어려움에도 불구하고, 사회과 내용은 사회과 기반과 마찬가지로, 결국 일차적으로 일상생활에서 출발할 수밖에 없다. 그러나 앞에서 언급한 바와 같이 역사와 전통이 없는 얕은 일상, 그리고 사회과학적 지식과 사고가 부재한 비과학적이고 비합리적인 일상만으로 사회과 내용을 구성할 수는 없다.

결국 원론적인 이야기지만, 사회과 내용 구성 역시 사회과 기반에 대한 논의처럼, 학생들에게 유의미하게 다가오는 일상생활의 쟁점이나 주제로 접근하는 것이 상당 부분 필요하다. 그리고 여기에 역사와 전통에서 유래한 기본적인 문화유산과 가치, 지식과 사고 체계로서 사회과학 지식 체계와 과학적 사고방식을 접목하는 형태로 이루어지는 것이 필요하다. 그리고 다루는 주제나 쟁점에 따라, 때로는 역사가 주요한 내용 구성 요소가 될 수도 있고, 사회과학의 개념과 관련 사실들이 주요한 구성 요소가 될 수도 있다.

물론 이러한 접근 방식은 상당 부분 공통 기본 교과로서 초등학교와 중학교에서 사회과 내용 구성과 관련된 논의이며, 고등학교 선택 교과

의 경우, 각 영역과 학문의 체계에 따라 독자적으로 가르쳐도 무방하
다. 물론 이 경우에도 학생들의 흥미와 선지식을 고려한 접근은 여전
히 유효하다. 학생들의 기본적인 관심과 흥미에서 출발하지 않는 교과
내용은 교육적 경험으로 승화되기 어렵기 때문이다.

도 입	학생들의 기본적인 관심과 흥미에서 출발 (일상생활에서 출발: 반성적, 비판적 주제)	
전 개	역사적인 사실, 전통, 가치	사회과학적 사실, 개념, 사고
정 리	학생들의 삶과 행위로 마무리 (일상생활로 마무리: 숙고된 반성과 비판)	

V. 결 론

사회과의 기반과 내용에 대한 논의는 결국 우리가 사회과와 관련해
서 무엇을 갖고 있으며, 이 중에서 학생들에게 유의미한 교육적 경험
을 제공할 수 있는 자원이 무엇이며, 이를 어떻게 조직하는 것이 효과
적인가 하는 문제이다. 그동안 이루어진 목표 중심의 사회과 정체성
논의는 추상적이며, 배타적인 성격을 지닌 반면에 기반 중심의 사회과
정체성 논의는 실질적이며, 상호보완적인 성격을 지니고 있다.

사회과 기반 논의에 기초할 경우, 사회과 내용 구성은 결국 어떻게
하면 학생들에게 유의미한 교육적 경험을 제공할 것인가라는 문제로 귀
착되며, 학생들이 접하는 일상을 떠나서, 학생들이 갖고 있는 기본적인
관심과 흥미를 벗어나서 출발하는 사회과 내용이 유의미한 교육적 경험
이 될 수 없음을 전제할 경우, 일상에서 출발하되, 일상과 역사가, 일상
과 사회과학이 어우러지는 사회과 내용 구성의 실마리를 찾을 수 있다.

물론 이러한 일은 지리, 역사, 일반사회 각 영역 내부에서도 가능한

일이며, 학교급에 따라, 교육과정 편제(교과 편제)에 따라, 그리고 교사 인력 수급(교사들의 전공)에 따라 교과 내용을 적절히 구성할 수 있다. 다시 강조하지만, 사회과 기반 및 내용 구성과 관련해서, 요는 통합과 분과가 아니라 유의미와 무의미이며, 무엇을 해야 하는가가 아니라 무엇을 할 수 있는가의 문제이다.

참고 문헌

강대현(2000). 현대 자유주의와 공동체주의 시민교육에 대한 비판적 고찰, **시민교육연구**, 31집. pp.1 - 18.

강대현(2002). **사회과 교육 내실화 방안 연구: 좋은 수업 사례에 대한 질적 접근,** 한국교육과정평가원 연구보고 RRC 2002 - 4 - 4.

강대현(2004). **사회과 교육 내용 적정성 분석 및 평가,** 한국교육과정평가원 연구보고 RRC 2004 - 1 - 4.

강선주(2001). 캘리포니아 역사 - 사회과학 틀을 중심으로 본 최근 미국의 사회과 내용 구성 방향, **사회과교육학연구**, 통권 40호. pp.5 - 26.

권오정(2003). **사회과교육학의 구조와 쟁점,** 서울: 교육과학사.

송현정(2003). 사회과교육의 목표로서 시민성의 의미에 대한 연구, **시민교육연구**, 35권2호. pp.45 - 70.

심미혜(2000). **미국 교육과 아메리칸 커피,** 서울: 솔.

이명희 외(2000). **사회과 교육 목표 및 내용체계 연구 I,** 한국교육과정평가원 연구보고 RRC 2000 - 12.

이병호(1998). 포스트모던 다원주의와 사회과 교육: 정의와 연대성을 위한 교육, 서울대 박사학위논문.

이혁규(2000). 오늘의 학교를 어떻게 바라보고 연구할 것인가, **21세기 학교 현장에 대한 이해와 모색,** 서울대 사회교육과 대학원 세미나 발표 논문. pp.1 - 7.

이혁규(2001). 제7차 사회과 교육과정 개정과정에 대한 문화 기술적 연구, **시민교육연구**, 32집. pp.249-292.

조영제(1998). 다원주의 사회의 기본 덕목으로서의 관용과 그 시민교육적 함의, 서울대 박사학위논문.

차경수(2000). **현대의 사회과교육,** 서울: 학문사.

최석진 외(2001). **사회과 교육 목표 및 내용체세 연구Ⅱ,** 한국교육과정평가원 연구보고 RRC 2001-5.

Banks, J. A.(1973, 1977, 2nd ed., 1990, 4th ed., 1999, 5th ed.). *Teaching Strategis for the Social Studies: Inquiry, Valuing, and Decision Making.* Reading, Mass.:Addison-Wesley Longman Publishing Company.

Barr, R., Barth, J. L. & Shermis, S. S.(1978). *The Naure of Social Studies,* Palm Springs: ETC Publication / 최충옥 외 역(1993). **사회과교육의 이해,** 서울: 서원.

Engle H. S. & A. S. Ochoa(1988). *Education for Democratic Citizenship,* Reachers College Press.

Hunt, M. P. & Metcalf, L. E.(1955, 1968, 2nd ed.). *Teaching High School Social Studies: Problems in Reflective Thinking and Social Understanding.* New York: Harper & Row, Publishers.

Matorella, P. H.(2001). *Teaching Social Studies in Middle and Secondary Schools, 3rd Eds.* Merrill Prentice Hall.

Nelson, J. L. & Michaelis, J. U.(1980). *Secondary Social Studies: Introduction, Curriculum, Evaluation.* Englewood Cliffs, N. J.: Prentice-Hall. Inc.

Pandiscio, T. G.(1983). *Rationality and Reproduction: A Historical Analysis of Social Studies Theory. Ed.* D. Dissertation, Boston University.

Woolever, R. M. & Scott, K. P.(1988). *Active Learning in Social Studies: Promoting Cognitive and Social Growth.* Boston: Scott, Foresman and Company.

Zevin, Jack(1992). *Social Studies for the Twenty-First Century.* New York: Longman.

제6장 사회과 교육 내용의 구성[1)]
— 사회과 교육 내용의 구성 원리와 실제에 대한 탐색 —

사회과 목표나 정체성에 대한 논쟁과 달리 사회과 교육 과정이나 교과서 내용은 특정 주제나 개념을 가지고 단순화된 사회과학 내용, 사회과학 탐구 방법과 절차, 사회과학을 활용한 논쟁 문제 해결 등으로 함께 구성하는 것이 가능하다.

이 장은 사회과가 어느 정도의 내용 지식을 갖추고, 탐구와 사고를 하면서, 의사결정 및 행동(informed and reasoned decision‒making / action)을 할 수 있는 시민 양성을 목표로 하고 있는 한, 사회 현상에 대한 체계적인 분석 결과라고 할 수 있는 사회과학적 지식의 핵심과 정수를 단순화시켜 쉽게 가르치는 '사회과학의 단순화', 사회과학의 탐구 방법과 절차를 통해서 학생들 스스로 사고할 수 있도록 하는 '사회과학의 모방', 이러한 학문적 지식과 사고를 활용하여 현실의 문제에 대해서 의사결정하고 행동할 수 있도록 하는 '사회과학의 활용' 등의 내용 구성 방식이 교육과정, 교과서, 교실 수업에서 종합적으로 이루어져야 한

---

1) 이 장의 내용은 『시민교육연구』 제39권 3호(2007)에 실린 '사회과 교육 내용 구성 원리와 실제에 대한 탐색'을 일부 수정한 것이다.

다고 주장하고 있다.

　동시에 이러한 주장의 실천 가능성을 뒷받침하기 위하여 국가 수준의 교육과정, 교과서, 교실 수업 단계에서 완벽하지는 않지만 실제적인 적용 사례를 제시하고 있다. 그리고 이를 통하여 사회과 교사의 전문성과 노력이 반영된 수업은 교육과정과 교과서를 넘어서서 사회과학의 단순화, 모방, 활용 등의 내용 구성 방식을 적절히 종합하여 학생들에게 지식, 기능, 가치·태도를 함께 길러 주는 기회를 제공할 수 있다는 것을 보여주고 있다.

Ⅰ. 서 론

　사회과는 조금 과장되게 표현하자면 '온갖 혼란과 논쟁의 투성이'라고 할 수 있다. 사회과라는 용어가 생긴 이래 계속되어 온 사회과 정체성의 혼란도 그렇거니와 사회과 교육 내용을 구성함에 있어서도 논쟁은 사회과 역사가 100년이 다 돼가는 미국이나 50년이 넘은 우리나라나 여전하다. 사회과 교육 내용 구성, 특히 일반사회 영역의 사회과 교육 내용 구성에 있어 핵심적인 사안은 바로 '사회과와 사회과학의 관계'를 어떻게 설정할 것인가의 문제로 귀착된다고 볼 수 있다.

　그리고 지금까지 사회과와 사회과학 동일시하거나 구분하는 논의 (Bar, Barth & Shermis, 1978; Banks, 1976, 1999; Engle & Ochoa, 1988; 차경수 1996; 차경수 2000; 박상준 2006)에 의하면 사회과와 사회과학의 관계를 크게 세 가지 정도의 방식으로 설정할 수 있다.

　첫째 '사회과는 사회과학의 단순화이다'라는 주장에 따라 사회과 내용을 사회과학의 핵심적인 개념과 일반화로 구성하는 방식이 있다. 즉 사회과는 사회과학의 성과물들을 학생들의 수준에 맞게 단순화시켜 핵심적인 내용을 중심으로 가르쳐야 한다는 것이다. 이러한 견해는 '교육적 목적을 위하여 적용되고 단순화된 사회과학으로서의 사회과'라는 웨슬리(Wesley, E. B.)의 정의에서 출발한다(정세구 역, 1989: 127에서 재인용). 앵글과 오초아(Engle, S. H. & Ochoa, A. S.)는 이러한 입장은 세분화하여 '개별적인 사회과의 개진으로서의 사회과, 교화로서의 사회과, 주제에 관한 연구로서의 사회과'로 나누기도 한다(정세구 역, 1989: 128-135).

차경수(1996, 2000)도 "사회과학이 법칙을 발견하려는 학문인 데 비하여 사회과는 인간과 인간, 자연, 사회 제도 등에 관한 사회과학적인 지식을 학생들에게 교육하기 위해서 재조직한 교수용 교과목(instructional school subject)이라고 둘을 구분하면서, 사회과의 내용은 모든 학생들이 알 수 있도록 단순하고 쉽고 매력적이며, 흥미 있고 학습에 적합한 것이어야 한다"고 주장하고 있다. 이러한 교육 내용 구성방식은 사회과학 지식 중에서 개념과 일반화 같은 실체적인 지식(substantive knowledge)을 중심으로 교육과정, 교과서, 수업 내용을 구성하는 방식이다.

둘째 '사회과는 사회과학의 모방이다'라는 주장에 따라 사회과 내용을 사회과학(자)의 탐구 방법 및 절차를 익힐 수 있도록 구성하는 방식이 있다. 이는 사회과가 단순히 사회과학의 성과물을 단순화시켜서 가르치는 데 그치는 것이 아니라 사회과학(자)의 탐구 방법과 절차에 따라 학생들이 새로운 지식을 산출할 수 있도록 해야 한다는 것이다. 이러한 견해는 부르너(Bruner, J.)의 영향을 받았다고 할 수 있다.

부르너(Bruner, J.)는 학생들이 실제 사회과학을 연구함으로써 배우고, 그리고 동시에 사회과학 지식의 구조를 이해하게 된다고 주장한다(정세구 역, 1989: 139에서 재인용). 앵글과 오초아(Engle, S. H. & Ochoa, A. S.)는 이를 다시 '사회과학의 비판적 분석으로서의 사회과, 사회과학 학문의 모방으로서의 사회과' 등으로 구분하기도 한다(정세구 역, 1989: 136-141). 이러한 교육 내용 방식은 사회과학 지식 중 절차적인 지식(syntactic knowledge)과 지적 기능(intellectual skill)을 중심으로 교육과정, 교과서, 수업 내용을 구성하는 방식이다.

셋째 '사회과는 사회과학의 활용이다'라는 주장에 따라 사회과 내용을 구성을 현실의 사회 문제나 쟁점을 중심으로 구성하고 사회과학 개념이나 탐구 방법을 도구나 수단으로 활용하는 방식이 있다. 이러한 입장은 사회과는 사회과학 지식이나 탐구 방법을 가르치는 교과가 아니라 이러한 지식과 탐구 방법을 도구로 하여 현실의 문제들을 해결할 수 있는 의사결정능력과 가치·태도 및 행동 성향을 가르쳐야 한다는 관점에 따른 것이다.

이러한 형태의 가장 대표적인 예는 올리버(Oliver, D. W.)와 뉴만(Newmann, F. M.)에 의해 제기된 바 있는 공공문제 논의이다(정세구 역, 1989: 142에서 재인용). 앵글과 오초아(Engle, S. H. & Ochoa, A. S.)는 이를 다시 '계속되는 사회문제 연구로서의 사회과, 중요한 사회문제의 직접적 연구로서의 사회과'로 구분하기도 한다(정세구 역, 1989: 142-144). 이러한 교육 내용 구성 방식과 주장은 소위 '사회과는 사회과학이 끝나는 곳에서 시작된다'는 조금 과장된 진술로 표현되기도 한다.

이렇게 사회과와 사회과학의 관계를 설정하는 세 가지 방식은 그동안 서로 대립되는 주장처럼 여겨져 왔다. 그러나 이러한 주장이 교과의 정체성을 논하고 교과관이나 교과 목표에서 무엇을 강조할 것인가와 관련해서 대립될 수 있지만 교과 내용 구성에서까지 정립(鼎立)불가능한 원칙은 아니다.(강대현, 2005)

사회과 교육 과정이나 교과서 내용은 특정 주제나 개념을 가지고 단순화된 사회과학 내용, 사회과학 탐구 방법과 절차, 사회과학을 활용한 논쟁 문제 해결 등으로 함께 구성할 수 있기 때문이다. 이러한 종합적인 내용 구성 방식은 국가 수준의 교육과정의 대영역(대주제)의 선정 과정에서도 반영할 수 있고, 대영역 속에 중영역으로 구성할 수도 있으며, 교과서의 대단원, 중단원, 소주제 구성에서도 충분히 적용할 수 있다. 물론 교실 수업 수준에서는 더욱 가능한 일이다.

본 연구는 사회과가 어느 정도의 내용 지식을 가지고, 탐구와 사고를 하면서, 의사결정 및 행동(informed and reasoned decision-making / action)

을 할 수 있는 시민 양성을 목표로 하고 있는 한, 사회 현상에 대한 체계적인 분석 결과라고 할 수 있는 사회과학적 지식의 핵심과 정수를 단순화시켜 쉽게 가르치고, 사회과학의 탐구 방법과 절차를 통해서 학생들 스스로 사고할 수 있도록 하고, 이러한 학문적 지식과 사고를 활용하여 현실의 문제에 대해서 의사결정하고 행동할 수 있도록 내용 구성이 이루어져야 한다고 주장하고 있다.

그리고 이러한 주장을 뒷받침하기 위하여 교과와 학문 간의 관계를 탐색하고, 이를 토대로 사회과와 사회과학의 관계를 기존의 세 가지 방식을 종합한 형태로 재정립하려고 한다. 그리고 이러한 종합적인 교육 내용의 구성 방식이 현실에서 어떻게 나타날 수 있는지를 보여주기 위해 국가 수준의 교육과정, 교과서, 교실 수업 단계에서 완벽하지는 않지만 실제적인 적용 사례를 찾아 보여주려고 한다.

이러한 적용 사례를 제시하는 의도는 본 연구가 주장하는 사회과학의 단순화, 모방, 활용을 종합한 사회과 교육 내용 구성 방식이 교과와 학문, 사회과와 사회과학의 관계 논의 속에서 논리적으로 추론될 수 있는 타당한 주장일 뿐만 아니라 현실적으로도 충분히 실천 가능한 주장이라는 것을 보여주려는 데 있다.

II. 사회과와 사회과학의 관계

1. 교과와 학문의 관계: 같지도 다르지도 않다

사회과는 초, 중, 고등학교 학생들을 대상으로 가르쳐지고 있는 교과(敎科, subject)이다. 교과에 대한 사전적 정의는 '가르치는 입장에서 계통을 세워 조직한 일정한 과목'이다(김민수 외, 1992). 여기서 교과와 과목은 동일한 의미와 수준의 용어로 기술되고 있다. 그러나 우리나라 교육과정 문서에서 교과는 과목, 교과서의 상위 범주이다. 사회과의 경우에도 교과는 사회과로 단일하지만, 7차 교육과정을 기준으로 할 경우에도 사회과 속에서도 국민공통기본교과에 해당되는 사회와 국사 과목과 한국지리, 세계지리, 경제지리, 한국근현대사, 세계사, 정치, 경제, 사회·문화, 법과 사회 등 고교 선택과목에 해당되는 다양한 과목들이 존재한다(교육부, 1998). 또한 교과서의 경우에는 과목 내에서 학년별로 나누어져서 그 수가 과목보다 더 많은 것이 일반적인 현상이다.

반면에 학문(學問)은 '지식을 체계적으로 배워서 익히는 일, 또는 체계화된 지식'이라고 사전에서 정의된다(김민수 외, 1992). 그런데 현대로 접어들면서 학문의 특성 중 객관성과 엄밀성이 강조되면서 학문은 거의 과학(科學, science)과 동일시되고 있다. 과학에 대한 사전적 정의는 "보편적 진리나 법칙의 발견을 목적으로 하는 체계적 지식, 그 대상 영역에 따라 자연과학과 사회과학으로 분류하며, 또 거기에 수학, 논리학을 포함시킨 형식 과학과 철학을 포함시킨 인문과학을 아울러 이르는 말이기도 하고, 좁은 뜻으로는 자연과학만을 이르는 말"이다(김민수 외, 1992).

여기서 우리는 교과는 가르치는 사람들의 입장과 관점이, 학문은 배우는(탐구하는) 사람들의 입장과 관점이 투영되어 있다는 것을 알 수 있다. 그러나 이러한 교과와 학문 사이에는 '주체가 누구인가'라는 차이점보다 더 본질적인 '목적'상의 차이점이 있다. 교과는 상대적으로 완성된 지식 체계나 축적된 경험 중 후세에 유익하다고 생각하는 것들을 선정·조직하여 가르치는 것이라면 학문은 다양한 현상들을 이해하고 분석하기 위해 특정한 관점이나 시각에 따라, 특정한 연구 방법 및 절차를 따라, 체계적으로 분석하여 제시한 지식 체계이다.

그래서 교과는 실생활에서의 필요나 학생들의 욕구와 맞물리는 반면에 학문은 일차적으로 필요나 욕구보다는 현상의 설명과 이해에 관심을 둔다. 물론 학문의 경우에도 궁극적으로는 실생활에서의 유용성을 논할 수밖에 없는 것이 사실이고, 실제 요즘 실용(실천) 학문 분야가 순수(이론) 학문 분야보다 각광을 받고 있는 것도 사실이지만, 학문은 일차적으로 의사결정과 판단보다는 현상의 설명과 이해를 목적으로 한다. 따라서 교과의 목적과 학문의 목적은 서로 일치하지 않는다. 그리고 교과는 학문적 성과와 일상의 경험을 토대로 학생들에게 유의미한 지식과 사고, 행동을 가르치는 교육적 실천이다.

그러나 교과와 학문의 주체와 목적상의 차이점에도 불구하고 교과 내용 구성이 학문적인 지식 체계와 완전히 구별되는 것은 아니다. 현실적으로 교과가 특정 학문들을 배경으로 해서 가르쳐지는 것이 이를 증명한다. 교과가 반드시 학문 그 자체를 그대로 수용하는 것은 아니지만 상당 부분의 내용을 학문으로부터 공급받고 있다. 그리고 학문 내용들은 교과의 목적에 맞게 선별되어 재구성되고, 학생들의 수준에 맞게 재배열된다. 물론 교과의 유형이나 특성에 따라 학문과 무관한 경험을 강조하는 교과도 있다. 그러나 대부분의 교과 내용은 학문적인 지식과 경험적인 지식의 혼합으로 구성되어 있다고 볼 수 있다.

이렇듯 교과와 학문은 목적은 다르지만 내용상에 있어서는 많은 부분을 공유한다. 학문적인 지식을 제외하고 학교에서 교실 수업을 통해 체계적인 계통을 가지고 가르칠 수 있는 지식이 흔치 않기 때문이다. 일상 경험이나 체험을 강조하는 교육에서는 교과 간의 경계가 거의 없으며, 대개 사회 현실이나 이상적인 삶의 방식을 학교로 들여 놓고 통합적으로 (교과 간의 경계를 허물어가면서) 가르치기 마련이다. 결국 교과를 나누어 가르친다는 것은 일정 부분 학문적인 내용을 계통적으로 구성해서 가르치게 된다는 의미이다. 이 경우 교과는 다음 그림과 같이 삶(생활세계)과 학문 사이에서 일상의 경험적인 지식과 학문적인 지식을 혼합하여 가르치는 영역의 형태를 띨 수밖에 없다. 이를 그림으로 나타내면 다음과 같다.

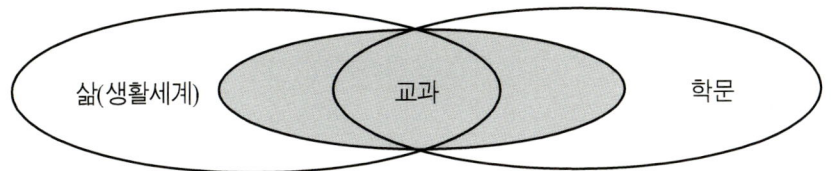

2. 사회과와 사회과학의 관계 설정하기: 단순화, 모방, 활용

이러한 교과와 학문 사이의 관계는 사회과와 그 배경 학문인 사회과학과의 관계에서도 여실히 드러난다. 그래서 사회과는 사회과학의 내용으로 상당 부분 구성되어 있지만, 사회과학 그 자체는 아니다. 심지어 앞에서 언급한 바와 같이 혹자는 사회과는 사회과학이 끝나는 곳에서 시작된다고 이야기하면서 일상의 경험과 문제를 강조하기도 한다. 그러나 사회과에서 가르쳐야 할, 그리고 실제 가르칠 수 있는 지식과 사고는 체계적이고 반성적인 것이어야 하며, 이러한 지식과 사고에 기초하여 선택과 행동을 하도록 교육할 수밖에 없다. 사회과학적 지식과 사고 이외에 인간에게 인문·사회 현상에 대해 체계적인 지식과 사고를 제공할 수 있는 기반(base)이나 원천(source)은 현실적으로 그리 많지 않다.

특히 역사, 지리, 사회과학 등 인문·사회 현상을 대상으로 한 학문의 결과물과 학문하는 방법은 사회과에서 양성하고자 하는 시민의 자질 중에서 '지식과 사고'를 기르는 데 매우 유용한 자원이다. 왜냐하면 시민으로서의 합리적인 의사결정이나 바람직한 행동은 인간 사회 현상에 대한 설명과 이해에서 출발한다고 볼 수 있기 때문이다. 물론 사회과학의 지식과 인간 사회 현상을 이해하는 유일한 원천은 아니다. 그러나 앞에서 언급한 바와 같이 학교 교육에서 하나의 교과로 체계화하여 교실 수업을 통해 가르칠 수 있는 지식과 사고의 자원은 그리 많지 않고, 따라서 사회과학은 사회과 내용 구성의 주된 자원일 수밖에 없다.

결국 사회과의 정체성이나 목적(목표)에서는 정립(鼎立)불가능하다고 여겼던 세 가지 교육 내용 구성 방식, 그리고 그 전제로서 양립불가능한 것처럼 여겨지는 '사회과는 사회과학이다'(사회과는 사회과학의 단순화이다＋사회과는 사회과학의 모방이다)와 '사회과는 사회과학이 끝나는 곳에서 시작된다'(사회과는 사회과학의 활용이다)라는 주장이 사회과 내용 구성에 있어서는 충분히 양립가능한 원칙이 될 수 있다. 따라서 사회과와 사회과학의 관계를 설정하는 세 가지 방식인 1) 사회과는 사회과학의 단순화이다, 2) 사회과는 사회과학의 모방이다, 3) 사회과는 사회과학의 활용이다 등의 주장도 사회과 내용 구성에 있어서 충분히 정립(鼎立)가능할 수 있다.

그리고 일부 극단적인 사회과학 중심의 사회과 정체성을 주장하는 사람들을 제외하고, 사회과(social studies)의 궁극적인 목적은 민주 시민성 함양에 있기 때문에, 사회과는 단지 지리, 역사, 사회과학의 내용 전달이나 탐구 방법 안내만으로 충분하게 정의될 수 없다. 따라서 사회과 내용 구성 역시 지리, 역사, 사회과학 없이 구성할 수도 없지만 그것들만으로 구성해서도 안 된다. 그래서 사회과는 사회과학이 끝나는 곳에서 시작되지는 않지만, 최소한 사회과학 플러스알파(＋α)임에는 틀림이 없다.

왜냐하면 실생활에서 시민들이 직면하는 사회 문제들과 경험들은 사회과학의 하나 또는 모두에 의해서 표현되는 것들보다도 훨씬 더 광범위하고 또 복잡하기 때문이다. 또 개별 사회과학이든 전체 사회과학이든 간에, 사회과학은 하나의 주어진 주제나 문제에 관해서 제한된 견해를 제공할 뿐이다. 물론 사회과학에만 기초를 둔 교육과정과 마찬가지로 생활 경험의 맥락에서만 배우도록 기획된 교육과정들도 쓸모없고 비효율적인 것이 되기 쉽다(정세구 역, 1989: 72-73).

따라서 사회과학과 사회생활(경험) 중 하나만을 가지고 사회과 내용을 구성하는 것은 모두 위험하다고 할 수 있다. 결국 사회과 내용 구성에 있어서 단순화, 모방, 활용은 정립(鼎立)가능한 방식일 뿐만 아니라 효과적인 시민 교육을 위해서 서로 종합해야 하는 방식이기도 하다.

이를 그림으로 나타내면 다음과 같다.

사회과 교육 내용 구성 방식(유형)		
사회생활	사회과학의 단순화 ←	사회과학
	사회과학의 모방 ←	
	→ 사회과학을 **활용**한 일상 경험 ←	
	→ 사회과학과 관련 없는 일상 경험	

※ 사회과에서는 시민교육을 위해 사회과학과 관련 없는 일상 경험을 내용 구성에
반영할 필요가 있다. 그러나 이 문제는 이 연구의 초점이 아니기 때문에 논의에
서 제외하려고 한다.

여기서 본 연구의 주요 관심사는 사회과와 사회과학의 관계 설정에
있기 때문에 사회과학을 활용하지 않은 일상 경험을 제외하고, 사회과
학의 단순화, 모방, 활용의 종합을 통한 사회과 교육 내용 구성이 어떻
게 가능한지 교육과정, 교과서, 수업 내용 속에서 찾아보려고 한다. 여
기서 제시하는 내용은 실제 우리나라 교육과정, 교과서, 수업 내용을
기초로 한 것이다. 물론 모든 교육과정, 교과서, 수업 내용에서 이러한
종합이 제대로 이루어지고 있는 것은 아니다. 그러나 교육과정, 교과서
개발자나 수업을 하는 교사의 인식이나 전문성에 따라 이러한 종합이
어느 정도 구현되어 있는 모습을 찾는 것은 그리 어려운 일도 아니다.

Ⅲ. 사회과학의 단순화 + 모방 + 활용으로 구성된 사회과 내용

1. 사회과 교육과정의 내용 구성 실제: 문화 개념을 중심으로

이미 밝힌 바와 같이 사회과 교육과정의 전반적인 내용 구성을 살펴

보는 것은 본 연구의 초점이 아니다. 본 연구의 초점은 사회과 교육과정의 내용 중 사회과학의 단순화, 모방, 활용이 제대로 종합되어 있는 부분을 찾아서 분석하는 것이다. 여기서 선택한 부분은 중학년 2학년 사회과 교육과정의 여섯 번째 대주제에 해당하는 '개인과 사회의 발전', 그중에서도 '인간의 문화 창조와 문화 발전' 부분이다.

이 부분은 선택한 것은 사회과 교육과정의 내용 중 '사회과학의 단순화, 모방, 활용이 문서상에 종합적으로 나타나서라기보다는 현장 수업 관찰을 통해서 이러한 종합이 다른 수업들에 비해 상대적으로 잘 나타난 수업을 본 후에 이루어졌다(본 연구 Ⅲ장 3절의 현장수업사례 참조). 그리고 그러한 수업이 나타날 수 있는 단서나 계기가 국가 수준의 교육과정에도 있는지를 확인하는 차원에서 교육과정 문서를 검토하게 되었다. 사회과 교육과정 문서의 해당되는 부분을 발췌해서 제시하면 다음과 같다(교육부, 1998: 65 – 66).

---

(6) 개인과 사회의 발전
  사회 구성원으로서의 개인과 사회와의 관계를 파악하고, 우리나라의 여러 가지 사회 문제를 해결하기 위한 방안을 탐색한다. 문화가 창조되고 전승되는 원리와 문화의 속성에 대한 이래를 토대로 민족 문화의 정체성을 유지하며, 다문화 현상을 이해한다.

 (가) 인간의 사회적 성장
 ① 인간의 특성을 사회화의 맥락 속에서 자아 잘달 과정과 관련지어 이해하고, 청소년기의 특성과 청소년 문화를 기성세대와의 관련 속에서 탐색한다.
 ② 세대차의 원인과 양상을 비판적으로 탐색하는 과정을 통하여 자아 정체성을 확립한다.

(나) 인간의 사회생활
 ① 지위와 역할, 사회 조직과 관료제, 사회적 불평등 현상 등 사회생활의 원리와 현상을 인식하는 데 기본이 되는 개념을 이해한다.
 ② 사회적인 불평등으로 인하여 나타나는 문제를 해결하는 방안을 모색하는 학습 경험을 제공함으로써 구성원과 공동체의 조화의 관점에서 역할을 수행한다.

> [심화 과정]
> ① 일상생활에서 지위에 따른 역할을 충실히 수행하는 사례와 그렇지 못
>   한 사례의 비교, 분석을 토대로 원인과 해결 방안을 탐색한다.
>
> (다) 인간의 문화 창조와 문화 발전
> ① **문화의 의미와 성격에 대한 이해를 통해 이문화에 대한 상대주의적**
>   **관점을 지닌다.**
> ② 문화가 창조되고 전승되는 원리를 이해하고, 민족 문화의 고유성과 특
>   성을 서구 문화와 비교하여 파악한다.
> [심화 과정]
> ① 우리 민족 문화의 특성을 살리면서 변동하는 현대 사회 및 세계 문화
>   와 조화를 이루는 방안을 탐색한다.

　여기서 '문화의 의미와 성격'은 문화인류학의 기본적인 개념인 '문화'의 의미와 여러 특징이라고 할 수 있다. 이러한 요소는 상당 부분 문화인류학 중에서 핵심적인 개념을 추출해서 가르치려는 '사회과학의 단순화'방식이라고 할 수 있다. 또한 '이해'는 문화인류학의 방법이라고 할 수 있는 참여 관찰이나, 면담 등을 활용하여 이루어질 수도 있기 때문에 '사회과학의 모방'의 요소로 볼 수도 있다. 다음으로 '~통해 이문화(다른 문화)에 대한 상대주의적 관점을 지닌다'는 부분은 문화의 '의미와 특징'을 '이해'하고 나서 문화 상대주의의 관점을 가지고 일상생활 속에서 접하는 문화들을 바라보도록 한다는 점에서 '사회과학의 활용'이라고 해석할 여지도 있다.

　그러나 '문화의 의미와 성격'뿐만 아니라 '이해'나 '문화 상대주의적 관점' 모두 '사회과학의 단순화'라고 볼 수 있는 여지도 있다. '이해' 역시 문화인류학자들의 탐구 방법이나 절차를 따라 실제로 탐구 기회를 제공하고 탐구 방법을 안내하면서 가르쳐질 수도 있지만, '이해'라는 개념을 설명하는 수준에서 이루어질 수도 있기 때문이다. 마찬가지로 '문화 상대주의적 관점' 역시 학생들이 일상생활에 적용할 수 있는 태도로 가르칠 수도 있지만, 문화 상대주의라는 개념을 설명하는 수준에서 이루어질 수도 있다(그리고 실제로 검정을 통과한 대부분의 교과

서들이 이런 개념이나 용어 설명 방식으로 내용이 기술되어 있다).

따라서 사회과 교육과정 문서상에 나타난 '문화의 의미와 성격에 대한 이해를 통해 이문화에 대한 상대주의적 관점을 지닌다'는 진술은 교과서 개발자나 교사들에게 직접적으로 사회과 내용 구성에 있어 사회과학의 단순화, 모방, 활용 등을 종합하라는 직접적인 시사를 준다고 보기 어렵다. 다만 문화 개념을 가르치면서 문화 개념뿐만 아니라 문화에 대한 태도도 중요한 교육 목표이자 내용이라는 것을 밝히고 있을 뿐이다.

2. 사회과 교과서의 내용 구성 실제: 문화 개념을 중심으로

그리고 비록 교육과정이 특정 주제(문화)와 관련해서 개괄적으로 진술하며 교과서의 내용 구성에 개입하기 때문에 사회과 교과서 내용 구성에 대한 분석 역시 관련 단원의 현장 수업을 보고 난 후에 이루어졌다. 따라서 중2 사회 검인정 교과서 중에서도 해당 수업에서 사용된 교과서에 국한하여 내용 구성을 살펴보았다. 이는 시간과 능력이라는 현실적 제약과 더불어 실제 수업과의 관계 속에서 교과서를 분석하는 것이 적절하다는 연구자의 판단에 따른 것이다.

실제 수업에서 사용한 주)중앙교육진흥연구소의 중2 사회 교과서에서 '문화의 의미와 성격에 대한 이해를 통해 이문화(異文化)에 대한 상대주의적 관점을 지닌다'는 진술은 '인간과 문화'라는 단원에서 구체화되고 있다(김주환 외, 2004: 164-167). 해당 교과서의 인간과 문화 단원은 교육과정상의 내용을 반영하여 크게 문화의 개념과 문화 상대주의에 초점을 맞추어 구성되어 있다.

해당 교과서의 내용을 보다 구체적으로 살펴보면, 문화의 개념을 다룬 본문에서 문화의 다양성과 보편성도 함께 다루고 있고, 이러한 문화의 다양성과 보편성은 '그릇 하나에도 문화가 있다'라는 참고자료에서도 한 번 더 언급되고 있다. 문화 상대주의를 다룬 본문에서는 문화에 대한 태도로서의 상대주의와 문화의 특성으로 상대성을 함께 언급하고 있다. 그리고 탐구활동에서는 외국 영화에 대한 여러 사람들의 입장을 보여주는 삽화와 관련 질문(문제)을 통해 문화에 대한 다양한 태도 유형과 바람직한 태도(상대주의)를 구분하도록 하고 있다. 이러한 내용 구성을 간략하게 표로 제시하면 다음과 같다.

구성	제목: 1 인간과 문화	사진, 삽화 등
본문	**문화는 지역에 따라 다양하게 나타난다.** 문화의 의미(개념) 설명 문화의 다양성 개념 설명 문화의 보편성 개념 설명	에스파냐의 인간 탑 쌓기 사진 몽골의 씨름 사진
참고 자료	**문화의 보편성과 다양성** 그릇 하나에도 문화가 있다.	경상도 양산 막사발 사진 전라도 보성 막사발 사진 충청도 막사발 사진
본문	**다른 문화를 이해하려면 그 문화의 입장에 서야 한다.** 문화 상대주의에 대한 설명(개념 설명) 문화의 상대성 개념 설명	인도의 소 사진 이슬람의 차도르 사진
탐구 활동	**다음은 외국 영화에 대한 여러 사람들의 입장을 가상적으로 꾸며 본 것이다.** 문화에 대한 태도 유형 / 문화에 대한 바람직한 태도	외국 영화제작자, 영화배우, 관객1, 관객2가 대화하는 삽화

  교과서 내용 진술 역시 이러한 단원 구성에 따라 크게 문화의 개념을 설명하는 부분과 문화 상대주의를 설명하는 부분으로 나뉘어져 있다. 그런데 문제는 둘 다 개념에 대한 정의, 더 정확히 이야기하면 사전적인 용어 설명일 뿐 문화를 이해하는 사고나 문화에 대한 태도를 기를 수 있는 활동을 찾아볼 수 없다. 물론 제한된 교과서 지면에서 사고나 활동을 기획하는 것은 무척 어려운 일이기는 하다. 그러나 용어 정의로 일관하는 교과서 내용은 문제가 아닐 수 없다. 특히 문화의 상대주의를 사전적인 용어로만 배우는 것은 문제가 있다. 다음은 그중에서 문화 상대주의와 상대성에 대한 개념 설명 부분이다(김주환 외, 2004: 166).

  그러므로 우리는 각 사회가 갖는 문화의 특수성을 인정하고 그 사회의 역사적이고 환경적인 상황에서 그 문화를 이해하려는 태도를 가져야 한다. 이와 같이 한 사회의 문화를 그 사회의 입장에서 이해하려는 태도를 문화 상대주의라 한다. 이러한 문화 상대주의는 다양한 문화를 이해하는 데 꼭 필요한 원칙이다. 그러므로 모든 사회의 문화는 기본적으로 어느 것이 더 좋다거나 나쁘다고 할 수 없는 상대적인 것이다. 이것을 문화의 상대성이라 한다.

그리고 여기서 더더욱 문제가 되는 것은 문화 상대주의라는 태도와 문화의 상대성이라는 개념(특징)을 유사한 설명으로 동시에 제시함으로써 교사와 학생들에게 혼란을 가중시키는 점이다. 그리고 실제로 이러한 교과서의 내용 구성은 학교 현장의 교실 수업에 영향을 주어 혼란을 불러일으키고 있다(본 연구 Ⅲ장 3절의 현장수업사례 참조).

교육과정상의 진술이 사회과학의 단순화, 모방, 활용 등과 관련해서 종합적인 내용 구성을 하라는 직접적인 시사가 없다고 하더라고, 이러한 교과서의 구성 방식은 매우 실망스러운 것임에 틀림이 없다. 왜냐하면 이러한 교과서의 내용 구성에서는 학생들의 흥미나 수준을 고려한 의미 있는 방식의 사회과학 단순화도 없고, 학생들에게 사회과학적 사고나 탐구 방법을 가르쳐 주는 안내나 배울 기회 제공도 없다. 더더구나 학생들이 접하는 문화와 관련된 문제들과 관련된 의사결정, 가치판단, 행동 등에 대해서 구체적인 도움을 제공해야 한다는 인식은 교과서에서 도무지 찾아볼 수 없도록 내용이 구성되어 있다. 단지 사회과학적인 용어에 대한 정의를 문자 언어로 배운다는 것 이상의 의미를 가지고 있지 못하다.

사회과는 사회과학의 용어(개념)를 사전적으로 가르치는 교과인가? 그렇다면 조금 과장되게 표현해서 사회과와 국어과는 어떻게 다른가? 국가 수준 교육과정의 모호함이 이런 교과서를 낳은 것인가? 과연 이런 교과서를 가지고 어떻게 수업해야 할까? 과연 교사들은 이런 교과서를 가지고 어떤 시행착오를 겪으면서 '문화'를 가르치고 있을까? 연구자는 1년 만에 만들어지는 교육과정, 1년 만에 쓰여지는 교과서가 아니라 20년 동안 수업을 하면서 고민한 교사로부터 지식, 사고, 의사 결정과 행동 능력을 갖춘 시민 양성을 위해 '사회과 교육 내용을 사회과학의 단순화, 모방, 활용을 종합하는 방식으로 구성해야 한다.'는 연구자의 주장이 논리적으로 타당할 뿐만 아니라 현실적으로 실천가능하다는 것을 확인하게 되었다.

3. 사회과 수업의 내용 구성 실제: 문화 개념을 중심으로

사실 이 연구의 발단은 사회과와 사회과학의 관계에 대한 이론적 고민보다는 학교 교실에서 이루어지고 있는 사회과 수업 관찰에 있었다. 문화를 가르치면서 교과서 내용을 좀 더 학생들의 흥미와 수준에 맞게 구체화하고, (조금 미미하긴 하지만) 학생들로 하여금 사고를 유도하고, 단순히 문화 개념과 관련 사고만은 배우는 것이 아니라 문화와 관련해서 우리의 생활을 돌아보게 하는 수업, 완벽하지는 않지만 그런 수업을 보게 된 것은 사회과 교육 전공자로서 행운이었다.

이 수업은 2006년 11월 29일(수) 충남 Y중학교 2학년 6반 교실에서 관찰한 K 교사의 '문화의 의미와 수용 자세'에 대한 수업을 관찰한 것을 간단한 양식(기본 기록 사항, 수업 분석 초점, 교사와 학생 면담)으로 정리한 것이다(KICE교수학습개발센터http://classroom.kice.re.kr 중등사회과방 현장수업사례 참조). 참고로 K 교사는 수년 동안 연구자와 함께 교과수업 컨설팅과 내용 교수 지식 연구를 함께해 온 분으로, 20년 경력의 베테랑 사회과 교사이다. 그리고 현장 수업 사례 분석 양식은 연구자가 현장 수업 분석을 위해서 기존의 수업 관찰 양식을 재구성한 것이다.[2]

---

2) 초기 현장수업사례 관찰 및 분석은 수업의 전·중·후의 과정 속에서 수업 준비, 수업 내용과 방법 및 자료, 수업 과정 및 분위기, 평가 등 네 가지 측면에 대해서 수업 관찰 기록을 쓰고, 관련 자료를 첨부하는 수준에서 이

2006 현장 수업 사례 분석
— K 교사의 중2 사회 수업 —

1. 기본 기록 사항

1) 일시: 2006. 11. 29.(수)
2) 장소: 충남 Y중학교 2학년 6반 교실
3) 시간: 3교시 - 10:50 - 11:35
4) 교사: K 교사
5) 교재: 중 2 사회
6) 단원: 문화의 의미와 문화의 수용 자세
7) 특이사항: 충남 지역에 위치한 중학교

2. 수업 분석 초점

1) 수업 조직(수업 내용 구성 및 전개 측면)

□ 도 입
- 본시 학습 안내: 오늘은 문화의 의미(특징)와 문화의 수용 자세에 대해서 배운다고 안내함. 학습지 74쪽. 학습 목표를 같이 읽음 - 문화의 특징을 말할 수 있다. 바람직한 문화의 수용 자세에 대해서 말할 수 있다.
- 동기유발 자료: 생각 열기 자료인 삽화를 읽게 하고 삽화에 등장한 캐릭터 중 가장 바람직한 문화의 수용 자세를 가진 사람은 누구인지 질문함. 영화배우: 문화 상대주의, 관객1: 문화사대주의 → 문화의 주체성 상실, 관객 2: 자문화 중심주의 → 국제적 고립 초래(예, 쇄국 정책, 중화사상)
* 문화의 의미에서 출발하지 않고 문화의 수용 자세부터 출발하는 것이 인상적임. 일반적으로 문화의 의미와 특징을 다루고 수용 자세를 논하지만 수용 자세부터 출발해서 문화의 의미와 특징을 찾아가는 것도 독특하면서 효과적으로 보임.
* 이유나 근거: 학생들은 오히려 태도가 익숙하고 개념이 덜 익숙할 수 있다.

루어졌던 것이 수업 준비, 수업 내용과 방법(분위기 포함), 평가, 수업 개선 노력으로 항목이 조금 수정되었다가, 2006년 들어 기본 기록 사항, 수업 분석 초점, 교사와 학생 면담 등 대항목을 설정하고 수업 분석 초점으로 수업 조직(수업 내용 구성 및 전개 측면), 교실 관리(수업 운영 및 학습 분위기 조성 측면), 교수학적 변환(교육적 변환, 교과교육적 변환), 상호작용(교사와 학생, 학생과 학생 사이) 등으로 구분하여 관찰·분석하고 있다. 현재 사용하는 틀이 만들어진 계기는 조금 우연적이다. 연구자가 강의하는 대학에서 학생들이 타 강의에서 사용하고 있는 수업 관찰 양식을 가지고 와서 발표가 이루어졌고, 이를 연구자 참고하여 일루 항목을 추가하는 신에서 관찰 및 분석 양식의 항목 수정이 이루어졌다.

□ 전 개
- 본시 학습 1: 문화의 의미(자연환경에 적응하면서 인간이 만든 생활양식)
- 영화를 통해서 문화를 이야기했는데, 영화만 문화인가? 문화는 의식주 등 살아가면서 만들어 낸 모든 생활양식. 이런 생활양식이 어떻게 만들어지는가? 우리나라의 초가집, 유목민들의 집(겔), 건조 지역의 흙집, 몰디브의 수상 가옥 등을 예로 들면서 문화는 자연 환경에 적응하면서 나타난다고 설명함.
  * 집이라는 구체적인 소재를 가지고 문화의 의미를 설명하는 과정이 매우 설득력 있고 효과적임 → 예를 가지고 설명하는 매우 효과적인 개념 교수.

- 본시 학습 2: 문화의 의미(다양성과 보편성) - 결혼식의 모습으로 설명함. 아프리카의 결혼식, 웨일즈의 결혼식, 우리나라 전통 결혼식과 현대 결혼식, 힌두교의 전통 결혼식, 터키의 전통 결혼식, 살아가는 집의 모습도 다르고, 결혼식의 모습도 다르고 → 문화의 다양성. 그래도 집을 짓고 결혼식을 하는 것은 같다 → 문화의 보편성.
  * 중1 사회에서 배웠던 세계 지리 수업 내용들을 상기시키면서 설명함.
  * 집, 결혼 등 적절한 예를 가지고 문화를 비교하면서 문화의 다양성과 보편성을 설명하는 방식이 매우 탁월하고 효과적임 → 예를 가지고 설명하는 매우 효과적인 개념 교수.
- 본시 학습 3: 문화의 의미(변동성) - 장례식과 무덤의 모습, 미국의 장례식과 무덤, 우리나라의 장례식과 무덤. 그런데 우리나라의 장례식도 미국과 유사하게 변하고 있다. 장례식의 모습과 결혼식의 풍습도 바뀌고 있다 → 문화의 변동성
  * 장례식과 무덤을 가지고 문화의 변동성을 설명하는 방식이 매우 탁월하고 효과적임 → 예를 가지고 설명하는 매우 효과적인 개념 교수.

- 본시 학습 4: 티벳의 조장(鳥葬) 문화를 소개함. 티벳의 조장 문화 - 왜 이런 조장 문화가 생겼을까? 자연환경의 적응한 결과: 지대가 높고 기후가 한랭해서 시신이 썩지 않는다 → 병균이 생길 수 있다. 화장을 생각할 수도 있지만, 땔감이 귀하다. 조장의 문화가 미개하다고 판단할 수 없다 → 문화 상대주의
  * 매우 독특한 사례이지만 문화가 생기는 메커니즘을 보여주고 설명하는 좋은 적절한 사례 → 학생들도 매우 주의 깊게 들을 수 있는 내용

- 본시 학습 5: 문화의 의미(상대성, 공유성, 축적성) - 플래시 자료를 보여줌. 음식 문화, 인도에서 음식을 손으로 먹는다는 것에 대해서 대화하는 학생들을 자료로 보여줌. 조장이든 음식이든 간에 공유하고 있어야 한다. 문화는 학습을 통해서 다음 세대에 전달된다.
  * 조금 식상한(?) 플래시 자료. 다양성, 보편성, 변동성을 설명할 때보다는 조금 간단한 설명 방식을 택함 → 상대성, 공유성, 축적성을 가시적으로 보여주는 자료 제시는 어려울까?
  * 의문점: 문화의 의미나 특징으로서의 상대성과 문화의 수용 자세로서 문화 상대주의는 어떻게 다른가?

- 본시 학습 6: 학생들이 교사가 강의하고 설명한 내용을 토대로 학습지를 푼다. 교사의 일방적인 강의가 아니라 교사의 강의와 설명이 끝나면 학생들이 스스로 자신의 학습지를 풀어가도록 시간을 줌.
  * 학생들의 주변을 돌면서 개별적으로 지도함: 설명을 제대로 이해하지 못한 학생들을 찾아다님.

□ 정 리
- 마무리 활동 1: 활동하기를 풀도록 한다 - 활동하기
  2 교체 - 문화는 (   )이다. 왜냐하면 (   )이기 때문이다.
  몇몇 학생들을 지적해서 활동하기 1 결과를 확인한다.
- 문제 제기: 문화와 도덕(법) - 모든 문화를 상대성으로 이해할 수 있을까?
- 도둑질, 식인종, 살인 문화. 모든 문화를 문화의 상대성으로 정당화할 수는 없다 -
  인간의 존엄성을 훼손하는 것은 문화의 상대성으로 그 정당성을 인정할 수는 없다.
  그러나 인간 존엄성을 해치는 것과 무관한 문화에 대해서는 관용해야 한다.
 * 기본적인 개념 전달로 끝나는 것이 아니라 가치를 이야기함. 인간의 존엄성을 반
   하는 문화는 정당화할 수 없다 → 사회과는 사회과학 개념을 전달하거나 탐구 방
   법을 가르쳐 주는 교육만은 아니다. 시민성 교육, 가치 교육을 하고 있는 좋은 단
   면.
- 마무리 활동 2: 활동하기 2를 발표시킴. 초코파이로 보상하겠다고 하면서 발표를
  유도함.
- 정리 멘트: 문화도 다양하듯이 사람도 다양하다. 인간의 존엄성을 기준으로 다른
  사람의 다른 모습을 인정하자.

2) 교실 관리(수업 운영 및 학습 분위기 조성 측면)

- 여유 있게 수업 내용을 전달하고, 학생들에게 질문하고 설명함.
- 설명하고 질문하고, 학생들을 대할 때 자신감이 있음.
- 학생들이 짝 없이 개별로 앉아 있게 해서 활동할 때 자기 주도적으로 하게 함, 교
  사의 개별 지도도 쉬움: 학생 간의 소통은 별로 나타나지 못하는 단점도 있음.

3) 교수학적 변환(교과 교육적 변환)

- 적절한 사례(예화)를 가지고 수업을 시작하는 것인 인상적임: 문화의 수용 자세를
  단순화시켜서 학생들이 이해하기 쉽게 전달함.
- 어떤 문화 인류학자가 이렇게 문화의 개념을 학생들의 수준에 맞게 쉽게 전달할
  수 있을까?: 오랜 경험과 경력에서 오는 효과적인 개념 설명
- 문화를 시각적으로 보여 줄 수 있는 매우 적절한 자료를 선정해서 보여줌.
- 수업 내용이 잘 정리되어 제시되고 진행에 대한 막힘이 없음: 오랜 경력과 경험에
  기반하고 있고 수업 준비가 철저하게 이루어짐.
- 문화 개념에 대한 이해로 끝나는 것이 아니라 문화와 도덕(인간 존엄성)을 연결해
  서 학생들에게 일상해서 문화를 바라보는 관점을 제공해 주고 있음.
- 좀 더 학생들이 스스로 문화의 의미와 특성을 추론할 수 있도록 수업을 기획할 수
  는 없을까?

4) 상호작용(교사와 학생, 학생과 학생 사이)

- 일반적인 설명을 할 때는 전체 학생을 상대로 질문하고, 구체적인 답변을 원할 때
  는 개별 학생을 지적해서 질문하면서 소통함.
- 학생들과 주거니 받거니 하면서 설명을 진행함: 단, 전체 학생들 상대로 질문하면
  서 습관적으로 자문자답하는 경우도 일부 있음.

- 강의식 수업이다 보니 교사와 학생 간의 소통은 비교적 있으나 학생 간 학생 사이의 소통을 별로 눈에 띄지 않음.
- 우리나라 교실의 전형적인 모습이기는 하지만, 교사에서 출발하여 학생으로의 소통은 있으나 학생들의 의문에 대해 교사가 반응을 보이는 소통은 별로 나타나지 않음.

3. 교사와 학생 면담

1) 교사 자평
- 수업에 대한 평가가 너무 과분하게 이루어지지 않았나 싶습니다. 그동안 사회 교과 수업 시간에 주로 사용했던 방법은 적절한 시청각 자료를 준비해서 설명하는 방식이었고, 그런 수업 전개 방식에 익숙해서 문화의 특성과 태도에 대한 단원도 이런 방법으로 수업을 진행했습니다.
- 정확하게 지적해 주셨는데요, 문화의 다양성, 보편성, 변동성에 대한 자료를 주로 준비했고 상대성을 설명하는 자료는 기존에 나와 있는 자료를 사용했습니다. 하지만 축적성, 공유성, 학습성에 대한 자료 준비는 미흡했습니다. 변명(?)을 하자면 중학교 과정에서는 문화의 특징으로 문화의 다양성, 보편성, 상대성을 제시하고 소단원을 달리해서 문화의 변동을 설명하도록 구성되어 있습니다. 축적성과 공유성, 학습성에 대한 언급이 없어서 간단히 설명했습니다. 하지만 2학년 사회 수업은 교육과정을 나름대로 재구성해서 학습지로 만들어 배부해서 준비했다고 했지만 학습지가 겨울방학 때 저 혼자 만들어서 그런지 미흡한 부분이 많이 있었습니다.
- 문화의 특성으로의 상대성과 문화의 수용 태도로서의 문화 상대주의에 대하여 좀 더 명확했으면 하는 생각이 듭니다. 수업 하면서 전혀 본 느꼈거든요.
- 다양한 자료를 제시해 주고 제시된 자료들을 통해서 학생 스스로 문화의 특성을 찾아보게 할까 했으나 그런 탐구식 수업은 성공적일 수도 있지만 그렇지 않은 경우가 많아 솔직히 자신이 없었습니다. 하지만 그렇게 수업을 기획하면 정말로 좋은 수업이 될 것 같습니다.
- 활동하기를 통해서 수업을 마무리하는 방법은 학생들이 좋아합니다. 특히 개념 수업을 한 후 "문화는 ○○○이다. 왜냐하면 △△△이기 때문이다."라고 정의를 내리게 하는 방법은 학생들에게 유익한 방법인 것 같습니다.

2) 학생 면담
- 시간 및 일정 관계상 학생 면담이 이루어지지 못함.

3) 동료 교사 비평
- 시간 및 일정 관계상 동료 교사 비평이 이루어지지 못함.

이 수업에서 가장 먼저 눈에 띄는 것은 적절한 사례(예화)를 가지고 수업을 시작하는 것이었다. 즉 문화의 개념을 가르침에 있어 의식주(특히 집)와 결혼 및 장례 의식을 활용한 점은 교과서 내용에 비해 훨씬 쉽게 학생들에게 문화의 개념과 특징을 전달하는 효과를 주고 있었다.

'어떤 문화 인류학자가 이렇게 문화의 개념을 학생들의 수준에 맞게 쉽게 전달할 수 있을까' 하는 생각이 들 정도였다. 또한 문화를 시각적으로 보여줄 수 있는 비교적 적절한 자료를 선정해서 보여주고 있었다. 이런 점에서 교육과정이나 교과서보다 더 사회과학을 효과적으로 단순화시켜서 전달하고 있다고 볼 수 있다. 이러한 내용은 위 관찰 내용의 수업 분석 초점>수업 조직>전개 부분의 본시학습 1에서 본시학습 3까지 잘 나타나 있다(보다 자세한 수업 내용은 KICE교수학습개발센터 http://classroom.kice.re.kr 중등사회과방의 현장수업사례에 올라와 있는 실제 수업 동영상을 참고하기 바란다).

또 하나 교육과정이나 교과서에서 용어 설명으로 끝나버린 문화 상대주의와 관련해서도, 문화 상대주의에만 집착하지 않고, 문화와 도덕(인간 존엄성)을 연결해서 학생들에게 일상생활에서 실제로 경험하는 갈등을 해결하는 데 있어 유용한 관점을 제공해 주고 있었다. 이런 점에서 교육과정이나 교과서에서 진일보하여 사회과학을 활용하되, 일상의 문제를 해결하는 데 있어서 중요한 기준(가치·태도)를 제시했다고 볼 수 있다. 이러한 내용은 위 관찰 내용의 수업 분석 초점>수업 조직>정리 부분의 문제제기에 잘 나타나 있다(보다 자세한 수업 내용은 KICE교수학습개발센터http://classroom.kice.re.kr 중등사회과방의 현장수업사례에 올라와 있는 실제 수업 동영상을 참고하기 바란다).

다만 좀 더 학생들이 스스로 문화의 의미와 특성을 추론할 수 있도록 수업을 기획할 수는 없을까 하는 아쉬움이 들었다. 다양한 자료를 보여주고 제시된 자료들을 통해서 학생 스스로 문화의 개념과 특성을 찾아보게 하는 기획과 실천이 부족해서 학생들은 교사의 설명이나 자료 제시에서 단순한 추론은 할 수 있으나 문화 개념 자체나 특성을 추론하는 기회를 가질 수는 없었다. 그럼에도 불구하고 조장(鳥葬) 문화가 생긴 이유를 설명하고 질문하는 가운데 부분적으로 학생들의 사고를 유도하는 것을 확인할 수 있었다. 이러한 내용은 위 관찰 내용의 수업 분석 초점>수업 조직>전개 부분의 본시학습 4에서 나타나고 있다

(보다 자세한 수업 내용은 KICE교수학습개발센터http://classroom.kice.re.kr 중등사회과방의 현장수업사례에 올라와 있는 실제 수업 동영상을 참고 하기 바란다).

요약하면 이 수업에서는 교사의 적극적인 교육과정 재구성의 결과로 교육과정의 모호한 진술이나 교과서의 단편적인 용어 설명을 벗어나서 학생들의 흥미와 수준을 고려한 사례 예시를 통해 문화 개념을 설명하고, (조금 미미하지만) 학생들이 스스로 사례 속에서 문화의 특징과 문화 형성의 메커니즘을 일부 추론할 수 있도록 하고 있다. 그리고 무엇보다도 문화와 도덕(인간 존엄성)을 연결시켜, 일상생활에서 문화와 관련된 가치 판단이나 의사결정을 할 때, 문화 상대주의적인 태도뿐만 아니라 인간의 존엄성을 해치는 문화에 대한 판단이 필요하다는 것을 상기시켜 주고 있다. 그리고 이렇게 배운 학생들이 교과서의 용어 정의만을 단순히 익힌 학생들보다 지식, 사고, 의사결정 및 행동 능력에 있어 상대적으로 나을 것이라고 예상하고 기대하는 것은 사회과 교육 전공자의 통찰에 따르면 당연한 일이다.

물론 논리적인 타당성, 실천 가능성에 더해서 실증적으로 경험적인 데이터를 가지고 그 효과를 입증할 수 있다면 더더욱 좋은 일이다. 그러나 본 연구는 사회과를 사회과학의 단순화, 모방, 활용 등으로 종합적으로 구성하는 것이 사회과 교육의 목표(시민 양성), 학문과 교과 혹은 사회과와 사회과학의 관계 속에서 논리적으로 타당할 뿐만 아니라 현실적으로도 가능한 일이라는 것은 보여주는 것이기 때문에 이 정도로 논의를 맺으려고 한다. 실증적인 효과에 대한 증명은 시민성을 조작으로 정의하고, 실험 집단과 통제 집단을 나누어 일정 기간 동안 다른 교육 내용 구성 방식과 함께 처치한 후, 지식, 사고, 의사결정 및 행동 능력을 파악할 수 있는 평가지를 만들어 측정하는 등의 복잡한 과정이 남아 있는 난제이기 때문이다.

Ⅳ. 결 론

연구자는 이 연구에서 사회과는 1) 사회과학의 단순화, 2) 사회과학의 모방, 3) 사회과학의 활용 등의 사회과와 사회과학의 관계 설정 방식이자 유형이 사회과 목표나 정체성에서는 비록 정립(鼎立)불가능한 것처럼 보이지만, 사회과 교육 내용 구성에서는 충분히 정립(鼎立)가능하다는 것을 논리적으로 밝히면서 동시에 실제로 사회과 교육과정, 교과서, 수업 상황에서 이러한 세 유형을 어떻게 종합되어 나타날 수 있는지를

.........인 목표
.... 중어 설명에 지면을 집중적으로 할애하고 있음에도 불구하고, 교사의 전문성과 노력에 따라 수업에서는 사회과학의 단순화를 통한 의미 있는 개념 설명, 적절한 사례 제시를 통한 사고와 추론, 관련 문제나 가치를 적절히 제시하는 것을 통한 일상생활에 대한 시사 등을 한 가지 주제를 다루는 수업에서도 충분히 함께 가르칠 수 있다는 것을 보여주려고 하였다.

결론적으로 이 연구에서 지속적으로 주장하고 있는 것은 1) 교육과정, 교과서, 교사(수업) 수준에서 사회과 교육 내용은 사회과학의 단순화, 모방, 활용 등을 종합적으로 구성하는 것이 시민 양성이라는 사회과 목표나 교과와 학문 혹은 사회과와 사회과학의 관계 비추어 볼 때 논리적으로 타당하며, 2) 비록 완벽한 형태라고 볼 수는 없지만 사회과 교사의 전문성과 노력이 반영된 수업에서는 교육과정과 교과서를 넘어서서 사회과학의 단순화, 모방, 활용 등의 내용 구성 방식을 적절히 적용하여 학생들에게 지식, 기능, 가치·태도를 함께 길러 주는 것이 충분히 가능하다는 것이다.

끝으로 사족이기는 하지만 본 연구는 연구자 개인에게는 매우 중요

한 진전임을 밝히려고 한다. 박사 과정 입문하고 나서 오 년 남짓 시민성, 시민사회, 시민교육을 문헌 중심으로 공부하다가 박사 학위를 마치고 현재의 직장에서 육 년 가까이 행정 업무와 프로젝트를 수행하면서 틈틈이 수업동영상을 촬영·편집·탑재하면서 개인적으로 큰 괴리를 느낄 수밖에 없었다. 그런데 이 연구를 쓰면서 그 괴리가 이론과 실천 사이에 긴장이었음을 알게 되었다. 물론 이 연구는 문헌을 중심으로 논리를 전개하는 사람들에게는 덜 논리적으로 읽힐 수 있고, 수업 사례를 중심으로 질적 연구를 수행하는 사람들에게는 덜 분석적으로 읽힐 수 있을 것이다. 그러나 이론과 실천을 연계하는 일에 관심을 가진 사람들은 이 연구가 의미 있는 시도라는 것을 인정하리라고 생각한다.

참고 문헌

강대현(2005). 사회과의 기반과 내용에 대한 비판적 고찰.『**사회과교육**』. 한국사회과교육연구학회 제44권 1호. pp.57−78.

교육부(1998).『**사회과교육과정**』. 제7차 교육과정 교육부 시 제1997−5호[별책7].

권오정(2003).『**사회과교육학의 구조와 쟁점**』. 서울: 교육과학사.

김민수 외(1992).『국어대사전』. 서울: 금성출판사.

김주환 외(2004).『**중학교 사회 2**』. 서울: (주)중앙교육진흥연구소.

박상준(2006).『**사회과교육의 이론과 실제**』. 서울: 교육과학사.

윤덕중·최병모 역(1996).『사회과교육과 사회과학』. 서울: 교육과학사. / Wronski, S. P. & Bragaw, D. H.(1986). *Social Studies and Social Science*. National Council fot ehr Social Studies.

정세구 역(1989).『**민주시민교육**』. 서울: 교육과학사. / Engle, S. H. & Ochoa, A. S.(1988). *Education for Democratic Citizenship*. N. Y.: Teacher's

College Press, Columbia University.

차경수(2000). 『현대의 사회과교육』. 서울: 학문사.

최병모 외 역(1987). 『사회과 교수법과 교재 연구』. 서울: 교육과학사. / Banks, J. A.(1976). Teaching Strategies for the Social Studies: Inquiry, Valuing and Decision Making (2nd). Mass.: Addison–Wesley.

최충옥 외 역(1993). 『사회과교육의 이해』. 서울: 서원. / Barr, R., Barth, J. L. & Shermis, S. S.(1978). *The Nature of Social Studies*. Palm Springs: ETC Publication.

Banks, J. A.(1999, 5th ed.). T*eaching Strategies for the Social Studies: Inquiry, Valuing, and Decision Making.* Mass.: Addison–Wesley Longman Publishing Company.

Zevin, J.(1992). *Social Studies for the Twenty –First Century.* New York: Longman.

KICE교수학습개발센터http://classroom.kice.re.kr 중등사회과방 현장수업사례.

제7장 사회과 교육 내용의 적정성[1]
─ 사회과 교육 내용 적적성 분석을 위한 기초 연구 ─

이 장은 교육과정 개정 과정에서 매번 거론되어 온 교육내용 적정화 개념을 사회과 차원에서 논의하고, 이러한 논의를 토대로 사회과 교육 내용의 적정성을 분석할 수 있는 기본적인 틀을 제안하는 것을 목표로 하고 있다.

이를 위하여 먼저 교육 내용 적정화의 일반적인 개념에 대해서 살펴 보고, 이러한 개념에서 출발하여 교육 내용 적정화 기준의 여러 유형 에 대해서 검토하려고 한다. 다음으로 이러한 일반적인 논의를 기초로 하여 사회과 교육과정에 대한 선행 연구 속에서 나타나는 적정성 개념 을 7차 교육과정 이전과 이후로 나누어 검토하려고 한다.

그리고 나서 사회과 교육내용의 적정성을 판단하는 데 적용할 수 있 는 사회과 교육 내용의 적정성 분석을 위한 기본적인 틀을 제안하려고 한다. 이 장에서 제시하는 틀은 시안의 성격이 강하며, 실제 사회과 교 육 내용을 분석하는 과정에서 보다 체계화되고, 사회과 고유의 특성도 명시적으로 반영될 필요성이 있다.

---

1) 이 장의 내용은 『사회과교육』 제44권 2호(2005)에 실린 '사회과 교육 내용 적정성 분석을 위한 기초 연구'를 일부 수정한 것이다.

I. 서 론

그동안 여러 차례의 교육과정 개정 과정에서 주요한 화두 중에 하나가 '교육 내용 적정화'였으며, 제7차 교육과정 개정 과정에서도 예외 없이 주요한 논의의 대상이 되고 있는 것이 바로 교육 내용 적정화였다. 그리고 이러한 논의의 구체적인 방안의 하나로 제7차 교육과정 개정 과정에서는 분명한 근거나 합의 없이 제6차 교육과정 대비 교육 내용을 30% 감축하고 난이도를 조정하는 것이 형식적인 원칙으로 제시된 바 있었다.

그러나 이러한 교육 내용의 양과 수준을 형식적으로 조정하는 원칙마저도 교과 교육 내용에 제대로 반영되지 못한 채, 제7차 교육과정이 적용되는 현시점에서 학습량이 많고 내용이 어렵다는 귀에 익은 비판이 또다시 제기되고 있다. 그리고 이러한 비판의 여러 배경들 중에는, 이미 언급했지만 7차 교육과정의 개정과 교과서 개발 과정에서 '교육 내용 적정화'에 대한 분명한 근거나 구체적으로 합의된 바 없이 총론 일부에서 제시한 형식적인 원칙(30% 학습량 감축 및 80/80이라는 난이도 조정 원칙)만을 가지고 적정화 논의가 진행된 것도 하나의 주요한 원인이라고 할 수 있다.

또 학생들의 학습 부담 측면에서 원인을 찾는다면, 10개 교과를 동시에 배우는 현행 교육과정의 체제와 운영 방식을 문제 삼을 수도 있다. 즉 각 교과별 교육 내용 자체의 양이 많은 것이 아니라, 매 학년마다 10개 교과를 동시에 배우는 상황에서 학생들의 학습 부담이 가중되고 있다는 것이다. 이 경우 교육 내용의 양과 질이 문제가 되는 것이 아니라, 교육과정 체제와 운영을 어떻게 하느냐가 문제가 된다고 할 수 있다. 본 연구는 교과별 교육 내용 적정화에 대한 연구라, 여기서는 '교육과정 체제와 운영의 적정화'보다는 '교과별 교육 내용의 적정화'

에 천착하려고 한다.

따라서 교육 내용의 적정화가 실질적으로 이루어지기 위해서는 '교육 내용을 적정화한다'는 것이 무엇을 의미하는 것인지에 대한 숙고와 더불어 관련 전문가들 사이에 분명하고 구체적인 합의에서 출발할 수밖에 없다. 지금까지는 일반적으로 학습량과 내용의 수준을 적정화하면 교육 내용을 적정화하는 것으로 여겨져 왔다. 그런데 학습량이 많고 내용이 어렵다는 것이 누구를 대상으로, 무엇을 기준으로 판단한 것인지에 대해서는 명료하게 규명된 적이 없다.

더구나 교육 내용이나 학습 내용이 과연 무엇인가라는 근본적인 질문에 대한 명확한 대답도 없는 상황에서, 교육 내용을 적정화한다는 것은 굉장히 막연한 일이며, 교육 내용을 '교육과정의 항목 수'나 '교과서의 분량'으로 조작적으로 정의한다고 할지라도, 이에 근거하여 교육과정과 교과서의 양이나 수준으로 인해 실제 수업에서 교사와 학생들이 느끼는 학습 부담을 객관적으로 측정하기란 쉽지 않다.

사실상, 학습량과 내용의 수준은 교사와 학생, 교수 학습 방법에 따라 상대적인 것이기 때문에, 같은 내용을 가르치더라도 우수 집단에게는 논리적 설명을 통해서 비교적 쉽게, 그리고 짧은 시간 내에 이해시킬 수 있는 내용이 수준이 낮은 집단의 경우에는 논리적 설명으로도, 구체적 활동이나 경험을 통해서도 이해시키는 것이 어려울 수 있다. 따라서 학습량과 내용의 수준이라는 것도 교사의 교수 능력이나 학생의 학습 능력에 따라 상대적으로 판단할 수밖에 없는 문제이다.

그러나 이러한 개념상의 불분명함과 상대성으로 인한 판단의 어려움이 교육 내용 적정화 논의를 막을 수는 없다. 교육의 본질상, 공교육의 체제상, 적정화된 교육 내용을 학생들에게 제공하고 이를 위해 교육과정을 지속적으로 개선하는 것은 매우 중대한 사안이기 때문이다. 최근에 들어, 오랜 역사 동안 지방 분권화된 교육 체제를 갖고 있던 나라들, 예를 들어 미국이나 영국 등에서도 여러 지역의 다양한 사례들을 토대로 국가 수준의 교육과정을 만드는 시도를 하고 있는 것도 나름대로 교육 내용을 적정화하기 위한 정책의 일환이라고 할 수 있다.

우리나라의 경우, 일찍이 국가 수준의 교육과정이 주기적으로 개정되어 왔기 때문에, 이러한 면에서는 다른 나라에 비해 국가 차원에서 교육 내용 적정화와 관련된 논의를 비교적 이른 시기에 시작했다고 볼 수 있다. 그러나 우리나라 교육과정 개정의 역사를 살펴보면, 실질적인 교육 내용 적정화 논의가 이루어진 것은 교육과정 개정이 연구·개발 모형에 따라 진행되기 시작한 제4차 교육과정 개정 때부터이다.[2]

교육과정 개정이 연구·개발 모형에 따라 진행된다고 하는 것은 교육과정 전문가들이 기존 교육과정의 문제점을 분석하고 개선 방향을 탐색하기 위해 공동의 숙의가 이루어진다는 것을 의미한다. 그리고 이 과정에서 교육내용의 적정화 담론[3]도 제4차 교육과정 개정에서부터 제7차 교육과정 개정에 이르는 시기에 반복적으로 대두되어 교육과정 개정의 중요한 원칙으로 받아들여져 왔다.

그러나 총론 차원의 적정화 논의, 즉 교과 편제 중심의 논의나 형식적인 제안이 교사와 학생들이 직접 가르치고 배우는 교과 내용의 적정화 논의로 이어지지는 않았으며, 제7차 교육과정의 경우에도 교육 내용의 30%를 줄인다는 원칙은 앞에서 언급한 바와 같이 총론 차원에서 나온 형식적인 원칙에 불과하였다. 무엇보다도 교과 내용의 타당성이나 연계성 같은 보다 중요한 범주에 대한 논의 없이 양과 수준에 초점을 맞춘 적정화 논의는 교과 교육 전문가들이 받아들이기에는 너무나 막

---

2) 제1차 개정 때부터 제3차 개정까지는 문교부 편수관실(현재 교육부 교육과정정책과)에서 편수관들만의 참여로 교육과정의 개정안이 마련되는 소위 교육과정 개정의 '행정적 모형'이 적용되었으며, 제4차 교육과정 개정 때부터는, 비록 교육과정 개정의 발의 및 기본 방향의 설정 등은 문교부(현재 교육인적자원부)에 의해 제시되었지만, 교육과정 전문가들의 주도하에 총론 및 각론 시안을 연구·개발하는 과정을 거치게 되었다(김재춘, 2003: 106).

3) 여기서 교육 내용의 적정화 담론이란 학생들의 학습 부담을 덜어주기 위하여 제안된 다양한 방안들을 의미하며, 필수 교과목 수의 축소, 학기당 이수 과목 수의 감축, 학습 내용 감축 및 난이도 하향 조정 등이 교육내용의 적정화 담론을 구성한다고 할 수 있다(김재춘, 2003: 106).

연하고 형식적인 원칙들이었다.

그 결과, 제7차 교육과정의 교과별 교육 내용 선정 과정에서 대부분의 교과에서는 각 교과별로 핵심적으로 이루어져 왔던 전통적인 쟁점(사회과의 경우, 통합과 분과)에 대한 논의가 주를 이룰 수밖에 없었으며, 이 과정에서 사실상 적정화 논의는 부차적으로 다루어졌다.4) 그리고 이러한 문제점은 총론이 개발된 후, 각론을 개발하는 방식으로 인한 '지시와 무시'의 과정과, 일부 교과의 각론이 총론 개발 주체와 다른 기관에서 개발됨으로써 발생한 '의사소통의 단절'로 인해 보다 심화되었다.

따라서 제7차 교육과정의 교과별 교육 내용이 교사들과 학생들이 의미 있게, 그리고 큰 부담 없이 가르칠 수 있도록 실질적으로 적정화된다는 것은 사실상 불가능하였다고 볼 수 있다. 그리고 사후적으로 제7차 교육과정의 교과별 교육 내용의 적정성을 분석한 연구들도 많지 않다. 그동안 제7차 교육과정의 교과별 교육 내용 적정화와 관련된 선행연구가 일부 있으나, 이들 선행 연구는 각 연구 과제의 목적에 따라 연구를 수행하다 보니, 이 연구의 주 목적인 '교육 내용의 적정화'의 관점에서 보면 연구 내용이 포괄적이지 못하고 교육 내용 적정성에 대한 개념이나 평가 기준이 명료하지 못하였다.

그리고 무엇보다도 제7차 교육과정의 적용 시기가 <표 1>에서 보는 바와 같이 학교급별로 다르고 국민공통 기본 교육과정이 모두 적용된 시기가 2004년도이기 때문에, 적정화 논의를 하기에는 시기적으로 이른 면도 있었다.

---

4) 이러한 상황은 개정 과정에 참여한 여러 사람들로부터 확인할 수 있는데, 다음은 이혁규(2001: 263)의 연구에서 언급된, 제7차 사회과 교육과정 시안 개발팀 중 중등 분과에 참여한 인사의 말이다. "국민 공통 기본 과정(중등 부분)에서 모여서 하는 이야기의 80-90%는 통합에 대한 이야기였다. 내용을 여기 갖다 붙였다, 저기 갖다 붙였다 하면서 이렇게 저렇게 하다가 시간 다 보냈다. 그랬기 때문에 총론에서 요구하는 핵심적인 사항들은 거의 고려할 시간이 없었다."

〈표 1〉 연도별 제7차 교육과정의 현장 적용 시기(학교급 및 학년별)

학교급 \ 연 도	2000년	2001년	2002년	2003년	2004년
초등학교	1·2학년	3·4학년	5·6학년		
중학교		1학년	2학년	3학년	
고등학교			1학년	2학년	3학년

그래서 선행 연구 결과 중 일부는 제6차 교육과정에 근거하고 있는 경우도 있으며, 제7차 교육과정에 대한 연구라고 할지라도, 6차와의 비교나, 외국 교육과정과의 비교 연구가 일부 있을 뿐이다. 따라서 본 연구에서는 제7차 교육과정의 국민 공통 기본 교육과정이 모두 적용된 시점에서 그동안 부분적으로 이루어진 선행 연구 결과를 종합하고, 교육 내용 적정화의 개념과 적정성 분석틀을 마련하여, 제7차 사회과 교육 내용의 적정성을 분석하고 차기 교육과정 개정에 시사를 줄 수 있는 적정화 방안을 설정하는 기초를 놓으려고 한다.

Ⅱ. 교육 내용 적정화 개념과 기준

서론에서 이미 언급한 바와 같이 제7차 교육과정이 개발되고 있을 당시에 교육 내용을 30% 이상 줄인다는 계획을 세운 바 있었다. 그러나 실제로 그러한 계획이 실현되었는지를 판단하기란 어려운 일이다. 그 이유는 내용을 줄인다는 것이 실제로 무엇을 줄인다는 것인지에 대한 분명한 합의도 없었고, 무엇을 줄인다는 것이 분명하다고 하더라도 그 분량이 과연 30%인지, 아닌지를 판단하기도 쉽지 않기 때문이다.

사실, 근거가 없는 원칙이나 불명확한 개념을 가진 지침, 구체적인 방법론이 결여된 지시나 명령은 현실에 반영될 수는 없다. 따라서 교육 내용 적정화가 이루어지기 위해서는 적어도 '교육 내용의 적정화, 왜, 무엇을, 어떻게'라는 세 가지 질문에 대한 적절한 답변이 이루어져야 할 것이다. 그리고 이러한 질문은 '교육 내용'이라는 것이 무엇을 의미하며, '적정화'는 어떤 뜻으로 사용되는 것인지를 밝히지 않고 답할 수 있는 성질의 질문이 아니다(이돈희, 2004: 10).

결국 교육과정 적정화 논의의 순서는 교육 내용이 무엇이며, 적정화의 의미가 무엇인지를 답하고 나서, 소위 '교육 내용의 적정화, 왜, 무엇을, 어떻게'라는 적정화의 근거와 내용, 방법론 등을 찾는 것이라고 할 수 있다.

1. 교육 내용 적정화의 개념

이돈희(2004: 10-11)는 교육 내용의 의미를 일반적인 교육 활동에 대한 설명을 통해 접근하고 있다. '어떤 학생(S)이 교육을 받았다는 것은 그가 어떤 대상(O)을 어떤 방법(M)으로 경험(E)하여 그 결과로 무엇(R)을 획득(변화)하였다는 것을 의미한다. 여기서 주체(S)는 자명하게 교육 내용이 아니며, 방법(M) 역시 교육 내용 그 자체로 보기 힘들다. 요는 교육 내용이 주체 외부의 대상(O)인지, 주체가 대상을 접하는 경험(E) 그 자체인지, 경험의 결과(R)인지 하는 것이다.

결과적으로 이돈희는 이 세 가지 관점이 공히 설득력이 있으며, 교과에 따라 대상 우세적인 교육 내용의 교과(수학, 과학), 경험 우세적인 교육 내용의 교과(사회과), 결과 우세적인 교육 내용의 교과(언어, 예체능)등이 있다고 주장하면서, 교육 내용의 적정화란 교과 특성에 맞게 교육 내용을 양적 혹은 질적으로 조정하는 것이라고 정의하고 있다.

이러한 교육 내용에 대한 개념적인 논의와 함께, 이돈희(2004: 14-15)는 현실의 교육과정이라는 체제 내에서의 교육 내용 적정화 논의는 단순히 일반적인 교육 내용 그 자체가 아니라, 교육을 운영하는 행정적인 체제, 가르치는 교사, 교육경험의 장을 성립시키는 시설이나 환경 등의 교육 여건에 대한 고려 없이 이루어질 수 없다고 주장한다. 따라서 교육 내용의 적정화란 교과 특성에 맞게 교육 내용을 조정하는 것인 동시에 교육 내용이 학습자에 맞게, 교사가 사용할 수 있는 방법적 원리의 적용이 가능하게, 그리고 교육의 여건에 적합하게 조정하는 '교육과정 정상화'이기도 하다.

결국 교육과정의 적정화는 개념적인 차원에서는 교과 특성이라는 변수, 현실적인 차원에서 학습자, 교사, 교육 여건이라는 변수에 따라 교육 내용을 조정하는 것을 말한다. 이를 표로 나타내면 다음과 같다.

〈표 2〉 교육 내용 적정화의 두 가지 차원

교육 내용의 적정화(교육과정의 적정화)	
개념적인 차원	교과 특성에 따라 교육 내용을 양적 혹은 질적으로 조정하는 것
현실적인 차원	교육 내용을 학습자에 맞게, 교사에 맞게, 교육 여건에 맞게 조정하는 것

그러나 이돈희가 제안한 교육 내용 적정화를 1) 교과의 특성에 맞게 양적, 질적으로 조정한다는 개념적 논의와 함께 2) 교육 내용을 학습자에 맞게, 방법적 적용이 가능하게, 교육 여건에 적합하게 조정한다는 실천적 논의로 보는 견해는 누구나 동의할 수 있는 '교육 내용 적정화'에 대한 원칙론적인 정의임에도 불구하고, 현실에 적용할 수 있는 구체적인 논의는 아니다.

오히려 교육내용의 의미와 성격을 학교 교육의 구체적인 수준과 진술 내용에서 찾으려고 시도한 김재춘(2004)의 논의에서 보다 많은 시사점을 받을 수 있다. 김재춘(2004: 21-22)은 학교 교육과 관련하여 교육 내용을 세 가지로 구별하여 논의하고 있다. 첫째, 학교 교육의 내용을 국가에서 일차적으로 규정해 주는 교육과정 문서를 교육 내용으로 볼 수 있다. 둘째, 교육과정의 구현물로 간주되는 교과서를 교육 내용으로 볼 수 있다. 셋째, 교실에서 교사들이 다루는 수업 내용을 교육 내용으로 간주할 수 있다. 따라서 교육 내용 적정화 논의의 목적이 학생들의 학습 부담을 경감시키기 위한 것이고 보면, 궁극적인 목적은 '수업 내용'의 적정화이며, 이를 위해 교과서 내용이 적정화되어야 하며, 교과서 내용을 적정화기 위해서는 교과서 개발의 근거인 교육과정을 적정화할 필요가 있다는 것이다.

이때 교육과정에 규정할 교육 내용을 모든 학생들이 반드시 학습해야 하는 '최소(필수)학습내용'으로 보느냐, 아니면 '최대(선택)학습내용'으로 보느냐에 따라 교육내용 적정화의 논의가 달라질 수 있으며, 현행 교육과정에 포함된 교육 내용의 적정성 여부에 대한 판단도 달라질 수 있다. 만약 교육과정에 규정할 교육 내용이 '최대(선택)학습내용'이라면 교육 내용 적정화를 위해서는 현행 교육과정에 포함되지 않은 내용까지 추가해야 할지도 모르며, 만약 교육과정에 규정할 교육 내용이 '최소(필수)학습내용'이라면 교육 내용 적정화를 위해서는 현행 교육과정 내용을 상당 부분 축소해야 할지도 모른다.

결국, 교육과정의 적정화는 교육과정 / 교과서 / 수업 내용이라는 교육내용의 수준과 최소(필수)학습내용 / 최대(선택)학습내용이라는 교육내용의 의미에 따라 그 초점이 달라질 수 있다. 이를 표로 나타내면 다음과 같다.

〈표 3〉 교육 내용 적정화의 수준과 의미

교육 내용의 적정화(교육과정의 적정화)	
교육 내용의 수준	교육과정 / 교과서 / 수업내용의 적정화
교육 내용의 의미	최소(필수)학습내용 / 최대(선택)학습내용으로의 적정화

2. 교육 내용 적정화의 근거와 기준

이러한 교육 내용과 적정화에 대한 논의, 그리고 교육 내용 적정화 개념에 대한 논의는 바로, 교육 내용 적정화의 근거와 기준에 대한 논의로 연결된다. 사실 교육 내용 적정화가 교과의 특성에 따라, 교수자나 학습자나 교육 여건에 따라, 교육과정, 교과서, 수업 내용을 최소(필수)학습요소나 최대(선택)학습요소로 축소하거나, 확대하는 것이라는 정의 속에 이미 적정화의 주요한 근거와 기준이 이미 제시되어 있다.

김재춘(2004: 26)은 적정화의 판단 기준을 교육여건이나 학생들의 특성과 상관없이 각 학년 / 연령별로 마땅히 알아야 할 내용인 절대 기준(주로 교과 특성에 근거한 기준)과 연간 / 주간 수업시수, 성취수준 등에 따라 학생들의 학습 부담을 고려하여 제시되는 상대 기준(교수자, 교육여건, 학습자의 특성에 근거한 기준)으로 분류하고 있다. 그러나 이러한 분류는 과연 학생들의 특성이나 교육 여건과 무관하게 특정 학년에 필요한 내용이 있을까 하는 의문으로 인해, 그리 현실성 있는 분류 방식이라고 볼 수 없다. 오히려 교육내용 적정화의 목적으로 1) 학습 부담의 경감과 2) 교육적 학습 경험의 회복을 상정하고, 이에 대응하여 학습 부담의 경감과 관련된 양적 기준과 교육적 학습 경험의 회복과 관련된 질적 기준을 제시한 황규호(2004: 106 – 117)의 논의가 시사하는 바가 있으며, 구체적인 적용 가능성도 매우 높다고 할 수 있다.

1) 양적 기준

황규호는 교육내용의 적정화에 대한 판단 기준으로 각 교과 교육과정에서 다루어지고 있는 주제나 개념의 수, 또는 주제의 난이도 등과 관련된 양적 기준을 제시하고 있다. 양적 기준은 무엇보다 '학습자의 학습 부담'문제와 관련이 되는 것으로 기본적으로 주어진 학습 내용들을 학습하는 데 요구되는 총학습시간과 실제 배당된 학습 시간의 일치 정도를 확인하기 위한 기준이다. 요컨대 양적 기준이란 제시된 학습 내용의 양과 수준이 할당된 교과별 학습 시간에 충분히 가르치고 배울 수 있는가 하는 점을 판단하기 위한 기준이라는 것이다(황규호, 2004: 106).

이와 같은 의미에서의 교육 내용 적정화 판단의 기준들이 적용된 사례들은 허경철 등에 의해 이루어진 '학교 교육과정과 교과서 내용의 과다 정도 및 난이도 수준 분석 연구'(허경철 외, 2000)에서 찾아볼 수 있다. 이 연구는 사회과, 수학과 및 과학과 등 3개 교과를 중심으로 우리나라의 제6차 교육과정과 제7차 교육과정, 그리고 우리나라의 제7차 교육과정과 외국의 교육과정을 학습 주제의 수와 난이도의 수준이라는 두 측면에서 비교한 연구이다.

황규호는 허경철 등에 의해 수행된 연구 결과를 중심으로 주로 학습 부담의 맥락에서 교육내용의 적정성을 판단하고 분석하는 데 활용할 수 있는 다양한 양적기준(또는 지표)들을 다음 표와 같이 제시하고 있다.(황규호, 2004: 111)

〈표 4〉 교육 내용 적정화의 양적 기준

구분	기준(지표)
교육내용의 양에 대한 기준(지표)	• 다루어지는 주제의 수: 학습주제의 삭제 또는 추가 여부 • 배당된 수업 시수 대비 학습량 • 기타: 교과서 면수, 개념·원리 수, 실험 및 관찰 수 등
교육내용의 난이도에 대한 기준(지표)	• 주제들이 도입되는 학년: 도입 학년의 변화 경향(상향, 하향, 유지) • 주제들이 다루어지는 시기 및 기간: 기출개념 또는 신출개념, 총배당 학습기간 및 수업시간의 장·단 • 주제들이 다루어지는 방법: 실생활 관련 정도(친숙도), 상세화의 정도 또는 강조 정도, 체계화의 정도
총론 수준에서의 기준(지표)	• 연간 수업일수 및 주당 수업시수 • 이수 교과목 수: 필수과목 수 / 선택과목 수, 교과 통합 등 • 학기당 이수과목 수

2) 질적 기준

'학습 부담의 경감'이라는 맥락에서 양적 기준을 제시한 것처럼 황규호는 '교육 경험의 회복'이라는 맥락에서 질적인 기준을 제시하고 있다. 무엇보다 이 맥락에서 관심의 초점은 학습 경험의 질적 특성이다. 예를 들어 각 교과에서 다루어지고 있는 내용들이 그 교과의 핵심 개념이나 원리를 올바르게 이해하도록 하는 데 도움을 주고 있는지, 학습 경험들이 창의적·비판적인 사고능력 등 학습자의 고등 인지 능력을 계발하는 데 도움을 주고 있는지, 또는 자율적인 탐구 활동의 능력을 신장하는 데 도움을 주고 있는지, 그리고 각 교과에 대한 흥미나 관심을 확대하는지 또는 반대로 혐오감만을 심어 주고 있는지 등등을 확인하는 것은 학습의 부담이나 난이도와 같이 양적인 차원에서는 설명하기 어려운 질적 측면들에 대한 관심이라고 할 수 있다(황규호, 2004: 113).

교육적 경험의 질적 특성이라는 측면에서 우리나라 교육과정의 적정성을 분석한 연구의 최근 사례로는 이지현의 '한국과 미국의 초등 수학 교육과정에 대한 인지중심적 관점에서의 비교 분석' 연구를 들 수 있다(이지현, 2004). 이 연구는 한국과 미국 초등학교 수학 교과서 및 수업에서 요구하는 학습자 인지 수준의 특징은 무엇인가를 분석하기 위한 연구로서, 연구자는 양국의 교과서 분석과 함께 한국 총 32개 차시, 미국 총 34개 차시의 수업을 관찰·분석함으로써 두 나라의 초등학교 수학교육의 질적 차이점을 확인해 주고 있다.

교육 내용의 적정화에 대한 논의의 맥락에서 이 연구가 시사하는 바는 무엇보다 교과별 학습내용의 적정성 문제는 단순히 각 교과에서 다루어지는 주제의 수나 도입 학년과 같은 외양적인 기준이나 지표에 의해서만 분석될 수는 없다는 사실이다. 교육적인 관점에서 볼 때 더욱 중요한 것은 각 교과 수업을 통해 제공되는 교육적 경험의 질적 특성들이 해당 교과 교육의 성격이나 교육 목표에 비추어 볼 때 적절한 것인지를 확인하는 일이라고 보아야 하는 것이다. 물론 여러 가지 양적 지표들이 학습 경험의 질적 특성을 결정하는 데 적지 않은 영향을 줄 것이라는 점은 충분히 예상할 수 있지만 관심의 궁극적 초점은 교육적 경험의 질적 특성에 맞추어져야 한다는 것이다.

  교육적 경험의 질적 특성을 분석하는 데 목적을 두고 있는 또 하나의 연구는 전영미의 '초등학교 3·4학년 사회과 교육과정에 제시된 경제 교육 내용과 교사들이 인식하는 경제 교육 내용 분석'연구를 들 수 있다(전영미, 2002). 이 연구는 교육과정에 제시된 교육 내용들이 각 교과 또는 해당 학년에서 다루어져야 할 기본 개념과 원리를 충실하게 제시하고 있는지, 이러한 기본 개념과 원리가 명료하게 그리고 구조화되어 제시되고 있는지를 확인하고 분석하는 데에 목적을 두고 있다. 이 연구 결과에 의하면 제7차 사회과 교육과정은 이전 교육과정에 비하여 경제 교육에서 다루어야 할 기본 개념과 원리를 더 명료하게 제시하고 있는 것으로 나타났다.

  교과별로 각 학년에서 학습해야 할 교육 내용이 무엇이며 그러한 교육 내용을 어떠한 진술로 제시하는 것이 가장 적절한 것인지를 올바르게 판단하기 위해서는 무엇보다 해당 교과 지식에 대한 깊이 있는 이해가 요구된다는 점에서 이러한 분석 결과의 타당성에 대해서는 교과 전문가 및 교과교육 전문가의 검토가 필요할 것이다. 그러나 한 가지 분명한 점은 교육 내용의 적정성에 대한 양적 분석만으로는 각 교과 수업을 통해 제공되는 학습 경험의 교육적 적절성을 판단하는 데에 한계가 있다는 점이다.

  우선, 양적 분석 자체가 질적 특성에 대한 분석을 함께 요구하는 경우가 있다. 예를 들어, 앞 절에서 양적 기준 및 지표들을 검토하는 가운데 언급되었듯이, 주제 수를 계산하고 이를 비교하는 데 있어서도 실지로 각 주제와 관련하여 다루어지는 세부 학습 내용에 대한 검토가 요구되며, 난이도의 문제를 다룸에 있어서도 주제들이 다루어지는 방식 등 학습 내용의 질적 특성에 대한 분석이 요구된다. 더 나아가, 비록 여러 가지 질적인 특성을 고려하여 양과 난이도를 분석한 결과 적정한 학습 부담을 요구하고 있다는 사실이 확인되었다고 할지라도, 이들 학습 내용들이 교육적인 관점에서 볼 때 학습자의 고등 정신 기능이나 탐구 능력의 함양 등 교육적 성장에 도움을 주지 못하는 것들이라면 학습부담의 적정성 그 자체는 큰 의미를 가질 수 없는 것이다.

이상으로 교육 내용의 적정성을 확인하고 판단하기 위한 질적 기준들을 검토해 보았다. 이 분야에서의 선행 연구들이 충분하지 않기 때문에 여기에서 언급한 여러 가지 기준들은 아직은 시안의 성격을 갖는다고 보아야 할 것이며 이에 대해서는 계속적인 관심과 연구가 요구된다고 하겠다. 여러 가지 제한점이 있으나 이 절에서의 논의를 기초로 교육 내용 적정성에 대한 질적 기준(지표)들을 예시하면 다음표와 같다 (황규호, 2004: 117).

〈표 5〉교육 내용 적정화의 질적 기준

구분	기준(지표)
교육내용의 교과목표 적합성	• 교육 내용의 포괄성, 체계성: 주요 개념, 원리, 탐구 활동의 누락 여부
교육내용의 명료성	• 교육 내용의 구체성 및 명료성 • 내용 제시 방식의 특징: 주제 나열, 명제 제시, 활동 제시 등
인지 수준의 적절성	• 교육 내용의 수준: 사실, 개념, 원리 등 • 수행 용어의 특징에 따른 인지 수준: Bloom의 인지 이론을 기준으로 한 인지 수준 등

Ⅲ. 사회과 선행 연구 속에서의 적정성 논의

사회과 교육 내용 적정성에 대한 논의는 그동안의 교육과정 개정 및 적용 과정에서 핵심적인 사항이었음에도 불구하고, 구체적인 진전이 이루어지지 않았다. 이는 그동안 교과 교육과정의 개발 과정이 총론적인 논의가 이루어진 후 비교적 짧은 기간(보통 6개월 정도) 동안 이루어져 왔고, 사회과의 해묵은 논쟁인 통합과 분과 논의(이러한 논의도 일종의 교육 내용의 '타당성'이나 '수월성'과 관련된 적정화 논의라고 볼 수

있지만)에 가려 교과 내용 적정화에 대한 실질적인 논의가 이루어지지 못했기 때문이다.5)

그리고 간혹 교과 내용 적정화 논의가 이루어진다고 해도, 그 근거나 기준이 학교 현장 교사나 학생·학부모의 의견 수렴이나 현장 수업 관찰 결과, 그리고 학업성취도 평가 결과 같은 객관적인 자료보다는 소위 교과 교육 전문가들의 직관적인 판단이나 기존의 교육과정 및 교과서에 대한 상식적인 검토 수준에서 이루어져 왔다. 7차 교육과정의 개정 과정에서도 이러한 상황은 별반 달라지지 않아, 학교 현장의 수업을 고려하여 사회과 교육과정이나 교과서 내용 요소들을 면밀하게 분석하기보다는 사회과 제 영역 간의 이해관계나 '통합교육과정' 등의 쟁점에 지나치게 경도되어 논의가 이루어졌다.6)

---

5) 사회과 교육과정에서 통합 문제를 둘러싼 갈등은 4차 교육과정기부터 시작된다. 미국의 영향을 받아 '사회과'란 교과가 통합 교과로서 출발하기는 하였으나 4차 이전까지 통합적인 성격의 교육과정 구성은 초등에 한정되어 있었다. 그러다가 4차 교육과정 개발 단계에서 갑자기 중등에서도 통합교육과정을 구성하게 되었다. 중학교 교육과정은 그때까지 우리나라에서는 꾸준히 중학교 1학년은 지리, 2학년은 세계사(국사는 독립교과였음), 3학년은 일반사회로 되어 있었다. 그런데 교육과정이 편성되면서 내용에는 전혀 관심이 없다시피 되고 오로지 혈전을 벌이는 것은 3영역에서 서로 간에 학년 배분에 대한 격론이 벌어지는 것이었다. 그것은 지리 영역에서 그간 줄곧 1학년만 배당받는 것을 용납할 수 없고 1학년을 벗어나지 않으면 절대로 교육과정 편성을 못하겠다고 항변함에서 비롯되었다(이혁규, 2001: 264).

6) 사회과 교육과정의 핵심 난제는 중등 사회과의 통합과 분과를 둘러싼 갈등이다. 사회과 통합 문제는 사회과 태동 이래의 오랜 딜레마 중 하나였다. 제4차 교육과정에서 중학교 사회과가 통합된 이래 사회과 관련 세 하위 영역은 매 교육과정 개정마다 이 문제로 반목하고 대립해왔다. 이 대립으로 기간의 대부분을 소진하는 것이 사회과 교육과정의 숙명적 상황이 되어 버렸다. 이번 교육과정(7차 교육과정)의 경우 국사과가 사실상의 독립된 과목으로 먼저 떨어져 나갔다. 그리고 지리, 일반사회, 역사(여기서는 세계사)의 3 영역이 통합과 분과 및 자신의 영역 확보를 둘러싸고 지루한 논쟁을 벌였다. 그리고 그 논쟁의 결과로 중등 교육과정 개발진들은 7학년 지리, 8학년 역사, 9학년 일반 사회의 형태로 분과형 교유과정을 만들기로 하였다. 그런데 이에 대해서 교육부 담당자들이 총론의 취지에 어긋난다고 하여 개입하여 교육과정 개발진들의 결정을 번복하게 하였다. 이런 우여곡절 끝에 만들어진 교육과정은 3개의 영역이 별다른 논리도 없이 학년별로 안배되어

여기서는 사회과교육과정과 관련하여 그동안 이루어진 적정성 논의를 7차 교육과정 이전과 7차 교육과정으로 나누어 살펴보려고 한다.

1. 7차 교육과정 이전의 적정성 논의

사회과 교육 내용 적정성 논의는 교육과정 개정 및 적용 과정에서 가장 중요한 의제임에도 불구하고, 구체적으로 반영된 흔적을 찾아보기가 힘들다. 다만, 몇몇 선행 연구들을 통해서 적정성 논의의 일부를 확인할 수 있을 뿐이다. 예를 들어 1979년에 한국교육개발원 사회과 연구실에서는 사회과 교육의 내용 체계 연구를 수행하였고, 그 결과를 '사회과 교육과정 내용 체계도'라는 전지 한 장 분의 커다란 내용체계표로 완성하였다(이명희 외, 2000에서 재인용).

초·중·고등학교 지도 내용체계는 1단계(초등학교), 2단계(중학교), 3단계(고등학교)로 구성되어 있으며, 단계가 올라갈수록 구체화되어 간다. 즉 1단계에서는 일반적인 원리 혹은 법칙이 기술되고, 2단계에서는 1단계의 원리를 구성하는 이론 혹은 개념이 제시되고, 3단계에서는 2단계의 이론 혹은 개념을 구성하는 개념 혹은 사실이 제시되어 있다. 초등학교의 학년 배정에서는 제1단계에서 제시한 원리 혹은 법칙을 초등학교 아동들이 순차적으로 습득할 수 있도록 각 학년에서 어떠한 내용을 학습하면 되는 것인가에 대하여 그 내용 요소를 제시하고 있다.

이 '사회과 교육과정 내용체계도'는 학문 중심의 교육과정 이론에 입각해 있으며, 사회과 각 영역의 내용 요소를 일정한 형식과 틀을 설정하여 체계화하려고 했던 점에서 커다란 의의가 있다고 할 수 있다. 구체적으로 제시하면, 1단계인 초등학교에서는 원리·법칙을, 2단계인 중

있는 절충식 교육과정이다. 그리고 이런 정치적 절충형 교육과정 아래서 지리, 역사, 일반사회를 대학에서 전공한 교사늘은 사실상의 상지 파목을 4차 교육과정부터 현재까지 가르치고 있다(이혁규, 2001).

학교에서는 이론·개념을, 3단계인 고등학교에서는 개념·사실을 설정하여 체계화하려고 하였다. 그리고 사회과의 3개 내용 영역 중에서 적어도 일반사회 영역에서는 현재까지 부분적으로 이러한 경향성을 띠고 있다고 할 수 있다(이명희 외, 2000에서 재인용).

그러나 역사 영역의 내용체계표는 처음부터 무리가 있었던 것으로 보인다. 왜냐하면 역사 교육의 목적은 일반적인 원리나 이론 혹은 개념을 습득하는 것과는 거리가 있기 때문이다. 그러기에 원래 원리-이론-개념의 틀로 내용체계표를 만드는 것 자체가 무리였다고 판단된다. 만약 역사 교육을 무리한 원리나 개념 습득을 목적으로 강제한다면, 사실을 규명하는 역사학의 독자적 성격은 사라지고 사회과학을 학습하는 것과 별반 차이가 없게 된다(이명희 외, 2000에서 재인용).

여하튼 한국교육개발원에서 개발한 '사회과 교육과정 내용 체계도'는 사회과 교육의 내용 요소를 나름대로의 원리에 입각하여 명확히 설정하고, 또 그것을 체계화하려고 하였던 점에서는 의의가 있다고 하겠다. 학문 중심의 교육과정론에 입각하고 있는 점이나, 내용 영역의 고유한 성격을 고려하고 있지 않은 점 등을 비판적으로 검토하면 좋은 시사가 될 수 있는 선행 연구이다. 그러나 이 선행 연구는 우리나라에서 행한 사회과 교육의 내용 체계 연구의 가장 본격적인 연구였으나, 아직까지 본격적인 검토를 받아보지 못한 채 교육과정 개정 과정이나 이후 연구에 별다른 시사를 주지 못했다(이명희 외, 2000: 10).

그리고 사회과 교육과정 개정은 이러한 선행 연구에 대한 검토 없이, 새로운 논의 속에서 처음부터 다시 시작하는 방식으로 진행되어 왔다. 이는 직접적으로는 사회과 교육과정 개정에 참여한 사람들의 문제이지만, 간접적으로는 전면 개정이라는 이름하에 새로운 구호와 캐치프레이즈를 만들어 온 총론의 문제이기도 하다. 7차 교육과정 개정 및 적용 과정에서의 적정성 논의 역시 이러한 경향과 전혀 무관하지는 않다.

2. 7차 교육과정 개정 및 적용 과정에서의 적정성 논의

제7차 교육과정의 가장 기본적인 특징은 국민 공통 기본 과정과 선택 심화 과정으로 분류되는 '기본과 선택(고2, 3 선택과목)'이라는 편제상의 특징(김왕근, 2002)과 함께, 이러한 편제상의 특징이 교과 내부에 투영되었다고 할 수 있는 '수준별 교육과정', 특히 사회과 교육과정의 경우는 '기본과 선택(보충과 심화)'이라는 이름하에 이루어진 교육과정을 수준별로 조직화한 것이다. 그리고 이러한 두 개의 '기본과 선택'이라는 이중 구조는 사실상, 교사들이 학생들에게 학생들의 연령이나 발달 정도에 따라, 적정한 양과 수준의 교육과정을 타당성 있고, 연계성 있게 가르칠 수 있도록 교육과정을 조직하려는 의도의 반영이며, '적정성' 논의의 결과물이라고 할 수 있다.

즉 제7차 교육과정은 학생들의 연령에 따라 국민 공통 기본 교과를 가르치고, 이후 자신의 적성에 따라, 선택 과목을 이수하는 형태로 조직되었으며, 사회과의 경우, 교과 내부적으로도 기본 학습을 하고 나서 선택 학습(보충과 심화 학습)을 할 수 있도록 조직한 것이다. 따라서 7차 교육과정의 경우 형식적이고 공식적인 의미의 적정화는 사실상 이루어진 셈이라고 할 수 있다.

따라서 사실상 남은 것은 정말로 사회과의 경우 1학년 슬생부터 10학년 사회에 이르는 국민 공통 기본 교과 내용이 정말로 국민 공통 기본 교과 내용인지, 선택과목이라는 것이 국민 공통 기본 교과 내용과 차별적으로 제시되어 학생들의 추가적인 관심과 욕구를 채워주는 내용인지, 각 학년마다 제시되어 있는 기본 학습 내용이 정말로 그 연령에 모든 학생들이 배울 만한 기본 내용인지, 선택 학습 내용(보충과 심화 학습)이 정말로 기본과 차별화되는 (그리고 다른 학년의 내용과 차별화되는) 보충이나 심화 내용인지 하는 것이다.

그리고 이러한 문제제기에 대해서 형식적인 변화, 즉 용어상의 변화와 차별화가 아니라 실질적인 변화, 즉 내용상의 변화와 차별화를 가져왔는가에 대해서는 사실상 부정적으로 답할 수밖에 없다. 그리고 결과적으로 교사들이 가르치고, 학생들이 배우는 양이 줄어들었고, 교육 내용이 학생들의 수준에 맞게 제시되었는지, 타당성 있는 교육 내용이 연계성 있게 제시되었는지에 대해서도 긍정적인 답변을 하기 어렵다.

물론, 이러한 적정성 여부를 실질적으로 확인할 수 있는 선행 연구를 찾기는 어렵다. 다만, 최근 연구들 중의 일부는 이와 관련해서 몇 가지 분석을 하고 있어 참고할 만하다. 우선 앞에서도 언급된 바 있는 연구(허경철 외, 2000)에서 사회과 연구자로 참여한 김왕근은 제6차 교육과정과 제7차 교육과정을 대상으로 내용 요소의 양적인 비교만을 주로 수행하였다. 그리고 이러한 이유로 내용 조직의 구조나 맥락, 학습 조건 등과 같은 질적인 분석을 함께하는 것이 연구의 의의를 높일 수 있으나, 6차 교육과정과 7차 교육과정의 내용 진술 형식이 서로 다른 데서 비롯되는 제한 때문에 사실상 교육과정 차원에서 질적인 분석이 불가능하다고 진술하고 있다.

그리고 이러한 제한을 고려해서 교육과정에 편성된 내용 요소를 중심으로 6차와 7차 교육과정을 양적인 측면에서 비교하고 있다. 김왕근은 분석의 양적 준거로서 가독성 기준을 원용하여 단원의 수와 주제의 수, 그리고 최하위 수준이 제재의 수량을 비교하고 있는데, 단원의 경우, 7차 교육과정 내용 체계표상에 나타난 단원 수 변화를 수치상으로 보면 지리 영역(−1), 역사 영역(0), 일반사회 영역(+1), 통합 영역(+1)으로 나타나 전체적으로는 6차의 24개 단원 수와 비교해 큰 변화가 없다고 분석하였다(허경철 외, 2000).

그러나 7차 교육과정의 연간 배당 시수가 상대적으로 적다는 점과 내용 30% 축소 지침, 학습 부담이 과중하고 내용이 과다하다는 일반적인 시각 등에 비추어 볼 때 실제적으로는 단원 수가 증가하여 학습 부담을 가중시키는 결과를 초래하고 있는 것으로 해석하였다. 영역별로 볼 때, 지리 영역이 9개 단원에서 8개 단원으로 줄어들었으나 역사의

7개나 일반 사회의 8개 단원 수에 비해 많거나 같은 실정이라는 점을 고려할 때, 내용 축소와 관련된 세 영역 간의 이해관계 대립이 결과적으로 내용 축소를 막게 된 것으로 여겨졌다(허경철 외, 2000).

한편, 학년 간 이동이 나타나고 있는데, 지리 영역의 경우 6차에서 2학년에 편성되었던 유럽, 아메리카, 오세아니아 단원이 7차에서는 1학년에 편성되었고, 6차에서 2개 단원으로 편성되어 있던 아시아 아프리카 단원이 7차에서는 1개 단원으로 통합(압축) 편성된 것으로 나타났다. 이러한 변화와 관련해서 학년 간 이동으로 인해 학습의 곤란도가 증가할 것으로 보이지는 않으나, 아시아 아프리카 단원이 1개 단원으로 압축된 현상은 실제적으로 학습의 밀도를 가중시키거나 아니면 내용의 구조와 맥락성을 결여한 내용 박약화를 초래할 가능성이 높은 것으로 판단하였다. 이와는 달리 일반사회 영역에서는 정치, 사회, 문화, 법 등의 영역이 6차와 동일한 수준을 유지하고 있는 것과는 달리 경제 영역의 단원이 1개 단원에서 2개 단원으로 100% 증가하여 학습 부담을 크게 가중시키는 요인으로 작용할 가능성이 높을 것으로 예견하였다(허경철 외, 2000).

그러나 이러한 연구는 교육과정이 본격적으로 운영되기 이전에, 그리고 교과서가 발행되기 이전 시점에서 교육과정 문서만을 가지고 단원이나 주제의 항목 수, 그리고 학년 간의 이동 여부를 가지고 내용의 양과 학습의 곤란도(난이도)를 분석한 것으로서, 어디까지나 교육과정 문서에 기초한 전문가의 직관적인 판단과 예상이지, 적정성에 대한 본격적인 분석과 평가로 보기는 힘들다.

한국교육과정평가원에서도 7차 교육과정 개정 이후, 일부 적정화 논의가 있었다. 특히 2000년부터 2001년까지 이루어진 '사회과 교육 목표 및 내용 체계 연구'가 대표적이다. 그러나 이 연구에서는 교육과정에 대한 직접적인 분석이나 사회과 교육 내용 적정화에 대한 구체적인 합의 없이 지리, 역사, 일반사회 영역을 적절하게 배분하는 데 주안점을 둔 것으로 보인다. 2000년부터 2001년까지 진행된 이 연구에서 연구진들은 사회과라는 공통분모를 거의 인정하지 않고, 지리 영역, 역사 영역, 일반사회 영역이라는 세 가지 범주하에 요구 조사 분석, 국내외 교육과정 분석, 목표 및 내용 체계 설정에 이르는 단계를 거쳐 영역별로 독자적인 내용 체계를 제시하고 있다(이명희 외, 2000; 최석진 외, 2001).

그럴 수밖에 없는 것이 7차 교육과정이 개정되어서 현장에 적용되는 시점에서 독자적으로 교육과정과 관련해서 본격적인 적정성 여부를 판단하는 것은 시기적으로 적절치 못하였으며, 결과적으로 교육과정 자체보다는 지리, 역사, 일반 사회 영역의 목표 및 내용 요소들을 다시 한 번 검토·확인하는 정도 선에서 연구가 이루어졌던 것이다. 그래도 시대적 상황이나 변화를 반영해야 한다는 당위와 그러한 당위를 실현하기 위한 노력 정도가 의의라고 볼 수 있다(이명희 외, 2000: 235-243).

한국교육과정평가원에서 이루어진 연구 중에서, 본격적으로 7차 사회과 교육과정의 적정성에 대한 논의는 7차 교육과정 시행이 일부 이루어진 2002년도 이후부터이다. 교과 차원에서 이루어진 것은 아니지만, 총론 차원에서 각 교과별로 교육과정의 적정성을 평가한 연구와 교과별로 운영 실태를 분석한 연구가 있다. 한국교육과정평가원에서는 2002년도부터 7차 교육과정 전반에 걸친 평가와 운영 실태에 대한 분석이 이루어졌다.

박순경 등의 연구에 따르면, 초등학교의 경우 과반수 교사들이 사회과의 주당 수업시수가 적절하다고 느끼고 있었고, 조금 부족하다고 느끼는 교사들이 20% 정도로, 많다는 의견보다는 부족하다는 의견이 좀 더 높은 것으로 나타났다. 사회과 학습 내용의 양과 관련해서, 학습 내용의 양이 많다는 의견이 80% 내외로 주를 이루고 있었으며, 사회과의 학습 내용의 수준과 관련해서도 전반적으로 어렵다는 의견이 거의 90% 내외로 나타났다. 이러한 양과 수준의 문제는 가르치는 과정상의 문제로 전이되어, 대부분의 교사들이 사회과를 가르치는 것을 어렵게 생각하고 있었으며, 그 이유로 많은 수행활동과 과다한 학습량을 들고 있었다(박순경 외, 2002: 198-202).

또한 다음 해에 이루어진 중등학교에 대한 연구에서도, 중학교의 경우 사회과의 주당 수업 시수와 학습 내용의 양 및 난이도에 대한 교사들의 의견은 수업 시수와 관련해서 전체적으로 적절하다는 응답이 46%, 조금 부족하다는 의견이 30.4%로 나타나고, 학습 내용의 양에 대해서도 많은 편이라는 응답이 76.4%로 높게 나타났다. 학습내용의 난이도에 대해서는 적절하다는 의견이 48.4%, 어렵다는 의견도 47.7%로 나타났다. 이와 관련해서 사회과목 지도상의 어려움의 원인으로 가장 많이 지적된 것도 학습내용의 양, 수행활동에 대한 시간 부족, 어려운 내용 등이 상위를 차지하고 있었다(박순경 외, 2003: 146-148).

이러한 연구는 비록 총론 수준에서 피상적으로 파악한 것이지만, 7차 사회과 교육과정이 사회과 수업으로 구현될 때, 내용의 양과 수준 면에서 교사들에게 부담이 되고 있음을 확인할 수 있는 내용이며, 보다 심도 있고 체계적인 사회과 교육 내용 적정성에 대한 분석과 평가의 필요성을 제기하는 연구라고 할 수 있다.

7차 교육과정이 적용된 이후, 교과 수준에서 본격적으로 사회과 교육 내용의 적정성을 다룬 연구는 없었지만, 연구자가 관여한 일부 연구에서도 사회과 교육 내용의 적정성과 관련해서 일부 논의를 진행한 바 있다. 학교 교육 내실화 방안 연구의 일환으로 이루어진 '사회과교육 내실화 방안 연구'에서 연구자는 사회과 수업 운영의 실태와 문제점을 지적하면서 '학생들에 대한 이해에 기초하지 않은 사회과 수업 내용'을 문제 삼은 바 있다(강대현, 2002: 29).

사회과가 지리, 역사, 정치·경제, 사회·문화, 법 등 다양한 학문으로 구성되면서, 사회과를 가르치는 교사나 학생 모두에게 부담이 가중되고 있다. 특히 학생들은 일반적으로 사회과라고 하면 '암기할 게 너무 많은 재미없는 과목'이라는 인식이 일반화되어 있다. 그리고 대부분의 학습 내용들이 학생들의 욕구나 생활과 무관하게 구성되어 있고, 실제 수업도 학생들의 활동보다는 교사의 일방적인 강의가 주가 되는 형태를 띠고 있다.

또한 '제7차 교육과정의 현장 운영 실태 분석(Ⅰ)'에서도 본 연구자는 초등 사회과의 수업 내용과 관련해서 교사들이 사회과 수업 내용을 어떻게 인식하고, 재구성하고 있는지를 조사한 바 있다. 여기서 대부분의 초등학교 교사들은 사회과 수업 시 어려운 사항으로 교과 내용의 과다(41.9%), 시설 및 자료 부족(13.4%), 교과 내용의 어려움(12.2%) 순으로 답했다. 이러한 결과는 사회과 교육과정과 교과서 내용이 기본적으로 초등학교의 연간 수업 계획이나 초등학교 학생들의 학습 능력을 제대로 반영하고 있지 못하다는 사실, 즉 기본내용 자체가 적정화되지 못했음을 확인할 수 근거라고 할 수 있다(성경희 외, 2003: 110).

동시에 초등 교사들이 사회과 수업을 진행할 때, 충분한 시설이나 자료의 지원이 이루어지지 않음도 확인할 수 있었다. 특히 초등학교 3, 4학년 '지역사회'단원의 경우, 지역 관련 자료의 미비로 인해, 교사들의 개인적인 노력이나, 학생들의 과제 혹은 학부모의 도움 속에서 사회과 수업이 이루어지고 있음을 수업 관찰 및 면담 과정에서 반복적으로 확인할 수 있었다. 이는 초등 사회과의 주된 내용의 하나가 지역사회 부분임에도 불구하고, 교육과정이나 교과서 집필 과정에서, 그리고 수업자료를 개발하고 수업관련 시설이나 환경을 조성하는 과정에서 아무런 배려와 지원 없이 개별 교사와 학생들에게 부담이 전가되고 있음을 의미하며, 동시에 상황맥락적으로도(환경적으로도) 적정화되지 못했음을 보여준다(성경희 외, 2003: 111).

이러한 상황에서, 사회과수업 내용을 준비한다는 것은 교사들에게는 큰 부담으로 다가오고 있었으며, 10개 교과를 동시에 가르치는 상황에서 매 차시별로 사회과 수업 내용을 준비한다는 것은 사실상 불가능한 것으로 나타났다. 결국 초등 교사들은 교과서 내용을 그대로 가르침과 동시에 미진한 부분이나 교사 자신이 강조하려는 부분은 조별학습이나 과제의 형태로 추가하는 방식으로 수업 내용을 준비하고 있었다. 다음은 당시 면담한 교사의 말이다(성경희 외, 2003: 112).

저는 차시별로 수업 내용을 준비하는 것이 힘든 것 같아요. 그냥 단원별로 사회과 방향 자체가 조사를 많이 하는 활동 중심으로 가야 하는데, 결국에는 교수 학습을 학교에서 몇 시간을 하게 되고 숙제로 나가게 되고, 아이들 조별 학습을 시키게 되고 …… 수업 시간만 가지고는 안 되는 것 같아요. 다른 교과는 숙제가 별로 없는 것 같은데 제가 내는 숙제는 거의 사회 숙제인 것 같아요.

이러한 일련의 연구 결과에 비추어 볼 때 사회과 교육 내용의 적정화는 아직도 현재진행형인 과제라는 것을 알 수 있다. 본 연구는 기존의 산발적인 논의들을 수렴하여, 7차 교육과정 시행이 완료된 시점에서 사회과 교육 내용의 적정성을 체계적으로 분석·평가할 수 있는 준거 틀을 개발하여, 이후 분석 과정에서 활용하려고 한다.

Ⅳ. 사회과 교육내용의 적정성 분석틀의 제안

지금까지 7차 교육과정 이전의 일부 선행 연구와 7차 교육과정과 관련해서 개정과 적용의 과정에서 이루어진 이러한 일련의 논의들을 살펴보았다. 여기서는 이 과정에서 이루어졌던 적정성 논의의 공과를 다루면서, 본 연구에서 활용할 수 있는 적정성 평가 준거를 탐색하고, 이후에 활용할 수 있는 사회과 교육 내용 적정성 분석·평가 준거 틀을 개발하려고 한다.

총론에서 언급한 바와 같이 교육 내용의 적정성은 크게 양, 수준, 타당성, 연계성 등을 중심으로 판단할 수밖에 없다. 물론 각각의 범주는 관심과 초점에 따른 구분이지 상호 배타적인 것은 아니다. 예를 들어 지나치게 많은 양은 수준의 문제를 불러일으키며, 수준의 문제는 교과 목표에 맞지 않는 내용의 타당성 문제이거나 학습 과정에서 지나친 비약이 이루어진 연계성의 문제일 수도 있다. 그러나 각각은 비록 상호 배타적이지는 않지만, 교육내용의 적정성을 판단하는 상식적인 준거로 이미 활용되고 있는 것들이기 때문에 본 연구에서도 가장 기본적인 분석준거로 활용하려고 한다.

<표 6> 교육 내용의 적정성 분석틀 1

분석 항목	분석 내용
양	단원 수, 주제 수, 개념 수, 교과서분량, 수업시수대비
수준	주제나 개념의 도입 시기, 학교급이나 학년 간의 수준 차이
타당성	주제나 개념의 목표와의 관련성, 학습자들의 필요와의 관련성, 사회적 필요와의 관련성
연계성	학교급이나 학년 간의 중복이나 비약 여부

사회과 교육과정 적정화란 결국 '사회과 목표, 내용에 대한 고려를 통한 목표 및 내용체계화와 학생들의 심리적 발달 정도에 대한 고려를 통한 목표 및 내용 계열화'라고 할 수 있다. 따라서 사회과 교육과정 적정화를 위한 기본적인 질문 세 가지는 다음과 같다.

1. 사회과 교과 내용은 사회과 목표에 비추어 적정한 내용입니까?
2. 사회과 교과 내용은 사회 현상에 대한 학생들의 이해를 도울 수 있는 제 학문(지리, 역사, 일반사회)의 주요 개념 중심으로 적정하게 구성되어 있습니까?
3. 사회과 교과 내용은 초, 중등 학생의 발달에 비추어 볼 때 적정한 내용입니까?

이러한 질문에 따라 사회과 교육과정의 적정성 분석틀은 기존의 양, 수준, 타당성, 연계성과 더불어 교과 목표 적합성, 교육내용 중요도, 인지 수준의 적절성 등으로 세분화될 수 있다. 교과 목표 적합성과 교육 내용의 중요도는 주로 타당성과 관련된 준거로, 인지 수준의 적절성은 주로 수준과 연계성과 관련된 준거로 활용될 수 있다.

〈표 7〉 교육 내용의 적정성 분석틀 2

분석 항목		분석 내용
양		단원 수, 주제 수, 개념 수, 교과서분량, 수업시수대비
수준		주제나 개념의 도입 시기, 학교급이나 학년 간의 수준 차이, 학생들의 인지 수준과의 일치 여부
인지 수준의 적절성		
타당성		주제나 개념의 목표와의 관련성, 학습자들의 필요와의 관련성, 사회적 필요와의 관련성
교과목표적합성	교육내용중요도	
연계성		학교급이나 학년 간의 중복이나 비약 여부, 학생들의 인지 수준과의 전반적인 일치 여부
인지 수준의 적절성		

그리고 이러한 교육과정 적정화의 문제는 또한 교육과정의 역사적인 변천 과정과 현실적인 여건에 대한 고려와 함께 다음과 같은 추가적인 질문을 가지게 된다.

1. 교육과정 변천과정에 비추어 볼 때 적정한 내용입니까?
2. 외국의 교육과정과 비교해 볼 때 적정한 내용입니까?
3. 현행 교육과정 운영 편제상(수업 시수 등) 적정한 내용입니까?
4. 기존의 교사교육을 받은 현직 교사들이 가르치기에 적정한 내용입니까?
5. 다양한 여러 교과를 배우는 학생들이 배우기에 적정한 내용입니까?

즉 기존의 일반적인 교육내용의 양, 수준, 타당성, 연계성과 함께, 교과 목표의 적합성, 교육 내용의 중요도, 인지 수준의 적절성과 함께, 과거의 교육과정과의 비교, 외국의 교육과정과의 비교, 현행 교육과정 운영 편제상의 여건 고려, 교사들의 전문성과 능력 고려, 학생들의 학습 능력과 여건 고려 등의 상황을 고려한 맥락성이 교육 내용의 적절성을 분석하는 준거이자 방법으로 등장하게 되는 것이다.

<h3 align="center">〈표 8〉교육 내용의 적정성 분석틀 3</h3>

분석 항목		분석 내용	분석 방법
양		단원 수, 주제 수, 개념 수, 교과서분량, 수업시수대비	과거의 교육과정과의 비교, 외국의 교육과정과의 비교, 현행 교육과정 운영 편제상의 여건 고려, 교사들의 전문성과 능력 고려, 학생들의 학습 능력과 여건 고려
수준		주제나 개념의 도입 시기, 학교급이나 학년 간의 수준 차이	
인지 수준의 적절성			
타당성		주제나 개념의 목표와의 관련성, 학습자들의 필요와의 관련성, 사회적 필요와의 관련성	
교과목표 적합성	교육내용 중요도		
연계성		학교급이나 학년 간의 중복이나 비약 여부	
인지 수준의 적절성			

　물론, 여기서 제시하는 적정성 평가 준거 틀은 다분히 선험적이고, 가설적인 것이며, 교육과정 및 교과서 분석, 교사와 학생들에 대한 설문 조사, 현장 교사들의 수업 관찰 및 면담 과정에서 융통성 있게 재조정할 수 있는 성격의 잠정적인 것이다. 또한 사회과를 대상으로 하고 있지만 현재까지 사회과의 고유한 특성이 제대로 반영되었다고 볼 수도 없다. 그러나 사회과 교육 내용 적정성에 대한 실질적인 분석 이전에 사회과만의 특수성을 찾아낸다는 것이 가능한지 의문이다. 사회과 교육 내용 적정화 논의의 고유한 부분은 사회과 교육 내용의 적정성을 실질적으로 분석하는 과정에서 자연스럽게 드러나게 될 것이며, 이러한 논의들이 공통적으로 일관성 있게 나타날 경우 분석틀을 수정하거나 구체화는 데 반영될 수도 있을 것이다.

V. 결 론

본 연구의 목적은 기존의 교육과정 적정화 논의를 살펴보고, 총론 차원의 개념과 기준을 검토한 후, 사회과 선행 연구들을 검토하면서 교과 차원의 개념과 기준을 설정하여 사회과 교육 내용 적정화를 위한 분석틀을 제안하는 것이다. 물론 이러한 과정에서 적정성의 주요한 준거나 기준으로 선정한 것은 총론에서 주로 논의된 바 있는 양, 수준, 타당성, 연계성이며, 이러한 논의 과정에서 교과목표의 적합성, 교과내용의 중요도, 인지 수준의 적절성 등의 하위 범주들은 분석 기준으로 추가한 분석틀 시안을 개발하였다.

이러한 점에서 본 연구는 사회과 교육 내용 적정화를 위한 출발점이라고 할 수 있다. 그래서 아직까지 양, 수준, 타당성, 연계성 등과 관련하여 보다 명확한 지표나 설득력 있는 근거를 제시하는 것도 미완성인 채로 남았다. 양의 경우에는 많다 혹은 적다에 대한 객관적인 지표가 없었으며, 수준의 경우에도 마찬가지다. 특히 타당성을 판별하는 준거와 방법에 대해서는 좀 더 심사숙고가 필요하며, 사회과의 특수성을 반영할 수 있는 내용이 보완되어야 할 것으로 보인다. 연계성의 경우에도 사회과의 경우 어떤 내용 배치가 연계성이 높은 것인지에 대한 고민이 동반되어야 보다 구체적인 형태의 분석 준거와 방법이 될 것으로 보인다.

이러한 점들은 본 연구의 한계인 동시에 앞으로 연구해야 할 방향과 향후 진행해야 할 논의들이기도 하다. 그리고 본 연구자의 경험[7]에 비추어 볼 때, 분석틀과 분석 결과 사이에는 변증법적인 관계가 존재할 것으로 보인다. 비록 최종적인 분석틀은 아니지만 여기서 제안한 분석

---

7) 본 연구자는 시민사회를 분석하면서 시민사회 분석틀과 시민사회 현실 사이의 일방적인 적용과 반영이 아니라 상호 간에 변증법적 관계가 있음을 확인한 바 있다.

틀을 가지고 사회과 교육 내용의 적정성을 분석하다 보면, 보다 설득력 있고 세련된 분석 준거를 가지게 될 것이고, 사회과 고유의 특성이 나타날 수도 있을 것이다. 그리고 그러한 준거를 명료화시키면 분석틀이 보다 체계화되고 사회과의 특성이 반영될 수 있을 것이다.

참고 문헌

강대현(2002). **사회과 교육 내실화 방안 연구: 좋은 수업 사례에 대한 질적 접근**. 한국교육과정평가원 연구보고 RRC 2002-4-4.

강대현(2004). **사회과 교육내용 적정성 분석 및 평가**. 한국교육과정평가원 연구보고 RRC 2004-1-4.

교육부(1997). **사회과교육과정**. 제7차 교육과정 교육부 고시 제1997-15호 [별책 7].

김수천(2004). 교육내용의 적정화-도덕, 사회 교과를 중심으로. **교육 내용의 적정화 방안 탐색**. 한국교육과정평가원 연구자료 ORM 2004-7. pp.133-148.

김왕근(2000). 사회과 교육과정 및 교과서 내용의 적정화에 관한 비교 연구. **시민교육연구**. 제31집. pp.41-82.

김일기 외(1997). **제7차 사회과 교육과정 개정 시안 연구·개발**. 한국교원대학교 사회과교육과정개정연구위원회. 1997년도 교육부 위탁연구과제 답신보고서

김재춘(2003). 국가 교육과정 개정 담론의 비교 분석(I): 제4차에서 제7차에 걸친 교육내용의 적정화 담론을 중심으로. **교육과정연구**. 제21권 2호. pp.105-122.

김재춘(2004). 교육 내용의 적정화-전제와 쟁점. **교육 내용의 적정화 방안 탐색**. 한국교육과정평가원 연구자료 ORM 2004-7. pp.19-36.

박순경 외(2002). **제7차 초·중등학교 교육과정 평가 연구(Ⅱ)**. 한국교육과

정평가원 연구보고 RRC 2002-1.

박순경 외(2003). **제7차 초·중등학교 교육과정 평가 연구(Ⅲ)**. 한국교육과정평가원 연구보고 RRC 2003-2.

성경희 외(2003). **제7차 교육과정의 현장 운영 실태 분석(Ⅰ)**. 한국교육과정평가원 연구보고 RRC 2003-3-3.

소경희(2004). 교육 내용의 적정화-체육, 미술, 음악, 실과를 중심으로. **교육 내용의 적정화 방안 탐색**. 한국교육과정평가원 연구자료 ORM 2004-7. pp.158-176.

이돈희(2004). 교육내용의 적정화: 왜, 무엇을, 어떻게?. **교육 내용의 적정화 방안 탐색**. 한국교육과정평가원 연구자료 ORM 2004-7. pp.10-17.

이명희 외(2000). **사회과 목표 및 내용 체계 연구Ⅱ**. 한국교육과정평가원 연구보고 RRC 2000-12.

이지현(2004). **한국과 미국의 초등 수학 교육과정에 대한 인지중심적 관점에서의 비교 분석: 초등학교 2~3학년 수준의 곱셈 단원 교육과정 사례를 중심으로**. 박사학위논문, 이화여자대학교 대학원.

이혁규(2001). 제7차 사회과교육과정 개정과정에 대한 문화기술적 연구. **시민교육연구**. 32집. pp.249-292.

전영미(2002). **초등학교 3·4학년 사회과 교육과정에 제시된 경제교육내용과 교사들이 인식하는 경제교육내용 분석**. 박사학위논문, 이화여자대학교 대학원.

최석진 외(2001). **사회과 목표 및 내용 체계 연구Ⅰ**. 한국교육과정평가원 연구보고 RRC 2001-5.

황규호(2004). 교육 내용의 적정화-수학, 과학 교과를 중심으로. **교육 내용의 적정화 방안 탐색**. 한국교육과정평가원 연구자료 ORM 2004-7. pp.97-121.

허경철 외(2000). **학교 교육과정과 교과서 내용의 과다 정도 및 난이도 수준 분석 연구**. 한국학술진흥재단 답신보고서.

홍후조(2004). 교육 내용의 적정화-국어, 영어 교과를 중심으로. **교육 내용의 적정화 방안 탐색**. 한국교육과정평가원 연구자료 ORM 2004-7. pp.48-81.

제8장 사회과 교육과정의 운영 1)
─제7차 초등 사회과 교육과정의 적용 및 운영 실태 분석─

　이 장은 제7차 초등 사회과 교육과정의 적용 및 운영 실태에 대한 종합적인 분석을 목표로 하고 있다. 이 장은 크게 세 가지 내용으로 구성되어 있는데, 먼저 7차 사회과 교육과정의 개정 및 적용 과정에 대한 선행 연구 문헌들을 고찰하고 있다. 다음으로 7차 사회과 교육과정이 시·도 및 지역 교육청을 거쳐 학교에 적용되는 과정을 시·도의 관련 문서와 시·도 장학사 및 학교 관리자들에 대한 설문 결과에 기초하여 분석하고 있다. 마지막으로 학교와 교사 수준에서 제7차 초등 사회과 교육과정이 어떻게 운영되고 있는지를 교사 대상 설문과 수업 관찰 및 교사 면담을 통하여 분석하고 있다.

　이러한 분석에 기초하여, 이 장에서는 학습자 중심의 다양하고 특성화된 교육과정 운영을 위해 교사들의 교육과정 재구성을 주창했던 제7차 교육과정이, 그중에서도 제7차 초등 사회과 교육과정이 국가와 시·도 및 지역 교육청 수준에서의 체계적인 준비와 지원 부족으로 인해 (10개

---

1) 이 장의 내용은 『열린교육연구』 제13권 1호(2005)에 실린 '제7차 초등 사회과 교육과정의 적용 및 운영 실태 분석'을 일부 수정한 것이다.

교과 중의 하나로서) 사회과를 가르치는 초등 교사들의 과도한 부담과 학생 및 학부모의 과도한 부담으로 이어지고 있는 현실을 보여주고 있다.

이러한 상황에서 교사 수준에 가능한 교육과정 재구성의 범위는 교육 목표나 내용 혹은 평가가 아니라 방법 수준에 불과하며, 사실상 10개 교과를 가르치는 초등학교 상황에서 그 이상의 교육과정 재구성을 요구하는 것은 현실을 무시한 과도한 것임을 밝히고, 실질적인 교육과정 재구성을 위해서는 교사에 대한 각종 지원이 함께 이루어져야 함을 주장하고 있다.

I. 서 론

최근 교육과정 개정 논의가 한창 진행 중에 있다. 그리고 개정 방식과 관련해서도 수시 부분 개정이 확정되어 수시 부분 개정을 어떻게 할 것인가에 대한 논의가 진행 중인 것으로 알고 있다. 이렇게 교육과정 개정 논의와 관련해서 개정 방식이 화두가 된다는 것이야말로 우리의 교육과정 개정 논의의 현주소를 보여주는 분명한 사례이다. 요는 개정 방식이 중요한 것이 아니라 누가 참여해서 무엇에 근거하여 어떤 방향으로 개정할 것인가가 중요하다. 즉 교육과정의 실질적인 운영 주체들이 함께 모여서 타당한 근거를 가지고 미래 세대가 필요로 하는 교육 내용을 구성하는 방향으로 교육과정 개정이 이루어져야 한다는 것이다.

그리고 이러한 개정을 위해서는 현재 운영되고 있는 제7차 교육과정의 적용 및 운영2) 실태에 대한 정확한 분석과 진단이 사전에 이루어져

---

2) 여기서 적용이라 함은 국가 수준의 교육과정이 시·도 교육청 및 지역 교육청을 거쳐 어떻게 학교 현장에 전달되는지에 초점을 맞춘 개념이다. 반면에 운영은 실제 학교 현장과 교실 수업에서 교육과정이 어떻게 이루어지고 있는지에 초점을 맞춘 개념이다.

야 한다. 그리고 그러한 교육과정의 적용 및 운영 실태에 대한 분석과 진단은 단순히 교육과정 문서나 교육과정 운영 관련 당사자들의 의견뿐만 아니라 교사와 학생들이 직접 부딪히는 교과와 수업 차원에서 접근될 필요성이 있다. 그럼에도 불구하고 그동안 이러한 구체적인 교과 수준에서의 교육과정 적용 과정 및 운영 실태 분석은 일부 교과의 소수 연구를 제외하고는 거의 이루어지지 않고 있다. 사회과의 경우에도 일부 문헌 연구(김왕근, 2002; 이동원 2002)와 질적 사례 연구(박윤경, 2003)를 제외하고는 전무한 실정이다.

본 연구는 이러한 필요성과 진공을 메우기 위하여 제7차 초등 사회과 교육과정의 적용 및 운영 실태를 교육과정 문서나 관계자 의견뿐만 아니라 시·도 및 지역 교육청과 학교 및 수업 차원에서 그야말로 실질적으로 분석하는 것을 목표로 하고 있다. 이를 위하여 제7차 초등 사회과 교육과정에 대한 선행 연구를 살펴보고, 시·도 및 지역 교육청 차원에서 이루어진 문서에 대한 분석과 시·도 및 지역 교육청 관계자 및 학교 관리자들을 중심으로 제7차 초등 사회과 교육과정 적용 과정 및 내용에 대한 의견을 수렴하고, 학교와 교실 수업에서 교육과정이 어떻게 실질적으로 운영되고 있는지를 교사 설문과 수업관찰 및 면담을 통하여 심도 깊게 살펴보려고 한다.

Ⅱ. 제7차 초등 사회과 교육과정에 대한 선행 연구 고찰

1. 제7차 초등 사회과 교육과정의 개정 과정에 대한 선행 연구 고찰

제7차 사회과 교육과정 시안 연구·개발은 사회과 교육과정의 개정의 필요성을 제기하면서, 정보화 사회의 도래에 따른 새로운 시민적 자질의 요구, 정보화 사회의 역기능을 극복하기 위한 교육적 처방의 필요성, 사회과교육 자체의 문제점 해결 요구 등을 들었다(김일기 외, 1997: 3-7). 여기서 주목할 만한 영역은 선언적인 정보화 사회 논의보다는 그동안 산적했던 사회과교육 자체의 문제점들이며, 이는 반복되는 사회과교육과정 개정 과정에서 개선 없이 진행되어 온 사항이기도 하였다.

제7차 사회과 교육과정 시안 연구·개발에서 우선적으로 제기한 사회과 교육 자체의 문제점은 다음의 두 가지였다(김일기 외, 1997: 5-6). 첫째, 사회과 교육의 본질과 성격에 대한 합의의 부재이다. 이는 사회과 정체성과 목표의 혼란으로 이어지며, 사회과교육과정 개정 과정에서 교육 내용 선정·조직의 외적 기준이 부재함을 의미하였다. 둘째, 사회현상의 이해를 위한 종합적인 관점을 얻기에 부적합한 내용 구조이다. 사회과는 기존의 학문(지리, 역사, 일반사회)의 성격을 그대로 유지한 내용 구조로 인해 각 단원 간의 관련성이 떨어지고, 사회과 제 영역 간의 괴리 문제가 발생하여, 논리적인 구성이나 배열이 어려웠다. 결국 사회과교육과정 개정 과정에서 교육 내용 선정·조직의 내적 기준도 마련하기 어려운 상황이었다. 결국 이러한 두 가지 큰 문제로 인해 사회과교육과정 개정은 제 영역 간의 상대적 균형(비율)과 조화의 문제로 전환되고, 소위 '1/3의 정치학(정치논리 혹은 파워게임)'만이 유일한 개정의 논리로 작용해 왔다.

그러나 이러한 문제점을 인식하고 있던 제7차 사회과교육과정의 시안 연구·개발팀도 위의 비판으로부터 자유롭지는 못했다. 여기서 제7차 사회과 교육과정 시안 연구 개발을 포함한 개정 과정을 좀 더 자세히 살펴보면, 제7차 사회과 교육과정의 개정 과정에서는 매번 반복되는 것이지만, 교육과정 총론 수준에서의 제안을 수용하는 것과 사회과 교과 특성과 관련된 쟁점들을 해결하는 것을 중심으로 개정 논의가 이루어졌다. 그중에서도 주된 논의의 초점이 된 것은 총론 수준의 제안을 받아들이는 것보다 사회과의 해묵은 논쟁인 '통합 문제'였다. 결국

교육과정 논의의 상당 부분은 통합이냐 분과냐는 해묵은 논쟁의 장이 되었고, 최종적으로 합의된 초등 통합, 중등 분과라는 합의 내용도 교육과정 총론과 시대의 흐름에 위배된다는 교육 당국의 주장에 따라 폐기된 채, 과거처럼 각 학교급과 학년마다 지리, 역사, 일반사회의 내용을 동등한 비율로 배치하는 선에서 개정이 이루어졌다(이혁규, 2001).

그리고 이 과정에서 사회과(3－10학년)의 시안 연구 개발은 다시 초등 분과와 중등 분과로 나뉘어져 분과별로 집필 책임자와 연구진이 별도로 구성되어 연구가 수행되었다. 여기서 바람직한 사회과 교육과정이 무엇이어야 하는지에 대해서 초등팀과 중등팀이 매우 상이한 입장을 가지고 있었다. 중등 개발팀은 초등 개발팀이 제7차 교육과정의 전체 틀을 구성하는 모델로 설정했던 스트랜드(Strand) 중심 교육과정을 받아들이지 않았다. 초등팀에서는 이 모델을 사회과의 본질을 반영하는 바람직한 모델로 본 반면에 중등팀에서는 심화된 지식을 다루는 중등 교육과정의 특성을 반영하지 못하는 모델로 평가하였다(이혁규, 2001). 그 결과, 스트랜드 중심의 교육과정 구성 작업이 최종적인 사회과 교육과정에 크게 영향을 미치지는 못하였고, 교육과정 개정 작업은 6차 교육과정의 내용을 기초로 하여 그 문제점을 수정하는 전통적인 방식으로 회귀하였으며, 결국 7차 사회과교육과정은 6차 사회과교육과정의 내용을 7차의 틀에 맞게 재구성하는 정도 선에서 개정이 이루어졌다.

그리고 결과적으로, 제7차 사회과 교육과정은 수준별 교육과정을 특징으로 하는 국민공통기본교육과정 및 과목 선택권 보장을 특징으로 하는 선택중심교육과정의 이원적 구조하에 학습의 자기주도성, 그리고 수행성 등의 구성주의 학습관을 지향하는 총론적 제안들을 일정 부분 수용하고(이동원, 2002). 구체적인 내용 선정·조직에서는 사실상 지리, 역사, 일반 사회에 대응하는 제 학문들의 내용들을 배치하는 형태로 개정이 이루어졌다. 이러한 과정에서 초등 사회과의 경우에는, 교육과정의 지역화와 활동 중심의 구성이 강조되어, 초등학교 3, 4학년의 지역사회 관련 내용들은 교과서 서술 과정에서 구체적인 자료 없이 탐구활동이나 과제로 일관하게 되어, 교사와 학생들, 심지어 학부모들에게까지 부담을 주는 계기가 되었다(강대현, 2004: 127-136). 또한 초등학교 5, 6학년에서 다뤄지는 지리, 역사, 일반사회의 내용들도 단원 간에 연계 없이 제시되고 있을 뿐만 아니라, 중등학교 내용과 상당 부분 중복되는 어려운 내용으로 구성되었다. 특히 6학년 1학기 역사 부분에는 비록 일부 내용이 생략된 형태이기는 하나 국사 내용을 모두 실어서 학습 부담을 가중시키는 대표적인 교과가 되는 계기가 되었다(강대현, 2004: 136-154).

2. 제7차 초등 사회과 교육과정의 적용과정에 대한 선행 연구 고찰3)

이러한 맥락에서 만들어진 제7차 초등 사회과 교육과정은 학교 현장에서 역시 여러 가지 혼란을 불러일으키게 되었다. 기본 과정과 차별화되지 않는 심화보충 과정으로 인해 수준별 교육과정의 운영이 사실상 좌초되었고, 교과 내용(지식)의 명시적인 제시를 지양하는 대신 학습자의 경험과 사고를 통한 지식의 구성을 지향하는 활동 중심의 교과서 서술 방식으로 인해 내용의 체계와 구조가 미흡하게 되었으며, 학습과는 분리된 형식적인 수행평가가 이루어지는가 하면, 교육과정의 내적인 정합성과 일관성이 부족하다는 등의 문제점들이 제기되어 왔다(김왕근, 2002; 이동원, 2002).

먼저 수준별 교육과정의 운영과 관련해 심화보충형으로 분류된 사회과는 기본 과정과 심화 보충 과정 간의 불분명한 위계와 같은 내용상의

---

3) 여기서 제시하는 선행연구 단계의 적용 과정은 주로 개정 이후에 국가 수준에서 이루어진 일들이나 교과서 개발, 수준별 수업, 수행 평가 등 이슈 중심으로 이루어진 논의들을 정리한 것이다. 따라서 추후에 논의되는 시·도 및 지역 교육청과 단위 학교 차원에서 실제적으로 이루어진 적용과정과는 어느 정도 차별화되는 논의라고 할 수 있다.

문제, 학급 내 학습 집단의 선별과 조직 등 운영상의 문제로 인해 대부분의 학교에서 수준별 수업을 못하고 있는 실정이다(성경희 외, 2003: 104-105). 그 결과, 사회과 수준별 교육과정 운영에 대한 일반적인 반응은 수준별 교육과정을 잘 적용하지 못하고 있다는 평가가 지배적이다. 그 구체적인 이유로는 사회과 내용 과다로 인한 시간 부족, 교사의 교과 전문성 부재, 교재의 부족 등의 요인과 더불어 아동의 상황과 수준이 너무 다양하다는 것 등을 들고 있다. 이로 인해 현장 교사들이 실제로 실천하는 수준별 교육과정의 모습은 기본 학습을 한 후에 교사가 일방적으로 제시하는 학습지를 통해 수준별 학습을 전개하는 경우와 간혹 아동들이 자신의 수준과 흥미에 따라 내용을 선택하는 수업 등이 있다. 그러나 대부분의 수업에서는 수준을 고려하지 않은 채 교과서의 수준별 문제를 모두 하거나 아니면 시간이 부족하여 교과서의 문제조차도 생략하는 것이 일반적인 경향이라고 한다(이동원, 2002).

사회과 교과서 및 지도서와 관련해서, 제7차 교육과정이 지향하는 수준별 교육과정에 적합한 교과서는 종래의 지식전달형에서 정보제공형으로, 교사 중심의 교재에서 학생 중심의 교재로, 그리고 인쇄매체 중심의 단일형에서 다양한 보조 자료와 연계된 형태로 전환할 것을 요구받고 있었다. 학생들의 다양한 개인차를 고려하여 다양한 자료를 제시하고 다양한 활동을 가능하게 하는 교과서의 개발이 수준별 교육과정 실현의 기본 요건인 것이다. 그러나 이러한 제7차 교과서의 개발 방향은 실제 교과서를 만드는 과정에 제대로 반영되지 못하였다. 다만 초등학교의 경우 이러한 활동 중심 내용 구성이 중등에 비해 상당 부분 진전되었다. 7차 초등 사회과 교과서의 특징의 하나인 활동 중심 내용 구성에 대한 현장의 반응은 다양하다. 일단 교과서의 내용 구성 형식의 변화를 가져왔다는 점, 지식 중심의 수업에서 체험을 통한 사회현상의 이해를 추구한다는 점에서 긍정적인 평가를 가지나 다음과 같은 점에서의 비판이 제기되고 있다. 첫째, 활동 중심 수업을 하기 위해서는 너무나 많은 시간을 필요로 한다는 것이다. 둘째, 모든 교과서의 내용을 활동 중심으로 구성함으로 인해 가르쳐야 할 내용이 무엇인지 명확하게 파악하기가 어렵다는 것이다(이동원, 2002).

사회과 수행평가와 관련해서, 1999년 3월 교육부는 초·중·고등학교에서 수행평가를 실시한다는 것을 공식 발표하였다. 이에 따라 기존의 사회과의 주관식 문제는 수행평가의 형태로 부과되기 시작하였다. 수행평가는 교육목적이 달성되었다는 것을 관찰할 수 있도록 실시하는 평가이며, 학습의 결과로서의 해답뿐만 아니라 해답이 나오는 과정을 중요시한다. 또 평가가 가능한 한 실제 상황과 같은 조건에서 이루어져야 함을 강조한다. 사회과에서는 여러 가지 형태의 수행평가가 가능하지만, 과제보고서, 포트폴리오, 논술문 작성 등이 대표적이다(김정호 외, 1999). 그런데 현재 시행되고 있는 수행평가는 중앙 정부 수준에서부터 교육청, 학교 수준에 이르기까지 하향식으로 추진되는 과정에서 교사의 실제적 지식(practical knowledge)과 유리되어 결과적으로 여러 가지 파행을 야기하고 있으며, 이러한 현상은 상당 기간 지속될 것으로 보인다. 이러한 현상은 사회과도 예외가 아니어서, 현재 사회과 수행평가는 수업 상황이나 학습 과정에서 이루어지기보다는 과제의 형태로 부과되고 있어서, 학생과 학부모의 부담으로 연결되고 있다(강대현, 2004).

Ⅲ. 제7차 초등 사회과교육과정의 적용 과정 및 내용 분석

1. 제7차 초등 사회과 교육과정의 적용 과정 분석

제7차 초등 사회과 교육과정이 학교 현장에서 어떻게 운영되고 있는지를 파악하기에 앞서, 국가 수준의 교육과정이 시·도(지역) 교육청, 단위 학교 수준에서 어떤 과정을 거쳐 어떤 결과물로 구체화되는지를 살펴보려고 한다. 여기서 다루는 내용은 크게 시·도(지역) 교육청이 국가 수준의 교육과정 문서를 기준으로 하여 학교 교육과정 계획과 운영을 지원하기 위해 어떤 노력을 하며, 그 구체적인 결과물들은 무엇인지를 논하는 '교육청이 주체가 되는 사회과 교육과정 적용 과정 및 내용'과 단위 학교가 국가 수준의 교육과정 문서와 시·도(지역) 교육청의 편성·운영 지침과 실천 중심 장학 자료의 지원을 받아, 학교의 교육과정을 개발하기 위해 어떤 노력을 하며, 그 구체적인 결과물들은 무엇인지를 논하는 '단위 학교가 주체가 되는 사회과 교육과정 적용 과정 및 내용'으로 이루어져 있다.

이러한 논의는 강원도, 경상남도, 서울특별시에서 협동 연구로 이루어진 문헌 연구와 한국교육과정평가원에서 실시한 설문 결과를 토대로 한 것이다(성경희 외, 2003). 문헌 연구는 3개 시도별로 국가 수준의 교육과정 문서, 시·도(지역) 교육청 수준의 편성·운영 지침과 실천 중심 장학 자료, 단위 학교의 학교교육계획서와 각종 교수학습활동계획서를 분석한 것을 인용하고 재해석하는 수준에서 이루어졌다. 설문 결과는 크게 두 부분으로 나뉘는데, 하나는 시·도 교육청용 설문과 학교용 설문의 주요 부분인 '제7차 초등 사회과 교육과정의 지원 체제'에 대한 분석이고, 다른 하나는 학교용의 일부와 교사용 설문의 주요 부분인 '제7차 초등 사회과 교육과정의 계획과 운영'에 대한 분석이다.

이러한 국가 수준－시·도(지역) 교육청－단위 학교로 이어지는 교육과정의 적용(구체화) 과정 역시 국가 수준의 교육과정 문서에 제시된 사회과 교육과정의 구성 요소인 목표, 내용, 방법, 평가 등의 국가 수준의 논의가 시·도 교육청에서 어떻게 구체화되고, 시·도(지역) 교육청 수준의 논의가 단위 학교에서 어떻게 구체화되는지를 살펴보려고 한다. 먼저, 교육과정 구성요소별로 세부적인 논의에 들어가기 전에 시·도(지역) 교육청과 단위 학교에서 이루어지는 (초등 사회과를 포함한) 전반적인 교과 교육과정 개발과정에 대해서 살펴보려고 한다.

시·도 교육청 수준에서 이루어진 설문 조사 결과에 따르면(성경희 외, 2003), 서울특별시, 강원도, 경상남도 시·도(지역) 교육청별로 교과 교육과정 편성·운영 지침 개발 과정 관련해서 가장 문제가 되는 것은 교육과정 편성·운영 지침의 개발 시간이 충분하지 않고, 교육과정 위원회의 자체 연수 및 협의도 제대로 이루어지지 않은 채, 시·도 교육청의 가장 중요한 문서라고 할 수 있는 교육과정 편성·운영 지침이 개발되고 있는 점인 것으로 나타났다(<표 1> 참조).

〈표 1〉 시·도(지역) 교육청 수준의 교과 교육과정 편성·운영 지침 개발 과정

		응답 빈도 및 백분율(%)						전체
		별로 그렇지 않다		다소 그렇다		매우 그렇다		
교육과정 위원회 구성 시 각 교과의 전문성 고려 정도	서울특별시	2	(15.4)	7	(53.8)	4	(30.8)	13
	강원도	0	(0.0)	9	(69.2)	4	(30.8)	13
	경상남도	3	(14.3)	14	(66.7)	4	(19.0)	21
	전 체	5	(10.6)	30	(63.8)	12	(25.5)	47
교육과정 편성, 운영지침 개발 시간 충분 정도	서울특별시	6	(46.2)	5	(38.5)	2	(15.4)	13
	강원도	4	(30.8)	6	(46.2)	3	(23.1)	13
	경상남도	12	(57.1)	7	(33.3)	2	(9.5)	21
	전 체	22	(46.8)	18	(38.3)	7	(14.9)	47
교육과정 위원회의 의견 반영 정도	서울특별시	4	(30.8)	6	(46.2)	3	(23.1)	13
	강원도	1	(7.7)	9	(69.2)	3	(23.1)	13
	경상남도	6	(28.6)	12	(57.1)	3	(14.3)	21
	전 체	11	(23.4)	27	(57.4)	9	(19.1)	47
교육과정 위원회 자체 연수 및 협의 정도	서울특별시	5	(38.5)	5	(38.5)	3	(23.1)	13
	강원도	4	(30.8)	7	(53.8)	2	(15.4)	13
	경상남도	10	(47.6)	9	(42.9)	2	(9.5)	21
	전 체	19	(40.4)	21	(44.7)	7	(14.9)	47

다음으로 편성·운영 지침과 함께 연수·장학이 어떻게 이루어지고 있는지를 확인해 보았다. 시·도(지역) 교육청 차원의 연수는 사전 요구 조사보다 사후 의견 조사를 더 많이 하는 것으로 나타났고, 반대로 장학 자료는 사후 의견 조사보다 사전 요구 조사를 더 많이 실시하는 것

으로 나타났다. 어떻게 보면 연수는 사전 요구 조사를 통한 맞춤형 연수를 지향해야 하고, 장학은 사후 의견 조사를 통한 지속적인 보완이 더 중요한데, 이러한 설문조사 결과는 연수나 장학이 아직까지 현장의 수요를 충분히 반영하지 못함을 시사한다(<표 2>와 <표 3> 참조).

〈표 2〉 시·도(지역) 교육청 차원의 교과 교육과정과 관련된 연수에 대한 의견 조사 여부

		응답 빈도 및 백분율(%)				전체
		예		아니오		
계획 시 사전 요구 조사 여부	서울특별시	5	(38.5)	8	(61.5)	13
	강원도	6	(46.2)	7	(53.8)	13
	경상남도	11	(52.4)	10	(47.6)	21
	전 체	22	(46.8)	25	(53.2)	47
연수 후 결과 의견 조사 여부	서울특별시	10	(76.9)	3	(23.1)	13
	강원도	11	(84.6)	2	(15.4)	13
	경상남도	14	(66.7)	7	(33.3)	21
	전 체	35	(74.5)	12	(25.5)	47

〈표 3〉 시·도(지역) 교육청 차원의 교과 교육과정과 관련된 장학자료에 대한 의견 조사 여부

		응답 빈도 및 백분율(%)				전체
		예		아니오		
장학자료 개발 시 사전 요구조사	서울특별시	8	(61.5)	5	(38.5)	13
	강원도	6	(46.2)	7	(53.8)	13
	경상남도	12	(57.1)	9	(42.9)	21
	전 체	26	(55.3)	21	(44.7)	47
하위기관 보급 후 결과의견조사 여부	서울특별시	6	(46.2)	7	(53.8)	13
	강원도	4	(33.3)	8	(66.7)	12
	경상남도	8	(38.1)	13	(61.9)	21
	전 체	18	(39.1)	28	(60.9)	46

이렇게 만들어지는 연수 및 장학 자료는 시·도마다 영역도 다양하고, 그 종류도 수십 종에 이르렀다. 지역 교육청에서 발간한 자료도 실천 중심의 장학 자료를 비롯하여 지역 교육청별로 5~10종에 달하였다. 이러한 연수 및 장학 자료들이 국가 수준의 교육과정 문서와 시·도의 교육과정 편성 운영 지침, 학교 교육과정이나 학년별 교수학습계획과 연계가 되어, 교사들의 교육과정 운영을 지원하는 데 도움을 주고 있는지에 대해서는 강원도와 서울시는 긍정적으로, 경상남도는 조금은 부정적으로 분석하고 있었다(이효종 외, 2003; 박갑수 외, 2003; 강수효 외, 2003).

단위 학교를 대상으로 실시한 설문조사 결과에 따르면, 학교 교육과정을 계획할 때 모든 구성원이 참여하여 지속적인 협의 과정을 통해 이루어지고 있지 못함을 확인할 수 있었다. <표 4>에서 볼 수 있듯이, 단위 학교에서 교과 교육과정 편성 업무의 주요 참여자는 1순위가 연구부장(89.9%)이고, 2순위는 학년부장(81.7%), 3순위는 동학년 모임교사(69.4%)인 것으로 나타났다. 따라서 대부분의 학교에서 교육과정 계획, 즉 학교교육계획서의 작성은 주로 연구부장이 담당하고 있으며, 학년교육과정은 학년부장이 동학년 모임 교사들과 협의하여 이루어지고 있음을 확인할 수 있었다. 현실적인 여건상 교과 전담 교사나 학부모의 참여는 거의 없는 것으로 나타났다(<표 4> 참조).

〈표 4〉 귀교 교과 교육과정 편성 업무 주요 참여자

참여자＼순위	응답 빈도 및 백분율(%)											
	1		2		3		4		5		6	
연구부장	107	(89.9)	4	(3.5)	4	(3.7)	1	(1.0)	0	(0.0)	0	(0.0)
학년부장	8	(6.7)	94	(81.7)	9	(8.3)	1	(1.0)	0	(0.0)	0	(0.0)
교과 전담교사	0	(0.0)	1	(0.9)	11	(10.2)	67	(69.8)	14	(16.1)	2	(3.6)
동학년 모임교사	4	(3.4)	12	(10.4)	75	(69.4)	15	(15.6)	1	(0.8)	0	(0.0)

참여자 \ 순위	응답 빈도 및 백분율(%)											
	1		2		3		4		5		6	
학부모	0	(0.0)	0	(0.0)	6	(5.6)	10	(10.4)	67	(77.0)	6	(10.7)
기 타	0	(0.0)	4	(3.5)	3	(2.8)	2	(2.1)	5	(5.7)	48	(85.7)
전 체	119	(100.0)	115	(100.0)	108	(100.0)	96	(100.0)	87	(100.0)	56	(100.0)

한편, 단위 학교에서 교과 교육과정 편성 업무를 할 때 주로 참고하는 자료는 1순위가 전년도 학교교육과정(67.2%)이고, 2순위는 교육청의 교육과정 안내 자료(27.7%), 3순위는 학교교육과정 설문조사 자료(25.2%)인 것으로 나타났다. 이러한 결과는 대부분의 학교 교육과정이 과거에 만들어진 학교 자료나 국가나 시·도 교육청에서 보급한 추상적인 수준의 교육과정 해설서와 안내 자료에 기초해 만들어지고 있음을 보여준다(<표 5> 참조).

〈표 5〉 귀교 교과 교육과정 편성 참고자료

참여자 \ 순위	응답빈도 및 백분율(%)					
	1		2		3	
전년도 귀교의 학교 교육과정	80	(67.2)	20	(16.8)	12	(10.1)
현행 교육과정 해설서	16	(13.4)	32	(26.9)	17	(14.3)
다른 학교 교육과정	0	(0.0)	9	(7.6)	21	(17.6)
교육청의 교육과정 안내 자료	14	(11.8)	33	(27.7)	18	(15.1)
교과용 도서(교과서, 지도서)	4	(3.4)	5	(4.2)	10	(8.4)
교수, 학습 안내 자료 (새 교실, 교육자료 등)	1	(0.8)	1	(0.8)	3	(2.5)
교사나 시범학교 연구 자료	0	(0.0)	1	(0.8)	7	(5.9)
학교 교육과정 설문조사 자료	4	(3.4)	18	(15.1)	30	(25.2)
기 타	0	(0.0)	0	(0.0)	1	(0.8)
전 체	119	(100.0)	119	(100.0)	119	(100.0)

단위 학교에서 사회과 교육과정을 계획하고, 수업에 앞서 '교과 내용

을 재구성할 때' 고려하는 사항을 1순위 응답을 중심으로 살펴보면, 지역의 특성(41.5%), 단원 내용의 특성(36.1%), 학생의 수준(12.0%) 등의 순서로 나타났다(<표 5> 참조). 이는 지역 사회를 주요 내용으로 다루는 초등 사회과의 특성이 반영된 결과로 보였다. 그러나 수업관찰 횟수가 충분하지 못하여, 이러한 계획이 실제 수업에서 얼마나 실현되고 있는지를 확인하기는 어려웠다.

<표 6> '사회'교과 내용의 재구성시 중요하게 고려되는 사항

순 위 어려운 점	응답 빈도 및 백분율(%)					
	1		2		3	
계절의 특성	50	(4.9)	85	(8.5)	116	(11.8)
지역의 특성	420	(41.5)	233	(23.2)	143	(14.5)
단원 내용의 특성	365	(36.1)	321	(32.0)	141	(14.3)
학생의 수준	121	(12.0)	228	(22.7)	215	(21.8)
학부모의 의견	9	(0.9)	16	(1.6)	34	(3.5)
학교 시설 여건	29	(2.9)	65	(6.5)	141	(14.3)
시간표의 탄력 운영	17	(1.7)	55	(5.5)	187	(19.0)
기 타	0	(0.0)	1	(0.1)	8	(0.8)
전 체	1011	(100.0)	1004	(100.0)	985	(100.0)

2. 제7차 초등 사회과 교육과정의 적용 내용 분석

1) 목 표

국가 수준 교육과정에서 제시하는 사회과는 민주 사회의 본질적 특성과 사회 구성원으로 갖추어야 할 자질에 관한 요소로부터 목표를 추출하고, 제 사회과학에서 내용을 선정·조직하여 사회 현상을 학습하도록 하는 교과이다. 이러한 국가 수준의 문서에 다뤄지고 있는 사회과

성격과 목표에 대한 논의는 시·도 지침에서는 '기본 방향'이라는 항목
에서 주로 다뤄지고 있었다. 이 경우 대부분 국가 수준의 문서를 그대
로 인용하는 경우가 가장 많았으며, 상위 기관의 내용을 새롭게 재구
성하는 경우보다는 그대로 발췌하여 정리하는 경우나, 일부 내용이나
세부적인 사항을 추가로 설정하여 기술하는 경우가 많았다.

  이를 시·도 교육청별로 살펴보면, 서울시의 경우 국가 문서를 그대
로 인용하되, 학습의 개별화 및 발표, 토의, 체험 활동을 충분히 가질
것과 학생 수준을 고려한 학습 계획을 작성하여 지도할 것을 안내하고
있었다. 강원도의 경우 국가 수준 문서를 그대로 인용하되, 초등학교
교육과정의 특성에 적합한 내용을 주로 발췌하여 기술하고 있었다. 경
상남도의 경우에도 국가 수준의 교육과정에서 제시한 기준을 근간으로
지역적 특색을 고려하여 목표를 기술하고 있었다(이효종 외, 2003; 박
갑수 외, 2003; 강수효 외, 2003).

  이를 3개 시·도의 단위 학교별로 살펴보면, 서울시 지역의 표집학
교의 경우, 성격에 대해서 학교 교육과정에서 학년의 구분 없이 교과
성격을 제시하는 경우가 가장 일반적이었으며, 목표에 대해서는 표집학
교 대부분이 학년 목표를 영역별로 제시하고 있었다(이효종 외, 2003).
강원도 지역의 표집학교의 경우, 대부분의 학교에서는 성격 및 목표
기술 시 대부분의 학교에서는 상위 지침을 그대로 수용하거나 요약 발
췌, 혹은 추가하여 제시하였는데 단위 학교에서는 국가 및 시·도 수
준 교육과정 지침의 교과별 목표와 학년별 내용 및 지도서의 단원별
목표에 의거하여, 적정한 학년 목표를 제시하여야 함에도 제시가 되어
있지 않은 학교가 많았다(박갑수 외, 2003). 경상남도 지역의 표집학교
의 경우, 대부분의 학교에서는 다른 시·도와 달리 추상적인 목표보다
는 구체적인 내용을 강조해서, 목표를 핵심적인 내용을 언급하는 '지도
중점' 속에, 보다 세부적인 내용을 '재구성 내용'의 항목으로 제시하고
있었다(강수효 외, 2003).

2) 내 용

국가 수준의 교육과정 기준(교육부고시 1997 - 15호)에는 사회과의 내용 영역을 인간과 공간, 인간과 시간, 인간과 사회의 세 가지 영역으로 나누고, 각 영역별 학년별 지도 내용을 제시하고 있다. 이러한 국가 수준의 문서에서 사회과 내용은 시·도 교육청에서는 '지도 중점'으로, 단위 학교에서는 '지도 중점'이나 '재구성 내용'으로 다뤄지고 있었다. 이러한 내용은 목표와 마찬가지로 국가 수준의 문서를 그대로 수용하되, 지역적인 특색을 일부 반영하는 정도에서 기술되고 있었다.

이를 시·도 교육청별로 살펴보면, 서울시의 경우, 서울 지역의 사회적 사실과 현상에 대해 이해하고, 서울 시민으로서의 긍지를 갖도록 하기 위해 서울의 자연환경과 이용 방법, 서울의 역사와 문화재, 서울의 지방 자치, 세계 속에 서울의 위상 등을 교육 중점으로 잡고 있었다. 강원도의 경우, 국가 수준에서는 영역별, 학년별로 구분되어 있으나 도교육청 지침에서는 학년 구분 없이 학교 교육과정으로 재구성할 때의 내용 재구성 기준과 보충 활용할 내용을 제시하였다. 경상남도 교육과정 편성·운영 지침에서는 국가 수준의 교육과정 기준에서 제시한 내용을 근간으로 지역적 특색을 고려하여 '지도 중점'을 설정하여 제시하고 있었는데 그 내용은 ① 우리 고장 경남의 문화와 문화재를 알고 발전시키려는 태도 함양하기, ② 사회생활의 여러 문제를 해결하려는 탐구 능력, 의사결정 능력 및 사회 참여 능력 신장하기, ③ 고장의 자연을 보호하는 등 지역 발전에 적극적으로 이바지하는 태도 갖기 등이었다(이효종 외, 2003; 박갑수 외, 2003; 강수효 외, 2003).

이를 3개 시·도의 단위학교별로 살펴보면, 서울시 지역의 표집학교의 경우, 사회과 내용을 '지도 중점'으로 제시하고 있었는데, 우선, 지도 중점 설정에 있어 대부분의 학교가 서울시 교육청의 편성·운영 지침에 나와 있는 내용과 학교나 지역사회의 특수성을 고려한 내용을 지도 중점으로 제시하고 있었다(이효종 외, 2003). 강원도 지역의 단위 학교의 경우, 절반 이상의 학교가 상위 지침을 그대로 따르기보다는 지역 및 학교 수준과 여건특성에 맞게 재구성하여 제시하고 있었다. 32%의 단위 학교에서는 학교 실정에 맞는 학년별 내용을 제시하고 지역화한 내용이 있는데, 그 내용을 살펴보면 강원도 지침을 보충 할 내용을 기준으로 볼 때 각 지역의 문화유적, 전통문화와 지역별 문화행사, 특산물 및 자연환경 탐색, 체험에 관한 내용이 가장 많았다(박갑수 외, 2003). 경상남도 지역의 단위 학교의 경우, 22개교가 '재구성한(할) 내용', '교육활동 추진내용', '실천 내용', '지역화' 등의 제목으로 사회과 교육과정 '재구성 내용'을 제시하고 있다. 경상남도의 경우 사회과에서 재구성 내용은 곧 '지역화'라 할 수 있을 정도로 지역화와 관련된 내용이 많은 비중을 차지하고 있었다(강수효 외, 2003).

3) 방 법

국가 수준 교육과정에서는 사회 현상에 대한 흥미와 관심을 넓힐 수 있는 수업 계획과 종합적인 인식을 할 수 있는 교수학습방법을 강조한다. 또 탐구 및 문제 해결 활동에 적합한 다양한 교수 기법을 안내하고, 정보화 사회 및 민주 시민으로서 지역 사회 참여 의식을 고취시키기 위한 방법을 강조하고 있다.

이러한 국가 수준의 강조점이 어떻게 반영되고 있는지를 시·도 교육청별로 살펴보면, 서울시 교육청의 지도 방법에 있어서는 수업의 개별화와 소집단별 협동 학습을 강조하여 7차 교육과정의 기본 방향인 학생 개개인의 학습권에 대한 인식을 높이고, 다인수 학급에서 학생 모두가 적극적으로 학습 활동에 참여하는 방법을 제시하고 있다. 강원도의 경우, 국가수준 교육과정에서는 22개항으로 자세히 제시하고 있으나 도교육청 지침에서는 국가 수준의 뒷부분 11개항이 빠지고 '지역화 교과서 및 학습보조 자료 개발 권장' 항이 추가되어 제시되고 있다. 경상남도의 경우, 국가 수준의 교수학습방법을 내용 변화 없이 선별적으로 옮겨 실고 있었으며, 수준별 교육과정과 관련해서 국가 수준 교육과정 기준의 수준별 교육과정 일반지침 역시 내용 변화 없이 선별적으로 옮겨 싣고 있었다(이효종 외, 2003; 박갑수 외, 2003; 강수효 외, 2003).

이를 3개 시·도의 단위학교별로 살펴보면, 서울시 지역의 표집학교의 경우 대부분의 학교가 '진도표'라는 이름으로 연간 지도 계획을 세우고 있음을 확인할 수 있었다. 그 중 두 학교 정도는 지도 계획에 지도 자료를 함께 제시하였고, 한 학교는 재구성 내용 및 수행평가 계획을 안내하였으며, 한 학교는 지도 목표를 싣고 있었다. 반면에 일부 학교의 지도계획에서는 2학기 지도 계획이 누락되어 있었다. 지도 방법에 대해 살펴보면 표집 학교의 50% 정도가 안내하고 있음을 알 수 있다. 초등학교라 그런지, 일반적으로 지도 방법은 각 교과보다 학교 교육과정의 교과지도계획에서 일괄적으로 안내되어 있는 경우가 많았다(이효종 외, 2003). 강원도 지역의 단위 학교의 경우, 대부분의 학교에서는 상위 지침을 수용, 재구성하는 정도에서 제시하고 있다. 그 외 표본의 2개교에서는 사회과 수업모형 및 모형별 지도과정이 첨부 제시되고 있어 현장 적용에 도움을 줄 듯하나 교사용 지도서에 비해 간단한 수준이다(박갑수 외, 2003). 경상남도의 경우, 43개의 표집학교 중 34개교가 '교수·학습 방법'의 내용을 국가수준 교육과정 기준의 교수·학습 방법'과 경상남도 초등학교 교육과정 편성·운영 지침의 사회과 '지도 방법과 유의점'에서 추출하여 그대로 제시하거나 학교와 지역 실정을 고려해 재구성하여 제시하고 있었다(강수효 외, 2003).

4) 평 가

국가 수준 교육과정에서는 교육과정에 제시한 목표, 내용, 교수학습 방법의 일관성을 중요시하고, 학습 과정과 성취 수준을 이해하는 차원에서 평가를 실시하도록 제시한다. 또 양적 자료의 평가뿐 아니라 질적 자료를 수집하여 평가하고, 지식, 기능, 가치·태도의 전 영역을 평가하며, 평가 내용을 교수학습과정을 계획하는 자료로 활용할 것을 안내하고 있다.

이를 시·도 교육청별로 살펴보면, 서울시 교육청의 평가에 있어서는 지식보다는 정보의 활용 기능, 탐구 기능, 의사결정 기능 등을 평가하며, 과제 수행 능력 등을 평가하는 수행평가를 권장하고 있다. 강원도와 경상남도의 경우, 도교육청 초등학교 교육과정 편성·운영 지침에서는 평가 목표와 영역, 방법을 국가수준의 내용을 부분 요약 발췌하였다(이효종 외, 2003; 박갑수 외, 2003; 강수효 외, 2003).

이를 3개 시·도의 단위 학교별로 살펴보면, 서울시 지역 표집학교의 평가 기준 설정에 대해 살펴보면, 표집된 거의 모든 학교가 평가 기준을 제시하였다. 특히 몇몇 학교는 학기별 수행평가 기준안을 제시하여 한 눈에 평가 계획을 알아볼 수 있도록 하였다. 평가 방법에 대해 살펴보면, 평가 기준을 제시한 대부분의 학교가 아동 활동 중심의 수행평가를 계획하고 있는 것으로 나타났다(이효종 외, 2003). 강원도 지역의 경우 대부분의 학교에서 상위 지침을 그대로 기술하거나 요약 발췌하여 평가상의 유의점 수준에서 제시하고 있으며 영역별 평가목표, 평가 단원 및 주제와 방법 등을 구체적으로 제시한 학교는 10% 정도였다(박갑수 외, 2003). 경상남도의 경우, 43개 표집학교 중 34개교가 '평가'와 관련된 내용으로 2~4개의 항목을 제시하고 있다. 그 내용을 보면 대부분 국가 기준의 사회과 '평가'와 경상남도 초등학교 교육과정 편성·운영 지침의 사회과 '평가'에서 선별적으로 추출하여 제시하고 있다. 전반적으로 평가 결과에 대한 상호 비교 및 등급화를 지양하고 다양한 평가 방법의 도입을 제시한 학교가 많았으며, 학생 개개인의 특성에 기초한 수준별 평가를 지향하고 있었다(강수효 외, 2003).

Ⅳ. 제7차 초등 사회과 교육과정의 운영 실태 분석

　　시·도(지역) 교육청과 단위 학교에서 개발된 교육과정 내용이 실현 되는 것은 교실 수업을 통해서이다. 여기서는 초등 교사들이 사회과 수 업을 할 때, 어떤 목표, 내용, 방법, 평가 등을 활용하는지를 확인함으로 써 단위 학교 수준, 더 나아가서 교사 수준에서 구현되고 있는 사회과 교육과정의 운영 실태를 파악하려고 한다. 이러한 교사와 수업 차원의 사회과 교육과정 운영 실태에 대한 논의는 주로 교사를 대상으로 한 설 문 결과와 수업 관찰 및 면담 결과에 근거하여 진행하려고 한다.

　　따라서 교실 수업 속에서 구현되고 있는 사회과 교육과정과 관련해 서, 일반적인 내용은 설문 결과를 인용하고, 보다 구체적이고 세밀한 부분에 대해서는 수업 관찰 및 면담 결과를 토대로 서술하려고 한다. 본 연구자가 이 연구와 관련하여 진행한 사회과 수업 관찰은 5개 학교 에 걸쳐 10명의 교사의 수업을 대상으로 이루어졌다. 여기서의 논의는 사회과 수업 관찰의 대상이었던 10명의 교사들을 중심으로 이루어지지 만, 모든 교과를 가르치는 초등학교의 성격상 수업 관찰 후 협의회나 면담에 참여했던 다른 교사들의 논의도 일부 포함되었다.

1. 목　표

　　사회과 목표에 대한 논의에서 앞서, 초등 교사들이 사회과 수업 운 영을 하면서 가장 중점을 두는 사항이 무엇인지를 확인하는 것은 초등 교사들의 사회과 수업에 대한 전반적인 인식을 파악하는 면에서 매우 의의가 있다. 수업 관찰 및 면담과 병행해서 이루어진 교사 설문에서 초등 교사들이 사회 수업을 하면서 중점적으로 지도하는 사항에 대해서 다음 <표 7>과 같이 응답하였다. 우선, 1순위 결과만을 중점적으로 살펴보면, 학생 흥미를 끌기 위한 수업 방법과 자료 활용(23.5%), 학생 수준을 고려한 교과 내용 난이도 조절(19.2%), 지역 사회 특성을 고려한 수업 운영(19.1%) 등이 상위 응답으로 나타났다(<표 7> 참조).

<표 7> '사회'교과에서의 중점 사항

중점 사항 ＼ 순 위	응답 빈도 및 백분율(%)					
	1		2		3	
영역 간 균형	116	(10.2)	72	(6.5)	69	(6.3)
지리, 역사, 일반사회의 통합적 지도	136	(12.0)	107	(9.6)	77	(7.0)
수업 시수 고려한 교과내용 분량 조절	149	(13.2)	174	(15.6)	143	(13.0)
학생수준 고려한 교과내용 난이도 조절	217	(19.2)	258	(23.1)	226	(20.5)
학생 흥미를 끌기 위한 수업방법과 자료 활용	266	(23.5)	246	(22.0)	215	(19.5)
학생 학업성취도에 대한 진단과 피드백	30	(2.7)	87	(7.8)	181	(16.4)
지역사회의 특성 고려한 수업운영	216	(19.1)	170	(15.2)	191	(17.3)
기 타	2	(0.2)	2	(0.2)	2	(0.2)
합 계	1132	(100.0)	1116	(100.0)	1104	(100.0)

이러한 결과는 초등학교 교사들이 어린 학생들을 대상으로 한 초등학교의 특성상, 흥미와 수준이라는 학습자 변인에 대해서 상당 부분 고려할 수밖에 없고, 사회과의 교과 특성상, 지역 사회라는 환경적 요소를 중시하면서 사회과 수업을 운영하고 있음을 확인할 수 있었다. 이러한 설문 결과는 수업 관찰과 면담 과정에서도 유사하게 나타났는데, 초등학교 교사들에 있어서 수업 목표, 내용, 방법, 평가를 재구성함에 있어 학습자의 흥미와 수준, 지역사회의 특성은 가장 중요한 고려 요소였다.

1) 수업 목표 재구성의 실태

사회과 수업 목표와 관련해서, 수업 관찰 및 면담 대상이었던 초등학교 교사들은 목표를 재구성의 대상으로 여기지 않고 있었다. 즉 교육과정, 교과서, 지도서상에 나와 있는 수업 목표는 그 내용이나 수준의 문제점이 있더라도, 일단 교과서나 지도서상에 나와 있는 목표이므로 이를 존중해서 그대로 수용해서 가르치고 있었다. 그리고 목표를 바꾼다는 것도 목표 자체를 바꾸는 것이 아니라 내용이나 방법을 재구성해서 학생들의 흥미나 관심을 불러일으키는 것으로 인식하고 있었다. 즉 목표의 재구성을 목표 자체의 재구성이 아니라, 학생들의 흥미나 수준, 지역의 특색에 맞게 내용과 방법을 바꾸는 것으로 이해하고 있었다. 이는 사실상 목표의 재구성으로 볼 수 없는 것이다.

예를 들어 E 초등학교의 k 교사의 경우, 수업 목표의 재구성이라는 것을 학생들의 흥미에 맞게, 그리고 학생들이 자주 접하는 지역 사회의 특성을 고려해서 재미있는 학습 내용과 방법을 활용하는 것과 명확하게 구분하지 않았다. 즉 목표의 재구성이라는 것이 교과서나 지도서에 나와 있는 목표 자체를 새롭게 바꾸는 것이 아니라 기존의 목표 내에서 학생들의 흥미나 수준, 지역 사회의 특성을 고려해서 재미있고, 의미 있는 수업을 하기 위한 전반적인 계획을 세우는 것으로 인식하고 있었다.

> 오늘 수업은 소단원 목표 자체가 산업에 대해서 이해하고 설명할 수 있고 …… 그런 건데 제가 연구하는 주제가 노래 학습이에요. 노래학습에 따라서 학습목표를 결정하고 거기에 맞게 애들한테 어떻게 하면 더 재밌게 다른 교과도 마찬가지겠지만 재구성할 때는 3학년 아이들한테 구체적으로 눈으로 보거나 느끼지 않으면 감각에 와 닿지를 않아요. 저는 가급적이면 △△동 우리 지역 우리 고장이라고 해서 가 보지 않은 곳은 피하고, 실제로 많이 가 본 게 ○○이라든지 이 근방을 중심으로 많이 하는 편이에요.

그리고 실제 관찰한 수업 장면에서도 k 교사는 수업 목표는 이미 고정된 것으로 인식하고 손수 만든 다양한 자료를 활용해서, 또 학생들로 하여금 다양한 놀이를 통해서 학습할 수 있도록 수업을 이끌고 있었다. 이러한 k 교사의 노력은 어느 정도 성공적이어서, 학생들은 1차, 2차, 3차 산업이라는 딱딱한 수업 내용을 재미있는 그림과 즐거운 놀이 속에서 학습하고 있었다.

물론 초등학교 교사들이라고 해서, 교육과정, 교과서, 지도서에서 제시된 목표 자체에 대해서 의문이 없는 것은 아니었다. 초등학교 교사들도 교육과정이나 교과서에 제시된 수업 목표에 대해서 여러 가지 의문들을 갖고 있었다. 특히 사회과 수업 목표가 수준별 교육과정의 적용으로 인해 차시별로 세분화되어 있는 것에 대해 의구심을 갖고 나름대로 다른 방식으로 수업 목표를 제시하려는 경우도 있었다.

예를 들어 E 초등학교의 l 교사의 경우, 사회과 수업 목표 자체가 여러 차시로 세분화된 것에 대해서 이해할 수 없다고 하였다. 너무 세분화된 목표 자체로 인해서 사회과 수업이 지향해야 할 종합적이고, 통합적인 수업이 어렵다는 것이다. 사회과의 경우, 가르치려고 하는 것의 큰 흐름이나 줄기를 목표로 내세우는 것이 훨씬 수업 운영에 있어 도움이 된다는 것이다. 그런데 현재의 수업 목표는 너무 세분화되어 있어서 그런 여지를 없애는 결과를 낳고 있다는 것이다.

수학처럼 사회는 몇 차시의 목표가 있는 게 안 어울리는 것 같아요. 저는 애들한테 강조하는 게 왜 이런 현상이 나타날까? 그거라고 생각해요. [오늘 수업 같은 경우] 왜 직업이 세분화되었을까와 같이 왜 이런 현상이 일어나는가 하는 것을 많이 하려고 하는데 애들한테 수업을 하면서 이런 점이 힘든 것 같아요. 사회가 인간관계하고 자연(환경)관계하고 두 개를 가르치는 건데 그런 것들을 애들이 경험해 보도록 하는 것이 힘든 것 같아요.

2) 수업 목표 재구성의 의미: 학습자와 지역 사회 특성의 반영

이와 같이, 초등학교 교사들에게 있어서 사회과 '수업 목표 재구성'
이라는 것은 k 교사처럼, 주로 사회과 수업 목표 자체를 재구성하는
것이 아니라 학습자의 흥미나 수준, 지역 사회의 특성에 맞게 수업 내
용과 방법을 조절하는 것이거나, l 교사처럼 사회와 환경을 중시하는
사회과에 대한 교사 자신의 견해를 수업 목표에 조금 투영하는 정도의
의미로 사용되고 있었다.

이미 언급한 바와 같이, k 교사의 경우처럼 '노래 학습에 따라서 학
습목표를 결정하고 거기에 맞게 애들한테 어떻게 하면 더 재밌게 학습
하도록' 하는 것을 수업 목표 재구성으로 생각하거나, l 교사의 경우처
럼, (지역) 사회의 환경을 강조하면서, '사회가 인간관계하고 자연(환경)
관계하고 두 개를 가르치는 건데 그런 것들을 애들이 경험해 보도록
하는 것'이라는 사회과에 대한 자신의 견해를 수업에 투영하는 것을
수업 목표 재구성으로 생각하고 있었다.

결과적으로 초등학교 교사들은 사회과 목표 재구성에 있어서, 사회
과 목표 자체나 그 내용의 일부를 수정하는 수준까지는 이르지 못하고
있었다. 즉 적어도 10개 교과를 가르치는 초등 교사들에게 있어서 교
육과정이나(물론 대부분의 교사는 교육과정을 참조하지 않고 있었지만)
교과서, 또는 지도서에 나와 있는 수업 목표를 고정된 것으로 여기고
있었다. 그리고 초등 교사들에게 있어 수업 목표의 재구성은 결국, 학
습자의 흥미와 수준을 고려하거나, 학생들이 접하는 지역 사회의 특성
을 반영한 수업을 하기 위해 수업을 전반적으로 계획하고 설계하는 것
을 의미하고 있었다.

3) 학습자와 지역 사회 특성 반영의 어려움

초등학교 교사들이 생각하는 수업 목표 재구성이 매우 소극적이고

제한적인 의미의 재구성이기는 하지만, 결과적으로 초등학교 교사들이 수업 목표 재구성에서 가장 우선적으로 고려하는 것은 학습자의 흥미나 수준, 그리고 지역사회의 특성을 반영하는 것이었다. 수업 관찰 및 면담 대상이었던 대부분의 교사들은 비록 적극적인 의미에서 수업 목표 자체를 재구성하고 있지는 않지만, 학습자의 흥미나 수쥬에 맞게, 혹은 지역 사회의 특성을 고려하여 학습 목표를 조정한다는 측면에서는 많은 노력을 기울이고 있었다.

그러나 이러한 교사들의 노력은 지필평가를 회피하는 초등학교의 여건, 학습자의 수준을 파악하는 체계적인 진단과 평가의 부족, 그리고 지역의 특성을 반영한 자료 개발과 수업 지원 시스템의 미비 등으로 인해 학생들이나 학부모의 부담으로 남겨지고 있었다. 이로 인해 초등 교사들은 재구성이라는 것을 매우 부담스럽게 생각하고 있었다.

예를 들어 D 초등학교의 j 교사의 경우, 학습자와 지역사회를 고려하는 사회과의 현장 학습이 학생들의 과제로 부과되어 결국은 학부모의 부담으로 이어지고 있음을 지적하면서, 초등 교사들에게 있어 재구성이라는 것이 얼마나 부담스러운 것인지를 다음과 같이 설명하였다.

사회과는 현장 학습이 많은데 여건이 안 되거든요. 그러다 보니까 대부분 과제로 제출하는 게 참 많습니다. 과제로 제출하다 보면 초등학생들 같은 경우에는 고학년은 조금 다르겠지만 부모의 관심에 따라서 과제를 해오는 차이가 엄청나거든요. 그리고 그 과제를 가지고 수업을 이끌어가다 보면 단위 수업을 하는 학습효과에서도 차이가 많이 나죠. 이런 부분에서 나름대로 정리단계에 가서 보충을 한다고 그런 의도를 갖고 수업을 하는데 그게 애들한테 많이 먹혀들지는 않는 것 같아요. 그래서 제가 느끼는 것이 뭐냐 하면 7차 교육과정의 가장 좋은 말이 재구성이고 동시에 가장 부담스러운 말이 재구성이라고 생각하거든요.

2. 내 용

사회과 수업 내용에 대해서 살펴보기에 앞서, 초등학교 교사들에서 사회 수업을 하면서 어려운 사항에 대해서 질문하였다. 1순위 결과만을 중점적으로 살펴보면, 교과 내용의 과다(41.9%), 시설 및 자료 부족(13.4%), 교과 내용의 어려움(12.2%) 등이 상위 응답으로 나타났다. 이러한 결과를 통해서 사회과 교육과정과 교과서가 초등학교의 연간 수업 사수나 초등학교 학생들의 학습 능력을 충분히 고려하고 있지 못함을 짐작할 수 있었다(<표 8> 참조).

아울러 초등 교사들이 사회과 수업을 진행할 때, 충분한 시설이나 자료의 지원이 이루어지지 않음을 확인할 수 있었다. 특히 3, 4학년 지역사회 단원의 경우, 지역 관련 자료의 미비로 인해, 교사들의 개인적인 노력이나, 학생들의 과제, 학부모의 지원 속에서 사회과 수업이 이루어지고 있다는 사실은 수업 관찰 및 면담 과정에서 반복적으로 확인할 수 있었다.

〈표 8〉 '사회' 교과 수업 시 어려운 사항

수업 시 어려운 사항 ＼ 순 위	응답 빈도 및 백분율(%)					
	1		2		3	
교과 내용의 과다	434	(41.9)	128	(12.7)	88	(9.0)
교과 내용의 어려움	126	(12.2)	201	(19.9)	102	(10.4)
학생의 개인차 고려의 어려움	84	(8.1)	157	(15.6)	167	(17.1)
교사의 전문 지식 부족	28	(2.7)	60	(5.9)	62	(6.3)
교사의 실기 능력 부족	5	(0.5)	10	(1.0)	10	(1.0)
수업 준비시간 부족	99	(9.5)	154	(15.3)	188	(19.2)
시설 및 자료 부족	139	(13.4)	133	(13.2)	133	(13.6)
실생활과의 연계성 부족	66	(6.4)	96	(9.5)	91	(9.3)
인접 학년과의 연계성 부족	9	(0.9)	20	(2.0)	45	(4.6)
정의적 영역 지도의 어려움	16	(1.5)	17	(1.7)	30	(3.1)
통합교과에서 영역 간의 균형 지도의 어려움	26	(2.5)	31	(3.1)	49	(5.0)
기 타	5	(0.5)	2	(0.2)	14	(1.4)
합 계	1037	(100.0)	1009	(100.0)	979	(100.0)

이러한 결과는 수업 관찰과 면담 과정에서도 유사하게 나타났는데, 초등 교사들은 사회과 교육과정 및 교과서의 양과 질에 대해서 여러 가지 불만을 토로했다. 특히 3, 4학년 지역사회 단원에 대해서 많은 논의가 비판적으로 전개되었다. 이러한 상황 속에서 이루어지는 수업 내용 재구성이란 수업 목표 재구성에서도 이미 언급된 바와 같이 학생들의 흥미나 수준을 고려하고, 지역 사회의 특성을 반영하여 방법과 자료를 선택하고 활용하는 차원에서 주로 이루어지고 있었다.

1) 수업 내용 재구성의 실태

설문 조사에서 일부 나타난 것처럼, 수업관찰 및 면담에서도 사회과 수업 내용의 재구성이 그리 활발하게 이루어지지 않고 있음을 확인할 수 있었다. 그리고 현실적으로도, 사회과 수업 내용 재구성과 관련해서 매 차시별로 내용을 재구성한다는 것은 사실상 어렵고, 주로 학생들의 흥미나 지역사회의 특색을 고려한 내용들을 목표에서도 언급된 것처럼 같이 조별 학습이나 과제의 형태로 부과하고 있었다.

결국 교과서 내용을 그대로 가르치고, 더불어서 교사 자신이 강조해서 추가하려는 부분은 조별 학습이나 과제의 형태로 부과하는 방식으로, 즉 교과서 내용에 더하여 수업 내용이 추가되는 형태로 수업 내용 재구성이 이루어지고 있었다. 결과적으로 사회과 수업은 초등 교사들에게 있어서 가장 부담스러운 과목이 되고 있었고, 학생들이나 학부모에게도 그 부담의 일부가 전가되고 있었다.

이러한 사실은 여러 교사와의 면담 과정에서 확인할 수 있었다. 즉 사회과 수업 내용 재구성은 교사만의 몫이 아니라, 학생들, 학부모들에게까지 분담되고 있었다. 이는 사회과 내용의 과다와 어려움 그리고 자료와 시설의 부족 등으로 인해 교사 혼자서 사회과 내용을 다루기에는 역부족이기 때문이었다. 다음은 F 초등학교의 m 교사의 말이다.

저는 차시별로 [수업 내용을] 재구성하는 것이 힘든 것 같아요. 그냥 단원별로 사회과 방향 자체가 조사를 많이 하는 활동 중심으로 가야 하 는데, 결국에는 교수 학습을 학교에서 몇 시간을 하게 되고 숙제로 나가 게 되고, 아이들 조별 학습을 시키게 되고 …… 수업 시간만 가지고는 안 되는 것 같아요. 다른 교과는 숙제가 별로 없는 것 같은데 제가 내는 숙 제는 거의 사회 숙제인 것 같아요.

또한 F 초등학교의 n 교사의 경우에는 '학습 주제'를 선정하고 반복 적인 활동을 통해서 학생들이 이해할 수 있도록 수업 내용을 재구성하 고 있었다. 이러한 재구성은 내용을 바꾸는 적극적인 의미의 재구성이 라기보다는 학습자의 수준을 고려하여 내용의 조직을 바꾸는 소극적인 의미의 재구성이라고 할 수 있으며, 어떤 의미에서는 내용의 재구성이 라기보다는 방법의 재구성에 가까운 형태라고 할 수 있었다.

저 같은 경우는 학습 주제예요. 학습 주제에서 벗어나는 활동은 거의 하지 않아요. 학습 주제에 맞는 내용을 여러 가지 많이 투입하는 편이에 요. 반복 투입이죠. 오늘 같은 경우도 색종이를 한다는 자체가 애들이 똑같은 옷 입은 아이, 그러니까 애들이 빨간색만 보면 그 말이 연상되게 끔 똑같은 것을 계속 투입하는 거예요.

2) 수업 내용 재구성의 의미: 학습자 수준 고려, 지역 사회 내용 추가

결국, 초등 교사들에게 있어 사회과 내용 재구성은 학생들의 흥미와 적성에 따라 다양한 활동을 전개하거나, 기존 내용에 더해 교사가 중요 하다고 생각하는 내용을 추가하는 것이었다. 이 경우, 특히 3, 4학년 지 역 사회 부분이 너무 추상적이거나, 활동 위주로 구성되어 있어서, 교사 들이 지역 사회와 관련된 내용들을 새롭게 선정하여 가르치고 있었다.

그러나 이러한 수업 내용 재구성은 기존 교과서의 내용을 바꾸는 것이 아니라 교사의 가치관이나 학생들의 흥미, 그리고 지역사회의 특색에 따라 교과 내용을 추가하거나, 또는 학생들의 흥미에 맞게 내용을 가공하는 형태(방법 재구성에 가까운 내용 재구성)였다. 즉 초등 교사들이 생각하는 수업 내용 재구성은 수업 내용 자체를 재구성하는 것이 아니라 기존 내용을 재미있게 각색하거나, 있는 내용을 가르치면서 만족스럽지 않아서 새로운 내용을 추가하는 것이었다.

이와 같이 초등 교사들은 수업 내용 재구성을 학습자의 수준을 고려해서 학습 주제를 흥미 있게 조직하거나, 또는 기존 교과서 내용에 관련된 내용을 추가해서 가르치는 것으로 인식하고 있었다. m 교사의 경우 지역 사회 관련 내용을 학생들에게 과제로 내주고, 이를 교과서 내용에 추가하여 수업을 진행하고 있었고, n 교사의 경우 학생들의 흥미와 수준을 고려해서 수업 내용을 재미있게 재조직하려고 노력하고 있었다.

예를 들어 E 초등학교의 k 교사는 관찰 당일 수업에서 개념을 습득하는 방법 중에서 초등에서 가장 유용한 방법 중의 하나인 메타포(비유와 은유)를 많이 사용하고 있었다. 관찰한 수업에서는 색깔과 대비시켜서 녹색을 자연과 관련된 산업(1차 산업)으로 연결지어 설명하고 있었다.

> 아이들이 재미있다고 그래요. 색깔이 들어가기 때문에 아이들이 재밌다고 해요. 글자 쓴 건 생각이 안 나고 색깔 쓰는 것 때문에 많이 집중하고, 그것을 벗어나지 않고 아이들한테 적용을 시키다 보니까, 우리 반 아이들한테 집중을 시키니까 애들이 어렵다는 생각보다는 '쉬웠다. 재밌었다'는 식으로 생각을 많이 해요.

3) 학습자 수준 고려와 지역 사회 내용 추가의 어려움

교육과정과 교과서가 초등학교 학생들의 수준을 충분히 고려하지 못하고 있고, 그리고 초등학교 학생들에 적합한 자료가 부족한 상황에서 교사 개인의 힘만으로 학습자 수준을 고려하여 수업 내용을 재구성하기란 그리 쉬운 일이 아니다. 더구나 10개 교과를 가르쳐야 하는 초등학교의 실정을 고려할 때 교사 차원에서 수업 내용을 적극적으로 재구성하기는 어렵다.

특히 지역 사회 내용을 상당 부분 다루는 초등 사회과의 경우 지역 사회와 관련된 자료의 미비와 지원 부족으로 인해 교사 스스로 지역 사회와 관련된 내용을 추가해서 가르칠 수밖에 없는 실정이었다. 따라서 현재의 여건 속에서는 교사의 부담의 일부가 학생과 학부모의 부담으로 전가되고 있었다.

그리고 이러한 교사들의 수업 내용 재구성 노력이 항상 긍정적인 평가를 받고 공감대를 불러일으키는 것은 아니었으며, 때로는 오해를 사거나 비판에 직면하기도 하였다. 예를 들면, 학생들의 흥미와 수준을 고려해서 이루어지는 k 교사의 노력은 이미지를 사용하여 감각을 자극하는 형태였는데, 경력이 많은 동료 교사나 관리자로부터 비판을 받고 있었다.

　　제가 이런 식으로 수업하면 세대 간의 갈등을 많이 겪어요. 지적하신 대로 그게 어떻게 수업이냐 그분들의 평가는 그래요. 시험 문제에 나오면 아이들이 답을 제대로 쓸 수 있겠느냐. 그래도 저는 3, 4학년의 경우에는 구체적으로 연상되고, 감각적으로 와 닿을 수 있는 수업을 하려고 합니다.

3. 방 법

초등 사회과 수업 방법에서 중요한 이슈는 어떻게 학습 집단을 조직하는가와 어떤 자료를 선택해서 활용하는가의 두 가지로 모아지고 있었다. 즉 수업 방법과 관련해서, 학습 내용에 따라 어떻게 학습 집단을 조직하여 학습 활동을 하는 것이 유리한지를 결정하는 것과 이 때 어떤 자료를 만들어서 활용할 것인지가 주된 고민의 대상이었다. 이는 수업 관찰 및 면담 과정에서 초등 교실에서 널리 활용되고 있는 협동 학습과 ICT 활용이라는 두 가지 특징 속에서도 확인할 수 있었다.

1) 수업 방법의 재구성 실태

특히 학습 집단의 조직과 관련해서는 초등학교에서만 두드러지게 보이는 일종의 수업 규칙이 있었고, 이러한 규칙의 습득은 학습 훈련을 통해서 이루어지고 있었다. 그리고 이러한 학습 훈련은 대부분의 교실 배치를 모둠의 형태로 바꿔놓고 있었다. 연구자가 관찰한 수업에서 유일하게 모둠별로 배치되지 않은 교실은 단 한군데에 불과하였다. 그리고 이러한 모둠 배치와 더불어 학습 훈련이 이루어지고 있었는데, 이는 학기 초에 한 달 정도의 시간을 통하여 이루어진다고 하였다.

학습 집단을 구성할 때는 주로 수업의 내용이나 방법에 따라 모둠 배치를 다르게 전환하고 있었다. 이러한 학습 집단의 구성은 학생들에게도 상당 부분 체화되어 있어서 몇 가지 약속을 통해 학생들은 신속하게 자리를 옮겨서 수업에 임하고 있었다. 다음은 F 초등학교 m 교사가 말하는 학습 집단 구성과 관련된 유의점이다.

집단이 처음에는 여섯 명, 저희가 교실에 사십 명 정도의 아동들이 있는데 제일 중요한 것은 그날 쓰는 학습 자료를 몇 명에게 투입하였을 때 가장 효과적인가 하는 점인데, 오늘 같은 경우는 네 명 정도 모여서 해야, 적절한 시간 내에 가장 효과를 극대화할 수 있게끔 하는 것이고, 다른 것은 제가 놀이학습을 하다 보니까 놀이라는 것 자체가 여러 명이 있어야 하잖아요. 그때 그때 스피드 게임을 할 때는 두 팀 정도, 또 집중적으로 주요 활동으로 할 때는 네 명 정도일 때도 있고, 그렇지만 아주 심화 단계를 할 때는 두 사람이 할 때도 있고, 또 개인별 활동이 필요할 때는 혼자 할 때도 있고 그렇거든요.

다음으로 자료 활용과 측면에서 살펴보면, 대부분의 초등 교실에는 여러 가지 기자재가 갖추어져 있었고, 교사들은 이들 기자재를 활용하여 다양한 자료를 보여주고 있었다. 그러나 이러한 자료들이 항상 학생들의 흥미를 끄는 것은 아니었다. 오히려 교사 자신이 직접 만든 자료나 학생들이 스스로 만든 자료가 학생들의 적극적인 활동을 유발하는 데는 더 효과적인 것으로 보였다. n 교사의 경우에는 인터넷 자료보다 손으로 만든 자료를 더 선호한다고 하면서, 손으로 직접 만든 자료를 활용하는 것이 학생들의 흥미뿐만 아니라 학습 효과 측면에서 더 바람직하다는 견해를 피력했다.

> 수업 방법은 제가 단원을 보고 구상을 하죠. 요즘 교사들이 인터넷 자료를 많이 쓰잖아요. 제가 쭉 아이들을 가르쳐 보니까 실제로는 손으로 만든 자료를 제일 좋아하더라고요. 예를 들어서 아까 스피드 게임을 할 때 자료도 파워 포인트로 보여주는 것보다는 손으로 들고 하는 걸 더 좋아하더라고요. 보통은 애들 하고 지도하고 나서 내일 수업 준비를 대충 하잖아요. 아침에 출근했을 때 수업 자료 준비를 제가 직접 하는 편이고 애들한테도 도움을 많이 받는 편이죠.

한편, 몇몇 교사와의 면담에서 멀티미디어 자료에 대한 불신을 읽을 수 있었다. n 교사의 경우, 멀티미디어 자료는 보여주는 수업에서는 좋지만 실제로 학생들이 학습하는 데는 인쇄해서 나눠주는 학습지보다 못하다고 평가하였다. 학생들이 학습지 1-2개를 가지고 스스로 풀어 보는 것이 학생들의 학습에는 더 효과적이라는 것이다. 특히 수준별 교육 과정을 운영할 때는 학습지 외에는 다른 대안이 없다고 설명하였다.

> 저는 칠판을 많이 사용해요. 멀티 자료는 보여주는 수업에는 딱 좋은데, 실제 아이들하고 수업할 때는 안 좋은 것 같아요. 저도 연구 수업이라고 생각했으면 사실 멀티 자료를 만들 수도 있었죠. 어제도 만들려고 했다가, 그건 아니다 싶어서 학습지를 사용했거든요. 실제로 수업을 하다

보면 오늘 학습지를 4개 정도 투입했잖아요. 보통 수업에는 1개나 2개 정도가 들어가거든요. 실제로 저는 그런 생각이 들었어요. 학교에서 수준별 학습이나 심화과정 보충과정 학습을 해야 하는데 학습지 말고는 실제로 다른 대안이 없어요.

2) 수업 방법의 재구성 의미: 학습 집단의 소식과 훈련, 자료의 제작과 활용

초등 교사들은 수업 방법 재구성을 크게 '학습 집단의 조직과 훈련'과 '자료의 제작과 활용'으로 생각하고 있었다. 즉 어떻게 학습 집단을 조직해서 교실에 배치할 것인가와 수업 시간에 어떤 자료를 활용해서 가르칠 것인가 하는 두 가지 문제를 해결하는 것이 초등 교사들이 생각하는 수업방법 재구성이었다. 부분적으로 역할 놀이나 토론 등의 기법을 활용하고 있었으나, 이는 주된 것은 아니었다.

학습 집단의 조직과 훈련과 관련해서 초등 교사들은 학기 초에 적어도 한 달 이상의 시간을 투자해서 수업 내용이나 학생들의 특성을 고려해서 학습 집단을 구성하고, 이를 융통성 있게 활용하기 위해서 여러 가지 약속을 정해서 학습 훈련을 하고 있었다. 이러한 훈련 결과 학생들은 몇 가지 규칙을 터득하여 능숙하게 학습 집단을 바꾸면서 수업에 임하고 있었다.

다음으로 자료 제작 및 활용과 관련해서 초등 교사들은 멀티미디어 자료에 대한 불신에도 불구하고, 멀티미디어 자료에 의존하는 경우가 많았다. 일부 수업에서 교사는 자료를 제시하는 역할만 하고 있었다. 물론 학생들은 TV 모니터에 계속 집중하지 않았다. 오히려 교사가 직접 만든 자료나 학생들이 스스로 만들어보는 활동을 학생들이 선호하고 있음을 확인할 수 있었다.

3) 지역사회 특성을 반영한 자료 제작 및 활용의 어려움

앞에서 살펴본 바와 같이 학습자를 고려한 학습 집단의 구성과 학습 훈련은 비교적 잘 이루어지고 있었다. 다음으로 지역사회 특성을 반영한 자료 제작 및 활용은 외부 자료의 미비와 교사 개인의 노력의 한계로 제대로 이루어지지 않은 채, 교사 개인이 제작한 자료와 학생들이 과제를 통해서 만든 자료를 중심으로 수업이 진행되고 있었다. 그러나 이러한 방식은 앞에서 제시한 것처럼, 교사, 학생, 학부모 모두에게 큰 부담으로 작용하고 있었다.

사회과에서는 지역사회의 특성을 반영한 자료 제작 및 활용은 시·도 및 지역 교육청 차원의 개발 인력과 자원 부족으로 제대로 이루어지지 않고 있었다. 따라서 교사 개인이 직접 지역 사회를 돌면서 제작한 자료와 학생들이 과제를 통해서 만든 자료를 수업에서 활용하고 있었다. 예를 들어 강원도의 B 초등학교의 경우 수업 시간에 강원도 지역의 자연 환경과 풍물들을 보여주는 다양한 지역 사회 동영상 자료를 제공하고 있었는데, 이는 학생들이 과제물로 만들어 온 자료들이었다.

4. 평 가

초등 사회과에서는 평가는 매우 부정적인 용어로 사용되고 있었는데, 특히 제7차에서는 수행평가에 대한 오해로 선택형 지필평가를 해서는 안 되는 것으로 여기고 있었다. <표 9>에서 알 수 있듯이 1순위만 살펴보면, 선택형(6.4%)과 서답형(21.3%)에 비해 보고서 평가(48.8 %)와 포트폴리오(18.1%)의 비중이 매우 높은 것을 알 수 있다. 이는 제7차 교육과정의 적용 과정에서 초등학교에서는 암묵적으로 '지필평가를 하지 않는다'는 원칙이 반영된 결과로 볼 수 있다(<표 9> 참조).

<표 9> '사회'교과의 수업 평가 방법

순 위 중점 사항	응답 빈도 및 백분율(%)					
	1		2		3	
선택형	66	(6.4)	122	(12.2)	234	(24.7)
서답형(단답형과 서술형)	219	(21.3)	279	(28.0)	249	(26.3)
보고서 평가	502	(48.8)	245	(24.5)	140	(14.8)
실기평가	525	(5.1)	87	(8.7)	119	(12.6)
포트폴리오	186	(18.1)	253	(25.4)	154	(16.2)
기 타	3	(0.3)	12	(1.2)	52	(5.5)
전 체	1028	(100.0)	998	(100.0)	948	(100.0)

1) 평가의 실태

초등학교에서 평가는 매우 부정적인 용어로 사용되고 있었으며, 초등에서 평가는 학교장 또는 개별 교사에 따라 다양한 형태로 나타나고 있었다. 이는 제7차 교육과정에서 강조된 수행평가의 무분별한 적용에서 비롯된 것이다.

> 저희는 개별 평가는 없어지고 작년에 평가를 한 번 했다가 불만이 있고 해서 없어지고, 교장 선생님이 바뀌니까 다시 하신다고 하거든요. 그렇게 우여곡절을 겪고 나니까 사람들이 평가에 대해서 실제로 하지 말자는 분들이 많은 것 같아요.

대부분의 교사들은 학교 차원의 공식적인 평가에 대해서는 부정적인 입장을 띠고 있었다. 그래서 대부분의 교사들이 나름대로 수행평가를 하고 있었는데 정확한 진단보다는 학생의 노력 여부를 파악하는 정도로 활용하고 있었다. 오히려 학부모와의 면담을 통해서 학생들을 파악하려고 노력하는 교사들도 있었는데, 이는 지식과 함께 인성이 강조되는 초등학교에서 설득력 있는 방식이라고 할 수 있다.

저는 학부모들을 많이 부르거든요. 교사인 저도 아이들이 어떤지를 정확하게 모르잖아요. 그래서 학부모들이 와서 얘기를 해 주면, 제가 지금까지 파악한 아이들에 대한 특성을 검증을 받게 되는 것 같아요. 오히려 시험보다 더 정확하게 검증하는 것 같아요. [학부모와] 이런저런 이야기를 하다 보면 시험보다는 학부모와의 면담을 통해서 더 정확하게 아이들을 파악하게 되거든요.

그러나 여전히 공식적인 평가의 부재는 초등학교에서 학생들에 대한 이해와 그 근거가 되는 자료의 부족을 낳고 있었다. 그 결과 학생에 대한 정보가 체계적으로 학부모에게도, 그리고 다음 학년 담임교사에게도 전달되지 않은 채 개인적인 차원의 비공식적인 정보로 남아 있었다.

요즘 대부분의 평가가 구술인데, 굉장히 주관적이죠. 똑같은 걸 보고서도 누구는 '성실하다'라고 하고 누구는 '소극적이다'라고 표현할 수 있는 것이니까요. 점수화하기보다는 비공식적인 보조 자료로 만들어서 갖추고 있으면 다음 연도에 활용할 수 있는데 ……

2) 평가에 대한 의견

이러한 문제점에도 불구하고 연구자가 만난 대부분의 교사들은 공식적인 지필평가가 지니는 '수업 구속성'으로 인해 지필평가를 반대하고 있었다. 즉 지필평가가 결국 수업의 다양성을 해치고, 과거처럼 암기 위주의 주입식 수업이 주류를 이루게 할 것이라는 지적이었다. 오히려 수업 상황 자체에 대해서 평가하기를 원하는 교사들도 있었다.

초등학교에서 3, 4학년까지는 마음껏 사고의 폭을 넓힐 수 있는 무제한적인 자료를 투입하고, 학습 환경을 제공해야 한다고 생각해요. 제가 만약 [오늘 수업한 내용을 가지고] 평가를 한다면 시험 문제에서 '어떤 것이 1차 산업이냐' 이렇게 묻지 않고, 분류를 새롭게 해보는 거예요. 내

나름대로의 기준을 세워서 분류를 해보는 겁니다. 이렇게 하면, 나만이 하는 평가잖아요.

그러나 이러한 평가 결과는 생활기록부나 성적표가 지니는 규정들로 인해 기록이 안 되고 지나갈 수밖에 없는 것이 현실이라고 하였다. 그러다 보니 교육과 학습의 연속성이나 학생들에 대한 정보 축적이 제대로 이루어지지 않는다고 하였다.

5. 기타: 교육과정, 교과서·지도서, 수업환경 측면

7차 교육과정을 수업에서 실현하려고 노력하고 있는 교사들로부터 7차 교육과정의 문제점과 이를 실현시키기 위해서 어떤 노력이 해야 할 것인지에 대해서 질문하였다. 그 결과를 살펴보면 다음과 같다.

1) 교육과정

B 초등학교의 c 교사는 교육과정, 특히 교과서 내용이 대도시 위주로, 학생을 도와줄 교사와 부모를 상정하고, 그리고 교과서 서술 방식까지 개념 이해보다는 탐구활동 위주로 구성되어 있어서, 시골 학교 아이들은 더 큰 부담을 안고 있다고 지적하였다.

제가 솔직히 생각하는 것은 7차 교육과정이 아이들의 편차를 고려하지 못한 점이 있다는 점입니다. 사회 같은 경우도 대도시 아이들은 어렸을 때부터 부모님들이 도와줘서 조사학습에 대한 체계가 미리 갖추어져 있는데, 시골 아이들 같은 경우에는 방법을 일러줘도 또 잊어버리고 해서 재지도를 해야 할 형편인데, 주변에서 조사할 것도 많지 않지만 조사 대상을 찾기도 어렵고 조사할 때 정리하는 체계도 안 갖춰져 있어요. 아

이들이 쉽게 터득이 안 되고, 교사나 부모님한테 의존을 많이 하는데 부
모님들도 도와주는 것도 없고 그러니까 교육과정 자체를 어렵게 받아들
이는 것 같아요. 그러니까 경험하는 것이 많은 대도시 아이들에 비해서
정감 같은 것은 많으면서도, 지식적인 측면이 부족하기 때문에 개념 형
성도 안 되는 상황에서 개념에 대한 정의부터 해 주고 이끌어 주는 편
인데, 수업 태도가 안 좋으면 금방 잊어버리거든요.

2) 교과서 · 지도서

따라서 앞으로는 시골 학교의 여건과 학생들의 수준을 반영하여 교
육과정과 교과서를 만들어야 한다고 주장하였다.

솔직한 심정으로는 저희 시골 지역 아이들은 책은 보통 예습으로 읽
어오지만 잊어버리기 쉬우니까 수업할 때 이해를 못하고 넘어가는 부분
이 너무 많은 것 같고, 자료를 많이 준비하다 보니까 사회 학습하는 게
너무 힘듭니다. 사회책을 보면서 사회과부도에서 '전국지도'도 하고, '강
원도 지도'도 하고 어떤 경우에는 책이 세 권 있고 참고자료도 만들어야
되고, 스크랩 자료까지 책상 위에 가득하니까 아이들이 힘들어 합니다.
그리고 수업시간도 너무 부족합니다. 한 차시 분량이 너무 많은 것 같고
수준도 너무 높다고 생각합니다. 책에 아이들이 이해할 수 있게 개념 정
리 같은 걸 분명히 해 주고 예시 같은 게 많이 나왔으면 좋겠고, 교과서
분량도 축소해 줬으면 좋겠습니다.

또한 교과서와 지도서의 문제점 및 개선점에 대한 의견이 많았다.
10개 교과를 가르치는 초등 교사들에게 있어 교과서와 지도서는 그야
말로 '바이블'인데, 그런 교과서와 지도서가 교사들에게 너무 많은 것
을 요구한다고 초등 교사들은 지적하였다. 다음은 C 초등학교의 d 교
사의 의견이다.

교과서 양이 많으면, 안 가르쳐도 되는 것을 심화 과정으로 한다든가, 꼭 해야 될 과제와 안 가르쳐도 될 부분을 나눠서 한다고 하는데, 아이들은 안 가르치고 넘어가면 '왜 안 하느냐'고 그러죠. 또 우리가 사회를 전담하는 사람이면 하루 종일 연구해서 자료를 만들어서 수업을 하겠지만 우리의 [초등 교사의] 특성상 전 과목을 다 같이 해야 되는 입장인데, 사회과 교사용 지도서가 교사들에게 너무 많은 힐 일을 부여하는 시노서 같아요.

3) 수업 환경

그러나 무엇보다도 초등학교 현장의 가장 큰 불만은 제7차 교육과정이 하드웨어에 대한 지원이 부족한 상태에서 빈곤한 소프트웨어만으로 실행된 점이었다. 개인차와 학교 특성, 그리고 지역사회를 고려한 교육과정이 운영되려면 이와 관련해서 다양한 하드웨어와 현장에서 직접 활용할 수 있는 구체화된 소프트웨어의 공급이 동시에 이루어져야 할 것이다. 다음은 A 초등학교 a 교사의 말이다.

7차 교육과정은 이론상으로는 가장 완벽하다고 보는데, 현장에서는 인적 자원과 물적 자원 측면에서 부족함을 많이 느끼고 있습니다. 우리 학교 시설도 부족하고요. 지원 체제를 먼저 갖추어 놓고 실행했으면 성공할 수도 있었는데 지원 체제가 많이 부족하지요.

V. 결 론

지금까지 초등 사회과 교육과정에 대한 선행 연구 고찰을 통해 국가 수준에서 개정 및 적용 과정에 대한 논의를 살펴보고, 본 연구를 통해 시·도(지역) 교육청 및 학교 차원의 적용 과정 및 내용과 교사 및 수업 차원의 운영 실태를 분석하였다. 결론에서는 이러한 결과를 토대로, 초등 사회과 교육과정이 제7차 교육과정이 표방했던 학습자 중심의 다양하고 특성화된 교육과정이 (시·도 및 지역 교육청과 학교 차원의 지원 하에) 교사의 교육과정 재구성을 통하여 얼마나 실현되고 있는지를 정리하려고 한다.

초등 교사들은 제7차 교육과정의 취지를 살려서 학생들의 흥미나 수준을 고려한 수업을 실천하려고 노력하고 있었다. 이러한 노력은 제7차 교육과정 때문만이 아니라, 아직 지능과 사고력이 덜 성숙한 초등 학생들을 교육하는 초등 교사에게는 거의 본능과 같은 것이었다. 즉 교사들은 거의 본능적으로 학생들의 흥미나 수준을 고려해서 자신의 수업의 눈높이를 낮추려는 노력을 기울이고 있었다. 여기서 문제는 이러한 교사들의 노력이 많은 문제점에 봉착하고 있다는 점이다. 사회과의 경우, 교육과정이나 교과서 자체가 학습자 중심의 특성을 충분히 반영하지 못하여, 교사들은 학생들의 일상생활과 관련성이 부족한 내용을 수업에서 가르치고 있었다.

제7차 교육과정을 운영하면서, 학습자 중심과 더불어 다양화와 특성화는 모든 단위 학교나 교사들이 담당해야 할 과제였다. 또한 궁극적으로 개별 교사들이 사회과를 포함한 초등 10개 교과의 교육과정을 다양화, 특성화시켜야 하는 책임을 지고 있었다. 국가 수준의 교육과정 문서나 시·도 교육청의 편성·운영지침은 추상적인 수준에서 진술되고 있었고, 시·도(지역) 교육청에서 만들어지는 실천 중심의 연수 및 장학 자료도 활성화되지 못하고 있는 실정이었다. 따라서 사회과 교육과정의 다양화·특성화는 교사에게 맡겨지고 있었다. 그 결과, 개별 교사들이 나름대로 지역 자료를 찾아내어 재구성하거나, 학생들이나 학부모가 과제로 지역화된 자료를 제작하고 있었다.

결과적으로 초등 사회과의 경우 교과 교육과정 재구성은 거의 이루어지지 않고 있었다. 초등 교사들은 외부의 지원이나 교육 프로그램도 없이 개별 교사 차원에서 사회과 교육과정을 재구성하기란 무척이나 부담스럽다고 지적하였다. 사회과의 경우, 교과서가 탐구활동 위주로 구성되어 있어서, 학생들에게 기본적인 개념을 가르치려면 교사들이 내용을 보충해야 하는 어려움이 있었다. 또한 교과서나 지도서는 그대로 적용하기에는 내용이 너무 많을 뿐만 아니라 어렵다고 하였다. 이러한 상황 속에서 교사 차원의 사회과 교육과정(교과서) 재구성은 부분적으로 이루어지고 있었다. 다만, 수업 방법 측면에서의 재구성은 상대적으로 활발하게 이루어지고 있었는데, 초등 사회과 수업에서 가장 많이 눈에 띄는 것은 '협동학습'과 'ICT 활용수업'이었다. 그러나 이 경우에도 교사는 학생들에게 조별로 과제를 부과하여 발표하게 하거나, 멀티미디어 자료를 그대로 보여주고 학생들의 시청 태도를 통제하는 형태로 수업이 진행되었다.

결국, 제7차 초등 사회과 교육과정의 적용 과정 및 내용과 교사와 수업 차원의 운영실태에 대한 분석 결과를 요약하면, 국가 수준의 교육과정이 표방했던 학습자 중심, 다양화와 특성화, 교육과정 재구성이라는 선언적 기조는 빈약한 지원하에 유명무실화되고, 수업은 교사 개개인의 고립된 노력으로 이루어지고 있었다. 따라서 교사가 학습자 중심의 다양하고 특성화된 교육과정을 재구성할 수 있는 주체가 되려면, 교사 자신의 노력도 중요하지만, 주변의 지원 체제가 먼저 갖추어져야 할 것이다. 특히 10개 교과를 가르쳐야 하는 초등학교의 현실을 고려할 때, 교사와 수업에 대한 인적, 물적 지원체제의 구비가 무엇보다도 중요하다.

참고 문헌

강대현(2002).「사회과 교육 내실화 방안 연구: 좋은 수업 사례에 대한 질적 접근」. 한국교육과정평가원 연구보고 RRC 2002-4-4.

강대현(2004). 「사회과 교육내용 적정성 분석 및 평가」. 한국교육과정평가
원 연구보고 RRC 2004-1-4.

강수효 외(2003). 「제7차 교육과정의 현장 운영 실태 분석(Ⅰ): 경상남도
초등학교 교과 교육과정 편성·운영 지침 개발 및 적용 과정을 중
심으로」. 한국교육과정평가원 연구보고 RRC 2003-3-8.

김왕근(2002). 제7차 사회과 교육과정 적용에 관한 평가적 시론. 「제7차
교육과정 적용의 문제점 개선 방안」. 교과교육공동연구 학술세미나
자료집. 한국교원대학교 부설 교과교육공동연구소.

김일기 외(1997). 「제7차 사회과교육과 개정 시안 연구·개발」. 1997년도
교육부 위탁연구과제 답신보고서.

김정호 외(1999). 사회과 수행평가 정착 방안. 「초·중등학교 교과별 수행
평가의 실제(4)-사회-」. 연구자료 ORM 99-3-4.

박갑수 외(2003). 「제7차 교육과정의 현장 운영 실태 분석(Ⅰ): 강원도 초
등학교 교과 교육과정 편성·운영 지침 개발 및 적용 과정을 중심
으로」. 한국교육과정평가원 연구보고 RRC 2003-3-7.

박윤경(2003). 「교육과정 변화기 사회과 교사의 교육과정 실행에 대한 사
례 연구: 변화 지향적인 교사의 교실 수업 변화에 대한 이해」. 박
사학위논문, 서울대학교.

성경희 외(2003). 「제7차 교육과정의 현장 운영 실태 분석(Ⅰ): 초등학교
국어·사회·수학·과학·영어 교과를 중심으로」. 한국교육과정평
가원 연구보고 RRC 2003-3-3.

이동원(2002). 7차 초등사회과 교육과정의 현장 적용: 문제와 논의. 「제7차
교육과정 적용의 문제점 개선 방안」. 교과교육공동연구 학술세미나
자료집. 한국교원대학교 부설 교과교육공동연구소.

이명희 외(2000). 「사회과 교육 목표 및 내용체계 연구Ⅰ」. 한국교육과정평
가원 연구보고 RRC 2000-12

이용숙 외(1999). 「수준별 교육과정에 적합한 교과서 내용구성 방안(Ⅱ)」, -수
학·사회 편-. 덕성여자대학교.

이혁규(2001). 제7차 사회과교육과정 개정과정에 대한 문화기술적 연구.
「교육인류학연구」3(3). 한국교육인류학회.

이효종 외(2003). 「제7차 교육과정의 현장 운영 실태 분석(Ⅰ): 서울특별시 초등학교 교과 교육과정 편성·운영 지침 개발 및 적용 과정을 중심으로」. 한국교육과정평가원 연구보고 RRC 2003-3-6.

최석진 외(2001). 「사회과 교육 목표 및 내용체계 연구Ⅱ」. 한국교육과정평가원 연구보고 RRC 2001-5.

제3부

사회과 교사의 전문성과 수업

제9장 사회과 수업 평가[1)]
— 사회과 수업 평가에 대한 논의와 실태 분석 —

현재 사회과 수업 평가에 대한 논의는 그야말로 초기 단계에 있다고 할 수 있다. 그동안 사회과 수업 모형과 수업 운영 실제에 대한 연구와 논의는 일부 있어 왔으나, 사회과 수업 장학 및 평가와 관련된 국내 논의는 손에 꼽을 정도로 극소수에 한정되어 있다.

이 장은 국내외 사회과 수업 평가 논의를 소개하고, 이를 기초로 하여 학교 현장의 사회과 수업 운영 실제를 확인하고, 사회과 수업 평가의 필요성과 향후 진행되어야 할 사회과 수업평가의 방향을 탐색하는 '기초 연구'라고 할 수 있다. 사회과 수업 평가에 대한 기초 연구로서 이 장의 논의는 크게 세 가지 정도로 요약된다.

첫째, 국내외에서 이루어지는 사회과 수업 평가 논의를 소개하는 것이다. 이 과정에서 수업 평가 일반이나 사회과 수업 평가 논의뿐만 아니라, 교사 평가와 교과 수업 관련 논의들도 함께 다루고 있다. 이는

---

1) 이 장의 내용은 『시민교육연구』 제37권 1호(2005)에 실린 '사회과 수업 평가에 대한 논의와 운영 실태 분석'을 일부 수정한 것이다. 참고로 이 논문은 박영석(경인교대)과 함께 작성한 것이다.

사회과 수업 평가 논의가 독자적으로 존재하는 것이 아니라 교사의 전문성이나 교사 평가, 그리고 수업 관련 여러 연구들과 함께 맞물려 이루어지기 때문이다.

둘째, 사회과 수업 평가 운영 실제는 학교 현장의 수업 평가 운영 실제를 다루되, 역시 교사 평가나 수업 장학 등 수업 평가와 관련된 광범위한 현실들을 모두 포함하는 형태로 이루어졌다. 이 역시 사회과 수업 평가 운영 실제가 독자적인 것이 아니라는 이유와 함께 현재 사회과 수업 평가가 제대로 이루어지지 않고 있는 현실 속에서 수업 평가 자체에만 초점을 맞출 수 없는 상황도 반영한 것이다.

끝으로 사회과 수업 평가의 필요성을 다시 한번 재확인하고, 향후 사회과 수업 평가가 나아가야 할 방향을 탐색하고 사회과 수업 평가 논의의 단초로서 사회과 수업 평가 기준의 개발과 활용의 필요성을 제시하는 것이다.

이 장의 내용이 사회과 수업 평가 논의가 활발하게 이루어지는 시발점이 되기를 기대한다.

I. 서 론

지난 십수 년 동안 우리 교육의 의제는 소위 '사교육비 경감'과 '입시 문제'였다. 이러한 의제는 사실상 교육의 의제라기보다는 문제이며, 또 문제의 근본이라기보다는 증상에 가까운 것이다. 그럼에도 불구하고, 아직도 우리나라는 '사교육비 경감'과 '입시 문제'에 대한 대중적인 처방과 임기응변적인 방편 마련에 주력한 나머지, 교육에 대한 근본적인 개혁과 개선에 대한 비전과 정책을 제시하지 못하고 있다.

이러한 문제점은 그동안 우리나라 교육의 모델이 되어 온 미국의 현교육 의제 중 하나인 'No Child Left Behind'와 비교해 보면 더욱 분명해진다. 미국은 그동안 주, 교육구, 학교별로 이루어져 왔던 자율적인 교육 체제와 프로그램을 유지하면서도 교육의 형평성을 높이기 위해 기초 학력과 부진아 교육에 심혈을 기울이는 동시에 국가 수준의 교육 경쟁력을 담보하기 위한 여러 가지 조치를 취하여 왔다(http://www.ed.gov 참조). 미국에서 현재 이루어지고 있는 교육 개혁과 개선의 방향은 크게 교육과정, 교육평가, 교수학습의 세 가지 차원에서 다음과 같이 요약할 수 있다.

첫째는 국가 수준의 교육과정 혹은 성취 기준을 여러 영역과 교과별로 개발하고 있다. 각 주, 교육구, 학교별로 다양하게 이루어지고 있는 현장 교육의 공통분모를 추출하고, 새롭게 추가되어야 할 내용들을 논의하는 작업을 통하여 교육 내용에 대한 사회적 합의와 전문가들의 검증을 거쳐 국가 수준의 교육과정(curriculum standards)을 마련하고 이를 교육 개혁의 방향으로 삼고 있다. 예를 들어 사회과의 경우에도 1994년에 전미사회과교육협회(NCSS)를 통해 국가 수준의 사회과교육과정을 마련하였으며, 이를 통하여 각 주, 교육구, 학교별로 다양하게 이루어지는 현장 교육을 안내하는 지표로 삼고 있다(NCSS, 1994).

둘째는 이러한 국가 수준의 교육과정을 토대로 학생들의 성취 정도를 국가 수준의 평가나 외국과의 비교 평가(예를 들어 OECD국가와의 비교 평가)를 통해 엄격하게 측정하고, 이를 근거로 기초학력 부진 문제를 학교 교육 차원뿐만 아니라 사회복지 차원에서 접근하여, 일부 부작용은 있지만 교육의 수월성뿐만 아니라 형평성을 높이기 위해서 국가가 적극적으로 나서고 있다.

셋째는 국가 수준 교육과정의 최종 전달자이자, 학생들을 직접 가르치고 평가하는 교사와 교사 전문성, 그리고 교사 교육에 대한 지대한 관심과 노력이다. 이러한 움직임으로 그동안 미국 사회가 교사를 일종의 상수로 보고, 교재나 프로그램 개발에 주력했던 점을 반성하고, 교사들의 수업 전문성을 제고하기 위해서 국가 수준의 교수 기준 또는 교사 기준(teaching standards or teacher standards)을 만들고, 이를 토대로 교사 교육과 연수 프로그램을 개발하고, 교사 평가 및 수업 평가를 위한 다양한 방법과 자료들을 개발하는 데 주력하고 있다(NBPTS, 2001).

그리고 이러한 움직임은 미국에 국한된 것이 아니며, 영국과 호주를 비롯한 영미권에 걸쳐 이루어지고 있으며, 교육에서 교사의 역할을 강조해 왔던 나라들이나, 도외시했던 나라들 모두에게 '교육의 질은 교사의 질을 넘어설 수 없다'는 너무나 당연하고 평범한 진리를 되새기게 하고 있다. 그 결과 교사와 교사 전문성 제고에 대한 투자야말로 교육에서 가장 실효성이 높은 투자라는 사실이 공감대를 얻고 있다.

이러한 시점에서 사회과 수업 평가에 대한 이론적인 논의와 학교 현장의 운영 실태를 분석하고, 사회과 수업 평가의 필요성과 방향을 탐색하는 이 연구는 매우 의미 있고 시의적절한 출발이라고 생각한다. 그동안 우리나라에서는 소위 '근평'이라는 이름하에 이루어지는 교사의 업무 평가와 이를 통해 만들어지는 교사 승진 구조는 존재해 왔지만, 교사의 수업 관련 전문성을 평가하고 이를 토대로 수업의 질을 개선하려는 노력은 거의 이루어지지 않았다.

가령 1969년 대통령령으로 제정 공포된 '교육공무원승진규정'에 의거한 현행 '근평'에서도 소위 '학습지도'라는 평정 요소가 있지만, 그 비중이 매우 미미하며, 평가 요소 역시 너무 형식적이어서, 실제적인 교수활동을 파악하기에는 역부족이었다. 무엇보다도 현행 교사 평가에서 현장 수업 경력보다 행정 업무 경력을 인정받아 승진한 교장·교감이 지도 경험이 있는 전공교과를 넘어서 전 교과에 걸쳐 수업 능력을 제대로 평가할 수 있을지도 의문시되어 왔다.

사실상 그동안 우리나라에서 이루어져 왔던 교사 평가는 교사들의 전문적인 업무 평가보다는 승진과 선발에 주된 관심이 있었고, 교사 전문성의 중심이라고 할 수 있는 '수업'보다는 수업 이외의 업무와 인간관계에 초점이 맞추어져 있으며, '수업'을 평가하더라도, 너무나 형식적인 평가 요소에 따라, 교과별 수업 능력을 제대로 평가하는 훈련을 받지 못한 비전문가들에게 평가를 맡겼다. 그래서 소위 '사람을 정하고 평가가 이루어지는', 혹은 '순위를 매기고 점수를 주는' 기형적인 관행이 자리잡아 왔다(곽병선, 2002; 박종필, 2002).

이 장에서는 이러한 기존 교사 평가의 문제점을 인식하고, 기존 관행과의 결별을 위해 수업 평가의 개념을 교사 평가와 구분하여, 교사의 전문성, 특히 교사의 수업 전문성과 관련된 부분을 평가하는 데 초점을 두고, 또한 기존의 승진과 선발 중심의 제도와 구분되도록 수업 평가를 총괄평가가 아닌 형성평가에, 제도보다는 실질적인 내용을 담보할 수 있는 프로그램에 무게를 두는 개념으로 사용하려고 한다. 즉 이 장에서 제안하는 수업 평가는 교사의 수업 전문성과 관련된 영역을 일정 기간에 걸쳐 그 발달 과정을 체계적으로 평가하여 교사의 수업 전문성 제고에 도움을 주려고 하는 것이다.

물론 이러한 개념적 구분은 주관적이고 자의적일 수 있다. 그러나 이러한 개념적 구분은 동시에 사회적이기도 하다. 예컨대 현행 우리나라 교사 평가 체제에서 '학습지도' 항목으로 나타나는 수업 평가 영역은 교사 평가를 구성하는 일부에 불과하지만, 교사의 교수활동을 중시하는 외국의 교사 평가 체제에서는 '교사 평가=수업 평가'로 사용하여도 무리가 없다(Danielson & McGreal, 2000). 이처럼 교사 평가의 일차적 활용 가치를 교수학습 개선에 두는 경우에는, 종래에 실시되어 온 '교사에 대한 평가'를 '수업에 대한 평가'로 바꾸어야 하며 수업 평가의 근본 기능을 수업 개선에 두어야 한다는 것이다(Bloom et al., 1981).

우리나라의 현행 교사 평가는 교사의 학생 생활지도, 교무행정, 인간관계, 교육자로서의 자질과 태도 등 수업 이외의 측면도 평가 영역으로 포함한다는 점에서 수업 평가보다 광의의 개념으로 사용되고 있다. 이러한 평가가 주로 평가보다는 승진에, 수업보다는 수업 이외의 부분에 초점이 맞춰져서 이루어지는 사회적 관행에 비추어 볼 때, 수업 평가를 교사 평가와 구별하여 사용하는 것은 논리적인 문제라기보다는 상황 판단의 문제이며, 진위의 문제라기보다는 선택의 문제이다.

이 장은 우리나라의 상황과 정책적 필요에 따라, 수업 평가를 교사 평가와는 구분되는 것으로 설정하고, 기존의 교사 평가의 부분이었던 '수업'을 독자적인 평가영역으로 설정하는 시도로서 향후 이루어져야 할 사회과 수업 평가 기준 개발과 사회과 수업 장학 및 평가 프로그램 개발을 염두에 두고 이루어지는 논의이다.

Ⅱ. 사회과 수업 평가 논의의 현주소

1. 국내의 수업 평가 논의

1) 수업 평가 일반

국내에서 공식적으로 수업 평가라는 이름으로 이루어진 연구물과 저 서들을 찾아보기는 그리 쉽지 않다. 심지어 교사 평가와 관련된 연구 와 저서도 흔치 않으며, 일부 관련 연구들도 주로 외국의 사례를 소개 하는 것에 그치고 있다.[2] 이러한 연구물과 저서의 빈곤은 그동안 국내 에서 교사 및 교사 전문성, 그리고 특별히 교사의 수업 전문성에 대한 이론적 무관심을 반영한 결과라고 볼 수 있다. 이러한 상황에서 수업

---

2) 예를 들어 김남순의 『교사 평가론』의 경우에도 사실상 우리나라의 교원양 성과정, 신규임용과정, 교원승진임용제도 등을 다룬 1장 부분을 제외하고 는 2장부터는 소개된 내용은 Thomas L. McGreal의 "Successful Teacher Evaluation"을 편역한 것으로 미국에서 사용하고 있는 교사 평가의 내용을 다루고 있다. 수업 장학과 관련된 저서도 많지 않은데, 이 역시 국내 연구보 다는 외국 사례를 소개하는 경우가 많다. 가장 흔하게 발견하는 박은혜·이 현옥·임승렬의 『교사 발달에 적합한 장학의 이론과 실제』 역시 Alan J. Reiman과 Lois Thies-Sprinthall의 "Mentoring and Supervision for Teacher Development"를 번역한 것이다.

평가 논의가 일부 있어도 대부분 교사 평가와 연관되어 거론되고, 수업 평가가 교사 평가의 한 부분으로서 접근되어 왔다.3) 그리고 부분적으로 접근되는 수업 평가마저도 본래 의도에 비추어 적절하게 시행되지 못하는 점이 지적되어 왔다.4)

그럼에도 불구하고, 최근 수년간 교사 평가 및 수업 장학 그리고 수업 평가에 대한 일련의 논문들이 발표되고 있는 상황은 상당히 고무적이라고 할 수 있으며, 이 중에서 몇 편의 논문들은 주목할 만하다. 길양숙(1997)은 '동료 교사의 수업 평가에서 발견되는 수업 평가의 실제적인 기준'에서 교사들이 수업을 평가할 때 (암묵적으로) 사용하는 실제적인 기준과 이에 따른 수업 평가 결과가 시사하는 점을 탐색하였다. 김정원(2002)은 '질적 수업 평가의 시도'라는 논문에서 수업의 질 개선에 적극적인 역할을 할 수 있는 수업 평가 방향과 그 구체적인 절차를 모색하여 제시하고 있다. 원효헌(2002)은 '교수활동의 질 개선을 위한 교사의 자기평가'에서 본격적으로 학교 현장 교사들이 자기평가를 통하여 교수활동의 질을 개선할 수 있는 일반적인 척도와 절차를 제안하고 있다.

이러한 가운데 교사 평가의 핵심은 수업 평가로 교사가 소유하고 있는 다양한 교수 능력이 실제의 교수활동을 통해 표출되는 구체적인 교수행동을 중심으로 그 내용의 양과 질을 평가하는 것에 초점을 두어야 한다는 점을 지적하는 주장들이 대두되고 있다(원효헌, 2002: 151). 이러한 맥락에서 앞에 언급한 연구 등을 포함하여 수업 평가의 다양한 영역과 평가 요소를 세분화하여 상세하게 제시하는 연구가 축적되어

---

3) 대표적으로 권기욱(2000)은 우리나라 초·중등학교 교사 평가 준거체계를 개발하면서 교과지도(수업)를 10개 평가 영역의 하나로 취급하였다.

4) 안효준 등(2002)은 연수발표 자료를 통해, 수업 평가가 획일적인 기준에 의해 시행되어 평가 자체가 경직되어 있고 비공개로 이루어지며, 수업 평가의 결과가 교사 평가에 거의 반영되지 못하고 있음을 지적하였다. 이는 학교에서 수업 평가가 대부분 형식적이며, 수업 평가에 관해 전문성을 갖춘 사람이 부족하고, 수업 평가의 전문성 함양을 위한 프로그램의 지원도 거의 없기 때문이라는 것이다.

가고 있다(배호순, 1992; 길양숙, 1997; 원효헌, 2002; 김정원, 2002). 예를 들어 원효헌(2002)은 수업 평가의 준거에 관한 하나의 사례로서 교과지식, 학습자 특성의 이해, 수업목표 설정, 수업활동의 구조화, 수업 내용의 전달, 질문의 활용, 피드백의 활용, 학습기회 및 학습 환경의 제공, 학습동기유발, 학습자와의 공감대 형성, 학습자의 긍정적 자아개념 조성, 평가계획의 수립, 평가의 실행과 결과의 활용 등을 제시하고 있다. 물론 이러한 세분화된 평가준거에 대해 노명완(2001)은 교사의 수업 행동을 대부분 행동주의적 측면에서 분석하고 있다고 비판하면서, 교사의 행동을 매우 상세하게 세분하여 분석하는 행동주의적 접근은 수업의 관찰과 측정에는 도움이 되나, 수업을 파편적으로 분석하여 수업의 핵심인 역동적인 상호작용의 실제를 놓치기 쉽다는 문제점을 지적하고 있다.

그러나 이러한 지적은 결코 수업에 대한 분석 및 평가 준거의 필요성을 상쇄시키지는 못한다. 수업에 대한 통찰력과 안목이라는 것도 결국에는 다양한 수업에 대한 관찰과 분석에 기초할 수밖에 없으며, 비록 궁극적으로 수업을 종합적으로 통찰하는 단계에 이르기 위해서라도 과정적으로 수업을 분석하는 준거의 개발과 활용은 필수적이며, 수업 평가 전문가 및 현장 교사들 사이에 수업 장학 및 평가와 관련된 의사소통을 위해서라도 기본적인 준거에 대한 합의는 필수적이라 할 수 있다.

2) 사회과 수업 평가

수업 평가에 대한 일반적인 논의와 대비해서 교과를 배경으로 이루어진 수업 평가 논의는 더더욱 찾아보기 어렵다. 위에서 언급한 연구들에서 알 수 있듯이 수업 평가의 일반적인 준거 및 방법에 대한 논의는 일부 이루어진 것에 비해, 사회과 교과의 특성과 수업의 맥락을 고려한 평가 준거 및 방법에 관한 연구는 많지 않다. 다만, 사회과 수업 평가의 기준과 관련해 연구자들이 '사회과 좋은 수업'을 탐색하는 시도와 '사회과 교사의 전문성 향상을 위한 교사 평가 개선'의 측면에서 접근한 시도를 한 일부 연구가 유용한 시사점을 줄 수 있을 것 같아 소개한다.

사회과 수업 평가와 관련하여 본격적인 수업 평가에 대한 논의는 아니지만, 한국교육과정평가원에서 2002년도에 '학교교육 내실화 방안 연구'의 일환으로 이루어진 교과별 좋은 수업 사례에 대한 질적 접근은 '좋은 수업'이 교과별 수업 평가 준거의 원형이 된다는 점에서 시사하는 바가 있다. 사회과 연구자로 참여한 연구자(강태현, 2002: 35-40)는 사회과 좋은 수업의 개념과 유형을 논하면서, 사회과 좋은 수업이란 (사회과 수업이므로) 사회과 목표 및 내용에 대한 충분한 이해를 토대로 (결과적으로 좋은 수업이 아닌 과정상에서 좋은 수업이라는 측면에서) 현장 교사들의 다양한 노력들이 접목되어 있는 수업이라고 전제하고, 교육과정 재구성, 학습자 중심, 수업 방법 개선, 평가 개선, 사회 체험 학습, 기타 전문성 제고라는 여섯 가지 측면에서 좋은 수업의 유형을 선정·관찰하고, 해당 교사와 면담하였다.

그리고 이러한 관찰 결과를 토대로, 사회과 좋은 수업의 일반적인 특징을 각각 교사 개인 측면, 사회적 관계 측면, 수업 결과 측면에서 추출하였다. 이러한 과정에서 논의된 사회과 좋은 수업의 유형과 특징은 사회과 교사의 수업 전문성과 관련되는 것으로 사회과 수업 평가 영역이나 요소 혹은 기준에 해당될 수 있는 내용들이며, 사회과 교사의 수업 전문성을 담지하는 실제적 요소로서 사회과 수업 평가 영역이나 기준 개발에 실제적으로 활용될 수 있다는 점에서 의의를 지닌다고 할 수 있다. 사회과 좋은 수업의 유형과 특징으로 수업 평가의 영역 및 기준에 해당될 수 있는 요소들은 다음 <표 1>과 같다.(강대현, 2002: 162-174)

〈표 1〉 사회과 좋은 수업의 유형과 특징

사회과 좋은 수업의 유형	사회과 좋은 수업의 특징
사회과 목표·내용에 대한 이해+교육과정 재구성	**교사 개인 측면** - 열정(사명감 / 수업에 대한 열의) - 방향성(목표 / 내용에 대한 이해) - 수업준비(수업내용 재구성 / 적절한 수업방법 모색)
사회과 목표·내용에 대한 이해+학습자 중심	
사회과 목표·내용에 대한 이해+수업방법 개선	**사회적 관계 측면** - 동료와의 협의(교내 / 교외 동료 교사와의 협의) - 학생과의 의사소통(학생에 대한 이해와 배려, 학생들의 의견 청취 및 존중) - 학생의 참여유도(동기화 및 격려, 적절한 안내와 보상 및 평가)
사회과 목표·내용에 대한 이해+평가 개선	
사회과 목표·내용에 대한 이해+사회 체험 학습	**수업 결과 측면** - 즐거움(교사 / 학생 모두가 행복한 수업) - 일상 / 지역사회와의 연관(학생들의 일상 / 지역사회 생활과의 관련) - 일관성(수업 내용 / 방법 / 평가의 일관성)
사회과 목표·내용에 대한 이해+기타 전문성 제고	

사회과 교사의 전문성 향상의 차원에서 사회과의 교과적 특성을 반영하는 수업 평가 모형에 관한 연구도 이루어지고 있다. 최근에(2004년) 한국교과교육학회에서 '교사 평가의 이론과 실제'로 정기학술대회가 있었는데, 사회과를 비롯해서 일부 교과에서 교과를 배경으로 한 수업 평가에 대한 진전된 논의가 있었다. 박영석은 '사회과 교과 전문성 향상을 위한 교사 평가 연구'에서 사회과 수업 평가의 준거(영역과 요소)와 방법을 제안하고 있다.

박영석(2004)은 교사 평가의 핵심적 요소는 수업에 대한 평가이어야 하고, 수업 평가는 교과의 독특한 특성을 반영할 수 있어야 한다는 점을 강조하고 있다. 이 연구는 사회과 교과의 핵심적 요소와, 이러한 요소들이 수업 실행과정에서 나타나는 형태를 체계적으로 검토하여 수업 평가 기준을 설계할 것을 제안하고 있다. 사회과 수업의 질을 결정하는 핵심적인 요소로, 교사의 '교과 목표에 대한 이해', '교수-학습 방법의 선택', '교과 관련 지식'을, 수업 운영과정에서는 '교사의 개인적 실행이론', '교사 문화와 교육 환경' 등을 선정하였다. 이 중에서 구체적인 수업 평가의 척도로 구성하기가 쉽지 않은 '교사의 개인적 실행이론'과 '교사문화와 교육환경'의 측면을 제외하고, '교과 목표에 대한 이해', '교수-학습 방법의 선택', '교과 관련 지식'의 측면에서 수업 평가의 세부적 기준을 다음의 <표 2>와 같이 제시하였다.

〈표 2〉 사회과 교사 평가의 평가 영역과 요소

평가 영역	평가 요소
교과 목표의 이해	교과 목표에 대한 관점 확립 여부 교과목표로서 인지적, 기능적, 가치적 목표의 우선순위 평가 비판적 주제에 관한 취급
교과 내용 지식	교과 내용에 대한 전공 지식의 정도 교과 내용 지식의 구조와 타 학문과의 연계에 대한 이해
교수적 내용 지식	학습자의 수준에서 교과 내용의 수평적, 수직적 위계에 대한 이해 특정 내용 학습에 효과적인 학습 방식의 이해
교수학습방법 선택	교수 학습 방식의 선택 기준 교과의 대표적 교수 학습 방식의 이해와 활용 학생의 흥미와 학습 여건에 적합한 교수 학습 방식의 선택

여기서 사회과의 특수성이 부각되는 영역은 '교과 목표의 이해'와 '교과 내용 지식' 부분이라고 할 수 있다. 교과 목표의 이해와 관련하여, 사회과는 과학이나 수학 등의 다른 교과와 비교해 교과의 목표와 내용 조직 요소에 대한 인식 차이가 상대적으로 큰 편이다. 따라서 사회과 교사가 실제 수업에 임하면서 사회과의 목표 혹은 실제 수업의 목표를 어떻게 이해하는가는 교실 수업의 성격과 수업의 성과를 결정하는 중요한 요인이 된다. 박영석은 사회과 교사의 교과 목표와 수업 방식을 평가하기 위해 '교과목표에 대한 관점', '교과 목표 영역에 대한 평가', '비판적 주제에 대한 태도' 등을 살펴보아야 한다고 제안한다. 또 교과 내용에 대한 이해와 관련해서, 특히 사회과 교사늘의 '교

과 내용 지식'은 수업의 실행에 적지 않은 영향을 미칠 수 있다고 주장하면서, 교사의 교과 내용 지식의 이해와 관련해서 '교과 내용에 대한 전공 지식의 정도'와 '교과 내용 지식의 구조와 타 학문과의 연계에 대한 이해'의 정도를 평가 요소로서 검토해 볼 수 있다고 제안한다.

2. 국외의 수업 평가 논의

1) 수업 평가 일반

학교 교육의 질적 향상이 국가 경쟁력의 핵심적 요소라는 인식이 확산되면서, 선진국들을 중심으로 교육의 수월성에 대한 요구가 높아지고 있다. 경쟁력 있는 질 높은 교육에 대한 사회적 기대는 교육의 질을 결정하는 결정적 요소인 수업에 대한 관심으로 초점이 맞추어지면서, 이는 좋은 수업을 가려내고 이를 촉진할 수 있는 수업 평가의 기준과 근거에 대한 연구의 활성화로 이어지고 있다. 이에 따라 국내의 수업 평가 일반 및 교과별 수업 평가에 대한 일천한 논의와 달리, 미국, 영국, 호주를 중심으로 한 영미권에서는 수업 평가 및 교과별 수업 평가에 대한 논의가 활발하게 진행되고 있다. 미국은 1990년대 이후로 국가표준 교육과정 정립을 토대로 수업 평가의 기준에 대한 연구가 상당한 정도로 진척되고 있다.[5] 아울러 영국과 호주에서도 수업 평가 관련

---

5) 최근 미국에서는 국가 수준 교육과정의 최종 전달자이자, 학생들을 직접 가르치고 평가하는 교사와 교사 전문성, 그리고 교사 교육에 대해 지대한 관심과 노력이 이루어지고 있다. 사실 이러한 움직임은 그동안 미국 사회가 교사를 일종의 상수로 보고, 교수학습모형과 프로그램 개발에만 주력했던 점을 반성하고, 교사들의 수업 전문성을 제고하기 위해서 국가 수준의 교수 기준을 만들고 있다. 이를 토대로 교사 교육과 연수 프로그램을 개발하고, 교사 평가 및 수업 평가의 다양한 방안과 자료들을 개발하는 데 주력하고 있다(http://www.ed.gov 참조).

논의가 상당히 진척되고 있다.

수업 평가 일반과 관련하여, 미국의 경우 대부분의 주정부에서 수행활동에 근거한 교사(수업) 평가 및 자격증 체제(performance-based licensure system)로 전환하고 있는 추세이다. 수행활동에 근거한 교사 평가 체제에서는 교사가 개발하는 포트폴리오나 서술형 응답 문항, 평가센터에서의 활동 등과 같은 혁신적인 평가 전략을 도입하고 있다. 최근, ETS, INTASC, NBPTS 등은 실제 수업 활동에 대한 평가를 특징으로 하는 새로운 교사(수업) 평가 체계를 개발하기 위하여 많은 노력을 기울이고 있다. 결국, 미국에서의 수업 평가는 이러한 세 기관을 중심으로 교사 자격 기준 및 교사 평가의 차원으로 연구되어 왔다. 따라서 미국의 수업 평가의 구체적인 예는 ETS의 Praxis Ⅲ, INTASC, NBPTS의 교사 평가 및 수업 평가 관련 실행의 사례를 통해서 살펴볼 수 있다.

첫째, 미국의 ETS(Educational Testing Service)는 교사 임용 및 평가 프로그램인 Praxis 시리즈를 운영하고 있다. Praxis 시리즈는 기존의 국가교사시험(NTE)이 복잡한 교수지식을 제대로 평가하지 못하며, 예언 타당도가 낮다는 문제점에 대한 개선안으로 교사의 전문성을 평가하는 시험의 일종이다. Praxis Ⅲ 단계는 Praxis Ⅰ, Ⅱ단계를 통해 교직을 시작한 시보 교사가 교직 1년 동안 연마한 교수기술을 평가하고 이후 자격증을 수여하기 위한 것이다. 특히 Praxis Ⅲ에서는 초임 교사들의 수업 수행능력을 평가하기 위한 도구로서 주요 교수 기술에 대한 평가 틀을 활용한 평가를 실시한다. Praxis Ⅲ의 평가 준거로는 학습 내용 지식의 조직, 학습 환경 창출, 교수활동, 교사의 전문성 등 4개의 영역에 걸쳐 19개의 기준이 제시되고 있다. Praxis Ⅲ의 준거 자체가 교과별로 있는 것도 아니고, 사회과 수업을 평가하는 구체적인 기준이 될 수도 없지만, 사회과 수업 평가 기준에 포함되어야 할 요소에 대한 유용한 정보를 제시하고 있어 참고할 만하다.

둘째, 미국 INTASC(Interstate New Teacher Assessment and Support

Consortium)는 주정부들이 교사 양성과 전문성 개발을 위해 공동 노력을 하는 과정에서 만들어졌다. INTASC은 신임교사에게 요구되는 기준 개발에 중점을 두고 있는 조직으로서, 1992년에 NBPTS(National Board for Professional Teaching Standards)에서 작성한 신임 교사 자격증 취득을 위한 기준에 기초하여 수행(실행)을 바탕으로 하는 기준을 설정해 왔다. 이러한 기준은 교사교육, 프로그램 승인, 자격증, 전문성 개발 등에서 실제 수행활동에 기초하여 자격증을 부여할 때 활용할 의도로 만들어졌다. 여러 주정부에서 INTASC의 핵심적 기준들을 채용하였고, NCATE(National Council for Accreditation of Teacher Education)에서도 교사교육 기관을 승인하는 절차 속에서 이들 기준들을 도입하였다. INTASC은 수학, 영어(언어), 과학, 사회, 순수예술 등 교과 영역별 기준들과 초등 및 특수 교육의 기준들을 갖추어 나갔다. INTASC 기준에 바탕을 둔 포트폴리오 평가는 지원자들에게 계속 자격증 부여를 결정하는 데 활용되었다. 포트폴리오에는 교수의 맥락, 수업계획서, 수업 녹화 테이프, 평가지, 학생 과제물 등이 포함된다. INTASC은 2004년 6월 현재 핵심(공통 혹은 일반) 기준(Core Standards), 외국어 교육 기준, 수학 기준, 과학 기준, 특수 교육 기준의 개발을 완료하였다. 사회과 기준의 경우, '역사와 사회 기준'으로 개발을 하고 있으며, 신임교사의 자격 부여, 평가와 전문성 개발을 목표로 하고 있다. 사회과 기준의 경우 개발 중이며, 초안이 만들어지고 있고 초안 작성 전체 위원회에서 검토될 예정이다.

셋째, NBPTS(National Board for Professional Teaching Standards)는 ETS의 PraxisⅢ나 INTASC의 활동과 비교해 볼 때, 경력 교사들의 전문성 향상을 위한 평가에 초점을 두고 있다. NBPTS는 "전문성 있는 교사가 알아야만 하고 할 수 있는 것"에 대한 기준을 제시하고자 하며, 이러한 수준에 맞추고자 하는 교사에 대해 국가적인 인증을 부여한다. 이를 통해 수업의 전문성을 높이고, 전문성 있는 수업의 복잡성과 다양한 요구들에 대해 교육을 하고, 교직을 전문성을 갖춘 매력 있는 직업으로 만들고자 하는 노력을 기울이고 있다. NBPTS는 학생들의 발달수준과 교과에 따라 30여 개의 자격 분야를 제시하여 인증체제를 부여하려고 시도하고 있다. 평가 기준의 개발 과정에서는 각 분야의 대표적인 전문 가로서, 교사, 교수, 아동 발달 전문가, 교사 교육자, 관련 학문 전문가 등이 참여하고 있다. 평가의 과정에서는 1) 일정 기간의 교육활동 포트 폴리오(비디오테이프, 학생 학습 결과물, 기타 고안물, 이에 대한 상세한 분석)의 축적물과, 2) 평가 센터에서의 시범을 통한 내용 지식의 표현 (질의응답)이 요구된다. 이를 통해 일정 정도 자격을 갖춘 교사는 국가 인증(National Board Certification)에 지원해서 자격을 부여받을 수 있다.

호주의 경우, 교사 교육과 교사 평가는 호주 전역에 걸쳐 30여 개 이상의 기관에서 이루어지고 있다. 이들 기관들 사이에는 공통된 표준 이 없으며, 국가적 승인 요건도 없다. 교사 교육과 교사 평가의 핵심인 수업 평가도 예외가 아니어서 고용 당국(학교)이 교사들의 지속적인 전 문성 개발의 책임을 지고 있으며, 학교와 공동체들은 전문성 개발을 위해 상업적인 출판물들을 주로 활용하고 있다(Kennedy, 1998). 최근 호주에서는 국가 수준의 교사 기준, 자질, 전문성에 대한 표준화 노력 을 기울이고 있다. 이는 교사 자질이 교육성과에 영향을 미친다는 연 구 결과와 함께 교사 전문성에 대한 관심이 증가하고, 호주 학교 현장 에서 이루어지는 다양한 교사 교육과 교사 평가 실제를 수렴할 필요성 에 기인된 것이다.

그 결과, 호주에서도 최근 교육의 질 향상을 위한 수업 평가 기준 및 체계에 대한 논의가 활발하게 이루어지고 있다. 2001년부터 교사자 질과 교육적 지도성 전문 위원회를 만들어, 활동 결과를 보고서로 제 출하였고, 이를 기초로 3년 동안 집중 작업을 하여 교사 기준, 자질, 전문성에 대한 국가 수준의 문서를 2003년 5월에 완성하였다. 교과 차 원의 수업 평가 기준에 대해서는 아직 구체적인 논의가 진전되지 않은 상태이나, 다만 일부 주에서 교과별로 수업 평가 기준과 관련된 논의 가 이루어지고 있는 것으로 알고 있다.

2) 사회과 수업 평가

(1) 사회과 수업 평가와 관련된 교과 기초 연구

사회과 수업 평가에 대해서 논하기 위해서는 사회과 수업의 특성과 사회과 수업의 핵심적 요소가 무엇인지를 밝힐 필요가 있다. 사회과 수업이 다른 교과의 수업과 다른 점에 대한 연구나, 사회과 교사가 수업을 실행하는 과정에서 직면하는 다양한 전문적 결정과 관련된 핵심적 요소에 대한 연구는 지속적으로 이루어져 왔다. 이러한 연구들이 사회과 수업 평가 기준에 대한 모색을 직접적으로 의도하고 있지는 않지만, 사회과 수업에서 교사의 전문성의 근거와 이를 판단하기 위한 기준을 탐구하는 유용한 정보를 제공해 줄 수 있다.

사회과 수업과 관련한 수업 평가의 요소나 방법을 찾는 연구는 풍부하지 않다. 사회과는 특히 수학이나 과학과 같이 교과의 정체성이나 목표가 상대적으로 분명한 교과와는 달리 교과가 추구해야 할 목표와 이에 따른 교육 내용 구성 방식에 대한 논란이 많은 교과이다. 또한 구체적인 교과의 학습 내용도 다양한 학문적 배경이나 시대적 관심과 얽혀서 합의를 이루어내기가 쉽지 않다. 따라서 사회과 수업 평가의 준거는 일반적인 수업 평가 모형과 유사하게 구성되는 부분도 있지만, 사회과의 교과적 특성을 충분히 고려하여 구성되어야 할 부분도 있다. 예를 들어 Goodlad의 연구(1984)는 사회과 교사나 교육 행정가가 사회과 교육의 목표와 범위나 계열에 대해 분명한 인식을 하지 못하고 있는 경우가 많다는 점을 지적하고 있다. 또한 Stodolsky(1988)의 연구에서도 사회과의 경우 수학과보다 교과의 본질을 잘못 이해하는 것이 교수 활동에 더 큰 영향을 주며, 교수학습 전략의 선택에 있어서도 교수학습 방법에 대한 다양한 접근이 이루어질 수 있음을 나타내고 있다.

사회과 수업의 핵심을 구성하는 요소는 다양하지만, 가장 일반적으로 교육과정의 요소로 제시되는 교과의 목표, 내용구조, 교수학습 방법의 측면에서 수업 평가 기준에 참고가 될 수 있는 선행 연구의 경향을 살펴본다. 우선, 사회과 수업 과정에 영향을 주는 핵심적 요소로 사회과 교과의 목표 및 성격에 대한 교사의 인식을 꼽을 수 있다. Shaver와 Berlak(1968)은 사회과 교과에 대한 교사의 신념이 교과의 본질과 학생의 사고에 대한 인식 틀의 기초가 된다고 보았다. 또한 Thornton (1991)은 같은 학교에서 같은 교과서를 사용하며 비슷한 수준의 학생을 대상으로 하는 교사들에게서도 교수 목표에 관한 상이한 견해가 나타남을 보여주고 있다. Stake와 Easley의 연구(1978)는 사회과 교사가 교육과정과 교과서의 목표나 내용을 별다른 의식 없이 수용하며, 자기 스스로 교과 목표에 대한 고민을 별로 하지 않는 경향도 있다는 점을 보여주었다. 또한 교사들이 사회과 교육의 인지적 목표 중 사실적 지식 탐구보다 기본적 기능 습득을 강조한다는 점, 인지적 목표보다 사회적 가치의 내면화와 같은 정의적 목표를 강조한다는 점 등을 밝히고 있다. 또한 Goodlad의 연구(1984)는 교사들은 사회과 교육의 주요 목표로 복합 사고 기능을 중시한다고 평가하나 실제로 시험과 관련된 경우에는 사실적 지식의 암기에 집중하고 있으며, 사회의 주류적 가치를 전달하고, 교사는 사회과 교육의 목표에 대한 분명한 생각을 가지고 있지 않음을 지적하고 있다.

다음으로 사회과 교과의 내용 자체도 수업활동의 실질적인 내용요소로 작용하고 있다. 사회과 교사의 교과 내용관련 지식은 교육 활동의 전개와 교육의 성과를 거두는 데 핵심적인 역할을 하는 요소라 할 수 있다. 교과 내용 관련 지식은 '교과 내용 지식(subject content knowledge 혹은 content knowledge)'과 '교수(학)적 내용 지식(pedagogical content knowledge)'으로 나누어 살펴볼 수 있다. '교과 내용 지식'이란 교사가 인식하고 있는 교과에 관한 지식 자체로서, 교과 내용의 구조에 대한 지식이다. 사회과 교사들의 '교과 내용 지식(subject content knowledge)'은 수업의 실행에 적지 않은 영향을 미칠 수 있다. Wasburn의 연구 (1986: p.57-58)는 사회과의 정치 수업에서 교사들이 정치학에 관한 전문적인 교과 내용지식이 미흡할 경우에 교과서에 의존하려는 경향이 있음을 밝히고 있다. 사회과의 경우 사회현상의 이해와 관련된 정치, 경제, 사회학, 인류학 등 사회과학의 제 분야뿐만 아니라 역사학과 지리학의 영역과도 관련을 맺고 있기 때문에, 교과 내용지식의 구조를 어떻게 파악하고, 타 학문과는 어떠한 관련을 갖는가를 파악하는 것도 중요한 평가요소가 될 수 있다. Wilson과 Wineburg의 연구(1988)는 사회과 교사들의 전공이 정치학, 인류학, 역사학 등과 같이 다양한 경우, 교과 성격에 대해 서로 다른 견해를 가지고 있음을 보여주고 있다. 한편, 사회과 수업의 성과는 교사의 교수(학)적 내용 지식에 의해서도 많은 영향을 받는다. '교수(학)적 내용 지식(pedagogical content knowledge)'이란 학생들의 흥미와 능력에 부합하는 특정 주제나 문제를 가장 효과적으로 지도하기 위해, 학습 내용과 교수법을 적절하게 융합시키는 지식이다. Shulman(1986)은 '교과 내용 지식이나 이해'와는 달리 교수 기법이 가미된 '교수(학)적 내용 지식'이 교사의 전문적 성장에 중요함을 강조하였다.

아울러, 사회과 수업의 성공에 지대한 영향을 주는 요소 중 하나인 교수학습 방법의 형태를 살펴볼 필요가 있다. Thornton(1991: p.240)은 사회과 교사에 대한 면접 및 관찰 연구를 통해 수업의 진행 방식이 교사마다 크게 다르고, 교과서 위주의 수업 형태라도 수업의 효과가 다르게 나타날 수 있음을 지적하였다. 이는 교사가 수업의 핵심적인 매개 요인인 수업방법의 결정과 활용 방식에 따라 수업의 모습이 달라짐을 의미한다. 또한 White(1985)는 교사들 스스로 교육 활동의 능동적 주도자라는 의식이 부족하고, 외부의 전문가가 교육과정을 어떻게든 던져주면 가르칠 수 있다는 '무엇이든지 할 수 있다는 정신(Can-do mentality)'을 가지고 있다고 하였다. 사회과 교사의 수업 방법 결정에 관한 McKee(1988)의 연구는 교사들이 사고력 함양을 위한 수업에 따른 불확실성과 위험을 피하기 위하여 사회과에 통상적으로 안전한 방식으로 수업을 하고 있다는 점을 지적하였다. 또한 사회과 교사들이 수업방법의 선택과정에서 잘못된 결정을 하기 쉽거나 문제의 소지가 적은 학습방법을 선택한다는 지적도 있다.

앞에서 언급한 바와 같이 이러한 사회과 기초 연구들은 비록 사회과 수업 평가 논의와 직접적으로 관련되는 것은 아니지만, 사회과 수업 평가 논의에 참고할 만한 사항들이라고 할 수 있다. 특히 사회과 교육 목표와 성격에 대한 교사 인식의 중요성이나 사회과의 다양한 내용 지식의 범위 등은 사회과 수업 평가 논의에서 반드시 심사숙고해야 할 부분들이라고 할 수 있다.

(2) 사회과 수업 평가 기준 개발 사례

현재까지 사회과 수업 평가 기준이 개발된 사례는, 본 연구자들이 찾아낸 범위 내에서는, 미국 NBPTS의 '사회－역사 수업 평가 기준(Social Studies－History Standards)'이 대표적이다. 그래서 여기서는 주로 이 기준을 소개하는 것을 중심으로 논의를 전개하려고 한다. 앞에서 어느 정도 언급했듯이 최근 미국에서는 교과별로 교사의 전문적인 교수 기준(professional teaching standards)을 개발하여 제시하고 있다. 미국에서 교사 자격증은 주마다 발행되는 데 비해 국가 교사 자격증은 NBPTS(National Board for Professional Teaching Standards)라는 비영리 교육 단체에서 발행하고 있다.

소위 전문성 있는 수업의 기준을 마련하기 위한 국가 위원회(NBPTS)의 사회과 위원회는 사회과 교사란 세계화 및 과학 기술 발전으로 살아가는 방식에 대해 혼란을 겪는 학생들에게 시대의 변화를 이해하고 이에 대응할 수 있는 안목을 갖추도록 돕는 존재라는 인식에서 출발한다. 사회과 수업은 다양한 사회적 변화에 대한 이해를 바탕으로 학생들이 미래의 도전에 잘 대응하도록 만드는 과정이라는 것이다.

NBPTS의 사회과 위원회는 전문성을 갖춘 사회과 교사의 기준으로, 1) 학생들을 돌보고 이해함, 2) 무엇을 어떻게 가르치는가에서 뛰어남,

3) 분야의 비전을 갖고 교수에 필요한 사실 자료와 개념 틀을 갖춤, 4) 교수가 단순한 지식의 표현이 아니라는 것을 이해하고, 다양한 교수-학습 전략을 갖춤, 5) 학생들의 개별적 차이나 사전 경험을 잘 이해하고 적절한 학습을 함, 6) 학생들과 그들의 성과물에 헌신함을 제시하고 있다.

1992년 사회과 위원회는 사회과 교사에게 요구되는 전문성에 바탕을 둔 실천을 위한 기준을 개발하는 작업에 착수하였다. 사회과 기준에서 고려된 학생들의 단계는 중간 정도의 어린이(7-12세) / 초기 청소년(11-15세) / 청소년(14-18세)으로 나뉘었다. 사회과 기준의 개발 과정에서는 초창기에 제시되었던 연방과 지역 수준의 다양한 기준들이 검토되었다. 사회과 국가교육과정 표준으로는 NCSS(National Council for Social Studies)의 '사회과 교육과정 기준', 시민성 교육센터의 '공민과 정부의 국가 기준', 지리 기준 프로젝트에서 제안된 '생활을 위한 지리', 학교 역사 센터의 '미국사 국가 기준', '세계사 국가 기준' 등이 개발되었다. 이러한 국가표준들과 NBPTS의 기준 개발은 함께 진행되었다.

그리고 사회과 위원회는 교수-학습에 대한 지속적인 연구를 통해 '사회-역사 기준'을 계속 갱신해 가고 있다. 사회과 기준을 개발하는 과정은 일종의 분석 과정으로 교사의 전문성을 학습 활동 계획, 질적인 설명, 유형화, 학습 관리, 학생들의 발전에 대한 확인 등으로 세분화하여 진행된다. 하지만, 교사의 수업은 실제적으로 명확한 구분이 되지 않는 활동으로, 기준을 구분하는 것이 실제 수업의 전체적인 모습을 오해하게 할 수 있다는 점도 유의할 필요가 있다.

그럼에도 불구하고 사회과 위원회는 전문성을 갖고 실천을 하는 교사들에게 나타나는 공통적인 특성들을 유형화할 수 있다고 보고 '사회-역사 수업 평가 기준'을 개발하여 제시하고 있다. 이러한 '사회-역사 수업 평가 기준'에서 전문성이 있는 교수 형태는 다양하게 나타날 수 있으며, 각각의 기준들이 동등한 비중이 있는 것도 아니다. 또한 기준들은 분석적으로 구분 가능한 것으로 제시되어 있지만, 실제의 수업과정에서는 구분되지 않는 것이라는 점도 사회과 기준에서는 지적되고 있다.

　‘사회-역사 수업 평가 기준(Social Studies-History Standards)’ 문서는 수업 평가의 기준으로 12가지를 제시하고 있다. 이 문서는 각각의 기준들에 대해 두 부분으로 나누어 설명하고 있다. 첫째는 기준을 서술해 놓은 부분으로, 전문적인 사회과 교사의 실행에 핵심적인 요소들을 나타내고 있다. 이 부분은 학생들을 대하는 교사의 행동이 관찰 가능한 표현으로 제시되어 있다. 둘째 부분은 기준에 대한 상세한 설명으로, 교사들이 기준을 성취하기 위해 알아야 하고 가치를 두고 행해야 한 것을 나타내고 있다. 이 부분에는 교사들이 학생들에게 행해야 할 분명한 역할, 책임, 부딪히게 되는 윤리적 지적 이슈들에 대한 입장들에 대한 기술들이 포함되어 있다.

　‘사회-역사 수업 평가 기준’을 구성하는 12개의 기준은 3가지 영역으로 구분되어 있다. 1) 생산적인 학습을 위한 방법을 준비하는 교사의 지식과 행동, 2) 수업에서 학생들의 학습 발전을 추구하는 교수 행동, 3) 학생의 학습을 지원하는 교사 행동의 세 부분이다. 영역별로 해당되는 기준이 제시되고, 12개의 기준과 관련된 세부 항목이 하위 항목으로 열거되어 있다. NBPTS 사회과 위원회에서 제시한 ‘사회-역사 기준’을 도표로 정리하면 <표 3>과 같다(NBPTS, 2001).

〈표 3〉 NBPTS의 사회-역사 수업 평가 기준

평가 영역	평가 기준	세부 항목
학습준비	학생에 대한 지식	• 학생들의 인지적, 사회적, 신체적 발달 이해 • 학생들과 구성적 관계 형성 • 학생들에 대한 통찰력 있는 관찰
	다양성의 가치화	• 모든 학생들의 발달 지원 • 평등이 모델이 되고, 가르쳐지고, 실천되는 환경 창조
	교과에 관한 지식	• 교과 내용 이해 • 교육과정 통합 • 중요하고 도전적인 목표 설정

평가 영역	평가 기준	세부 항목
학습전개	학문적 지식과 이해의 발달	• 학생들이 원리와 교과를 이해하도록 도움 • 학습을 위해 가치가 있는 주제를 선택하고, 학생들이 탐구할 가치가 있는 주제를 결정할 수 있는 기회 제공 • 학제적이(학문 통합적) 교수
	사회적 이해 촉진	• 사회가 기능하는 원리를 이해 • 문화의 다양성을 이해하고 학습에 통합하여 적용
	시민적 유능성 개발	• 시민적 지식을 개발 • 시민적 덕목의 개발과 시민적 참여
학습지원	교수 자원	• 다양한 자원들의 기반 개발 • 현명하게 교육적인 자료 선정 • 동료와 공동체를 중요한 자원으로 인식
	학습 환경	• 질서 있고, 개방적이고, 민주적인 학습 환경 제공 • 수업 활동에 모든 학생들 참여 • 사회적 발전을 촉진하고 다른 견해를 이해하도록 촉진 • 학습에 대한 호기심과 지속성 격려
	평 가	• 다양한 평가 방법의 활용 • 다양한 목적을 위한 평가 • 학생들이 자기 평가에 익숙하도록 지원 • 각각의 학생에게 실제적인 피드백 제공
	반 성	• 결과를 평가하고 다양한 원천으로부터 체계적 투입 추구 • 자신의 견해에 대한 반성 • 지속적인 연구와 자기 검토를 통한 실천의 혁신
	가족과 협력관계	• 능동적인 가족의 참여로 지원 확보 • 학부모와 보호자의 통찰 확보 • 모든 가족들의 접근 촉진 • 학생 교육에 대한 지원관련 가족의 흥미 개발
	전문적 공헌	• 직업의 발전에 공헌 • 교육과정 결정에 참여 • 동료와 협력

Ⅲ. 사회과 수업 평가의 운영 실태 분석

1. 사회과 수업 평가의 운영 실태 조사 방법

사회과 수업 평가에 대한 국내외 논의를 살펴보고 외국의 수업 평가 기준 개발 사례를 살펴보는 것과 더불어, 국내의 수업 평가 실제에 대한 이해 역시 사회과 수업 평가의 방향을 설정하는 데 필요한 작업이라고 할 수 있다. 그러나 불행히도 국내에서 이루어지고 있는 교과별 수업 평가의 실제를 파악한다는 것은 수업 평가에 대한 '공감대의 부족' 그리고 체계적인 수업 평가를 운영하기에 '여의치 않은 현실'을 확인하는 일이다. 과장되게 표현하자면 '없는 현실' 혹은 '부족한 현실'에 대한 분석이라고까지 할 수 있다. 따라서 여기서 이루어지는 국내 수업 평가의 운영 실제에 대한 논의는 주로 '문제점'을 중심으로 전개될 수밖에 없다.

이 연구가 진행된 초기에(2004년 4월 12일 전문가 협의회) 수업 평가에 대한 전문가들의 의견을 청취하는 시간을 가졌었는데, 회의에 참석한 대부분의 사람들이 현행 교사 평가와 수업 평가의 문제점을 지적하면서, 현행 교사 평가에 다루어지는 평정 요소가 너무 일반적이고 모호하게 진술되어 있으며, 평가 기준 및 요소, 방식, 절차 등과 관련해서 많은 문제점을 가지고 있으며, 사실상 수업 평가보다는 행정적인 업무나 학급 운영, 그리고 평상시의 인간관계를 중심으로 평가가 이루어지고 있다는 점을 지적하였다.[6]

---

[6] 길양숙은 현행 교사 평가에서 다루어지는 평정 요소의 문제점을 지적하면서 '현행 교사 평가에서는 평정요소는 너무 일반적이고 모호한 용어로 진술되어 있고, 영역 또한 포괄적이라, 교사의 역할이나 임무를 제대로 반영하고 있다는 느낌이 들지 않는다'고 말했다. 원효헌은 '현행 교사 평가는 '교사 근무평정'제도에 의해 인사와 관련된 행정적 의사결정을 위한 목적으로 시

그리고 이러한 교사 평가에서 수업 평가는 5개 항목 중 하나로 들어 있는데, 교사들 대부분은 승진제도가 교사의 수업능력을 너무 조금 반영하거나 거의 반영하지 않는 것으로 인식하고 있었다. 또한 행정업무 수행능력이나 모호한 '자질 및 태도' 항목에 대한 평가자의 자의적인 해석이 근평을 결정한다고 인식하고 있었다. 따라서 현행 교사 평가와 수업 평가는 본질적인 기능을 수행하지 못하고 있음을 알 수 있었다. 그 결과, 교사는 수업에서 사실상 고립되어 있는 경우가 많으며, 심지어 교사가 교과의 내용을 스스로 자의적으로 결정하는 것이 학생들의 학습권을 침해할 수 있기에 보장될 수 없다는 판례도 있었다.

물론 실제로 구체적인 교사의 수업 진행에서 이러한 학습권을 침해할 수도 있는 상당한 교사의 재량은 사실상 극히 예외적인 경우를 제외하고는 통제되지 않는다. 아니 통제할 수 없거나 통제가 의미가 없는 것인지도 모른다. 하여간 교사는 수업 중에 상당한 재량을 발휘하고 있다. 이러한 교사의 수업 혹은 교육과정 실행이 제대로 이루어지기 위해서는 상당히 많은 정보와 외부의 전문적인 도움이 필요할 수밖에 없다. 하지만 교사들 사이에서 3-5년 정도를 가르치면 웬만큼 수업준비가 필요 없어도 된다는 말들이 떠돌고 있고, 그쯤에서 교사는 교직과 수업행위에 매너리즘을 느끼는 것이 공공연한 사실이기도 하다. 이러한 전문가 협의회에서의 논의들은 설문조사와 수업 관찰 및 면담 과정에서도 여실히 드러났다.

수업 평가에 대한 사회과 교사 설문은 전체 교사를 대상으로 한 설문 조사의 일부로 6월 중에 진행되었다(사회과 별도로 설문을 한 것이

행되는 '총괄평가'의 기능이 강한데, 평가 기준 및 요소, 방식, 절차 등에 있어 많은 문제점을 내포하고 있어 교사들의 불만이 팽배해 있다'고 지적했다. 박영석도(본 연구의 공동연구원 및 본 원고의 공동필자로 참여하기 이전에) 교사 평가에서 수업 평가라는 측면은 수업이 개방되지 않는 현실상 판단이 쉽지 않고, 따라서 행정적인 교무 업무처리나 담임으로서의 학급운영 등의 요소, 학교 관리자나 다른 교사들과의 평소의 인간관계 등에 의해 많이 좌우가 된다고 말했다(2004년 4월 21일 전문가 협의회 중에서).

아니라 전체 학교에 설문을 하는 과정에서 사회과 교사들이 답한 것이다). 결과적으로, 수업 평가에 대한 사회과 교사 설문은 총 81명의 초, 중, 고 교사를 대상으로 이루어졌으며, 성별로 보면 남교사의 수(44명)가 여교사의 수(37명)보다 조금 많았다. 교사들의 경력은 교사 개인들을 상대로 표집한 것이 아니라 학교에 일정 수(10부)의 설문지를 보낸 관계로 일정 경력 이상(16년 이상)의 교사들이 주로 답변한 것으로 나타났다. 학교급별로 보면, 초등학교 30개교(총 300부), 중학교에 40개교(총 400부), 고등학교에 30개교(총 300부)를 표집해서 보냈는데, 초등학교는 심화전공을 사회과로 택한 교사가 소수(6명)였고, 중, 고등학교는 발송 부수의 비율이 거의 그대로 반영되어 나타났다. 학교소재지는 대도시와 중소도시가 각각 37.0%를 차지하고, 군읍면 지역은 17.3%를 차지하였다(무응답 8.6%). 직위별로는 부장 교사 이상의 응답자 수가 전체의 절반을 차지했으며 이는 일정 경력 이상(16년 이상)의 교사들이 답변한 것과 비슷한 비율을 보이고 있었다. 교직과정이수별로는 교·사대 출신 교사들이 56.8%를 차지했으며, 비사대교직 출신 교사들이 24.5%, 교육대학원 출신이 4.9%의 비율을 보이고 있었다.

사회과 수업 관찰 및 면담은 설문 조사와 병행해서 6월과 7월에 걸쳐 5개 학교에 걸쳐 5명의 사회과 교사를 대상으로 이루어졌다. 2004년 6월 15일(화요일)에는 A고 a 교사의 3교시 수업을 관찰하고 4교시에 면담을 했으며, 2004년 6월 17일(금요일)에는 B고 b 교사의 5교시 수업을 관찰하고 6교시에 면담을 했으며, 2004년 6월 22일(화요일)에는 C중 c 선생님의 3교시 수업을 관찰하고 4교시 면담을 했으며, 2004년 6월 25일(금요일)에는 D고 d 교사의 3교시 수업을 관찰하고 4교시에 면담을 했으며, 2004년 7월 9일(금요일)에는 E고 e 교사의 3교시 수업을 관찰하고 4교시 면담을 했다.

2. 현행 사회과 수업 평가의 유형, 주요 항목, 결과 활용

현행 수업 장학 및 평가의 문제점에 앞서, 현행 수업 장학 및 평가에 대한 실태를 조사해 보았다. 우선 지금까지 경험한 수업 평가의 유형에 대해서 질문하였다. 문항은 복수 응답이 가능하도록 했는데, 대부분의 교사들(77.8%)이 학교 차원의 교내 연구 수업을 가장 많이 경험하고 있는 것으로 나타났다. 이 밖에도 교육청 차원의 장학사가 참관한 연구 수업(54.3%)과 동료교사에 의한 수업 참관(64.2%)도 많이 경험하고 있는 것으로 나타났다(<표 4> 참조).

〈표 4〉 지금까지 경험한 수업 평가의 유형(복수 응답 가능)

항목	학교 차원의 교내 연구수업	교육청 차원의 장학사가 참관한 연구수업	수업 평가팀이 실시한 수업연구 대회	동료교사에 의한 수업 참관	교사의 자기수업 진단평가	학생들에 의한 수업평가	기타	합계
빈도(명)	63	44	6	52	23	10	1	199
백분율 (%)	77.8	54.3	7.4	64.2	28.4	12.3	1.2	245.6

공식적이고 형식적인 수업 장학과 평가가 이루어지고 있다는 설문 결과는 수업 관찰 및 면담 과정에서도 유사하게 나타났다. 다음은 A고 a 교사, C중 c 교사, D고 d 교사, E고 e 교사의 지금까지 경험한 수업 평가 유형에 대한 이야기이다.

a 교사: 공식적인 수업장학/평가로는 매년 1회 실시하는 연구 수업, 매년 1-2회 정도 실시하는 교육청 장학지도, 교육부에서 비정기적으로 하는 장학지도, 대전 시내 교과협의회 등이 있다.

c 교사: 장학지도는 1년에 1회 정도 실시하는데, 주관하는 장학사마다

지적 사항이 다르다. 특히 학습목표에 대해서 행동용어로 진술하라고 하는데, 그렇게 형식적으로 목표를 적는 시간이 아까워서 적지 않는다. 동료장학의 경우, 1년에 1회 정도 이루어지는데, 매우 형식적으로(서류상으로) 이루어진다. 타 학교 교사의 수업을 보고 싶은데, 과거 사립(중학교)에 있을 때는 타 학교를 방문해서 수업 관찰도 하고 했는데, 공립학교에 오니 그럴 기회도 없다. 학교 내의 교과협의회나 동료장학은 일지를 기록하는 수준으로 형식적이고, 평상시 수업을 공개하려고 해도, 준비되지 못한 수업을 보여준다는 부담 때문에, 그리고 지적하려고 해도 동료 교사 사이에 감정이 상할 수 있어 조심스럽다.

d 교사: 교육청 단위의 우수 학습 논문 제출이 있는데, 공개 수업지도안 제출, 서류심사, 1-3등급, 연구 점수 부여받는다. 자신의 수업을 드러낼 수 있는 각종 자료를 제출함, 수업 방법의 창의성을 보여줄 수 있는 동영상도 제출한다. 절대적인 기준에 의한 평가가 아니라 상대평가이다. 특히 연령이나 교장, 교감 자격과 관련되는 경우가 많다. 공개 수업과 평가회는 5-6회 정도 받았는데, 격려 차원의 긍정적인 평가가 대부분이다. 목소리가 고톤이라는 지적을 받은 적이 있다.

e 교사: 자율장학이나, 시교육청의 장학지도 시에 참관을 받아 보았다.

다만, 사립학교에 재직하고 계시는, 그리고 현재 수업에 대해서 학생 평가를 받고 있는 B고 b 교사만이 색다른 답변을 했는데, 임용 전에 1년간에 수습 기간에 암묵적이나마 수업 평가를 받았고, 현재도 학생들로부터 수업 평가를 주기적으로 받고 있다고 했다.

b 교사: 기간제(수습) 시절 1년 동안 암묵적이지만 수업 및 업무에 대한 평가를 받고 채용되었다. 학생에 의한 수업 평가를 받고 있는데, 장학부에서 일괄적으로 표집 학생들에게 설문 조사를 하고 있고, 그 결과를 받고 있다. 2-3년에 한 번 임상장학을 받고 있는데 ……

그러나 연구자가 짧게 관찰한 바로는 B고에서 이루어지고 있는 수업 평가도 대부분 일회적인 성격이 강하고, 실험적으로나마 운영되는 것이지 이를 통해서 동료 교사 간의 활발한 수업 장학이 이루어지는 것은 아니었다. B고의 경우 학생에 의한 수업 평가 결과는 교사 자신과 관리자가 수업 개선을 위해 참고하는 정보 정도로 여겨지고 있었다.

현행 수업 평가의 주요 평가항목에 대한 질문에 대해서는 수업상황 그 자체라고 할 수 있는 '교수학습 및 평가활동'(64.2%)이 가장 높은 것으로 나타났고, 그다음으로 좋은 수업이라면 늘 연상되는 '학생과의 상호작용'(55.6%), 교사의 성실성의 척도라고 할 수 있는 '수업계획과 준비'(50.6%)와 '수업자료'(50.6%) 순으로 비율이 높게 나타났다(<표 5 참조>).

<표 5> 현행 수업 평가의 주요 평가항목(복수 응답 가능)

항목	수업 계획과 준비	교과 내용 지식	학생 특성에 대한 이해	교수학습 및 평가 활동	수업 분위기 및 학생 행동 관리	수업 자료	수업에 대한 자기반성	학생과의 상호 작용	기타	합계
빈도(명)	41	16	10	52	20	41	18	45	0	243
백분율 (%)	50.6	19.8	12.3	64.2	24.7	50.6	22.2	55.6	0.0	300

이러한 설문 결과와 비교해서, 수업 관찰 및 면담 과정에서는 기존의 평가항목을 중립적인 톤으로 언급한 교사들이 있는가 하면(B고 b 교사와 E고 e 교사), 비판적인 톤으로 현재 이루어지고 있는 공식적인 수업 장학의 평가 항목의 문제점을 지적하는 교사들도 있었다(C중 c 교사, D고 d 교사). 즉 현행 수업 평가에서는 주로 외형적인 항목을 중심으로 수업에 대한 논의가 이루어진다는 것이다.

b 교사: 현행 장학지도에서는 판서의 구조화, 수업내용의 명료화, 학생

의 이해도, 학생의 흥미도, 참여도 등을 주요하게 보는데, 개인적으로도 그 정도 내용이 수업 평가의 주요 항목이 아닌가 싶다.

e 교사: 수업 설계, 수업 내용 전달의 정확성 및 명료성, 학습자와의 일체감, ICT 활용 여부, 학습 환경 조성 여부 등을 본다.

c 교사: 기존의 공식적인 수업장학에서는 학생들의 수업 참여와 활동 참여, 자료의 출처나 내용, 학습 목표 제시 방식, 기자재 활용, 무엇보다는 매끄럽게 수업(쇼)을 진행하는지를 보는 것 같고, 개인적으로도 주로 그 정도 선에서 지적한다. 평상시 수업에서는 아이들에게 더 넓은 시각을 가르치는 것을 중시 여긴다. 예를 들어 세계 지리에서는 개인 차원의 여행 경험을 소개하기도 하고(조선일보 한민족 탐사로 해외 연수를 갔다 왔는데) 하면서 …… 그런 단원들을 가르칠 때는 시간이 많이 걸리고, 그래서 내용을 빼고 가르치기도 하고 ……

d 교사: 주로 외형적인 항목을 본다. 얼마나 매끄럽게 수업을 진행하느냐, 혹은 얼마나 기자재를 잘 활용했느냐 등을 주로 본다.

현행 수업 평가 결과를 어떻게 활용하고 있는지에 대해서 질문해 보았다. 현재 수업 평가 결과가 가장 많이 활용되는 것은 '수업 개선 정보 제공'(77.8%)이고, '연구 점수로 인정'(3.7%)받거나, '근무 성정 평정에 반영'(3.7%)되는 경우는 매우 미미한 것으로 나타났다. 심지어 활용되지 않고 있다고 답변한 비율(22.2%)도 상당수 있었다(<표 6> 참조).

<표 6> 평가 결과 활용(복수 응답 가능)

항 목	수업 개선 정보 제공	연구 점수로 인정	근무 성적 평정에 반영	활용되지 않음	기타	합계
빈도(명)	63	3	3	18	1	88
백분율(%)	77.8	3.7	3.7	22.2	1.2	108.6

이러한 설문 결과는 수업 관찰 및 면담 과정에서도 유사하게 그리고 보다 부정적으로 나타났다. 다음은 C중 c, D고 d, E고 e 교사의 이야기인데, 자율장학의 경우 심지어 해당 교사에게도 정보를 제공하지 않는다는 지적도 있었다. 학교의 일들이 얼마나 행사와 서류 중심으로 이루어지고 있는지를 알 수 있는 실례라고 할 수 있다.

c 교사: 형식적인 수업 평가에 그치고 있다.

d 교사: 주로 인사나 승진과 관련되거나(?), 외형적이고 형식적인 통과 의례로 여겨지고 있다.

e 교사: 원하는 교사의 경우 수업 발표대회에 신청하여 승진시의 연구 실적으로 인정받고 있습니다. 다만 자율 장학에 의한 평가의 경우에는 감사나 장학지도 시의 학교 실적으로 활용될 뿐 교사 개인에 대한 조치는 거의 없는 것으로 알고 있다.

3. 현행 사회과 수업 평가의 문제점

현행 수업 장학 및 평가의 실태에 대한 조사의 마지막 항목으로, 현행 수업 평가의 문제점에 대해서 질문을 했는데, 현재 시행되고 있는 수업 평가의 가장 큰 문제점으로 지적된 것은 형식적인 평가 관행 및 제도가 65.4%로 이를 가장 큰 문제점으로 인식하고 있었다. 이 밖에도 평가 결과 활용 및 보상 체제의 미비(24.7%), 타당한 평가 기준의 부재 (23.5%) 등이 주요한 문제점으로 인식되고 있었다. 이러한 세 가지 주요한 문제점들은 사실 서로 연관되어 있는 것으로 타당한 평가 기준 없이, 결과 활용과 보상 없이, 형식적으로 이루어지고 있는 수업 평가 관행을 문제 삼는 것이라고 할 수 있다(<표 7> 참조).

〈표 7〉 현행 수업 평가의 문제점(복수 응답 가능)

항목	형식적인 평가 관행 및 제도	수업 평가를 위한 시간 확보의 어려움	타당한 평가기준 부재	전문성을 갖춘 평가자의 부재	수업평가의 필요성에 대한 교원들의 인식부족	평가결과 활용 및 보상체제 미비	기타	합계
빈도(명)	53	15	19	16	18	20	1	142
백분율(%)	65.4	18.5	23.5	19.8	22.2	24.7	1.2	175.3

이러한 형식적인 평가 관행과 제도의 문제점은 수업 관찰 및 면담 과정에서도 여실히 드러났다. 다음은 C중 c 교사, D고 d 교사, E고 e 교사의 말이다. 특히 이 중에서도 c 교사의 이야기는 현실에 대한 뼈 아픈 지적이다.

c 교사: 행정 업무로 생활기록부를 맡고 있는데, 학기 초와 학기 말을 제외하고는 그렇게 바쁜 편은 아니지만, 국사, 세계사, 일반사회, 세 영역을 수업 준비하다 보면(시간이 아까워서 판서를 안 하다 보니, 세 과목마다 프린트물 만드는 것도 일이다), 동료 교사끼리 수업을 본다는 게 서로에게 부담이 된다. 공식적인 동료 장학 기회인 연구 수업마저도 '누가 맡을까' 서로 기피하는 분위기다. 시간과 여유, 그리고 분위기가 조성되지 않고서는 지금처럼 형식적으로 흐를 수밖에 없다. 무엇보다도 교장이 되기 위한 점수따기 경쟁이 치열한 교직 문화 속에서 순수하게 수업을 돌아보고 평가한다는 것이 무의미하다.

d 교사: 인사나 승진과 관련되거나, 외형적이고 형식적인 통과의례로 여겨져서 실질적인 수업 능력 제고로 이어지지 않는다.

e 교사: 교사에게 (수업에 대한) 어떤 유인책이나 개선의 계기로서의 역할을 제대로 못한다는 점이다.

그러나 이러한 현행 수업 평가의 '부족한 현실'과 '문제점 투성이'가 수업 평가의 필요성을 상쇄시키는 것은 아니며, 동시에 기존의 형식적인 수업 평가 관행과 제도는 앞으로의 수업 평가 방향을 설정하는 데 또 다른 의미에서 좋은 본보기라고 할 수 있다. 즉 부족한 현실과 문제점 투성이는 수업 평가에 대한 타당성 있는 기준을 제시하고 적절하게 동기 부여할 수 있는 실질적인 수업 평가에 대한 요구이기도 하다.

Ⅳ. 사회과 수업 평가의 필요성과 방향

1. 사회과 수업 평가의 필요성

앞 절의 논의를 통해, 국내의 사회과 수업 평가 논의에 대한 빈약함만큼이나 사회과 수업 평가의 운영도 형식적으로 이루어지고 있고, 이러한 배경에는 단순히 수업 평가 그 자체의 문제만 존재하는 것이 아니라, 행정 업무 위주의 학교 운영, 권위적인 학교 문화, 왜곡되어 있는 승진 체제가 자리하고 있음을 일부 확인할 수 있었다. 그러나 앞에서 언급한 바와 같이 이러한 '수업 평가의 이론과 실제의 빈곤'이 수업 평가의 필요성을 상쇄시키는 것이 아니다. 수업 평가의 필요성에 대한 인식은 초기 전문가 협의회나 이후 설문 조사 결과 및 수업 관찰 및 면담 과정에서도 지속적으로 확인할 수 있었다.

본 연구 초기에 이루어진 전문가 협의회 결과에서는 왜 수업 평가 / 장학이 필요한가에 대해, 교수활동의 질 개선을 위한 구체적인 피드백과 반성적 사고를 통한 교육의 전문성 및 자율성 신장을 위해 반드시 필요하다는 의견이 개진된 바 있었다.[7] 또 수업 평가의 필요성에 대해서

---

7) 길양숙은 수업장학 / 평가가 왜 필요한가라는 질문에 대해서, "첫째, 수업이 교사에게 가장 중요한 업무이고, 실제적으로 가장 많은 시간을 수업을 하

는 설문에 응한 대부분의 교사들이 수업 평가의 필요성을 공감하고 있었다(<표 8> 참조).

〈표 8〉 수업 평가 필요성

응답	매우 필요하다	필요하다	필요하지 않다	전혀 필요하지 않다	무응답	합계
빈도수(%)	10(12.3)	49(60.5)	20(24.7)	1(1.2)	1(1.2)	81(100.0)

물론 의외로 필요하지 않다(24.7%)는 응답도 꽤 있었는데, 이는 수업 평가 그 자체의 필요성을 부정하는 것이라기보다는 그동안에 이루어진 형식적인 수업 평가에 대한 부정적인 인식과 현행 학교 체제 속에서 왜곡될 위험성에 대한 우려가 반영된 것으로 보인다. 이러한 사실은 수업 관찰 및 면담 과정에서 나타났는데, 적극적인 필요성을 개진하는 긍정적인 입장에서부터 수업 평가라는 말보다는 다양한 수업 방법이나 제시하라는 부정적인 입장으로 의견이 나뉘었다.

　 e 교사: 절대적으로 필요합니다. 다만 평가의 방법에 대한 충분한 논의와 여론 수렴이 있어야 한다고 봅니다. 여론 수렴과정에서 가장 중요한 것은 각자의 입장보다는 국가와 민족의 장래를 생각한 교육적 논의와

며 지내므로 교사 평가에서 수업이 가장 큰 비중을 차지해야 하는 것은 논리적으로 당연하다. 다른 자질도 사실은 수업이라는 활동을 통해서 발현되는 것이므로 다른 자질을 따로 평가하려는 것보다 수업을 통해 이를 평가하는 것이 보다 정확한 교사 평가에 근접할 수 있을 것으로 생각된다. 둘째, 수업 평가의 비중이 높아야 수업의 질을 개선하려는 노력과 수업 평가 기준이나 방법에 관한 논의가 활발해지고, 다양한 평가방법 개발과 수업연찬 노력이 생겨날 것으로 보인다. 셋째, 자신이 잘하고 있는지를 알려는 것은 인간의 본능이다. 수업을 하루에도 서너 시간씩 하고 있는 교사들에게 자신이 수업을 잘하고 있는지 평가해서 알려 주고, 어떻게 개선할 수 있는지를 장학하는 일은 수업하는 사람에게 필수적인 일이다. 결과를 정확히 알 수도 없고, 그 결과를 아는 데 오랜 시간이 걸린다면, 더구나 잘해도 보상도 없다면 누가 그 일을 계속, 그리고 열심히 하겠는가?"리고 반문했다 (2004년 4월 21일 전문가 협의회 중에서).

여론 수렴이어야 한다는 것입니다. 교사(또는 학부모, 교직단체)가 반대해도 교육의 질 향상을 위해 필요하다면 도입해야 한다고 생각합니다.

d 교사: 필요하다고 본다. 교사의 수업능력은 교육의 질을 결정한다고 생각한다.

c 교사: 수업 평가라는 말보다는 다양한 수업방법의 제시를 해주는 것은 어떨지요.

이러한 두 가지 상반된 의견은 모두 음미해 볼 만한 가치가 있는 것으로 수업 평가가 절대적으로 혹은 그래도 필요하다는 입장에 있는 교사들이 언급하는 것은 기존에 이루어지고 있는 형식적인 수업 평가가 아니라 실질적으로 수업 능력을 개선하고 교육의 질을 높일 수 있는 바람직한 수업 평가의 필요성을 논한 것이다. 반면에, 수업 평가가 필요 없다 혹은 수업 방법이나 제시하라는 의견은 선언적인 교육 정책이나 새로운 시도보다 실질적으로 학교와 수업을 지원하는 일부터 시작하라는 주장이기 때문이다. 즉 수업 평가의 필요성을 부정하는 교사들이 반대하는 것은 수업 평가 그 자체라기보다는 권위주의적인 학교 문화와 행정 업무 위주의 학교 제도 속에서 다시 한번 왜곡될 소지가 있는 새로운 시도를 하지 말라는 요구로 보인다.

2. 사회과 수업 평가의 방향

앞에서도 언급한 이 연구의 진행 초기 협의회에서는, 교사 평가에서 수업장학 / 평가의 위상이나 방향과 관련된 의견도 함께 들을 기회가 있었다. 교사 평가에서 수업 장학 / 평가의 위상이나 방향과 관련하여, 현행 수업 장학 / 평가는 본질적인 기능을 수행하지 못하고 있다고 판단되며, 올바른 목적과 기능을 제대로 수행하기 위해서는 무엇보다도 먼저 '학교 조직 풍토 및 문화'가 변해야 한다는 지적과 함께 교사 평가에서 수업 평가가 차지하는 비중이 확대되어야 한다는 의견이 많았다.[8] 그리고 수업 관찰 및 면담 과정에서는 당분간 인사 고과 위주의 근무 평정으로서의 교사 평가와 수업 능력 개선을 위한 수업 평가는 구분하여 시행하는 것이 낫다는 의견도 있었다.

    a 교사: 인사 고과 위주의 근무평정과 수업 평가는 별개로 하는 것이 낫다.

    그리고 이러한 의견은 이 연구에 참여한 연구협력진들이 초기부터 공감하는 바였다. 즉 교사 평가의 한 영역으로서 수업을 다루는 것이 아니라 수업의 질 개선과 교사의 수업 능력 제고를 위해서 '장학 위주의 수업 평가'를 염두에 두고 본 연구는 진행되어 왔다. 그래서 제도가 아닌 프로그램으로, 정책 시달이 아니라 현장 지원으로 수업 평가가 이루어져야 한다는 기본적인 방향은 협의회나 면담 과정에서도 학교 현장에서 가장 거부감 없이, 그리고 실질적으로 교실 수업을 개선하는 최선의 안임을 수차례 확인하였다.

    그렇다면 구체적으로 이러한 (바람직하고 실질적인) 수업 평가는 누가 주체가 되어 어떤 방식으로 이루어져야 할까? 설문조사 결과에 따르면, 바람직한 수업 평가의 유형 및 주체에 대해서는 자기 진단 프로그램(65.4%)과 동료 장학 프로그램(66.7%)에 대한 선호가 가장 높았으

---

8) 길양숙은 "수업능력의 평가는 근평의 5개 항목 중 하나로서 들어가 있는데, 교사들의 의견은 승진제도가 교사의 수업능력을 너무 조금 반영하거나 거의 반영하지 않는 것으로 인식하고 있다. 교사들은 행정업무 수행능력이나 모호한 '자질 및 태도' 항목에 대한 평가자의 자의적인 해석이 근평을 결정한다고 인식하고 있으며, 이런 인식과 교사의 업무에서 수업이 차지하는 시간적 비중, 교사의 가장 중요한 업무라는 점에 비추어 볼 때 비중이 적어도 절반에 가까울 만큼 훨씬 커져야 할 것으로 생각된다"고 했다(2004년 4월 21일 전문가 협의회 중에서).

며, 학생에 의한 수업 평가에 대해서도 상당수의 교사들(34.6%)이 받아 들일 용의가 충분히 있음을 보여주었다. 그러나 교장·교감, 학부모, 장학사에 의한 수업 평가에 대해서는 소수의 교사들만이 허용하였다 (<표 9> 참조).

〈표 9〉 바람직한 수업 평가의 유형 및 주체(복수응답가능)

항목	자기진단 프로그램	동료장학 프로그램	교장·교감에 의한 수업 평가	학생에 의한 수업 평가	학부모에 의한 수업 평가	장학사에 의한 수업 평가	기타	합계
빈도(명)	53	54	6	28	3	2	3	149
백분율 (%)	65.4	66.7	7.4	34.6	3.7	2.5	3.7	184

수업관찰 및 면담 과정에서 수업 평가의 유형 및 주체와 관련해서 유사한 이야기가 많이 나왔다. (개별 교사에게만 결과가 전달되는) 학생에 의한 수업 평가를 일부 실시하고 있는 A고 a 교사의 경우, 수업 평가의 유형 및 주체는 '교사들에 의한 교사들의 수업 평가이어야 한 다'는 전제하에 교사＞학생＞전문가 순으로 우선순위가 매겨져서 이루 어져야 하며, 학부모나 교장, 교감 등 관리자의 평가는 직접 수업에 관 한 상세한 정보 없이 편견에 의해서 판단할 가능성이 커서 반대한다는 입장을 피력했다.

> a 교사: 1차적으로 동료 교사가 중심이 되고, 2차적으로 학생 평가, 그 리고 3차로 장학사 등 전문가 평가를 하는 것이 바람직함. 학부모나 교 장, 교감 등 관리자의 평가는 관리자 입장의 편견이 개입될 가능성이 커 서 반대한다.

(개별 교사와 관리자에게 결과가 전달되는) 학생에 의한 교사 평가를 실시하고 있는 B고 b 교사의 경우에도 교사, 학생, 관리자 정도가 주체가

되어 수업에 국한되어 '장학 위주의 평가'가 필요하다는 입장을 밝혔다.

> b 교사: 수업 내용과 방법을 중심으로 한 접근이 필요하다고 생각한다. 즉 장학 위주의 평가가 필요한데, 따라서 교사의 업무 전 부문으로 확대되면 문제가 발생하고, 모든 교사들을 대상으로 하되, 개별적으로 정보를 얻어 자극을 받고, 관리자 정도가 정보를 갖되, 동료 교사 간에는 정보를 공개하는 것은 조금은 걱정이 된다. 수업 평가의 주체는 교사, 학생, 관리자 정도이고, 학부모는 좀 그렇다. 설문조사, 임상장학(수업비디오), 동과목 협의회 등의 형태로 하되, 수업 평가 기준 및 서식 개발이 필요하다.

반면에 학부모와 학생의 의견은 도입 단계에서 최소화해야 한다는 의견도 있었는데, E고의 e 교사의 경우, 교사와 더불어 교장, 교감, 장학담당자, 학생, 학부모의 참여는 바람직하나, (인기 위주의 평가를 우려해서 인지) 학생과 학부모의 의견은 도입 단계에서 최소화하는 것이 타당하다는 견해를 피력했다.

> e 교사: 교장, 교감, 동료 교사(동교과, 타 교과), 학생, 학부모, 장학담당자 등 가능한 다양한 주체가 바람직하되, 학생과 학부모의 의견은 도입단계에서는 최소화하는 것이 타당하다고 봅니다.

이에 더 나아가서, 지금 필요한 것은 수업 평가가 필요한 것이 아니라 장학 위주의 교육청 운영, 교·사대와 현장과의 교류, 그리고 수업에 대한 관심과 동료 교사 간의 수업 공개, 그리고 수업 방법이나 아이디어에 대한 다양한 논의가 우선되어야 한다는 c 교사의 뼈아픈 지적도 있었다.

> c 교사: 장학사들이 행정업무만 할 게 아니라, 앞장서서 수업 시연을 통해 전문성을 보여주어야 한다. 교대, 사대 교수와의 교류를 통해서, 새

로운 수업 방법이 현장에 전달되어야 하며, 새로운 수업 모델을 보여주고, 정착시키려는 분위기가 조성되어야 한다. 이렇게 수업에 대한 관심 속에서 교사들이 수업 평가의 주체가 되서 동료 교사들의 수업을 평가하는 분위기가 만들어져야 한다. 인기에 연연하게 만드는 학생들의 수업 평가는 조심스럽게 다루어져야 한다.

이러한 지적은 c교사에 국한된 것은 아니었다. D고 d 교사의 경우도 학교가 교육과 수업의 장이 아니라 행정과 업무의 장이 되고 있으며, 결국 동일 과목의 동료 교사 사이에도 '수업에 대한 논의와 의사소통'을 이루어지고 있지 않는 현실을 지적하며, 실질적인 수업장학 / 평가가 정착되기 어려운 현실을 안타까워했다.

d 교사: 동료 교사들이 협력하는 체제가 이루어져야 한다. 보상이 없더라고 같은 교과 담당 교사들이 모여서 수업 내용과 방법을 협의하는 체제가 필요하다. 현재 D고에서도 매달에 한 번 정도 비는 시간(목요일 6교시)에 모여서 사회과 교사 10명이 모두 모여서 교과협의회를 하고 있으나 수행평가 비율이나 시험 범위나 문제 출제에 대한 협의가 고작이다. 일반사회 전공자도 3명이나 있는데, 수업내용이나 방법, 혹은 수업 아이디어와 관련된 논의는 거의 이루어지지 않는다.

연구자는 이러한 지적들이 수업 평가의 필요성을 부인하는 것이라기보다는 수업 평가가 제대로 뿌리내리기 위해서는 바람직한 수업 평가의 유형과 주체를 설정하는 작업과 함께 평가 주체들 사이에서 수업에 대한 논의가 공론화될 수 있는 분위기를 조성하는 것도 매우 중요한 사안임을 상기하라는 것으로 받아들였다.

다음으로 수업 평가의 대상에 대해서는 모든 교사들이 수업 평가를 받아야 한다는 견해(53.1%)가 지배적이었고, 다음으로 자원하는 교사(30.9%), 초임교사(25.9), 수업능력개선을 권고 받은 교사(23.5%) 순이었다(<표 10> 참조).

〈표 10〉 수업 평가의 대상(복수응답가능)

항목	자원하는 교사	초임 교사 (교직 경력 2년 이하)	수업 능력 개선을 권고 받은 교사	모든 교사들	기타	합계
빈도수(%)	25	21	19	43	2	110
백분율(%)	30.9	25.9	23.5	53.1	2.5	135.9

이러한 설문 결과는 면담에서도 재차 확인되었는데, 수업 평가가 수업 전문성을 향상시키기 위한 것이라면 모든 교사들을 대상으로 수업과 관련되는 정보를 제공하는 차원에서 이루어져야 한다는 것이 수업 관찰 및 면담에 참여했던 교사들의 전반적인 견해였다. 다음은 A고 a 교사의 말이다.

    a 교사: 특별한 시기에 특별한 대상을 두고 하는 것도 필요하지만, 모든 교사들이 평상시에 일상적으로 할 수 있도록 하는 것이 바람직하다. 교사들의 지속적인 수업 능력 개발을 위해서 수업 평가가 이루어져야 한다.

이 밖에도 전 교사를 대상으로 하되, 단계적으로 수업 평가 대상을 확대하는 것이 바람직하다는 세부적인 의견도 있었다.

    e 교사: 전 교사여야 하나 단계적으로 확대하는 방안이 바람직하다고 봅니다. 가령 경력 1년차 교사는 임용을 수습으로 하여, 의무적으로 평가를 받아 평가 결과가 기준 이하인 경우에는 발령을 보류하고, 다음 해에 2차 평가를 받게 한 후 같은 평가를 받으면 임용을 취소하며, 기존의 발령을 받은 교사는 5년 주기(초등의 경우 4년일 수 있음)의 전보 인사시 중간 시기인 3년차에 평가를 받게 하는 방안이 있을 수 있습니다. 결국 5년 주기의 평가로 전 교사가 평가를 받게 되는 셈입니다.

이러한 점은 <표 11>의 수업 평가 결과의 활용 설문에서도 간접적으로 드러났는데, 교사들은 수업 평가가 수업전문성 향상이라는 본래

의도를 살리기 위해서는 수업 전문성 향상을 위한 기초 자료로 사용해야지, '우수 교사'나 '부적격 교사'를 판별하는 근거로 사용해서는 안 된다는 입장이 주를 이루었다. 설문 결과에 따르면, 수업 평가 결과 활용에 대해서는 대부분의 교사들이 교사의 수업 전문성 개발을 위한 기초 자료(82.7%)에는 동의했고, 수업 여건 개선의 기초 자류(65.4%)에 내해서도 상당수의 교사들이 동의했다. 그러나 부적격 교사 판별을 위한 근거 자료나 수업 우수 교사 보상을 위한 근거 자료로서 활용되는 것에 대해서는 상당수 교사들이 반대하는 것으로 나타났다(<표 11> 참조).

〈표 11〉 수업 평가 결과의 활용(복수응답가능)

항목	부적격 교사 판별을 위한 근거 자료	수업 우수 교사 보상을 위한 근거 자료	교사의 수업 전문성 개발을 위한 기초 자료	수업 여건 개선을 위한 기초 자료	기타	합계
빈도수(%)	3	6	67	53	2	1292
백분율(%)	3.7	7.4	82.7	65.4	2.5	159.9

이러한 사실은 면담과정에서도 동일하게 나타났다. 다음은 A고 a 교사의 말이다.

> a 교사: 교사 개인에게 관련 정보를 제공하고, 자신의 수업을 개선하는 계기가 되도록 하며, 동료 교사들, 특히 동일 전공의 교사들 사이에도 공유하고, 서로 지적하는 분위기를 조성하는 것이 필요하다. 관리자, 학부모, 학생들에게 공개하는 것은 부적절하다. 그럴 경우, '평가를 위한 교사와 수업'을 양산할 것이다. 좋은 수업을 위한 참고자료로 활용하는 것이 적절하다.

그리고 부적격 교사 판별 같은 부정적인 제재에는 활용하지 말고, 우수 교사 보상을 위한 근거 자료로는 활용할 필요성이 있다는 의견도 개진되었다.

d 교사: 우수교원 표창이나 해외연수의 기회 우선권을 준다거나 긍정
적인 보상이 이루어지면 좋겠다.

반면에 교사들에게 혜택을 줄 수 있는 모든 분야에 활용되고 적용되
어야 한다는 보다 적극적인 의견도 있었다.

e 교사: 승진, 전보, 연수, 보수(성과상여금) 등 혜택을 주어야 하는 모
든 분야에 적용할 수 있다고 봅니다.

이러한 의견을 토대로 향후 모든 사회과 교사들이 자신의 수업을 반
성하고, 동료 교사의 수업을 참관할 때 사용할 수 있는 최소한의 사회
과 수업 평가 기준을 개발하려고 한다. 즉 자기 진단과 동료 장학을
목표로 사회과 수업에 대해서 논의할 수 있는 수업 평가 준거를 개발
하여 제시하려고 한다.

V. 결 론

앞에서 언급한 바와 같이 이 연구는 크게 세 가지 과정으로 이루어
졌다. 먼저 기존의 사회과 수업 평가와 관련된 국내외 문헌을 통하여
사회과 수업 평가 논의의 현주소를 가늠하였다. 다음으로 우리나라 수
업 평가의 운영 실태에 대한 설문과 수업 관찰 및 면담을 통하여 사회
과 수업 평가의 운영 실태를 확인하였다. 동시에 설문과 면담을 통하
여 사회과 수업 평가의 필요성을 재확인하고, 향후 이루어져야 할 사
회과 수업 평가의 방향을 탐색하였다.

본 연구는 그야말로 사회과 수업 평가의 출발점에서 이루어진 논의
이며 동시에 사회과 수업 평가 기준의 개발과 활용의 근거를 제시한

연구이다. 여기서는 추후 연구를 위해서 몇 가지 제언을 하려고 한다.

첫째, 사회과 수업 평가에 대한 논의가 보다 활발해질 필요성이 있다. 몇 사람들이 모여서 사회과 수업 평가에 대한 논의를 하는 것보다는 다수의 관련 당사자들이 모여서 열린 공간에서 교사의 수업 전문성과 평가 기준에 대한 논의가 활발하게 이루어져야 한다.

둘째, 사회과 수업을 공개하는 문화가 형성되어야 한다. 자신의 수업을 동료 교사나 수업 평가 전문가에 보여주고, 수업과 관련된 담론을 이루어져서 이를 수업 개선의 기회로 삼는 분위기가 만들어져야 한다.

셋째, 사회과 수업 평가 기준을 구체화한 다양한 프로그램의 개발과 적용이 요구된다. 기준 그 자체보다는 기준이 반영된 프로그램이야말로 현장 교사들이 실질적으로 활용할 수 있는 것이기 때문이다.

끝으로, 사회과 수업 평가에 대한 지속적이고 체계적인 연구가 이루어져야 할 것이다. 이러한 연구가 축적될 때 비로소 논리적이면서 실제적인 기준이 만들어지고 적용될 수 있다.

참고 문헌

강대현(2002). 『사회과 교육 내실화 방안 연구: 좋은 수업 사례에 대한 질적 접근』, 한국교육과정평가원 연구보고 RRC 2002-4-4.

곽병선(2002). "교실 교육의 개혁과 교사의 수업 전문성", 『교원교육연구』, 제18권 1호, 한국교원교육학회.

권기욱(2000). "초·중등학교 교사 평가의 평가준거체계 개발 연구", 『교육학연구』, 제38권 3호, 한국교육학회.

길양숙(1997). "동료교사의 수업 평가에서 발견되는 수업 평가의 실제적 기준", 『교육과정연구』, 제15권 2호. 한국교육과정연구학회.

김남순(1991). 『교사 평가론』, 세영사.

김정원(2002). "질적 수업 평가의 시도", 『초등교육연구』, 제15권 2호, 한국 초등교육학회.

노명완(2001). "중등교육과 교사의 수업전문성", 『한국교원교육연구』, 제18 권 1호, 한국교원교육학회.

박대수(2002). "전문성 신장 중심의 교사 평가 모형 탐색: 포트폴리오, 자 기평가, 관찰법, 면접법을 중심으로", 『학생생활연구』, 제4호, 한국 교원대학교.

박영석(2004). "사회과 교과 전문성 향상을 위한 교사 평가 연구: 수업 평 가의 준거와 방법을 중심으로", 『한국교과교육학회 2004년 정기 학 술대회 자료집』.

박은혜 · 이현옥 · 임승렬 역(1999). 『교사 발달에 적합한 장학의 이론과 실제』, 서울: 정민사. / Reiman, A. J. & Thies — Sprinthalm, L.(1998). *Mentoring and Supervision for Teacher Development*. Addison Wesley Longman. Inc.

박종필(2002). "교사 평가의 문제점과 개선방안 연구", 『초등교육연구』, 제 15권 2호, 한국초등교육학회.

배호순(1991). 『수업 평가: 수업 효과 증대를 위한 평가적 접근』, 서울: 양 서원.

배호순(1992). "교수효과 평가를 위한 준거체제 탐색 연구", 『교육학연구』, 제30권 4호.

안효준 외(2002). "수업연구 사례분석을 통한 수업 평가 개선방안", 『교육 연구발표논문집』, 제4집, 국가전문행정연수원.

원효헌(2002). "교수활동의 질 개선을 위한 교사 자기평가", 『한국교원교육 연구』, 제19권 3호. 한국교원교육학회.

전제상(2001). "교사 평가의 준거개발 연구", 『교육행정학연구』, 제19권 2 호. 한국교육행정학회.

조영남(2001). "초등교사의 교사효과성 평가준거 개발에 관한 연구", 『초등 교육연구』, 제14권 3호. 한국초등교육학회.

홍광식(1999). "주요국의 교사 평가 비교", 『한국교원교육연구』, 제16권 1 호, 한국교원교육학회.

Danielson C., & McGreal, T. L.(2000). *Teacher Evaluation to Enhance Professional Practice*. ASCD.

Flanders, N. A.(1970). *Analyzing teacher behavior*. Reading, MA: Ason−Wesley.

Goodlad, J. (1984). *A place called school*. New York McGraw−Hill.

NBPTS(2001). *Social Studies History Standards*, National Board for Professional Teaching Standards.

NCSS(1994). Curriculum Standards for Social Studies. Washington, D.C.: NCSS.

Shaver, J. P. & Berlak, H.(1968). "Curriculum decisions in the social studies", In J. Shaver & H. Berlak(Eds), *Democracy, Pluralism, and the Social studies*. Boston: Houghton Mifflins. p.1−10.

Shulman, L. (1987). "Knowledge and teaching: foundations of the new reform", *Harvard Educational Review(57)*. p.1−21

Stake R. E. & Easley J. A. Jr.(1978). *Case Studies in Science Education: Vol. II. Design, over view, and findings*. Urbana, IL: University of Illinois, Center for Instructional Research and Curriculum Evaluation.

Stodolsky, S. S.(1988). *The subject matters: Classroom activity in math and social studies*. University of Chicago Press.

Thornton, Stephen(1991). "Teacher as a curricular−instructional gatekeeper in social studies", In J. Shaver(Ed), *Handbook of Research on Social Studies Teaching and Learning*. p.237−248.

Wasburn, P.(1986). "The political role of the American school", *TRSE*. 14(1): 51−65.

White J. J.(1985). "What works for teachers: A review of ethnographic research studies as they inform issues of social studies curriculum and instruction", In W. B. Stanley(Ed.), *Review of research in social studies education*, 1976−1983(pp.215−307). Washington, DC: National Council for the Social Studies, and Boulder CO: ERIC Clearinghouse for Social Studies/Social Science Education and

Social Science Education Consortium.

Wilson, S. & Wineburg, S.(1988). "Peering at history through different lenses: The role of disciplinary perspectives in teaching history", *Teachers college record*, 89(4), p.525 – 539.

제10장 사회과 수업 평가 기준[1]

— 사회과 수업 평가 기준 개발 및 활용 연구—

이 장은 사회과 수업 평가 기준 개발 및 활용에 대한 연구로서, 국내외의 수업 평가 논의와 학교 현장의 수업 평가 실태에 대한 논의들을 토대로 사회과 수업 평가 논의의 단초라고 할 수 있는 사회과 수업 평가 기준을 개발하는 것을 목표로 하고 있다. 동시에 이러한 기준을 구체적인 관찰 및 분석 지표로 만들어, 사회과 교사가 자신의 수업과 동료 교사들의 수업을 관찰·분석하고, 서로의 수업에 대해서 장학할 수 있는 공통적인 잣대를 제공하려고 한다.

이러한 목표를 달성하기 위해 이 장은 크게 다음과 같은 내용으로 구성되어 있다. 우선, 사회과 수업 평가 기준의 필요성을 확인하고, 기준 개발의 토대라고 할 수 있는 사회과 수업 평가 영역 및 요소를 설정하고 있다. 사회과 수업 평가 영역 및 요소는 좋은 수업이란 무엇인가에 대한 설문 조사 결과와 수업 관찰 및 면담 결과를 토대로, 네 가

---

[1] 이 장의 내용은 『사회과교육』 제44권 3호(2005)에 실린 '사회과 수업 평가 기준 개발 및 활용 방안 연구'를 일부 수정한 것이다. 참고로 이 논문은 박영석(경인교대)과 함께 작성한 것이다.

지 범주의 사회과 수업 평가 영역과, 10개의 세분화된 요소를 추출하고 있다.

이러한 논의를 토대로 사회과 수업 평가 기준의 개발 주체와 요구되는 기준의 유형 등을 살펴보고, 이를 토대로 실제로 사회과 수업 평가 기준(안)을 개발하고 있다. 이렇게 개발된 사회과 수업 평가 기준(안)의 검증 및 상세화의 필요성을 주장하고, 실제로 일부 기준의 상세화 사례를 제시하고 있다. 아울러 수업평가 상세기준의 예를 통해 구체적 활용 방안을 제시하였고, 사회과 수업평가기준을 적용할 수 있는 효과적인 분야에 대해서도 검토하고 있다.

I. 서 론

1. 연구 내용

지금까지 국내 수업 평가 논의는 일부 연구자들(배호순, 1992; 길양숙, 1997; 김정원, 2002, 원효헌, 2002)에 의해 제한적으로 이루어져 왔으며, 이러한 현상은 사회과 수업 평가 논의의 경우(강대현, 2002; 박영석, 2004; 강대현·박영석, 2005)도 마찬가지이다. 이러한 현상은 최근에 교사 변인을 교육의 가장 중요한 변수로 보고, 교사의 수업 전문성에 관심을 기울이고 있는 외국의 경향과 대비되는 점이다.

현재 외국에서는 교사의 전문성, 특히 수업 전문성과 관련된 논의들이 활발하게 진행되고 있으며, 최근에는 이러한 논의를 이론적인 수준에서뿐만 아니라 실제적인 수업 현장에 적용하기 위해 수업 장학 및 평가를 위한 실제적인 기준 개발에 주력하고 있다. 예를 들어 미국의 경우에는 ETS(Educational Testing Service), INTASC(Interstate New

Teacher Assessment and Support Consortium), NBPTS(National Board for Professional Teaching Standards) 등을 중심으로 초임 교사나 경력 교사를 대상으로 한 교과별 수업 평가 기준을 개발하여 이를 수업 장학이나 교사 교육 차원에서 학교 현장에 접목시키는 노력을 기울이고 있다.

연구자도 그동안 교사의 전문성, 좋은 수업, 수업 평가 등에 관심을 갖고 있으면서, 사회과 교육 전공자들이 공유할 수 있는 사회과 수업 평가 기준 개발의 필요성과 당위성을 인식해 왔다. 그러나 수업 평가 기준 개발은 교육과정 개정 못지않게 다수의 연구자들이 참여하여 장기간의 수업 관찰 및 분석을 포함한 대규모의 연구를 진행해야 하는 어려움이 있다. 대규모의 프로젝트에 앞서, 본 연구자들은 사회과 수업 평가의 기본적인 평가 기준 개발의 필요성이 시급함을 인식하고 가설적인 형태로나마 사회과 수업 평가 기준(안)을 개발하고, 이를 구체화하여 현장에서 검증할 수 있도록 제안하려고 한다.

2. 연구 방법

이 연구에서는 우선 사회과 수업 평가의 영역 및 요소를 추출하고, 이를 토대로 사회과 수업 평가 기준(안)을 개발하였다. 그리고 이를 토대로 수업 장학 및 평가에서 활용할 수 있는 형태로 구체화하고, 이러한 구체적인 지표들을 활용할 수 있는 방안을 제안하고 있다. 본 연구에서 활용된 연구 방법은 크게, 국내외 문헌 분석, 교사 설문, 수업 관찰 및 면담 등이다. 참고로 교사 설문과 수업 관찰 및 면담 내용은 본 연구자들이 참여한 2004년 한국교육과정평가원의 '수업 평가 기준 개발 연구'의 결과에서 추출한 것이다.

2004년 설문 조사에서는 전국의 100개 학교를 무작위로 추출하여 각 학교별로 10부의 설문지를 동봉하여 발송하였으며, 총 812부가 회수되었다. 총 812명의 응답자 중 여교사(454명)가 남교사(358명)보다 조금 많았다. 경력별로는 학교별로 설문지를 보내고 별다른 조건을 달지 않은 까닭에 일정 경력 이상(16년 이상)의 교사들이 많이 응답한 것으로 나타났다. 교직과정이수별로는 교대·사대를 마친 교사가 66.5%, 비사대교직 과정 이수자가 24.5%, 교육대학원 교직 이수자가 7.4%였다. 교과별로는 과학, 국어, 수학, 사회과 교사의 응답률이 높았다(임찬빈 외, 2004: 13 - 14).

이 중에서 사회과 교사 설문은 총 81명의 초, 중, 고 교사를 대상으로 이루어졌으며, 성별로 보면 남교사의 수(44명)가 여교사의 수(37명)보다 조금 많았다. 앞에서 언급한 바와 같이 교사들의 경력은 교사 개인들을 상대로 표집한 것이 아니라 학교에 일정 수(10부)의 설문지를 보낸 관계로 일정 경력 이상(16년 이상)의 교사들이 주로 답변한 것으로 나타났다. 학교급별로 보면, 초등학교 30개교(총 300부), 중학교 40개교(총 400부), 고등학교 30개교(총 300부)를 표집해서 보냈는데, 초등학교는 심화전공을 사회과로 택한 교사가 소수(6명)였고, 중·고등학교는 발송 부수의 비율이 거의 그대로 반영되어 중학교 38명, 고등학교 36명 나타났다(무응답 1명). 학교소재지는 대도시와 중소도시가 각각 37.0%(30명)를 차지하고, 군읍면 지역은 17.3%(14명)를 차지했다. 직위별로는 부장 교사 이상이 전체의 절반을 차지해서 일정 경력 이상(16년 이상)의 교사들이 답변한 것과 비슷한 비율을 보이고 있었다. 교직과정이수별로는 교·사대 출신 교사들이 56.8%(46명)를 차지했으며, 비사대교직 출신 교사들이 35.8%(29명), 교육대학원 출신이 4.9%(4명)의 비율을 보이고 있었다(기타 2명).

사회과 수업 관찰 및 면담은 설문 조사와 병행해서 2004년 6월과 7월에 걸쳐 5개 학교에 걸쳐 5명의 사회과 교사를 대상으로 이루어졌다. 2004년 6월 15일(화요일)에는 A고 a 교사의 3교시 수업을 관찰하고 4교시에 면담을 했으며, 2004년 6월 17일(금요일)에는 B고 b 교사의 5교시 수업을 관찰하고 6교시에 면담을 했으며, 2004년 6월 22일 (화요일)에는 C중 c 교사의 3교시 수업을 관찰하고 4교시 면담을 했으며, 2004년 6월 25일(금요일)에는 D고 d 교사의 3교시 수업을 관찰하고 4교시에 면담을 했으며, 2004년 7월 9일(금요일)에는 E고 e 교사의 3교시 수업을 관찰하고 4교시 면담을 했다.

또한 수업평가 기준 마련을 위해 미국의 NBPTS를 비롯한 국내외 다양한 연구 집단의 수업평가 관련 기초연구와 평가모형 등을 종합적으로 검토하여 시사점을 추출하였다.

Ⅱ. 사회과 수업 평가의 영역 및 요소

사회과 수업평가의 영역 및 요소를 검토하는 것은 수업평가기준 (teaching standards) 개발의 토대를 확정하는 것이다. 사회과 수업평가 영역 및 요소에 대한 논의에 앞서 사회과 수업평가 기준 개발의 필요성을 우선 언급하려고 한다. 혹자는 기존의 '근평'과 차별화되는 장학 위주의 수업평가가 이루어지려면 사실 수업평가 기준의 개발과 제시가 첫 출발점이 아니라, 교사들 스스로 수업을 공개하고 비평하는 문화의 조성과 거시적인 안목에서 이를 촉진하는 '장학 위주의 학교 운영, 현장 지원 중심의 시·도 교육청 및 교육부 행정 개혁'이 이루어져야 한다거나, 교직 사회에 만연해 있는 기존의 점수 따기 경쟁이나 줄서기 문화를 없앨 수 있는 교사승진 제도의 개선이 우선되어야 한다고 주장하기도 한다.

그러나 이 연구에서는 이러한 학교 및 교직 제도·문화적인 측면의 개선보다는, 사회과 교사들이 함께 모여서 서로의 수업에 대하여 이야기할 때 공통의 논의거리를 만드는 작업에 초점을 두려고 한다. 물론 이러한 미시적이고, (제도가 아닌) 프로그램적인 처방이 지니는 한계가 있을 수 있다. 그러나 교육의 주체가 제도가 아니라 사람이며, 사람들의 인식 변화가 궁극적으로는 제도 변화를 유도할 수 있기 때문에 꼭 비관적인 것은 아니다. 이러한 측면에서 사회과 교사들이 함께 모여서 서로의 수업을 칭찬하고 비평할 수 있는 공통의 이야깃거리를 제공하는 '사회과 수업 평가 기준'의 개발은 매우 타당하다고 볼 수 있다.

사회과 교사들이 서로의 수업을 보면서 전문성이 결여된 의례적인 차원에서 소위 "학습목표가 제시되지 않았다, 판서 글씨가 좋지 않다, 커튼이 쳐지지 않았다"는 등의 이야기를 하는 것이 아니라, 사회과 수업을 제대로 분석하고 비평할 수 있는 준거를 가지고 논의를 진행하는 것이 필요하다. 이를 위해서 사회과 수업 평가 기준의 개발은 매우 의미 있고 유용한 작업이라고 할 수 있다.

본 연구에서는 국내외에서 이미 개발되어 있는 수업평가에 대한 일반 기준과 NBPTS의 사회과 수업평가 기준을 참조하고, 설문 조사에서 우선순위가 매겨진 평가 요소를 고려하여, 사회과 수업평가의 영역을 넷으로 나누어 사회과 수업평가의 요소가 될 수 있는 것들을 추출하였다.

1. 사회과 수업평가의 영역

수업평가의 영역이란 수업평가가 효과적으로 이루어질 수 있도록 구분지어 놓은 교과 수업활동의 단계나 차원을 의미한다. 사회과 수업평가 기준 개발에서 평가 영역을 설정하기 위해 사회과 좋은 수업이 포함하고 있는 요소들을 우선적으로 검토해 보는 것이 필요하다. 본 연구에서는 사회과 수업평가 기준 개발을 위한 기초적인 작업으로 이루어진 선행연구, 설문조사, 수업 관찰 및 면담 과정을 통해서 사회과 좋은 수업의 요소에는 사회과 교사기 알아야 할 지식과 능력들이 포함되어 있음을 일부 확인할 수 있었다. 이 중에는 일반적으로 교사들이 지녀야 할 범교과적인 특성도 있었고, 사회과 교사 고유의 영역도 있었다. 이러한 영역들은 상호배타적인 것이 아니라 서로 관련되어 사회과 교사의 수업 전문성을 구성하고 있다고 볼 수 있다.

수업평가 기준 개발에 참조하기 위하여, 우선 전체 교사들(812명)을 대상으로 좋은 수업이 무엇인가에 대해서 개방형으로 질문하였는데(설문 대상자 중 사회과 교사는 81명뿐이었고, 주관식이라 무응답이 많아 전체 응답 유형을 제시한다), 가장 많은 교사들이 좋은 수업이란 '교사와 학생 간의 적극적 상호작용'(75명)이 이루어지는 수업이라고 응답하였다. 이 밖에도 '수업목표에 도달'(45명), '즐거운 수업'(31명), '학생 능력에 맞는 수업'(24명), '훌륭한 수업자료 준비'(15명) 등을 좋은 수업이라고 응답하였다.

이를 통해서 볼 때, 좋은 수업은 "여러모로 준비된 교사가 학생들과의 적극적인 상호작용을 통해서, 적절한 내용과 방법으로 학생들의 학습을 안내하면서, 즐겁게 수업의 다양한 목표들(지식, 기능, 가치·태도)을 달성하는 수업"이라고 할 수 있다. 사회과 수업 역시 마찬가지다. 사회과의 좋은 수업도 "사회과 교사가 교과 목표, 내용, 방법, 그리고 학생들에 대한 이해 등의 기본적인 지식과 능력을 갖추고, 교실에 들어가서 학생들에게 맞는 적절한 수업 내용과 방법을 활용하고, 학생들과의 적극적인 상호작용을 통하여 다양한 수업 목표를 달성하고 신뢰를 형성하는 수업"이라고 할 수 있다.

지금까지 논의된 사회과 좋은 수업의 핵심적 요소와 미국에서 개발된 NBPTS의 사회-역사 수업평가 기준을 참고해 볼 때, 사회과 수업 전문성을 구성하는 요소들은 크게 세 가지 차원(범주)으로 분류할 수 있는 것으로 보인다.

첫째, 사회과 수업 운영에 선행하여 사회과 교사로서 지니고 있는 가치관이나 지식(능력 포함)과 관련된 것으로 사회과에서는 '사회과 목표에 대한 관점'과 '사회과 내용에 대한 이해' 정도가 여기에 속하는 것으로 보인다. 그리고 사회과 관련 교수학습방법에 대한 지식도 여기에 포함될 수 있다. 또한 사회과에 고유한 영역은 아니지만 일반 교사로서 자신이 가르치고 있는 '학습자의 발달과 흥미에 대한 이해'도 교사 전문성과 수업평가의 중요한 요소로 보인다.

둘째, 사회과 수업 운영과 관련하여 '사회과 수업을 계획하고 준비하는' 기획 능력과 함께 이를 교실 환경에서 실행할 줄 아는 '사회과와 관련된 교수학습방법의 활용' 능력도 중요하다. 또한 이와 엄격하게 구분되지는 않지만 '학습 목표를 적절히 제시하고 이에 맞추어 학습 집단을 조직'하는 능력과 학생들의 성취 정도를 정확히 진단할 수 있는 '사회과 관련된 평가의 활용' 능력도 교과 일반이나 사회과 특수 전문성에 걸쳐 구성되어 있는 수업 전문성의 핵심 요소라고 할 수 있다. 실제 수업운영과 관련된 이러한 요소들은 좋은 수업 혹은 좋은 교수 활동이 무엇인지에 대한 설문 조사와 수업 관찰 및 면담에서도 드러났다.

a 교사: 좋은 수업은 교사의 수업 태도, 교사의 지도 방법, 학생들의 참여, 호응도에 따라 판단할 수 있다고 생각한다.

셋째, 사회과 수업 이후에 자신의 수업 실제에 대해서 스스로 반성하고 동료 전문가와 함께 수업 전문성을 제고하는 노력 역시 사회과 수업 평가의 중요한 요소라고 할 수 있다. 즉 '사회과 수업에 대한 자기반성'과 '사회과 수업에 대한 동료장학' 여부는 해당 교사 스스로 자신이 현재 갖고 있는 전문성에 안주하고 있는지, 지속적으로 자신의 전문성 제고를 위해 노력하고 있는지를 판단할 수 있는 중요한 요소라고 할 수 있다.

이러한 세 가지 차원은 국내외의 수업평가의 일반 기준 논의에서 폭넓게 사용되는 것이며, 앞에서 언급한 바와 같이 미국 NBPTS의 '사회-역사 수업평가 기준'의 대범주와도 유사하다. 물론 이러한 범주는 NBPTS의 사회과 위원회에서 밝힌 바와 같이 명확하게 구분될 수 있는 성질은 아니지만, 수업과 관련된 교사의 전문성을 범주화하는 데 유용한 방식이다.

그리고 연구자에게도 이러한 범주는 새로운 것이 아니다. 한국교육과정평가원(KICE)에서 2002년도부터 현장 교사들을 지원하기 위해 운영하고 있는 KICE 교수학습개발센터의 각 교과방의 구조 역시 이러한 세 가지 차원으로 구성되어 있다. 예를 들어 중등 사회과방은 크게 사회과 교사로서의 기본적인 지식과 수업 능력을 배울 수 있는 '사회과 교육개관과 교수학습 길잡이', 구체적인 수업 자료를 제시하고 활용을 안내하는 '교수학습 자료', 기타 교과 전문성 신장을 위한 '교과교육 동향' 등으로 메뉴가 구성되어 있다. 이러한 구조는 사회과 교사의 전문성, 특히 수업 능력과 관련된 전문성이 수업 운영 이전 단계에서부터 수업 운영 과정을 거쳐 수업 운영 이후의 반성 단계에까지 걸쳐 있음을 보여주는 것이다(참조: http://classroom.kice.re.kr).

이러한 세 가지 영역의 구분 방식에서 수업의 실제적인 운영 영역은 보다 세분화되어 자리매김이 될 필요가 있다. 즉 수업의 흐름 및 단계에 따라 사회과 교사의 수업 평가의 영역을 설정하는 것과 더불어, 실질적으로 평가할 때 구체적으로 참고하는 자료 등에 대한 고려도 필요하다. 사실 수업을 평가하는 과정에서 교사의 사전지식을 확인하고, 수업계획과 준비물을 검토하고, 수업을 참관하고, 기타 교사의 전문가적인 활동 등을 확인하는 과정이 일반적이다. 따라서 수업 기획·운영의 과정은 '수업 계획과 준비'의 영역과 '수업 실행'의 영역으로 나누어 별도로 검토할 필요가 있다.

본 연구에서는 수업의 흐름을 기본적인 사회과 수업 평가의 영역으로 설정하되, 수업 운영의 단계를 '수업 계획과 준비'와 '수업 실행'으로 나누어 사회과 수업 평가 영역을 크게 기본 지식과 능력, 수업 계획과 준비, 수업 실행, 전문성 제고 등 다음 <표 1>과 같이 네 가지로 설정하려고 한다.

<표 1> 사회과 수업평가 영역

사회과 수업평가 영역
영역 I: 기본지식과 능력
영역 II: 수업 기획
영역 III: 수업 실행
영역 IV: 전문성 제고

2. 사회과 수업평가의 요소

수업평가 요소는 수업평가의 영역별로 각 영역의 특징을 구체적으로 담고 있는 범주들이라 할 수 있다. 좋은 수업을 하는 사회과 교사들의 주요 특징을 통해 사회과 수업평가의 요소를 추출해 볼 수 있다. 수업 관찰 및 면담과정에서 수업을 잘 하는 교사의 주요 특징에 대해서 질문하였다. 여기에는 일반적인 교사 전반에 해당하는 특징도 있었고, 사회과에서 보다 중요하게 간주될 수 있는 특징도 있었다.

b 교사: 시사적인 전문성(상식 포함), 사회에 대한 올바른 가치관, 다른 사람의 의견에 대한 관용적인 태도, 자신에 대한 객관적인 비판 수용, 사회 전체에 대한 통합적 시각이나 안목, 포용성, 유머 감각, 학생들과의 원활한 의사소통, 동료 교사들과의 원만한(?) 관계 등이다.

c 교사: 늘 연구하는 교사이다.

d 교사: 학생들을 집중시킬 수 있는 힘이 있다, 자신감이 있다, 교과 내용을 재구성하여 가르친다, 자료 활용 능력이 뛰어나다, 언변이 좋다, 유머가 강하다 등이다.

e 교사: 교과에 대한 자신감, 충분한 연구, 교직 임용 이전의 다양한

경험, 경제적 안정(?)이 갖추어진 교사 등이다.

이러한 면담 결과를 통하여 대체로 좋은 (사회과) 교사란 기본적으로 교과 내용에 대한 전문적인 지식과 이를 전달할 수 있는 능력을 소유하고, 실제 수업에서도 학생들과 원활하게 의사소통하면서 다양한 자료를 활용해서 재미있게 수업하고, 수업과 관련해서 늘 연구하고, 동료 교사들과도 원만한 관계를 유지하는 등의 특징을 지닌 것으로 나타났다. 그러나 이러한 면담 자료로는 보다 세부적인 요소를 추출할 수는 없었다.

설문 조사에서는 미국의 사례를 중심으로 하여 수업평가 요소에 포함될 만한 24개의 항목을 제시하고, 1부터 10까지 우선순위를 매기도록 하였는데, 이를 사회과 교사만을 대상으로 점수화하여 평균을 산출한 결과, 응답자들은 '수업 계획과 준비'(평균: 5.67), '내용 및 학생 수준 고려 목표 설정'(평균: 5.21), '학생들의 학습 참여 활성화'(평균: 5.00) 순으로 중요하게 생각하고 있음을 알 수 있었다. 반면에, '학부모와의 의사소통과 협조', '다양한 지원 인력 활용' 등은 중요하게 생각하고 있지 않음을 확인할 수 있었다.

각 평가요소에 대한 순위를 점수화하여 평균을 산출한 결과, 몇 가지 평가요소들에 대한 우선순위가 학교급이나 경력과 같은 배경변인에 따라 다르게 나타남을 확인할 수 있었다. 그러나 이러한 배경변인에 따른 차이는 사회과 수업평가에 대한 일반적인 기준을 개발하는 본 연구에서는 참고 사항으로 반영할 내용은 아니었다. 오히려 추후에 개발될 수 있는 경력별 또는 수업평가 주체별 기준이나 자료 개발에서 참고할 만한 내용이었다.

따라서 본 연구에서는 배경변인에 따른 차이보다는 사회과 교사들이 일반적으로 중요하게 생각하는 평가항목의 평균과 평균 순위, 그리고 1, 2순위로 꼽은 비율들을 중심으로 수업평가 영역과 요소를 추출하고 기준을 개발할 때 반영하려고 한다. 여기서 간단하게나마 배경변인에

따라 평가 항목에 대한 우선순위상의 차이를 언급한 이유는 사회과 교
과 일반 기준과 더불어 학교급별로, 또는 경력별로 세부 기준이나 자
료를 개발할 필요가 있음을 상기하기 위한 것이다.

국내·외의 수업평가에 대한 논의, 전문가 협의회, 설문조사, 수업관
찰 및 면담을 토대로 사회과 연구진이 추출한 사회과 수업평가 요소는
다음 <표 2>와 같다.

〈표 2〉 사회과 수업평가 영역 및 요소

사회과 수업평가 영역	사회과 수업평가 요소
영역Ⅰ: 기본지식과 능력	사회과 목표에 대한 관점
	사회과 내용에 대한 이해
	사회과 교수학습방법 및 평가에 대한 이해
	학습자의 발달과 흥미에 대한 이해
영역Ⅱ: 수업 기획	사회과 수업 계획과 준비
영역Ⅲ: 수업 실행	사회과 교수학습방법의 활용
	적절한 학습 목표와 집단 조직 및 학습 분위기 조성
	사회과 관련 평가의 활용
영역Ⅳ: 전문성 제고	사회과 수업에 대한 자기반성
	사회과 수업에 대한 동료 장학

여기서는 지면 관계상, '영역Ⅰ: 기본 지식과 능력'에 해당하는 내용
을 예로 들어 사회과 수업평가 요소를 간단히 소개하려고 한다.

첫째, '사회과 목표에 대한 관점'과 관련하여, 사회과 교사는 사회과
대표적인 교과 모형들(시민성 전달 모형, 사회과학 탐구 모형, 반성적
탐구 모형 등)에 대한 충분한 지식을 갖고, 이를 토대로 사회과 목표에
대한 나름의 관점을 견지해야 한다. 사회과처럼 정체성이 뚜렷하지 않
은 교과일수록 교사의 교과관은 수업에 있어 중요한 요인이다. 사회과
선행 연구에서 나타나듯이 교과관이 뚜렷한 교사의 수업과 그렇지 못
한 교사의 수업은 학생의 사고에 대한 인식 틀의 형성에 상이한 영향

을 주기 때문이다.

둘째, 사회과 교사가 갖춰야 할 '사회과 내용에 대한 이해'는 크게 두 가지 차원으로 구성된다. 하나는 사회과 교사는 사회과 내용을 구성하고 있는 지리, 역사, 일반사회에 대한 내용 지식(content knowledge)을 지녀야 하며, 동시에 이러한 내용 지식을 학생들의 접하는 일상과 맞물려서 재구성할 수 있는 교수(학)적 내용 지식(pedagogical content knowledge)도 함께 지녀야 한다. 이러한 사회과 내용에 대한 이해는 학교급이나 전공별로 조금씩 융통성 있게 적용할 필요성이 있다.

셋째, '사회과 교수학습방법 및 평가에 대한 이해'는 일반적인 교수학습방법 및 평가에 대한 지식을 기초로 하여, 사회과에서 유용하게 사용할 수 있는 교수학습방법 및 평가에 대하여 이해하고 이를 활용할 수 있는 능력까지 포함한다. 사회과에서 강조되어 온 교수학습방법에는 개념학습, 가치학습, 협동학습, 논쟁문제수업, 신문활용수업 등이 있는데, 사회과 교사들은 이러한 방법들을 실제적으로 활용할 수 있을 정도로 준비되어 있어야 한다. 평가에 있어서도 기존의 선택형이나 단답형 평가와 더불어 사회과에서 활용할 수 있는 다양한 주관식 평가, 특히 수행평가 등에 대한 기본 지식과 활용 능력이 요구된다.

넷째, 사회과 교사는 '학습자의 발달과 흥미에 대한 이해'와 관련하여 기본적인 지식을 갖춰야 한다. 학습자의 인지, 정서적 발달 단계에 대한 이해와 더불어, 자신이 가르치고 있는 학생들의 인지 발달 수준과 흥미 등을 토대로 학습자들과의 유대 관계를 형성할 수 있는 방법에 대한 지식도 요구된다. 또한 사회과와 관련된 선지식이나 오개념을 파악하고 이에 대처할 수 있는 데 필요한 기본 지식도 요구된다.

Ⅲ. 사회과 수업평가 기준(안) 개발

여기서는 앞에서 언급한 사회과 수업평가 영역과 요소를 토대로 사회과 수업 평가 기준을 요소별로 1-2가지씩을 개발하여 공론에 부치려고 한다. 사회과 수업평가 기준의 개발 과정에서 주로 참고한 것은 설문 조사 결과와 수업 관찰 및 면담 결과, 그리고 사회과 전공자로서의 연구자의 전문가적인 판단이었다. 먼저 사회과 수업평가 기준(안) 개발에 앞서 이와 관련된 설문 조사 결과와 수업 관찰 및 면담 결과를 언급하는 것으로 기준(안) 개발을 시작하려고 한다.

1. 사회과 수업평가 기준(안)의 필요성 / 개발 주체 / 유형

사회과 수업평가 기준의 필요성을 먼저 살펴본다. 사회과 수업평가 기준 개발의 필요성을 확인하기 위해서, 수업평가를 위한 기준이 필요한 이유에 대해서 질문하였다. 과반수 정도의 교사들이 '수업 개선이 필요한 영역을 파악하기 위하여'(55.6%)와 '공유할 수 있는 수업 분석 관점을 제공하기 위하여'(50.6%)를 1, 2순위로 지적했고, 상당수의 교사들이 '타당하고 신뢰할 수 있는 평가를 위하여'(43.2%)도 주요한 이유로 지적했다(복수응답가능).

수업 관찰 및 면담 과정에서도 수업평가 기준이 필요한 이유에 대해서 질문했었는데, B고의 b 교사는 "수업평가의 구체적인 기준이 필요하며, 학생들의 숫자, 학교 규모 등 여러 가지 여건을 고려하여 세부적인 기분을 개발하되, 지나치게 세부적인 기준이 될 필요는 없다."고 주장하였다.

물론 수업평가 기준이 개발되는 것을 우려하는 입장도 있었다. 특히 이러한 기준이 획일적으로 제시되어 교사평가의 준거로 활용되는 것을 걱정하였다.

　　c 교사: 일반적으로 교사의 수업평가에는 부정적인 입장이다 물론 교사 자신의 수업에 대한 성찰은 긍정적이나 아직 우리 여건상 명확하고 전문적인 기순이 마련될 풍토는 아니라고 생각된다. 사람들이 어릴 때부터 올바른 시민의식을 갖고 성장하고 있는지 의문이다 의식이 바로 세워지지 않고 평가를 학생에게 학부모에게 다른 곳에 맡긴다는 것 자체에 문제가 있다고 본다.

　　d 교사: 교사의 재량권을 인정한다면 수업평가의 기준은 필요 없다고 본다. 잘못하면 도식화한 평가를 위한 수업 진행이 될 소지도 있다고 본다. 그러나 신규교사의 수업 지침에 참고사항으로 제시할 수는 있다. 교사의 수업방법은 다양할수록 좋다고 생각한다. 다양한 수업방법을 평가할 만한 보편적인 기준안을 마련하는 것 자체가 어려운 일이라고 생각한다.

　따라서 사회과 수업평가 기준(안) 개발과 지속적인 검증 및 수정 작업과 함께 이러한 우려를 불식시킬 수 있는 분위기를 조성하는 과정도 병행되어야 할 것이다.

　다음으로, 수업평가 기준의 개발 주체를 검토한다. 누가 수업평가 기준 개발의 주체가 되어야 하는가에 대한 질문에 대해서는 현직 교사의 비율(85.2%)이 가장 높았고, 다음으로 수업평가 전문가(39.5%)를 꼽았다(복수응답가능). 교장이나 교감, 학생 및 학부모, 장학사 및 연구사, 교·사대 교수가 개발 주체가 되어야 한다는 데는 소수의 교사들만이 동의했다.

　이러한 설문 결과는 수업 관찰 및 면담 과정에서는 보다 세부적인 견해로 나타났다. 예를 들어 A고의 a 교사는 일반적인 기준은 학생들의 참여를 토대로 학생들이 일반적으로 보기에 좋은 교사의 모습을 중심으로 기준을 개발하고, 사회과 기준은 사회과를 구성하는 지리, 역사,

일반사회 담당 교사들이 합의를 통해 만들어져야 한다는 견해를 피력했다. 또한 교사들도 교사를 중심으로 기준 개발이 이루어져야 한다고 주장하였다. 일부 교사들은 연구기관에서 개발하고 교사가 검토해야 한다는 제안하였다.

a 교사: 일반적인 기준은 전체 교과를 대상으로 하되, 학생들이 일반적으로 보기에 좋은 교사의 모습을 기준으로 개발하여, 학생들의 참여를 토대로 학생용으로 활용하는 것이 좋을 것 같고, 교과별 기준은 동일 교과 전공의 교사들을 중심으로, 예를 들어, 사회과의 경우에는 지리, 역사, 일반사회의 세 영역과 통합, 그리고 사회 문제나 일상생활을 다루기 때문에, 해당 교사들이 합의를 통해 만들어지는 것이 적절하다고 생각한다.

b 교사: 연구진, 교사, 학생, 학부모, 관리자, 시도 장학사(참관인) 등이 개발에 참여하되, 단위학교에서 합의를 보는 구조가 필요하다.

c 교사: 일선 교사이다.

d 교사: 현직교사이어야 한다. 대학교수나 전문가가 조언 및 팀워크로 이루어지면 좋겠다고 생각한다.

e 교사: 교육연구기관(교육과정평가원이나 교육개발원)이 주관하되, 현장 교사의 의견과 학부모의 의견을 반드시 반영해야 한다.

마지막으로, 학교 현장에서 필요로 하는 수업평가 기준의 유형에 대해서는 대부분의 교사들이 교과별 기준(82.7%)을 선호하는 것으로 나타났고, 수업특성별 기준(29.6%), 학교급별 기준(21.0), 범교과적 일반 기준(16.0) 등의 순으로 선호도가 나타났다.

2. 사회과 수업평가 기준(안)의 개발 사례

이러한 설문 결과와 면담 결과를 통하여 수업평가 기준 개발의 필요성을 확인하는 동시에 수업평가 전문가가 기준을 개발할 수 있다는 여지와 교과별 수업평가 기준 개발이 현장에서 요구하는 수업평가 기준의 유형임을 확인할 수 있었다. 연구자는 이러한 결과에 고무되어, 그동안의 사회과 수업에 대한 고민을 반영하여, 사회과 수업평가 기준(안)을 개발하였다.

이렇게 만들어진 기준(안)은 그야말로 시안에 불과하며, 학교 현장에서 검증하고 각 기준별로 관찰 지표를 구체화하는 작업을 수행하여, 향후 자기 진단이나 동료 장학에서 수업을 분석하고 평가하는 준거로 활용하면서 지속적인 수정과 보완 과정을 거칠 예정이다. <표 3>은 현재까지 개발된 사회과 수업평가 기준(안)으로, 4개 영역에 걸쳐 10개 요소에 따라 14개의 기준으로 구성되어 있으며, 현재도 검토와 수정 작업을 진행 중에 있다.

〈표 3〉 사회과 수업평가 기준(안)

사회과 수업 평가 영역	사회과 수업 평가 요소	사회과 수업평가 기준
영역 I: 기본 지식과 능력	사회과 목표에 대한 관점	기준 1: 사회과 교사는 사회과 목표에 대한 충분한 이해를 토대로 비판적이면서도 균형감 있는 교과관을 지니고 있다.
	사회과 내용에 대한 이해	기준 2: 사회과 교사는 사회과 내용을 구성하고 있는 지리, 역사, 일반사회의 내용에 대한 지식을 지니고 있다.
		기준 3: 사회과 교사는 사회과 내용을 구성하고 있는 지리, 역사, 일반사회의 내용을 학생들이 접하는 일상과 맞물려서 가르치는 데 필요한 지식과 교수 능력을 지니고 있다.
	사회과 교수학습방법 및 평가에 대한 이해	기준 4: 사회과 교사는 사회과와 관련된 다양한 교수학습방법에 대한 지식과 이를 활용할 줄 아는 기본 능력을 지니고 있다.
		기준 5: 사회과 교사는 사회과와 관련된 다양한 평가방법에 대한 지식과 이를 활용할 줄 아는 기본 능력을 지니고 있다.

사회과 수업 평가 영역	사회과 수업 평가 요소	사회과 수업평가 기준
영역 I : 기본 지식과 능력	학습자의 발달과 흥미에 대한 이해	기준 6: 사회과 교사는 사회과 수업에 앞서 자신이 가르치는 해당 학생들의 인지적, 정서적 발달 정도를 충분히 이해하고, 학생들과 상호작용할 수 있을 정도의 유대 관계를 형성할 수 있다.
		기준 7: 사회과 교사는 사회과 내용과 관련해서 학생들의 선지식이나 오개념을 파악하고 이에 대처할 수 있는 능력을 지니고 있다.
영역 II : 수업 기획 능력	사회과 수업 계획과 준비	기준 8: 사회과 교사는 사회과 수업을 계획하고 준비하는 데 있어 전문가로서의 수업 기획 능력을 지니고 있다.
		기준 9: 사회과교사는 사회과 수업을 계획하고 준비하는 데 있어 관련 자료를 수집하여 의미와 흥미를 갖춘 수업자료로 재구성할 수 있다.
영역 III : 수업 실행 능력	사회과 교수학습방 법의 활용	기준 10: 사회과교사는 사회과 수업을 실행함에 있어 수업 내용에 따라 학생들의 흥미를 유도할 수 있는 다양한 수업 방법을 활용할 수 있다.
	적절한 학습 목표, 집단 조직 및 학습 분위기 조성	기준 11: 사회과 교사는 사회과 수업을 실행함에 있어 수업 목표를 적절하게 제시하고 이에 따라 학습 집단을 조직하고 학습 분위기를 조성할 수 있다.
	사회과 평가의 활용	기준 12: 사회과 교사는 사회과 수업을 실행 과정에서 진단, 형성, 총괄 평가를 잘 활용하여 학생들의 학습 정도를 정확하게 파악하고 그 결과를 수업에 반영할 수 있어야 한다.
영역 IV: 전문성 제고	사회과 수업에 대한 자기반성	기준 13: 사회과 교사는 전문직에 종사하는 자로서 자신의 전문성의 요체라고 할 수 있는 수업에 대해서 지속적인 자기반성을 통하여 사회과 교사로서의 전문적인 지식과 능력과 소양을 지니고 있다.
	사회과 수업에 대한 동료 장학	기준 14: 사회과 교사는 전문직에 종사하는 자로서 동료 교사들과의 협력을 통하여 사회과 교사로서의 전문적인 지식과 능력과 소양을 지니고 있다.

3. 사회과 수업평가 기준(안)의 검증과 상세화

1) 사회과 수업평가 기준(안)의 검토와 개발

사회과 수업평가가 정착되려면 여러 가지 전제 조건이 필요하다. 설문조사에서 수업평가 정착을 위해 우선적으로 해결되어야 할 요소를 질문하였을 때 과반수의 교사들이 '신뢰할 수 있고 타당한 평가 도구의 마련'(54.3%)과 '수업평가에 대한 교원들의 인식 전환'(53.1%)을 들었고, '평가결과 활용에 대한 관련 주체 간의 합의'(35.8%)와 '수업평가를 위한 시간 확보 및 여건 조성'(28.4%)에 대한 의견도 상당수 있었다.

따라서 사회과 수업평가가 이루어지기에 앞서 사회과 수업평가 기준(안)에 대한 관심과 더불어, 이러한 기준(안)이 교사들 사이에 검증되고 공유되어야 한다. 즉 이러한 시안을 토대로 지속적이고 장기적인 협의 과정을 통하여 사회과 교사라면 누구나 동의할 수 있는 '사회과 교사로서의 전문성 표준'을 만들고 공유하는 과정이 먼저 이루어져야 한다.

동시에 선언적인 기준이 아니라 구체적인 자료와 프로그램으로 변환해서 제시할 필요가 있다. 즉 사회과 수업평가 기준을 자기 진단지나 동료 장학 프로그램으로 개발하여, 이를 교사들이 적용하는 과정에서 활용하면서 보다 실제적인 기준으로 바꾸어나갈 필요성이 있다. 현재 기준은 이러한 요구를 충족시키기에는 너무나 개괄적이고 추상적이다. 각 기준과 관련된 구체적인 수업 사례를 수집하고, 이를 기준과 대응시키면서, 기준 자체에 대한 수정과 더불어 수행 수준을 파악할 수 있는 세부 척도도 개발해야 할 것이다.

수업평가 일반 기준이나 과학과 수업평가 기준 개발에서는 이미 이러한 작업이 일부 진행되고 있다. 사회과의 경우에도 향후 자기 진단과 동료 장학에 활용할 수 있는 온라인(비디오) 수업장학 프로그램을 개발하면서, 다양한 수업 사례를 수집하고 사회과 교사들이 바로 활용할 수 있는 세부 척도와 자료를 개발할 계획이다.

여기서는 이러한 계획의 단초로, 사회과 수업 평가의 일부 영역의 세부 척도를 가설적으로나마 제시하려고 한다. 여기서 제시하는 영역은 <표 5> 사회과 수업평가 기준(안)의 영역Ⅰ '기본 지식과 능력' 중에서 두 번째 요소인 '사회과 내용에 대한 이해' 부분으로, 비교적 사회과의 특성이 강하면서도, 수업 참관이나 교사 면담 없이 전문가들의 협의를 통해서 일정 정도 척도를 개발할 수 있는 분야이다.

2) 사회과 수업평가 기준(안)의 상세화: 교과 내용 이해 기준의 예

■ 대영역 개관: 영역 Ⅰ 【기본 지식과 능력】

영역Ⅰ: 기본 지식과 능력	사회과 목표에 대한 관점	기준 1: 사회과 교사는 사회과 목표에 대한 충분한 이해를 토대로 비판적이면서도 균형감 있는 교과관을 지니고 있다.
	사회과 내용에 대한 이해	기준 2: 사회과 교사는 사회과 내용을 구성하고 있는 지리, 역사, 일반사회의 내용에 대한 지식을 지니고 있다.
		기준 3: 사회과 교사는 사회과 내용을 구성하고 있는 지리, 역사, 일반사회의 내용을 학생들이 접하는 일상과 맞물려서 가르치는 데 필요한 지식과 교수 능력을 지니고 있다.
	사회과 교수학습방 법 및 평가에 대한 이해	기준 4: 사회과 교사는 사회과와 관련된 다양한 교수학습방법에 대한 지식과 이를 활용할 줄 아는 기본 능력을 지니고 있다.
		기준 5: 사회과 교사는 사회과와 관련된 다양한 평가방법에 대한 지식과 이를 활용할 줄 아는 기본 능력을 지니고 있다.
	학습자의 발달과 흥미에 대한 이해	기준 6: 사회과 교사는 사회과 수업에 앞서 자신이 가르치는 해당 학생들의 인지적, 정서적 발달 정도를 충분히 이해하고, 학생들과 상호작용할 수 있을 정도의 유대 관계를 형성할 수 있다.
		기준 7: 사회과 교사는 사회과 내용과 관련해서 학생들의 선지식이나 오개념을 파악하고 이에 대처할 수 있는 능력을 지니고 있다.

영역Ⅰ은 사회과 교사가 갖추어야 할 기본적인 지식과 능력에 대한 것으로, 사회과 목표에 대한 관점, 사회과 내용에 대한 이해, 사회과 교

수학습방법 및 평가에 대한 이해, 학습자의 발달과 흥미에 대한 이해 등으로 구성되어 있다. 여기서 사회과 교사에게 특수한 부분이라고 할 수 있는 것은 사회과 목표에 대한 관점과 사회과 내용에 대한 이해 등이며, 교수학습방법 및 평가에 대한 이해와 학습자의 발달과 흥미에 대한 이해 등은 일반적인 성격과 교과 특수적인 성격을 동시에 띠고 있다.

■ 중영역 개관: 영역 Ⅰ-2 【사회과 내용에 대한 이해】

사회과 내용에 대한 이해	기준 2: 사회과 교사는 사회과 내용을 구성하고 있는 지리, 역사, 일반사회의 내용에 대한 지식을 지니고 있다.
	기준 3: 사회과 교사는 사회과 내용을 구성하고 있는 지리, 역사, 일반사회의 내용을 학생들이 접하는 일상과 맞물려서 가르치는 데 필요한 지식과 교수 능력을 지니고 있다.

사회과 교사가 갖춰야 할 사회과 내용에 대한 이해는 크게 두 가지 차원으로 구성된다. 우선, 사회과 교사는 사회과 내용을 구성하고 있는 지리, 역사, 일반사회에 대한 내용 지식(content knowledge)을 갖춰야 하며, 동시에 이러한 내용 지식을 학생들의 접하는 일상과 맞물려서 재구성할 수 있는 교수적 내용 지식(pedagogical content knowledge)도 함께 갖춰야 한다. 이러한 사회과 내용에 대한 이해는 학교급이나 전공별로 조금씩 융통성 있게 적용할 필요성이 있다. 예를 들어 초등학교 교사의 경우, 지리, 역사, 일반사회에 대한 완벽한 전문 지식을 요구할 수 없으며, 학문의 계통성을 따라 선택교육과정을 운영하고 있는 고등학교에서는 지리, 역사, 일반사회에 걸쳐 폭넓은 지식보다는 자신의 전공에 해당되는 영역을 중심으로 보다 심화된 지식을 갖고 있어야 한다. 교수적 내용 지식의 경우에도 학교급별이나 담당교과에 따라 그 내용이 달라질 수 있다.

■ 평가요소별 기준 제시(기준 2)

기준 2: 사회과 교사는 사회과 내용을 구성하고 있는 지리, 역사, 일반사회의
내용에 대한 지식을 지니고 있다.
- 사회과 내용 지식의 폭(범위)
- 사회과 내용 지식의 깊이(수준)
- 사회과 내용 지식과 관련된 탐구 방법의 이해

사회과 교사는 사회과 내용을 구성하고 있는 지리, 역사, 일반사회의
내용에 대한 지식을 지니고 있어야 하며, 사회과 내용 지식은 폭(범위)
과 깊이(수준), 지식과 관련된 탐구 방법의 이해 차원에서 평가될 수
있다.

■ 평가요소별 기준 제시(기준 3)

기준 3: 사회과 교사는 사회과 내용을 구성하고 있는 지리, 역사, 일반사회의
내용을 학생들이 접하는 일상과 맞물려서 가르치는 데 필요한 지식과 교수 능
력을 지니고 있다.
- 사회과 관련 관심과 흥미 파악
- 사회과 내용의 선정 및 조직 능력
- 재구성 내용에 대한 효과적인 교수방법 지식

사회과 교사는 사회과 내용을 구성하고 있는 지리, 역사, 일반사회의
내용을 학생들이 접하는 일상과 맞물려서 가르치는 데 필요한 지식과
교수 능력을 지니고 있어야 하며, 교수법적 내용지식에는 사회과 관련
관심과 흥미 파악, 사회과 내용의 선정 및 조직 능력, 내용에 대한 효
과적인 교수방법 지식의 소유 여부가 평가될 수 있다.

Ⅳ. 사회과 수업평가 기준(안)의 활용

1. 수업평가 기준(안)의 상세화 예와 활용 방법

1) 교과내용지식 기준

■ 평가요소별 기준 제시(기준 2)

기준 2: 사회과 교사는 사회과 내용을 구성하고 있는 지리, 역사, 일반사회의 내용에 대한 지식을 지니고 있다.
- 사회과 내용 지식의 폭(범위)
- 사회과 내용 지식의 깊이(수준)
- 사회과 내용 지식과 관련된 탐구 방법의 이해

- 평가요소 해설 및 평가 방법 안내

사회과 교사가 사회과에서 다루어지는 내용에 대한 지식을 갖추는 것은 가장 기본적인 일이다. 사회과 교사가 갖춰야 할 사회과 내용 지식에는 크게, 지리, 역사, 일반사회 영역의 지식이 있다. 더 세분하면, 지리의 경우, 한국 지리와 세계 지리로 대표되는 지역 지리에 대한 이해와 함께 자연 지리와 인문 지리 등의 계통 지리와 관련된 지식이 필요하다. 역사의 경우에도 국사와 세계사라는 시대사 관련 지식과 더불어 정치사, 경제사, 사회사, 문화사 등의 분류사 관련 지식도 요구된다. 일반사회의 경우, 정치, 경제, 사회, 문화, 법 등의 지식이 요구된다.

교과 내용 지식과 관련해서 세 가지 주요한 평가 요소가 있는데, 하나는 지식의 폭과 관련된 것으로 사회과 관련 내용 지식을 얼마나 폭넓게 알고 있느냐는 것이다. 그리고 다른 하나는 세부 영역의 지식을 얼마나 깊이 있게 알고 있느냐 하는 것이다. 동시에 사회과 교사는 이러한 내용 지식을 산출할 수 있는 탐구 방법에 대한 이해도 갖춰야 한다.

즉 해당 지식과 더불어 해당지식을 생산할 수 있는 탐구방법도 알고 있어야 학생들에게 지식 그 자체뿐만 아니라 방법도 가르칠 수 있다.

이러한 사회과 내용에 대한 지식을 평가하기 위해서는 수업 관찰만으로는 부족하다. 물론 수업 중에 교사의 설명이나 학생들의 질문에 대한 반응 등을 통해서도 사회과 교사의 내용 지식수준을 살펴볼 수 있지만, 교사가 수업을 계획하면서 만든 각종 자료나 학생들에 대한 평가 자료를 통해서 확인할 수도 있다. 또한 교사 면담을 통해서 자료나 수업 관찰 결과를 확인하는 것을 통해서 최종적으로 확인해 볼 수도 있다. 체계적인 필기고사나 구술시험을 보는 것도 여러 방법 중에 하나이다.

- 평가자 질문 / 관찰 지표
(1) 사회과 내용 지식의 폭(범위)
- 자신의 전공 분야의 기본적인 개념과 원리를 이해하고 있는가?
- 자신이 전공하지 않은 분야의 기본적인 개념과 원리를 이해하고 있는가?
- 사회과를 구성하는 다양한 영역의 지식들을 통합적으로 이해하고 있는가?

(2) 사회과 내용 지식의 깊이(수준)
- 자신의 전공 분야의 세부 영역에서 전문적인 지식을 갖추고 있는가?
- 자신의 전공 분야의 최근 동향과 최신 지식과 이론들을 알고 있는가?

(3) 사회과 내용 지식과 관련된 탐구 방법
- 사회과 내용 지식을 산출하는 탐구 방법 및 절차를 알고 있는가?
- 사회과 내용 지식을 산출하는 탐구 방법을 활용할 수 있는 능력을 갖고 있는가?

- 수행 수준

미 흡	기 초	우 수	탁 월
교사는 자신의 전공하지 않은 분야뿐만 아니라 전공 분야에서도 기본적인 개념과 원리를 이해하지 못하고, 수업 지도 시 내용상의 오류를 범한다.	교사는 자신의 전공 분야에서 기본적인 개념과 원리를 이해하고 있으나, 다른 분야에 대한 기초 지식이 없어 사회과의 다양한 영역 지식들을 통합적으로 가르치지 못한다.	교사는 자신의 전공 분야뿐만 아니라 비전공 분야에서도 기본적인 개념과 원리를 이해하고 있고, 자신의 전공 분야에서는 전문적인 지식도 갖췄으며, 사회과의 다양한 영역 지식들을 통합적으로 가르친다.	교사는 자신의 전공/비전공 분야에 걸쳐 전문적인 지식을 갖추고 있으며, 사회과 내용을 통합적으로 가르칠 뿐만 아니라 사회과 내용 지식을 산출하는 능력도 함께 지녀서 이를 체계적으로 가르친다.

2) 교수(학)적 내용지식 기준

■ 평가요소별 기준 제시(기준 3)

기준 3: 사회과 교사는 사회과 내용을 구성하고 있는 지리, 역사, 일반사회의 내용을 학생들이 접하는 일상과 맞물려서 가르치는 데 필요한 지식과 교수 능력을 지니고 있다.
 - 사회과 관련 관심과 흥미 파악
 - 사회과 내용의 선정 및 조직 능력
 - 재구성 내용에 대한 효과적인 교수방법 지식

- 평가요소 해설 및 평가 방법 안내

사회과 교사는 사회과 내용을 구성하는 여러 영역의 내용을 학생들의 접하는 일상에 맞춰서 가르칠 수 있어야 한다. 사회과 자체가 학생들의 일상생활과 밀접하게 관련된 것으로, 학생들의 일상과 유리될 경우, 그야말로 시험을 위해 암기할 내용 이외의 아무런 가치가 없기 때문이다. 사회과 교사가 학생들의 일상에 맞춰서 수업을 하려면 우선, 사회과 내용 지식을 학생들의 관심, 흥미, 필요에 맞추어서 재구성할 수 있는 능력이 요구된다. 따라서 사회과와 관련된 학생들의 관심과 흥미가 무엇인지를 이해하고, 이를 토대로 사회과 관련 내용들을 재구성하고, 이렇게 재구성된 내용을 효과적으로 가르칠 수 있는 방법지가 있어야 한다.

사회과 내용 재구성 지식 및 능력과 관련하여 세 가지 주요한 평가요소가 있는데, 하나는 사회과와 관련된 학생들의 관심, 흥미, 필요 등을 파악하는 것으로 이는 '학생들의 발달과 흥미에 대한 이해'영역과도 관련 깊은 요소이다. 다음으로 교사는 사회과 내용을 학생들의 관심, 흥미, 필요에 맞게 재구성할 수 있는 내용 선정 및 조직 능력이 있어야 한다. 끝으로 교사는 이렇게 재구성된 내용 지식을 효과적으로 가르칠 수 있는 다양한 방법들에 대해서 알고 있어야 한다.

이러한 사회과 내용 재구성 지식 및 능력을 관찰하기 위해서는 수업 관찰과 더불어 교사가 사회과 수업 설계 과정에서 준비한 각종 자료들을 검토하는 것이 필요하다. 특히 학생들에게 제시한 각종 자료나 평가지, 그리고 학생들의 수업에 대한 반응도 살펴볼 필요가 있다. 또한 교사 면담을 통해서 자료나 수업 관찰 결과를 확인하는 것을 통해서 확인해 볼 수도 있다.

- 평가자 질문 / 관찰 지표
(1) 학생들의 사회과 관련 관심, 흥미, 필요에 대한 지식
- 학생들이 관심 있는 사회과 주제나 이슈들을 알고 있는가?
- 학생들이 사회과 관련 흥미를 끄는 방법에 대해 알고 있는가?
- 학생들의 사회과 관련 필요를 파악하는 능력을 갖고 있는가?

(2) 학생들의 수준에 맞춘 사회과 내용 선정 및 조직 능력
- 학생들의 수준에 맞춰 사회과 내용을 선정하고 있는가?
- 학생들의 수준에 맞춰 선정된 내용을 효과적으로 조직하여 제시하고 있는가?

(3) 재구성한 내용을 가르치는 효과적인 방법에 대한 지식

－재구성한 내용을 효과적으로 가르치는 방법을 알고 있는가?

－수행 수준

미 흡	기 초	우 수	탁 월
학생들의 관심, 흥미, 필요에 대한 지식을 부족하여 사회과 교과서 내용을 있는 그대로 가르치는 경향이 있다.	학생들의 관심, 흥미, 필요에 대한 지식은 갖고 있으나 사회과 내용 재구성 능력이 떨어져서 사회과 내용 선정 및 조직이 체계적이지 못하다.	학생들의 관심, 흥미, 필요에 대한 지식을 토대로 사회과 내용을 체계적으로 선정 조직하여 학생들에게 제시한다.	학생들의 관심, 흥미, 필요에 대한 지식을 토대로 사회과 내용을 체계적으로 선정 조직할 뿐만 아니라, 이를 효과적으로 가르치는 방법도 알고 있다.

2. 사회과 수업평가 기준(안)의 적용 분야

1) 자기 진단 및 동료 장학 프로그램의 개발, 적용, 평가

앞에서 사회과 수업평가 기준(안)의 자료(프로그램)화를 이야기하면서 언급하였지만, 사회과 수업평가 기준(안)의 활용은 우선적으로 자기 진단 및 동료 장학 프로그램 개발, 적용, 평가 과정에서 이루어져야 한다. 설문에서도 수업 전문성 발달을 위한 효과적 지원 방안에 대해서, 교사들이 가장 먼저 꼽은 것은 '수업 진단을 위한 자기 평가 프로그램 개발 및 지원'(53.1%)과 '현장과 연계된 교사연수(재교육)실시'(50.6%)였다. 이 밖에도 '자율적인 교과 연구 활동의 강화'(42.0%)와 '교내 동료 장학의 활성화'(28.4%) 등이 비교적 높은 비율을 차지하는 것으로 나타났다. 이는 교사들이 어떤 물질적 보상이나 승진과는 무관하게 자신의 수업에 대해서 체계적으로 진단하고 평가하고 싶어 한다는 것을 반증해

준다. 따라서 교사들이 손쉽게 사용할 수 있는 자기 진단 프로그램과 동료 장학 프로그램의 개발이 가장 먼저 이루어져야 한다. 앞에서 언급한 사회과 수업평가 기준 전체가 하나의 개괄적인 프로그램으로 만들어질 수도 있고, 각 평가 영역이나 요소마다 또는 각 기준마다 세부적인 프로그램을 만들 수도 있다. 그리고 프로그램의 유형도 간단한 체크리스트부터 온라인 수업장학 프로그램에 이르기까지 다양하게 개발될 수 있다. 물론 이러한 과정에서 기준에 대한 수정과 새로운 기준의 추가, 그리고 세부적인 척도의 개발이 병행되어야 할 것이다.

2) 교사 교육 및 연수 프로그램 개발, 적용, 평가

자기 진단 및 동료 장학 프로그램과 더불어 궁극적으로 사회과 수업평가 기준(안)이 활용되어야 할 분야는 교사 교육 및 재교육(연수) 분야이다. 자기 진단과 동료 장학을 통하여 사회과 수업평가 기준이 어느 정도 정련되고 자료(프로그램)화 되면, 교사 교육이나 연수 과정에서 사용할 수 있는 교육 프로그램으로 개발하여 적용해 보아야 한다. 수업 관찰 및 면담 과정에서도 동일한 의견이 있었는데, A고의 a 교사는 기준안을 설계하는 과정에서 교사 교육과 교사 연수가 함께 이루어져야 한다는 의견을 제시하였다.

> a 교사: 사회과에서 가르쳐야 할 '교육과정 기준'과 이를 수업에서 잘 가르치는 '교수 기준', 그리고 이와 연계된 교사 교육과 교사 연수가 이루어질 때 비로소 의미 있는 변화가 있을 수 있다.

사실, 정식 교사가 되기 전에, 또는 교직 생활을 어느 정도 하고 나서 교사 교육 및 연수 과정에서 사회과 전문성 기준에 비추어 각 기준 요소를 달성하는 데 필요한 지식과 능력을 기를 수 있는 기회를 제공해 주어야 한다. 그동안 교·사대 교육의 교육과정이나 교사 재교육(연수) 프로그램은 학교 현장의 실제와 유리되어 이루어진 것이 사실이다. 그리고 대부분의 신규 교사들은 교육 현장에 나와서 시행착오를 통해서 전문성을 길러 왔으며, 일정 경력 후에 받는 연수에서도 대학에서 배웠던 것과 비슷한 내용을 강의받곤 했다.

설문 결과에서도 수업평가를 활성화할 수 있는 효과적인 보상체제에 대해서는 '국내·외 연수기회 제공'(59.3%)에 가장 많이 응답했고, 물질적 보상(27.2%), 명예 부여(27.2%), 연구 점수 및 승진 기회 부여(25.9%)에 대해서는 일부 교사들만 호응하고 있는 것으로 나타났다.

이러한 결과를 반영하여, 국내외 교사 연수를 그냥 보상 차원에서만 활용하지 말고, 자기진단과 동료장학 프로그램을 개발·적용하는 과정에서 수업을 잘 하는 것으로 인정받는 교사들에게 수업 전문성과 관련된 보다 전문적인 국내·외 연수과정을 이수하게 하고, 교·사대의 '임상 담당 겸임 교수'로 발탁하거나, 각 시도교육청의 연수 전문 강사로 위촉하는 것도 대안이 될 수 있을 것이다.

물론 기존 교·사대 교수들이 학교 현장과 수업 전문성에 관심을 가지고 참여하는 것도 매우 바람직하다. 그리고 보다 정련되고 구체화된 수업평가 기준을 가지고 예비 교사 양성을 위한 교육과정 개발에 활용할 수도 있을 것이다. 현장 교사들도 비슷한 생각을 피력하였다.

d 교사: 수업평가 기준은 예비교사 양성을 위한 교육과정 개발에는 매우 유용하리라고 본다. 교육실습과정이나 신규교사 연수에는 하나의 예시적인 지침과 앞으로의 수업의 방향을 정하는 데 많은 도움이 될 수 있다고 생각한다.

예비 교사들이 사회과 수업에 대해서 제대로 준비가 되어 학교 현장에 나온다면 바람직하겠지만, 현실은 그렇지 못하다. 따라서 향후 사회과 수업평가 기준이 마련되어서 교·사대의 교사교육 과정을 통하여 예비 교사들이 사회과 수업과 관련된 실제적인 전문성에 익숙해져서 학교 현장에 나올 수 있다면 선배들이 겪었던 잘못이나 실수를 다시 반복하지 않아도 될 것이며, 보다 앞선 출발점에서 선배들이 고민하지 않은 부분까지 고민할 수 있는 시간과 기회를 가질 수 있을 것이다. 그러한 고민의 과정을 통하여 교사로서의 수업 전문성이 축적되고, 사회과 수업이 보다 내실화될 수 있을 것이다.

V. 결 론

1. 요 약

이 연구는 문헌 연구, 전문가 협의회, 좋은 수업에 대한 설문 조사와 수업 관찰 및 면담 등을 통해서 사회과 수업 평가의 영역과 요소를 설정하고, 외국의 개발 사례를 참조하고, 본 연구자들의 상호 협의하에 사회과 수업 평가 기준(안)을 개발하였다.

이러한 과정에서 만들어진 사회과 수업 평가 기준(안)은 크게 기본 지식과 능력, 수업 기획 능력, 수업 실행 능력, 전문성 제고라는 네 가지 대영역에 걸쳐 구성되어 있다. 이러한 구성 방식은 앞에서 언급한 바와 같이 수업의 흐름을 기본적인 사회과 수업 평가의 영역으로 설정하되, 수업 운영의 단계를 '수업 기획'과 '수업 실행'으로 나눈 것이다. 이러한 네 가지 대영역의 하위 영역으로는 각각 2개에서 4개 정도의 중영역이 설정되어 있고, 이러한 중영역별로 기준을 하나 이상 제시하였다.

이렇게 제시된 기준(안) 중에서도 특별히 '기본 지식과 능력' 부분에 대해서는 일부 상세화를 시도하여, 대영역개관을 기술하고, '사회과 내용의 이해' 부분의 중영역개관을 기술하고, 해당되는 2개 기준에 대해서 평가 요소별 기준 제시, 평가 요소 해설 및 평가 방법 안내, 평가자 질문/관찰 지표, 수행 수준 등을 개발하였다. 이러한 상세한 작업을 추후에 다른 대영역에서도 이루어질 예정이며, 동시에 상세화 초안이 만들어지면, 현장 전문가들의 협의와 추가적인 수업 관찰 및 면담을 통해서 이를 검증하는 작업도 추후 병행할 예정이다.

이 연구의 결과물이라고 할 수 있는 사회과 수업 평가 기준안은 우선 현장 교사들의 자기 진단 및 동료 장학 프로그램과 연수 프로그램의 개발 틀로 활용할 예정이며, 예비 교사 교육이나 현장 교사 재교육이라는 큰 맥락 속에서 다양한 방식으로 활용할 계획이다.

2. 제 언

이 연구는 사회과 수업 평가의 출발점에서 이루어진 논의이다. 그리고 국내의 학교 현장 연구보다는 외국 문헌과 사례에 주로 의존하여 사회과 수업 평가 기준(안)도 개발되었으며, 아직 기준의 상세화도 완전하게 이루어지지 않았다. 따라서 우리나라 현실과의 접점을 찾는 가운데, 현실 적합성이 있는 기준(안)의 재구성과 상세화가 이루어져야 한다. 이를 위해서 몇 가지 제언을 하려고 한다.

첫째, 사회과 수업 평가에 대한 논의가 보다 확장되어서, 몇 사람들이 모여서 사회과 수업 평가에 대한 논의를 하는 것보다는 다수의 관련 당사자들이 모여서 열린 공간에서 교사의 수업 전문성과 평가 기준에 대한 논의가 활발하게 이루어져야 한다.

둘째, 사회과 수업을 공개하는 풍토가 조성되어, 자신의 수업을 동료 교사나 수업 평가 전문가에 보여주고, 수업과 관련된 담론이 형성되고 이를 수업 개선의 기회로 삼는 분위기가 만들어져야 한다.

셋째, 사회과 수업 평가 기준을 구체화한 다양한 프로그램의 개발·적용되어 추상적인 수업 평가 기준의 형태가 아니라 구체적인 프로그램의 형태로 보급되어 현장 교사들이 실질적으로 활용할 수 있도록 제시되어야 한다.

끝으로, 사회과 수업 평가에 대한 지속적이고 체계적인 연구가 이루어져야 할 것이다. 이러한 연구가 축적될 때 비로소 논리적이면서 실제적인 기준이 만들어지고 적용될 수 있다.

참고 문헌

강대현(2002). **사회과 교육 내실화 방안 연구: 좋은 수업 사례에 대한 질적 접근**. 한국교육과정평가원 연구보고 RRC 2002-4-4.

권기욱(2000). 초·중등학교 교사평가의 평가준거체계 개발 연구. **교육학연구**. 제38권 3호, 한국교육학회.

길양숙(1997). 동료교사의 수업평가에서 발견되는 수업평가의 실제적 기준. **교육과정연구**. 제15권 2호. 한국교육과정연구학회.

김남순(1991). **교사평가론**. 서울: 세영사.

김정원(2002). 질적 수업평가의 시도. **초등교육연구**. 제15권 2호. 한국초등교육학회.

노명완(2001). 중등교육과 교사의 수업전문성. **한국교원교육연구**. 제18권 1호. 한국교원교육학회.

박대수(2002). 전문성 신장 중심의 교사평가 모형 탐색: 포트폴리오, 자기평가, 관찰법, 면접법을 중심으로. **학생생활연구**. 제4호. 한국교원대학교.

박영석(2004). 사회과 교과 전문성 향상을 위한 교사평가 연구: 수업평가의 준거와 방법을 중심으로. **한국교과교육학회 2004년 정기 학술대회 자료집**.

박은혜·이현옥·임승렬 역(1999). **교사 발달에 적합한 장학의 이론과 실**

제. 서울: 정민사. / Reiman, A. J. & Thies—Sprinthalm, L.(1998). *Mentoring and Supervision for Teacher Development.* Addison Wesley Longman. Inc.

박종필(2002). 교사평가의 문제점과 개선방안 연구. **초등교육연구**. 제15권 2호. 한국초등교육학회.

배호슌(1991). **수업평가: 수업 효과 증대를 위한 평가적 접근**. 서울: 양서원.

배호순(1992). 교수효과 평가를 위한 준거체제 탐색 연구. **교육학연구**. 제 30권 4호.

안효준 외(2002). 수업연구 사례분석을 통한 수업평가 개선방안. **교육연구 발표논문집**. 제4집, 국가전문행정연수원.

원효헌(2002). 교수활동의 질 개선을 위한 교사 자기평가. **한국교원교육연 구**. 제19권 3호. 한국교원교육학회.

전제상(2001). 교사평가의 준거개발 연구. **교육행정학연구**. 제19권 2호. 한 국교육행정학회.

조영남(2001). 초등교사의 교사효과성 평가준거 개발에 관한 연구. **초등교 육연구**. 제14권 3호. 한국초등교육학회.

홍광식(1999). 주요국의 교사평가 비교. **한국교원교육연구**. 제16권 1호, 한 국교원교육학회.

Flanders, N. A.(1970). *Analyzing teacher behavior.* Reading. Ason—Wesley: MA.

Goodlad, J.(1984). *A place called school.* McGraw—Hill: New York.

NBPTS(2001). *Social Studies—History Standards.* National Board for Professional Teaching Standards.

Shaver, J. P. & Berlak, H.(1968). Curriculum decisions in the social studies. In J. Shaver & H. Berlak(Eds), *Democracy, Pluralism, and the Social studies.* Houghton Mifflins: Boston. p.1—10.

Shulman, L.(1987). Knowledge and teaching: foundations of the new reform. *Harvard Educational Review(57).* p.1—21

Stake R. E. & Easley J. A. Jr.(1978). *Case Studies in Science Education: Vol. Ⅱ. Design, over view, and findings.* Urbana, IL: University of

Illinois, Center for Instructional Research and Curriculum Evaluation.

Stodolsky, S. S.(1988). *The subject matters: Classroom activity in math and social studies.* University of Chicago Press.

Thornton, Stephen(1991). Teacher as a curricular-instructional gatekeeper in social studies, In J. Shaver(Ed), *Handbook of Research on Social Studies Teaching and Learning.* p.237-248.

Wasburn, P.(1986). The political role of the American school. *TRSE.* 14(1): 51-65.

White J. J.(1985). What works for teachers: A review of ethnographic research studies as they inform issues of social studies curriculum and instruction. In W. B. Stanley(Ed.), *Review of research in social studies education,* 1976-1983(pp.215-307). Washington, DC: National Council for the Social Studies, and Boulder CO: ERIC Clearinghouse for Social Studies / Social Science Education and Social Science Education Consortium.

Wilson, S. & Wineburg, S.(1988). Peering at history through different lenses: The role of disciplinary perspectives in teaching history. *Teachers college record,* 89(4), p.525-539.

제11장 사회과 수업 컨설팅 유형 및 사례[1]
─ 현장에 적용 가능한 사회과 수업 컨설팅 유형 및 사례 연구 ─

이 장은 교사의 실천 경험에 기초한 반성적 사고를 유도하기 위하여 학교 현장에 적용 가능한 사회과 수업 컨설팅[2]의 유형과 사례를 몇 가지 제안하고 있다.

첫 번째로 제안하고 있는 것은 현장 수업 사례 관찰 및 분석으로 간단한 수업 관찰지 양식을 가지고 동료 교사들이 쉽게 서로의 수업을 관찰·분석하는 방식이다.

두 번째로 제안하는 것은 교·사대 교생 및 초임 교사들을 대상으로 한 수업전문성 기준별 분석으로 교생 및 초임 교사들의 수업 전문성에 대한 진단과 처방을 체계적으로 하는 것을 목적으로 한다.

---

1) 이 장의 내용은 『사회과교육』 제46권 3호(2007)에 실린 '학교 현장에 적용 가능한 사회과 수업 컨설팅 유형 및 사례 연구'를 일부 수정한 것이다.
2) '장학'이라는 용어가 교사들에게 위계적이고 관료적으로 받아들여지면서, 최근 들어 수업 컨설팅, 멘토링, 수업 코칭 등의 용어가 대체되어 사용되는 추세이다. 외래 용어이어서 다소 거부감을 주기는 하지만, '장학'이 갖는 위압적이고 통제적인 의미를 탈피하여 순수하게 '문제 해결을 위해 해당 분야의 전문가(컨설턴트)의 도움을 받는 과정'이라는 업무 중심의 의미를 부각시킨다는 점에서도 장점도 있다(이화진 외, 2006).

세 번째로 제안하는 것은 주제별 실행 연구를 통해 학교급 및 경력별 혹은 공통으로 사회과를 가르치면서 부딪히는 문제들을 분석하고 이에 대한 처방으로 주제별 수업 컨설팅 프로그램으로 개발하는 것이다.

이러한 사회과 수업 컨설팅의 세 가지 유형 및 사례는 2004년부터 연구자가 여러 현장 선생님들의 도움을 받아 시행착오를 통해서 만들어 온 것으로 학교 현장의 일상적인 수업 컨설팅 정착을 위해 현재도 진행 중에 있다.

I. 서 론

학교에서 적용 가능한 사회과 수업 컨설팅은 어떤 것일까? 지금까지 다양한 형태로 이루어져 온 사회과 수업 모형의 적용과 시·도 교육청 및 단위 학교의 수업 장학은 왜 학교 현장의 일상적인 사회과 수업에 뿌리내리지 못하고 있을까? 그러나 이러한 수업 장학과 컨설팅에 대한 불신은 비단 사회과만의 문제는 아니며 연구자 개인의 인식만은 아닌 듯하다(남정걸, 2002; 주삼환, 2003; 임찬빈 외, 2004; 이화진 외, 2006).

그리고 수업 장학과 컨설팅에 대한 이러한 광범위한 문제 인식에도 불구하고 현재까지 우리나라 수업 장학과 컨설팅의 현주소에 대한 체계적인 연구를 찾아보기는 쉽지 않다. 또한 대부분의 관련 연구물이 외국의 수업 장학과 관련된 저서를 번역하거나 이러한 외국의 선례를 국내에 일부 적용한 연구들이 대부분이다. 최근에 그나마 수업 장학과 사회과 수업 장학에 대한 관심 고조와 일부 연구물들(김병찬, 1999, 류현종, 2004; 박영석, 2005)이 축적되고 있는 것은 매우 고무적인 일이다.

그러나 이러한 수업 장학과 컨설팅에 대한 관심 고조와 연구 실행에도 불구하고 아직까지 교·사대의 교육과정에서는 수업 장학과 컨설팅

이 큰 비중을 차지하지 않고 있다. 대부분의 교·사대에서 '초등사회과
교육Ⅰ 또는 사회과교육론'에서는 사회과의 역사와 전통을, '초등사회
과교육Ⅱ 또는 사회과 교재 연구 및 지도법'에서는 사회과 교육 내용
(교육과정 교과서)과 교수학습방법(수업모형)을 다루고, '초등사회과교
육연구 또는 사회과교육 실습'에서는 학생들 스스로 수업안을 만들고,
수업은 시연하는 수준에서 교·사대 교육과정이 편성·운영되고 있는
실정이다.

요는 교·사대 모두 예비 교사 단계 어디에도 현장 교사의 사회과
수업을 가지고 분석하고 비평하는 기회를 가지기 어렵다는 것이다. 교
수학습방법을 다룰 때는 외국(주로 미국)에서 논의되고 있는 수업 모형
들을 소개받는 정도이고, 수업안을 만들 때도 이러한 수업 모형을 해
당 교과 수업에 적용해 보는 수준이다. 그나마 최근에 들어 교대를 중
심으로 수업 참관 및 실습을 강조하여 4학년뿐만 아니라 2, 3학년에서
도 수업 참관 및 실습이 확대되는 점은 매우 고무적으로 보인다. 그러
나 연구자의 개인적인 경험으로는 이러한 교생 실습 과정에서도 수업
장학과 컨설팅의 경험을 할 수 있는 프로그램이 마련되어 있는 것은
아니다.3)

이러한 상황은 초임교사로 학교 현장에 발령을 받아 본격적으로 수
업을 진행하는 상황이 되어서도 마찬가지이다. 대부분의 학교 조직은
행정 업무 중심으로 조직되어 있거나(예, 교무부, 연구부, 학생부), 담임
업무 중심으로 조직되어 있어(예, 1학년부, 2학년부, 3학년부) 자신의
수업을 동료에게 공개하고, 동료의 수업을 참관하면서 수업 장학과 컨
설팅을 통해 일상 속에서 수업 전문성을 개발할 기회를 갖기 어렵도록

---

3) 경인교육대학교와 실습학교의 협조를 얻어 2005년부터 경인교육대학교 3학
   년 교생 참관 실습과 4학년 교생 실습에 참여해 왔다. 타 교대에 비해 상
   대적으로 교생 실습을 많이 강조해 온 경인교육대학교임에도 불구하고 체
   계적인 교생 수업 참관 및 실습 프로그램이 아직 마련되어 있지 않았다.
   다만 참관 및 실습 기회가 확대되고 있다는 점은 매우 고무적인 현상이다.

되어 있다. 좋은 수업을 위해 고민하고 실천하는 한 교사의 다음과 같은 넋두리는 그만의 이야기는 아닌 듯하다(강대현, 2002: 74).

> 가장 중요한 것은 뭐니 뭐니 해도 잡무 같아요. 학교에서 이래저래 뭐하고 집에 가서 수업 생각하고 …… 저야 아직 미혼이기 때문에 집에 가면 시간이 좀 있지만 ……

이처럼 학교에서 행정이나 담임 업무를 보고 집에 가서 수업 준비를 하게 만드는 학교 체제나 문화에 대한 개선 없이 일상적인 수업 장학과 컨설팅을 통한 교사 전문성 발달을 기대하기는 무척이나 어렵다고 할 수 있다. 그리고 이러한 현상은 다양한 전공 분야로 나뉘어 환자를 돌보면서 일상적인 회진과 공동의 시술 및 논의를 통해 전문성을 쌓아가는 의사들의 일상과 매우 대조되는 부분이다.

따라서 거시적으로는 예비 교사 교육과정을 바꾸고, 학교 체제와 조직을 개편하는 것이 일상적인 수업 장학과 컨설팅을 보편화할 수 있는 길이다. 그러나 이는 하루아침에 할 수 있는 일도 아니며, 한두 사람이 할 수 있는 일도 아니다. 그리고 이러한 교·사대의 정체성과 관행 및 풍토를 개편하고 학교의 정체성과 관행 및 풍토를 개편하는 방식을 통해 수업 장학과 컨설팅을 활성화하는 길은 다양한 이해관계를 조정하는 매우 정치적인 작업이며, 따라서 구성원들의 합의와 동조 없이는 강제적으로 개편하거나 바꿀 수 없는 일이다. 그리고 행정 업무나 담임 업무로 위주로 짜여진 현행 학교 체제 역시 행정 지원이 미비하고 상담 교사가 부족한 우리 학교 교육의 여건 속에서 나름대로 긍정적으로 기능하는 측면이 있기 때문에 쉽게 없앨 수 있는 것도 아니다.

그렇다면 현행 교·사대 및 학교 체제와 풍토 속에서 적용 가능한 수업 컨설팅은 없는 것일까? 기존의 예비 교사 교육 과정이나 행정 및 담임 업무 위주로 짜여진 학교 현장 속에서 적용할 수 있고 나름대로 유용성을 가질 수 있는 수업 컨설팅은 없을까? 교사 개인이 아니면 뜻이 있는 몇몇 교사들이 모여서 손쉽게 할 수 있는 수업 컨설팅, 교·사대 교수 개인들이 강의에서 학생들과 함께 쉽게 해 볼 수 있는 수업 컨설팅의 유형과 사례를 개발하는 것이 본 연구자가 몇 년 동안 시행착오를 거치면서 고민했던 바이다. 현재 100% 완성된 형태는 아니지만, 어느 정도 사회과 수업 컨설팅의 유형이 정해지고 사례가 축적되어서, 이를 공개하고 비판받는 것이 좋을 것 같아 학술대회 원고를 토대로 학술 논문의 형식을 빌려 발표하려고 한다.4)

참고로 본 연구는 학교 현장에 적용 가능한 사회과 수업 컨설팅 유형과 사례에 대한 현장성을 강조한 실행 연구(action research)라 할 수 있다. 연구자는 현장 교사는 아니지만 수년 동안 기꺼이 수업을 공개하여 수업 관찰 및 컨설팅 대상이 되어 준 교사 및 교생들과 함께 다양한 시행착오를 거쳐 현재의 세 가지 유형과 방식으로 수업 컨설팅 유형과 사례를 축적해 왔다. 따라서 본 연구에서는 질적 사례 연구에 자주 등장하는 학교 현장의 문화적 맥락에 대한 정보나 분석이 없으며, 개개의 수업 컨설팅 사례에 대해서 어떠한 과정을 거쳐 수업 컨설팅이 이루어졌는지에 대한 구체적인 정보도 제시하지 않았다.

이는 이 연구가(정확히 말하자면 이 실천은) 학교 현장에서 일반적으로 사용할 수 있는 '사회과 수업 컨설팅의 범주와 양식'을 발굴·개발하고, 실제로 따라할 수 있는 견본이 되는 유형과 사례들을 축적하여 공유하는 데 목적이 있었기 때문이다. 따라서 이 연구는 기존의 학술 논문과 달리 이론적 논의를 현실적으로 적용하는 방식보다는 현실적 시행착오와 그 결과를 정리하는 방식으로 논의를 진행하고 있다. 그리고 시행착오의 과정이라는 것도 사실은 여러 차례에 걸친 반복과 수정

4) 이렇게 학술 논문의 형식을 빌려 발표하게 된 데에는 사회과교육연구학회 학술대회 발표를 강요한(?) 성신여대 조대훈 교수와 학술대회 발표장에서 학교 현장에 필요한 시의적절한 연구라고 분에 넘치는 칭찬을 해 주시면서 본 연구에 대한 의문점을 꼼꼼하게 지적해 주신 경북사대부설초의 이운발 선생님의 격려 덕분이다.

의 과정이었기 때문에 여기서는 주로 현재 도달해 있는 상태를 제시하는 것에 초점을 두고 있다. 그런 점에서 이 연구의 가장 핵심적인 실천의 결과물인 세 가지 유형과 사례를 대표하는 샘플을 부록이 아니라 본문에 가장 중요한 자리에 배치하였다.

참고로 이 연구는 기존의 학술 논문 형식을 일부 수용하여 세 가지 유형과 사례를 제시하는 과정에서 이론적으로 참고가 되는 일부 문헌의 논의를 언급하거나 실제 연구 활동이 기록되어 있는 일부 문헌을 인용하고 있는데, 주로 연구자가 참여한 연구의 보고서를 중심으로 한 국내 문헌이며, 제시된 외국 문헌은 대부분 국내 문헌에서 재인용한 것임을 밝혀 둔다.

Ⅱ. 사회과 수업 컨설팅의 방향

교사 교육 연구 결과를 살펴보면, 해머니스 등은(Hammerness et al., 2005) '가르치는 것을 배우는 것'(learning to teach)이 어려운 이유를 세 가지로 정리하고 있다. 첫째, 관찰의 문제이다. 교사들은 교사가 되기 이전에 십수 년간 학생으로 수업을 관찰하고 학습해 온 경험이 있어, 교·사대 교육과정 및 현직 연수 과정 이수에도 불구하고 초임 교사로 발령받으면 자신을 학생 때 지도했던 선생님의 수업 방식을 무의식적으로 모방한다는 것이다. 둘째, 실행의 문제이다. 교·사대에서 배운 이론 중심의 학습만으로는 현장에서의 수업 실행이 용이하지 않다는 것이다. 즉 이론과 실천을 긴밀하게 연계하는 학습 경험의 결여가 이론에 기초한 새로운 수업 방식을 받아들이는 것을 꺼리게 만든다는 것이다. 셋째, 복잡성의 문제이다. 교사로서 하루를 보낸다는 것은 무수한 중첩된 의사결정을 해야 하는 것을 의미한다. 수업 실행, 학생 지도, 업무 처리, 행사 준비 등 교사로서 역할을 한다는 것은 교사 고유의 직분인 수업에 초점을 맞추는 것을 어렵게 한다는 것이다(이화진 외, 2006: 13 - 14에서 재인용).

이러한 세 가지의 문제는 교사의 수업 능력 발달을 저해하는 핵심적인 요인들로써 이러한 요인들을 어떻게 극복하느냐가 교사의 지속적인 수업 능력 발달을 도모하는 열쇠가 된다고 볼 수 있다. 지속적으로 이루어지는 일상적인 수업 컨설팅은 특히 이러한 문제점들을 극복하게 하는 데 효과적일 수 있다. 즉 자신 또는 다른 교사의 수업을 관찰하고 분석하면서, 자신의 수업을 반성적으로 성찰하는 과정에서 관찰의 오류를 극복하며, 교실의 복잡성을 이해하는 시각을 갖추게 되며, 전문적인 조력가와 의견을 나누며 이론과 실천을 접목하는 공통의 교수 언어를 발전시켜 나가게 될 수 있다.

그러나 우리나라 학교 현실은 이러한 일상적인 수업 컨설팅이 이루어질 수 있는 상황과 거리가 멀다. 한 설문 조사 결과에 따르면, 학교 현장에서 이루어지는 각종 장학 활동의 경우 장학자의 전문성 부족이나 교사가 수긍할 수 있는 평가 기준 부재로 기존의 수업 장학이 교사의 전문적 자질 향상에 거의 도움이 되지 못한다고 지적되었다.(임찬빈 외, 2004) 현행 장학 활동에 대한 이러한 부정적인 반응은 다른 설문 조사 결과에서도 여전히 나타나고 있었으며, 그 이유로는 가장 많은 응답이 장학자의 전문성 부족을 지적하고 있었다. 객관적 수업 장학 기준이 마련되지 않아 주관적 컨설팅이 되기 쉬운 점도 지적되었다. 수업 공개 거부 및 장학 기피 풍토도 거론되었다(이화진 외, 2006).

수업 컨설팅과 관련하여 외국 사례를 보면, 미국의 경우 수업 컨설팅 활동은 '동료 지원 및 평가(Peer Assistance and Review, PAR)' 또는 '동료 중재 프로그램(Peer Intervention Program, PIP)'으로 시행되고 있다. PAR과 PIP의 차이는, PAR의 경우 교사 지원 활동뿐만 아니라 교사 평가 활동까지 함께 수행한다면, PIP의 경우 교사 평가와 별도로 도움을 필요로 하는 교사들을 지원하는 활동에만 초점을 맞추고 있다는 점이다. 그래서 PIP는 평가와 지원을 분리하여 중재 교사가 부딪힐 수 있는 딜레마와 어려움을 면해 주는 이점이 있다. 반면에 PAR 프로그램의 강점은 무엇보다도 컨설턴트 교사와 초임 인턴 교사의 전문성 발달을 체계적으로 지원하고 있다는 점이다(이화진 외, 2006: 17−22에서 재인용).

여기서 중요한 시사는 바로 교사가 동료 교사를 지원하고 평가한다는 사실이다. 즉 교사들이 동등한 지위와 협력적인 관계 속에서 수업 지원과 평가의 주체와 대상으로서 활동한다는 것이다. 이런 점에서 볼 때 사회과 수업 컨설팅 역시 사회과 교사가 주체가 되어 동료 사회과 교사를 대상으로 전문성 발달을 체계적으로 지원하고 평가하는 방향으로 이루어져야 한다.

Ⅲ. 사회과 수업 컨설팅의 유형

앞에서 언급한 우리나라 교사 교육 일반의 문제점과 수업 장학 현실의 문제점을 극복하고, 교사가 주체가 되는 외국의 선례를 쫓아 성공적인 사회과 수업 컨설팅을 하기 위해서는 교사의 실천적 경험에 기초한 반성적 성찰을 촉진하는 것에 주목할 필요가 있다. 많은 연구들(Reiman & Parramore, 1993; Sprinthall, Hall, & Gerler, 1992; Sprinthall, Reiman, & Thies−Sprinthall, 1993)이 반성적 사고가 뒤따르지 않는 복잡하고 새로운 경험은 행위자의 도덕적, 개념적 발달에 어떠한 영향도 주지 못한다는 것을 보여주고 있다(박은혜 역, 2004: 95에서 재인용).

자신의 실험학교에 응시한 10년 경력의 교사에게 "10년을 가르쳤다는 의미인가요, 1년씩 열 번을 가르쳤다는 의미인가요"라고 되물은 듀이나 "반성적 사고가 없는 행동은 직극적 행동주의를 낳고, 행동이 없는 반성적 사고는 탁상공론이 된다"라고 말한 프레이리가 주장하고자 한 바는 모두 실천 경험에 기초한 반성적 사고의 중요성이다(박은혜 역, 2004: 95에서 재인용). 이는 실천 경험에 기초한 반성적 사고를 촉진하는 것이야말로 실천자인 개인으로 하여금 경험으로부터 의미를 구축할 수 있도록 도움을 주기 때문이다.

이런 점에 비추어 볼 때, 그동안 이루어진 사회과 수업 컨설팅은 우리의 실천 경험과 유리되고, 동시에 반성적 사고가 결여된 외국의 수업 모형 소개 및 적용과 학교 현장에서 이루어지는 형식적이고 행정적인 절차와 통과 의례 이상의 의미를 지니지 못한 수업 장학이 주를 이루고 있었다. 그리고 7차 교육과정 전후로 해서 교사 개인이나 교사 모임 차원에서 자발적으로 이루어져 왔던 수업 전문성 제고 노력도 대부분 수업 자료 개발이나 공유에 집중되어 왔다(강대현 외, 2004).

연구자가 추구해 온 사회과 수업 컨설팅의 유형은 기존의 수업 자료 개발이나 공유와 같은 기초적인 수준의 자기 연찬이나 동료 교사와의 협력에서 진일보하여 1) 서로의 수업을 공개하고 관찰·분석하는 것에서부터 출발하여, 2) 사회과 교사의 수업 전문성을 체계적으로 진단·처방하고, 3) 최종적으로는 대부분의 사회과 교사들이 범하는 문제나 오류들, 혹은 학교급이나 경력에 따라 달라지는 문제 상황을 가지고 주제별 실행 연구를 통해서 공동의 해결을 모색하는 것이다(이화진 외, 2005; 이화진 외, 2006; 강대현 외, 2005; 강대현 외, 2006).

교사의 실천 경험에 대한 반성적 사고를 촉진하는 것을 기본 방향으로 해서 앞에서 언급한 세 가지 접근 방식을 단계적으로 취해 온 사회과 수업 컨설팅은 다음과 같은 세 가지 유형의 수업 컨설팅에 대한 실행으로 자리매김해 가고 있다. 현재까지 사회과 수업 컨설팅은 현장 수업 사례 관찰 및 분석, 수업 전문성 기준별 분석, 주제별 수업 컨설팅 등 세 가지 유형으로 진행되고 있다. 따라서 수업 컨설팅의 전반적인 틀도 이러한 세 가지 형태를 기본 틀로 해서 이루어지고 있다. 이를 표로 나타내면 <표 1>과 같다.

〈표 1〉 사회과 수업 컨설팅의 유형

유형 및 방식	분석 초점	컨설팅 대상	컨설팅 과정
현장 수업 사례 관찰 및 분석	수업 조직	수업 공개 교사의 수업	수업 관찰 및 촬영 섭외→수업 관찰 및 촬영, 면담→관찰 및 면담 내용 분석→관찰 및 면담 결과 통보→자평 및 학생 및 동료 교사 의견 수렴
	교실 관리		
	교육적 변환		
	상호작용		
수업 전문성 기준별 분석	기본지식과 능력	교생 및 초임 교사의 수업	수업 관찰 및 촬영 섭외→수업 관찰 및 촬영, 면담→수업 전문성 기준별 분석→분석 결과 통보 및 처방 제시
	수업 기획 능력		
	수업 실행 능력		
	전문성 제고 노력		
주제별 수업 컨설팅	공통의 문제점	전체 교사 대상	수업 관찰 및 면담→주제(문제) 선정 →수업 관찰 및 면담→문제 명료화→ 수업 관찰 및 면담→대안 모색→수업 관찰 및 면담→대안 실행
	학교급별 차이		
	경력별 차이		
	전공별 차이		
	기 타		

첫째, 사회과 수업 컨설팅에서 가장 우선적으로 추진하려고 하는 것은 현장 교사들의 수업 공개를 일반화시키고, 이러한 허용적인 수업 공개 문화 속에서 서로의 수업을 관찰하고 분석할 수 있는 초점들을 함께 공유해서 자신의 수업을 반성하고 동료 교사의 수업을 비평할 수 있도록 하는 것이다. 이러한 기본 방향에 따라 본 연구자는 2002년도 사회과 교육 내실화 방안 연구(강대현, 2002)의 연장선상에서 '현장수업사례'를 지속적으로 발굴하고, 이에 대한 수업 관찰 노트를 기록하고, 관련 자료를 첨부하면서 교사들로 하여금 자신과 동료 교사들의 수업 관찰 및 분석 사례를 제공하고 함께 논의하는 장을 마련해 오고 있다(KICE 교수학습 개발센터 중등사회과방 현장수업사례 메뉴에 탑재되어 있는 자료 참조).

둘째, 예비 교사 및 초임 교사들을 대상으로 하여 교생 실습 기간이나 초임 수습 기간(우리나라에는 현재 공식적으로 없지만 대략 임용 후 6개월에서 1년 정도)의 수업을 관찰하고 이를 사회과 수업 전문성의 요소와 기준을 가지고 체계적으로 진단하여 수업 전문성이 비교적 높은 부분과 개발이 요구되는 부분을 진단하고 수업 전문성 개발에 필요한 정보나 내용을 제공하려고 한다. 이러한 기본 방향에 따라 사회과에서는 2004년도에 개발되어(임찬빈 외, 2004), 2006년까지 수정 보완된 '사회과 수업 전문성 기준'을 가지고,(임찬빈 외, 2006) 교생 및 초임 교사의 수업을 관찰하고 수업 전문성 기준으로 분석하는 사례를 제공하기 위한 도구들을 개발·적용하고 있다(KICE 교수학습개발센터 중등사회과방 수업전문성기준별 분석 메뉴에 탑재되어 있는 자료 참조).

셋째, 대부분의 사회과 교사들이 범하는 문제나 오류들, 혹은 학교급이나 경력에 따라 달라지는 문제 상황들을 가지고 주제별 실행 연구를 통해서 공동의 해결을 모색하고 주제별 수업 컨설팅 프로그램을 개발하려고 한다. 이러한 주제별 수업 컨설팅은 멘토와 멘티, 컨설턴트와 컨설턴트 대상이 구분하지 않고 함께 수업에서 직면하는 특정 문제에 대해서 심도 있게 고민한다는 점에서 진정한 의미의 수업에 대한 반성적 사고와 성찰이라고 할 수 있다(KICE 교수학습개발센터 중등사회과방 주제별 수업컨설팅 메뉴에 탑재되어 있는 자료 참조).

Ⅳ. 사회과 수업 컨설팅의 사례

사회과에서는 앞에서 언급한 세 가지 유형에 따라 현재까지 다음과 같이 수업 컨설팅 사례를 축적해 오고 있다.

우선 초기 현장수업사례 관찰 및 분석은 수업의 전·중·후의 과정 속에서 수업 준비, 수업 내용과 방법 및 자료, 수업 과정 및 분위기, 평가 등 네 가지 측면에 대해서 수업 관찰 기록을 쓰고, 관련 자료를 첨부하는 수준에서 이루어졌던 것이 수업 준비, 수업 내용과 방법(분위기 포함), 평가, 수업 개선 노력으로 항목이 조금 수정되었다. 그리고

2006년 들어 기본 기록 사항, 수업 분석 초점, 교사와 학생 면담 등 대 항목을 설정하고 수업 분석 초점으로 수업 조직(수업 내용 구성 및 전개 측면), 교실 관리(수업 운영 및 학습 분위기 조성 측면), 교수학적 변환(교육적 변환, 교과교육적 변환), 상호작용(교사와 학생, 학생과 학생 사이) 등으로 구분하여 관찰·분석하고 있다.[5]

이렇게 관찰·분석된 사례들은 수업 동영상과 함께 탑재되어 현장 교사들에게 공개되고 있으며(KICE 교수학습개발센터 중등사회과방 현장수업사례 메뉴에 탑재되어 있는 자료 참조), 주제별 수업 컨설팅의 기초 자료로도 활용하고 있다. 특히 의미 있는 '교수학적 변환'이 있는 경우에는 주제별 수업 컨설팅 중 사회과 내용 교수 지식[6](PCK)에 초점을 맞춘 사례로도 활용하고 있다. 참고로 2006년에 촬영하여 정리한 현장 수업 사례 관찰 및 분석 사례를 하나 제시한다.

---

5) 이러한 틀이 만들어진 계기는 조금 우연적이다. 연구자가 강의하는 대학에서 학생들이 타 강의에서 사용하고 있는 수업 관찰 양식을 가지고 와서 발표가 이루어졌고, 이를 연구자 참고하여 일부 항목을 추가하는 선에서 관찰 및 분석 양식의 항목 수정이 이루어졌다.

6) PCK를 이전 장들에서와 달리 '내용 교수 지식'으로 번역하여 사용하는 데는 나름의 이유가 있다. 기존의 '교수(학)적 내용 지식'은 내용 표상으로서의 PCK만을 강조하고 한국교육과정평가원에서 번역하여 사용한 '내용 교수법'은 교수 전략으로서의 PCK만을 강조한다. 그리고 일부 교과교육학자들이 사용해 온 '교과교육지식'은 교과교육학의 모든 지식을 포괄한다. 그래서 연구자는 '내용 교수 지식'이 이러한 문제점으로부터 비교적 자유롭고 중립적인 용어라고 생각하여 이를 사용하고 있다.

2006 현장 수업 사례 분석
─ C 교사의 중3 사회 수업 ─

1. 기본 기록 사항

1) 일시: 2006. 6. 28.(수)
2) 장소: C중학교 3학년 1반
3) 시간: 6교시 14:15 – 15:05
4) 교사: C 교사
5) 교재: 중학교 3학년 사회
6) 단원: 시장 경제에서 시장 개념과 가격 결정
7) 특이사항: 한 학년이 2 – 30명 내외의 학생들로 구성된 한 학급으로 이루어진 작은
　　　　　　 규모의 학교, 학생들도 서로에 대해서 잘 알고 있고, 교사도 마찬가지임.

2. 수업 분석 초점

1) 수업 조직(수업 내용 구성 및 전개 측면)

□ 도 입
- 전시 학습 확인: 지난 시간에 배운 시장 경제 체제 전반의 문제점(예, 경제 공황
등)을 다루면서 수업을 시작함. 시장 경제의 문제점을 발문을 통해 확인 – 시장경제
의 문제점 극복 위해 일부 사회주의 경제체제 요소(정부의 시장 개입) 결합, 혼합
경제 체제 등장.
- 본시 학습 소개: 시장 경제에서 문제점 해결은 시장가격이 해결, 시장 경제에서의
시장의 개념과 시장 가격은 어떻게 결정되는지 알아보자.
 * 전시 학습 확인에 비해 본시 학습 소개에 대한 설명 부분이 비교적 간결함. 좀 더
　상세히 오늘 배울 내용을 구조화하여 제시하는 것도 좋을 듯함.

□ 전 개
- 본시학습 1: 시장의 개념 – 시장이란 무엇인가? 시장이 뭘까 발문 – 학생들 자유스럽
게 대답, 교사가 칠판에 여러 가지 시장의 예(수산시장, 증권거래소, 콘서트, 노인
무료급식소, 프로야구경기장, 피아노학원)를 적고 난 후 시장이 아닌 것은? 하고 발
문 – 학생들의 답변을 들은 후 정리 – 공간적인 제약을 받지 않더라도 사려는 사람
과 팔려는 사람이 모여서 자발적으로 거래가 이루어지고 거래의 대가가 있으면 시
장이다. 다양한 형태의 시장 사진을 보여줌(파워 포인트 자료를 통해 눈에 보이는
시장과 눈에는 보이지 않는 시장을 예시를 가지고 순서대로 설명함).
 * 설명 방식의 장단점: 시장 개념을 접근함에 있어 예와 비예를 가지고 접근하는
　것은 매우 탁월한 방식임. 교사가 일방적으로 예와 비예를 제시하기보다는 학생
　들에게 시장의 예를 제시하도록 하고, 시장이라고 생각하는 이유를 말하도록 하
　는 것을 어떨까?
 * 설명에서 생각해 볼 점: 시장은 눈에 보이는 시장인 구체적 시장도 있지만 눈에
　보이지 않더라도 거래가 있는 시장이 있다고 설명하면서 은행, 증권거래소를 예로

듦. 여기서 학생들이 의문을 가졌을 것 같음, 왜냐하면 은행이나 증권거래소는 눈에 보이기 때문에 …… 시장은 구체적 시장과 추상적 시장으로 구분하는데 은행이나 증권거래소는 구체적 시장으로 봐야 함. 하지만 증권시장, 금융시장은 추상적 시장으로 구분함.

- 본시학습 2: 가격의 결정은 어떻게 되는가? 아이스크림 CF동영상 제시(죠스바) - 과거 100원짜리에서 500원짜리 죠스바 CF 제시하여 비교하고, 가격은 과연 누가 어떻게 결정하는가? 발문 - 답변 듣지 않고 가격 결정을 알아보기 위해 과거 교사의 경험을 이야기 해 주고 학교 축제 때 먹을거리 장터(팥빙수)의 예를 가지고 학습지 활동을 통해 시장가격 형성에 대하여 살펴보도록 함. 학생들을 공급자와 수요자로 집단으로 구분하고 공급자에게 얼마에 팔 것인가를 결정하도록 하면서 생산비용에서 원재료비를 계산해서 공급가격으로 결정하도록 함.
* 설명방식의 장점: CF 죠스바 동영상의 과거와 현재를 비교하면서 가격은 어떻게 결정될까? 수업 진행은 학생들에게 제시된 동영상 자료로 인해 흥미 유발이 효과적으로 이루어짐.
* 설명에서 생각해 볼 점: 가격은 원료비에 의해 결정되는 것이 아닌데 자칫 학생들이 가격은 원료비만으로 생각할 가능성이 있음. 가격은 원료비와 함께 노동력 값, 운반비, 이윤 등이 포함이 된다는 사실을 설명해야 더 명확할 듯 함. 동시에 이러한 공급자가 산정하는 비용을 토대로 한 가격이 시장에서 수요와 공급에 의해서 결정되는 균형가격과는 다른 것임을 명확하게 설명할 필요가 있음.

- 본시학습 3: 수요와 수요량, 공급과 공급량 구분해서 설명하고, 수요곡선, 공급곡선 그리기, 팥빙수의 수요, 공급량을 조사하고 그래프 그리게 함. 학생별로 작성한 것을 디지털 카메라로 찍어서 보여줌.
* 설명방식의 장점 1: 학생들의 실제 경험(축제)속에서 시장 가격에 대하여 알 수 있도록 유도 질문, 자연스럽게 질의 - 학생 답변이 이어지는 수업 진행 → 학생 스스로 수요곡선, 공급곡선을 그리게 하는 방식이 좋음.
* 설명방식의 장점 2: 학생이 작성한 수요 곡선과 공급 곡선 그래프를 가지고 설명함으로써 학생들의 이해 정도 파악에 효율적임.

- 본시학습 4: 수요곡선, 공급곡선을 통해 수요법칙, 공급법칙 개념 설명
- 본시학습 5: 돼지고기 가격 상승 관련 뉴스 동영상 제시 - 시청 후 발문 - 돼지고기 가격 상승 원인은? → 돼지 폐사로 공급이 감소하고, 월드컵 특수, 휴가철 예상으로 수요가 증가하여 이에 따라 가격이 상승하는 실생활의 뉴스를 통해 파악할 수 있도록 함, 또한 가격변동으로 수요자, 공급자의 의사결정에 변화가 옴을 설명
* 설명에서 생각해 볼 점: 돼지 가격의 상승 원인은 공급량의 변화가 아니라 '공급의 변화'이며, 수요량의 변화가 아니라 '수요의 변화'이다. 또한 가격변동으로 수요자와 공급자의 의사결정에 변화가 나타남을 설명하고 있는데 이는 오늘 수업에서 배운 '수요량과 공급량에 의해서 시장가격이 결정된다'는 현실적인 예로 적절하지 못함. 가격 변동에 따른 수요자와 공급자의 의사결정 변화는 추가적인 설명이 필요한 부분임.
* 여기서부터 교사의 설명이 조금 혼란스러워지고 설명이 꼬리에 꼬리를 물면서 복잡하게 이루어짐.

□ 정 리
- 본시 정리: 시장, 수요와 수요 법칙, 공급과 공급 변칙, 시장가격의 결정에 대해서 요약 정리함. 시장의 개념(구체적 시장, 추상적 시장), 수요와 수요 법칙, 공급 법칙 정리 우리들의 실생활에는 수요법칙과 공급법칙의 예외가 있다. - 예외에 대하여 정리 부분에서 강조하다 보니, 수요법칙과 공급법칙이 실생활에는 별 의미가 없는 것은 아닌가 생각할 수 있을 듯 함. 우리가 오면서 만난 시장이 많다. 우리를 둘러 싼 시장은 많다. 노인무료급식소와 같은 시장의 개념이 미치지 않는 영역이 존재 하고 때로는 더 중요할 수도 있다.
- 차시 예고: 다음 시간에는 가격의 변동(가격이 변동되는 원리)을 배울 것이다.

2) 교실 관리(수업 운영 및 학습 분위기 조성 측면)

- 너무 무더운 여름날이라, 선풍기 4대 가지고는 더위를 이겨내기가 어려움.
- 칠판의 오른쪽에는 스크린, 왼쪽 칠판을 이용하여 간단하게 판서 - 판서가 거의 이루 어지지 않아 수업 내용을 전반적으로 이해하는 데 있어 판서가 별다른 역할을 못함.
- 학생들 사이를 옮겨 다니면서 학생들을 두루 살피면서 수업 진행함.
- 학생들은 선생님의 지시에 따라 자연스럽게 활동을 함.

3) 교수학적 변환(교육적 변환)

- 교과 내용에 대한 오개념이 일부 있음.
- 가격의 결정을 축제 때 팥빙수에 대한 공급과 수요량에 대한 의사결정으로 다룬 것은 좋음.
- 학생들의 예외적인 의사결정에 대한 대처가 부족함.
- 수업에 시청각 자료를 적절히 활용함 - CF활용, 뉴스 동영상, PPT 학습 내용 정리
- 교사의 경험담을 이야기하면서 학생들의 참여를 유도 - 수요곡선, 공급 곡선을 각자 그리게 하고 학생이 그린 그래프를 가지고 수요곡선과 공급곡선을 설명하여 학생 활동을 중시함.
- 적절한 시청각 자료와 학생들의 참여가 잘 조화를 이룸.

4) 상호작용(교사와 학생, 학생과 학생 사이)

- 학생들에 대한 정확한 정보를 갖고 있으며, 학생들의 이름을 하나하나 불러 줌.
- 학생들과 상호작용이 원활한 편임.
- 학생들 사이에서는 학습지를 해결하면서 옆 친구와 의견 교환의 모습 보임.
- 학생들과 평상시 신뢰관계 형성되어 있음을 알 수 있었음.

3. 교사와 학생 면담

1) 교사 자평

사회과 교육은 사회 현상을 파악하고 사회생활에서 나타나는 여러 가지 문제를 합 리적으로 해결하기 위한 능력을 기르는 것을 목표로 한다.
그러나 사회 현상은 매우 다양하고 복잡하며 참으로 많은 변수가 나타난다. 사회 교 과서속의 내용만을 다루다 보면 이러한 사회 현상을 인식하는 데 한계를 느끼게 된다.

시장 경제에서 특정 재화의 정형화된 수요-공급 곡선을 통한 가격 결정은 설명하기에는 명료하지만 아이들의 흥미를 유발하고 가격 결정을 인식하기에는 역부족이다.

따라서 아이들이 친숙하게 접할 수 있는 축제 등의 소재나 시사 자료를 활용하는 것이 필요하다. 돼지고기 가격 상승과 관련한 뉴스 자료는 최신의 우리 지역 사회 이야기이므로 학생들의 흥미를 유발하는 것이 가능하다. 이때 단순히 돼지고기의 공급 부족으로 인한 가격 상승만을 다루어야 하는데 이런저런 이야기와 함께 설명이 가지치기를 하게 되고 그것이 오히려 수업의 독이 되기도 한다. 따라서 좀 더 섬세한 수업자료의 선정과 재구성이 필요함을 느끼게 된다.

사회과 수업에 유용한 시사 자료를 찾아내고 수업 자료로 재구성하는 것은 상당한 시간과 노력이 필요하며 부담스러운 일이다. 그러나 복잡하고 변수 투성이의 사회 현상을 인식하고 합리적인 선택을 하기 위해서는 다양한 소재의 학습 자료를 개발하고 재구성하여 수업에 활용하는 노력이 필요하다고 본다.

2) 학생 면담

- 시간 및 일정 관계상 학생 면담이 이루어지지 못함.

3) 동료 교사 비평

- 수업 말미에 등장한 돼지고기 가격 상승이 등장하는데 가격의 변동까지 수업하기에는 양이 너무 많고 혼란스럽지 않았나?
- 수요곡선이나 공급곡선을 그리지 못하거나 이해하지 못한 학생은 없는가? 있다면 어떻게 지도하나?

둘째, 수업전문성기준별 분석은 사회과 교사의 수업 전문성을 기본 지식과 능력, 수업 기획 능력, 수업 실행 능력, 전문성 제고 노력 등의 네 가지 대영역으로 나누고, 이를 다시 중영역과 세부 요소 및 기준으로 나누어 수업 관찰 및 분석뿐만 아니라 교사 면담이나 수업 관련 포트폴리오를 분석하는 것을 통해서 수업 전문성을 체계적으로 진단할 수 있도록 하고 있다. 이러한 수업 전문성 기준별 분석은 주로 교생이나 초임 교사를 대상으로 교생 실습 기간이나 수습 기간에 주로 적용하도록 하고 있다.

현재까지 수업 전문성 기준별 분석을 통한 수업 컨설팅은 주로 예비 교사를 대상으로 실시하고 있으며, 수업 전문성 기준의 여러 영역 중에서도 우선적으로 수업 관찰에서 두드러지게 나타나는 수업 기획 및 실행 능력에 초점을 맞추어 실시하고 있다(KICE 교수학습개발센터 중등사회과방 수업전문성기준별 분석 메뉴에 탑재되어 있는 자료 참조).

참고로 2006년에 촬영한 교생 수업을 대상으로 수업 전문성 기준별 분석 사례를 하나 제시한다.

다음은 사회과 수업 전문성 기준 관련 도구들을 가지고 2006년도에 촬영한 교생 수업을 대상으로 수업 전문성 기준에 따라 수업평가를 실시한 것이다. 여기서 등장하는 대상 수업은 2006년 5월 20일(토)에 G교대 3학년 교생이 인천 I초등학교에서 진행했던 초4 사회과 수업이며, 수업 관찰지 작성은 사후에 수업동영상을 관찰·분석하면서 이루어졌다.

대영역	중영역	사회과 수업 전문성 요소 및 기준	수행 수준				근거 및 의견
			미흡	기초	우수	탁월	
영역2. 수업 기획 능력	V.교육과정 재구성 및 수업 설계	V-1. [교육과정 재구성] 사회과 교사는 국가수준 교육과정 및 교과서를 자신의 수업상황에 맞게 구체적으로 재구성할 수 있다	∨				교육과정이나 교과서에 의도하는 핵심적인 아이디어인 경제생활에 있어 지역사회나 국가의 상호 의존과 그 이유보다는 국가 사이에 어떤 물건들이 교역되는지에 초점이 맞추어져서 수업의 핵심을 놓치고 있음.
		V-2. [수업설계] 사회과 교사는 자신이 재구성한 교육과정을 구체적인 수업을 통해 실현할 수 있도록 수업을 기획·설계할 수 있다.		∨			주어진 수업 시간 내에서 비교적 무난하게 수업 계획을 세우고 실행함. 단 유사한 발표가 반복되고 시간 배분을 제대로 하지 못함.
영역2. 수업 기획 능력	VI.수업 전략 및 자료 개발	VI-1. [교수학습방법 개발] 사회과 교사는 사회과 수업과 관련된 교수학습방법들을 종합하여 수업을 위해 적절한 교수학습방법으로 개발·재구성할 수 있다.		∨			강의, 질문, 발표 등의 수업 방법에 대해 고민하여 계획을 세웠으나 다양성과 융통성이 부족함.
		VI-2. [평가방법 개발] 사회과 교사는 사회과 수업과 관련된 각종 평가방법과 지표들에 대한 검토를 통해 학생들의 학습 정도를 파악하기 위한 적절한 평가 방법을 개발·재구성할 수 있다.	∨				수업 내용을 어떻게 평가할 것인가에 대한 고민이 부족함.
		VI-3. [수업자료 개발] 사회과 교사는 사회과 수업과 관련된 교과서 및 각종 관련 자료 들을 종합하여 의미 있는 수업자료로 개발·재구성할 수 있다.		∨			수업에 필요한 다양한 자료들을 성실하게 준비함. 그러나 동기유발 자료를 제외하고는 효과적이지 못함.

대영역	중영역	사회과 수업 전문성 요소 및 기준	수행 수준				근거 및 의견
			미흡	기초	우수	탁월	
영역3. 수업 실행 능력	Ⅶ. 수업 조직 및 전개	Ⅶ-1. [수업목표·의도] 사회과 교사는 수업을 실행함에 있어 수업 목표나 의도를 의미 있는 내용으로 적절하게 제시할 수 있다.	∨				수업 목표나 의도가 잘못되어 있음. 교역 물품을 외우는 것이 수업의 목표가 되고 있음.
		Ⅶ-2. [수업내용] 사회과 교사는 수업 목표를 달성하기 위하여 수업 내용을 효과적으로 구성하여 제시할 수 있다.	∨				수업 내용 역시 교역의 이유나 장단점이 아닌 교역 물품에 초점이 맞추어져서 있어 수업 내용의 의미가 없어짐.
		Ⅶ-3. [교수학습방법] 사회과 교사는 수업을 실행함에 있어 수업 내용에 따라 학생들의 흥미를 유도할 수 있는 적절한 수업 방법을 활용할 수 있다.			∨		동기유발을 비교적 잘 함. 질문이나 발표 안내도 잘 했으나 유사한 발표가 반복되면서 학생들의 흥미를 반감시킴.
		Ⅶ-4. [평가] 사회과 교사는 수업의 실행 과정에서 진단, 형성, 총괄 평가를 잘 활용하여 학생들의 학습 정도를 정확하게 파악하고 그 결과를 수업에 반영할 수 있다.					수업 시간에 이루어지는 다양한 평가 활동에 대한 고민과 계획이 없어서 학습 정도에 대한 적절한 확인이나 평가가 없음.
영역3. 수업 실행 능력	Ⅷ. 학습 집단 조직 및 환경 조성	Ⅷ-1. [학습 집단 조직] 사회과 교사는 수업을 실행함에 있어 적절한 학습 집단을 조직하고 학습 분위기를 조성할 수 있다.			∨		사전에 명찰을 붙이게 해서 학생들의 이름을 부르면서 비교적 잘 진행함. 조별로 조사해서 발표한다고 했으나 수업 시간에는 사실상 모둠 대표자의 개별 발표가 됨.
		Ⅷ-2. [상호작용] 사회과 교사는 교사와 학생, 학생과 학생 간의 상호작용이 활발하게 이루어지고 상호 존중하는 학습 환경을 조성할 수 있다.			∨		학생과의 호흡은 나쁘지 않으나 경력이 없어서 그런지 시간이 지날수록 학생들과의 상호작용이 사라짐.

대영역	중영역	사회과 수업 전문성 요소 및 기준	수행 수준				근거 및 의견
			미흡	기초	우수	탁월	
영역3. 수업 실행 능력	IX. 수업 결과 확인(반성/회고)	IX-1. [수업목표·의도 달성] 사회과 교사는 일련의 수업 실행 과정을 통해서 자신이 제시한 수업 목표나 의도를 달성할 수 있다.	V				수업 목표나 의도가 잘못 제시되어 달성 여부 자체를 따지는 것이 무의미해짐.
		IX-2 [수업 일관성 유지] 사회과 교사는 수업의 조직 및 전개 과정에서 일관성을 가지고 수업을 진행할 수 있다.		V			일관성은 있으나 잘못된 방향의 일관성임. 핵심적인 주제인 교역의 이유나 장단점은 수업 후반부에 대충 다루어짐.
		IX-3 [교육적 변환] 사회과 교사는 교과서 내용을 전달하는데 그치는 것이 아니라 교과 목표나 내용, 학생 관심과 흥미, 수업 모형이나 전략에 맞추어 교육적으로 의미 있게 변환시킬 수 있다.	V				창조적인 교육적 변환이 전혀 나타나지 못함. 오히려 핵심적인 수업 내용을 놓치고 있어서 수업의 의미가 사라짐.

셋째, 앞에서도 이미 언급했지만, 주제별 수업 컨설팅은 대부분의 사회과 교사들이 일반적으로 부딪히는 문제점이나 교사의 특성에 따라 달라지는 교수 행위를 분석하여 공동의 해결책을 모색하는 것이다. 즉 사회과 교사들이 공통으로 범하는 문제나, 학교급별로 차이를 보이는 문제, 경력별로 차이를 보이는 문제, 전공별로 차이를 보이는 문제 등으로 주제를 선정해서 분석하여 전체 교사를 대상으로 온라인과 오프라인에서 연수프로그램으로 제시하는 것을 목표로 하고 있다.

2005년부터 실험적으로 사회과 수업 컨설팅 주제를 발굴하였고, 이 중에서 네 가지 주제에 대해서 수업 컨설팅 프로그램 샘플을 개발하는 선에서 작업이 이루어져 왔다. 2007년 현재 이미 개발된 주제에 대한 프로그램을 정리하고 있고, 나머지 주제들에 대해서 문제의 정련화 작업과 함께 관련 수업 동영상을 확보하여 프로그램 초안을 개발하고 있다(KICE 교수학습개발센터 중등사회과방 주제별 수업컨설팅 메뉴에 탑재되어 있는 자료 참조). 참고로 동기유발을 가지고 초등 사회과 수업

과 중등 사회과 수업을 비교한 주제별 수업 컨설팅 프로그램 초안을
제시하면 다음과 같다.

관점(주제)1. 초등 사회과 수업과 중등 사회과 수업 비교: 초등 사회과 수업에서는 당연한 동기유발, 중등 사회과 수업에서는 ……

▶ **Intro**

연구자는 사범대학 출신이라 중학교에서만 몇 년 근무하면서 사회과 수업을 실제
했었고, 고등학교에 근무하는 선후배들을 통해서 고등학교 사회과 수업 현실에 대해
서도 익히 들어 왔다. 그러나 초등학교 사회과 수업을 보게 된 것은 한국교육과정평
가원에 온 이후의 일이었다. 처음 초등학교 사회과 수업을 보면서 느낀 점은 중·고
등학교 사회과 수업과 매우 다르다는 것이었다.

가장 먼저 눈에 띈 것은 소위 학습훈련이라는 것이었다. 즉 학생들에게 학년 초에
일종의 학습 훈련을 시키고, 이와 관련해서 매 수업 시간마다 반복 훈련을 시켜서
교사의 일정한 신호에 따라 학생 행동을 통제하는 것이었다. 학생들은 산만하게 행
동하다가도 교사의 특정 신호를 보면 파플로프의 개(?)처럼 일정한 행동을 취했다.
처음에는 우리나라가 전체주의 국가도 아닌데, 왜 이런 기계적인 훈련을 시킬까 의
아했다. 그러나 수업을 자주 보다 보니, 초등학생들의 관심이 유지되는 시간이 5분
내외라, 학습 훈련 없이 40분 수업을 진행하는 것이 현실적으로 무척 어렵다는 생각
이 들었다.

다음으로 초등 사회과 수업에서 눈에 들어온 것은 교사들이 내용보다는 방법에 더
많은 관심을 기울이고 있다는 것이었다. 즉 오늘 수업의 내용이 무엇인가보다는 오
늘 수업을 어떻게 할까에 보다 더 많은 관심을 기울이고 있었다. 이는 10개 교과를
가르치는 초등학교 현실과 교과 내용학보다는 교과 교육학에 더 많은 시간이 할애된
교대의 예비 교사 교육과정을 본다면 당연한 귀결이라고 할 수 있다.

그럼에도 불구하고 초등학교 사회과 수업에서는 학생들에게 다가가려는 노력과 학
생의 관심과 흥미에 맞는 활동을 조직하려는 교사의 관심이 보여서 좋았다. 특히 수
업 첫 부분에는 늘 동기유발의 과정이 있어서 학생들로 하여금 수업 내용에 본격적으
로 들어가기에 앞서 워밍업을 할 수 있는 기회를 제공하고 있었다.

왜 그럴까, 우선은 같은 교실에서 같은 선생님이 가르치는 초등학교의 특수성에서
기인하는 것으로 볼 수 있다. 지난 시간에 수학을 배웠는데, 다음 시간이 사회라면,
같은 교실, 같은 교사일 경우에 학생들의 관심을 바꾸는 작업이 필요할 것이다. 지난
시간까지 수학 교사였지만, 이제 사회 교사가 돼서 오늘 배울 사회 내용과 관련해서
학생들에게 흥미 있는 내용으로 동기유발하는 것, 초등학교 선생님들에게는 가장 큰
고민이자, 수업의 성패를 좌우하는 출발점이라고 할 수 있다.

그런데 이렇게 중요한 동기유발이 중·고등학교 사회과 수업에서는 찾아보기 힘들다. 물론 전시학습 확인과 함께 본시 학습과 관련해서 동기유발하는 중등 사회과 교사들이 없는 것은 아니지만, 대개는 전시 학습 확인, 심지어 진도 확인을 하고 수업을 바로 시작하는 것이 중·고등학교 사회 교실에서 더 흔한 풍경이다.

물론 중등학교에서는 매 시간 다른 선생님이 들어가서 새롭게 수업을 한다. 지난 시간의 국어 선생님과 이제 시작하는 사회 선생님은 대부분 다른 게 중등학교다. 학생들도 이제 사회 시간이라는 것을 알고 있고, 새롭게 들어온 선생님으로 인해, 사회 수업 준비를 하게 된다. 그렇다고 해서 아이들이 지난 국어 시간, 혹은 쉬는 시간에 있었던 일로부터 자유로운 것은 아니다. 중등학교에서는 교사가 바뀌었다는 사실이 동기유발이기도 하지만, 그것만으로 부족하다. 학생들은 사회 수업으로, 특히 오늘 배울 내용으로, 더더욱 그 내용을 왜 배워야 하는지에 대한 강력한 임팩트가 필요하다.

다음 사례는 초등학교와 고등학교 사회과 수업 도입 부분이다. 필자가 관찰하기에 이러한 수업 도입 부분은 초등학교와 고등학교 사회과 수업에서 매우 전형적인 사례이다. 그런데 이러한 전형이 학교급을 건너뛸 경우에는 아주 특수한 사례가 된다. 즉 초등학교 사회과 수업의 도입 사례는 고등학교에서는 거의 찾아볼 수 없고, 고등학교 사회과 수업의 도입 사례는 초등학교에서는 거의 찾아볼 수 없다. 초등학교의 사회과 수업 도입 방식을 고등학교에 적용한다면 어떤 일이 벌어질까? 반대로 고등학교의 사회과 수업 도입 방식을 초등학교에 적용한다면 어떤 일이 벌어질까?

▶ 사례 속으로 Go Go

<사례 1>
사례 1은 인천H초등학교 M 교사의 6학년 사회 수업이다. 6학년 1학기 사회는 우리나라 역사 부분으로, 오늘 수업은 개화기에 대한 내용이다. 그런데 M 선생님은 바로 개화기에 대한 수업을 시작하는 것이 아니라 다음과 같이 두 가지 결혼사진을 대조하는 것으로 수업을 시작하고 있다.

교사: 자기 여기 있는 사진 보세요. 자 이 두 사진의 차이점을 한 번 비교해 봅시다. 두 사진 사이에 어떤 차이점이 있어요? (한 학생을 가리키며) 민성이.
학생: 왼쪽 사진에서는 한복을 입고 결혼식을 하는데요. 오른쪽 사진에서는 현대로 돌아와서 드레스를 입고 결혼식을 ……
교사: 예, 왼쪽 사진에서는 한복을 입고 결혼식을 하고 있는데, 오른쪽 사진에서는 현대로 돌아와서 드레스를 입고 결혼식을 하고 있다. 또 어떤 차이점이 있어요? 두 가지.
학생: 왼쪽 사진은 우리나라 전통의 옷을 입고 결혼식을 하고 있고 오른쪽 사진은 서양에서 들어온 드레스 같은 걸 입고 결혼식을 하고 있어요.
교사: 왼쪽 것은 전통 것을 하고 있고 오른쪽 것은 서양에서 들어온 드레스를 입고 결혼식을 하고 있다. 자, 됐어요. 옷 말고 저런 결혼 풍속과 이런 결혼 풍속에 따라서 달라지는 모습들이 꽤 있었거든요. 자, 여러분이 보셨을 때, 왼쪽 그림이 어느 결혼식이에요?
학생: 전통
교사: 전통 결혼식이죠. 자 요즘은 저런 전통 결혼식을 많이 해요, 아니면 저런 서양식 결혼식을 많이 해요?

학생: 서양식

교사: 저런 결혼 방식에 의해서 달라지는 것들이 꽤 많았어요. 자, 예전 전통의 방식에 의하면 결혼할 때 누구의 뜻이 굉장히 중요하게 여겨져요?

학생: 어머니.

교사: 어머니?

학생: 아버지.

교사: 부모님 뜻이 굉장히 중요했어요. 그런 것에 비해서 요즘 결혼식은 누구의 뜻이 중요해요?

학생: 자기.

교사: 예, 결혼할 자기의 뜻이 중요하죠. 예, 이렇게 결혼식이라는 하나만 갖고서도 옷뿐만 아니라 그 결혼식에 담겨 있는 생각이나 이런 것들이 많은 차이가 있었어요. 그럼, 우리나라에 언제부터 저런 서양 것들이 들어오기 시작했을까요?

학생: (몇몇 학생만 작은 목소리로) 개화기.

교사: 서양의 문물들이 들어오던 그 시기를 우리가 뭐라고 불러요?

학생: (대부분 학생들이 큰 목소리로) 개화기.

교사: 개화기라고 부르죠. 그럼, 저 개화기를 중심으로 우리나라가 어떻게 달라지나, 예 그것을 공부하기로 해요.

교사: 학습목표 한 번 같이 읽어보세요.

학생: (학생 전체가 다같이 읽는다) 개화정책과 근대문물의 도입으로 달라진 사회 모습에 대해서 말할 수 있다.

교사: 예, 개화정책과 근대문물의 도입으로 인해서 사람들의 생활 모습이 어떻게 달라졌나, 예 그걸 가지고 공부하려고 해요.

※ 해당 부분의 동영상도 함께 첨부할 것

<사례 2>

사례 2는 C고등학교 L 교사의 고1 국사 수업이다. 7차 사회과 교육과정에서는 고1 국사가 분류사로 되어 있는데 오늘 수업 내용은 조선시대의 토지 제도에 대한 것이다. 그리고 지난 시간에 이와 관련해서 상당 부분 이야기를 한 바 있다. L 교사는 바로 지난 시간 배웠던 내용을 확인하는 것으로 수업을 시작하고 있다.

교사: 자, 지난 시간에 과전법에 대해서 배웠는데, 수조권이 뭐야?

학생: 십분의 일을 권리로서 받는 ……

교사: 십분의 일을 받아먹을 수 있는 권리, 자, 과전법은 지난 시간에도 이야기했지만 이거는 (판서하면서) 수조권을 나눠주는 그런 제도라고 했어. 토지를 나눠주는데, 토지를 백 프로 토지를 준 게 아니고, 원래 토지를 소유하고 있는 농민이 있다고 그랬지. 그 농민들에게 세금을 받는데, 대체로 세금을 받는 그 확률은 십분의 일, 십분의 일을 받는 것이 과전법이었습니다. 이게 수조권 분급이라고 했지. 그다음에 이렇게 수조권을 양반 관료가 갖는 땅을 뭐라고 그랬어? 사전이라고 했지. 사전은 수조권을 과전처럼, 수조권을 양반 관료들이 갖고 있는 거, 양반들이 갖고 있는 게 사전이야. 국가가 갖고 있으면

학생: 공전.

교사: 공전과 사전을 지난번에 이야기했습니다. 그런데 고려시대와 달리 조선시대에는 과전을 어느 지역에 준다고 그랬어?

학생: 수도권.

교사: 경기도 지역, 수도권은 지금 말하는 것이 수도권이지, 그때에 무슨 수도권이
있었어? 경기도의 땅을, 경기도의 토지를 사전으로 나눠졌다. 이것을 경기 사
전의 원칙이다. 이렇게 이야기했습니다. 근데, 원래는 이것은 일대에 한정해서 토
지를 지급했어. 일대에 한정해서 분급했는데, 죽으면 국가에 반납한다. 그 말이
야. 국가에 반납한다. 세습되는 토지가 있었다.

학생: 수신전.

학생: 민전.

교사: 민전은 물론 세습되는 토지야. 근데 그거는 이런 거하고 달리요.

학생: 한인전

교사: 한인전은 고려시대에 나온 거고 민전이란 건 잘 들어. 지난 번 얘기했잖아. 송대
근은 좀 덜 가난한 농민이야. 얘는 왜 좀 덜 가난한 농민이냐 하면, 자기 아버지
때부터 이 땅을, 이 땅을 물려받았어. 요 땅을 뭐라고 그랬어? 요게 민전이야. 민
전은 세습될 수밖에 없어. 그러니까 대근이가 죽으면 이 땅을 누가 갖게 돼?

학생: 대근이 아들.

교사: 대근이 아들이 갖게 된단 말이야. 자, 좀 덜 가난한 농민 대근이가 원래는 십
분의 일을 누구한테 냈어?

학생: 나라에

교사: 국가에 냈어. 국가에 내는 땅을 뭐라고 했어

학생: 공전.

교사: 누구야 여기는 약관 20세에, 어디 갔어? 주효진.

학생: 주효진.

교사: 주효진이가 약관 20세에 과거에 꼴등으로 합격했어. 경기도 가평에 있는 송대
근의 땅을 과전으로 받았어. 그러면 이제 십분의 일을 누구한테 내는 거야? 민
전이라는 것은 사전이냐 공전이냐와 상관없이 그냥 그대로 국가가 아니라 개
인이 갖고 있는 땅이 민전이란 말이야. 과전하고 달라요. 송대근이 주효진에게
십분의 일을 내는 거, 요걸 보고 과전법이라 그러는 거야. 주효진이 약관 20세
에 과거에 합격했기 때문에 50세가 되면 정승이 될 수 있지만, 과로로 30세에
과로사한단 말이야. 그러면 이걸 반납해야 한단 말이야. 그래서 주효진이 죽고
나면 이것을 다시 공전이 되는 거야.

※ 해당 부분의 동영상도 함께 첨부할 것

　사례 1은 소위 동기유발이라는 과정을 통해서 오늘 우리가 배우는 내용에 대한 의
미나 동기 부여를 하는 도입 부분을 갖고 있는 수업이다. 그런데 사례 2는 그런 과
정 없이 바로 수업 내용으로 들어가는 형태를 띠고 있는 수업이다. 물론 사례 2의
경우에도 우리나라 역사의 한 부분이라는 사실, 그리고 수능 시험에 나올 내용이라
는 사실로 인해 학생들은 동기 부여가 되어 있다고 할 수 있다. 그러나 매 시간 학
생들이 자신이 배우는 내용에 대해 흥미를 갖고, 의미를 찾을 수 있기 위해서는 동
기유발의 과정은 매우 중요해 보인다. 여러분은 이러한 동기유발의 과정을 하고 있
는가? 하고 있다면 어떻게 하고 있는가? 학생들은 정말 여러분의 의도대로 흥미를
갖고, 의미를 부여하면서 수업에 임하게 되는가?

▶ 그러면 나는(우리는)?: 자기 진단

　학생들은 하루 종일 학교와 학원에서 수업을 듣고 있다. 그리고 그러한 과정을 이
십 년 정도 보내야 성인이 될 수 있다. 따라서 여러분이 하고 있는 수업에서 동기유발

은 무디어진 학생들의 관심과 사고를 자극하는 중요한 촉매제이다. 여러분의 수업 도입에서 동기유발의 과정, 즉 학생들의 주의를 끌 수 있는 방법이나 도구가 사용되고 있는지 확인해 보자

교실 수업에서 교수의 다양성을 검증하려고 할 때, 아래에서 제시된 형식을 활용해서 여러분의 조사를 강화할 수 있다. 이러한 기록은 당신으로 하여금 주의를 끄는 도구들을 보다 상세하게 살펴보도록 도울 수 있다. 왜냐하면 그것은 주의를 끄는 도구들을 네 가지 범주, 즉 언어적 진술과 질문, 시각자료, 매체, 실물(실제 혹은 제시된 주제의 실제 같은 예들)로 구분하기 때문이다.

여러분은 교사들이 이런 네 가지 범주 중에 하나 이상을 동시에 사용하는 것을 쉽게 관찰할 수 있을 것이다. 예를 들어 선장 일지와 초기 대양을 횡단했던 해양 탐험가가 사용했던 육분의 사진을 보여주면서 호기심을 자극하기 위한 질문(콜럼버스가 미국 대륙에 도착하는데 얼마나 걸렸을까요?)으로 시작할 때처럼 말이다. 이런 경우에는 여러분은 이 수업 주제에 해당되는 줄에 세 개의 체크 표시를 하게 될 것이다. 여러분은 수업이 진행되는 동안 수업 주제 밑에 (연속적으로) 같은 표시를 함으로써 주의를 끌기 위한 방법이 반복적으로 사용되고 있다는 것을 인식할 수 있다.

만약 같은 교사의 많은 (다른) 수업을 관찰하는 데 이 체크리스트를 사용한다면, 여러분의 기록은 한 교실에서 반복적으로 사용되는 주의를 끄는 방법들, 거의 사용되지 않는 방법들, 같은 수업 내에서 서로를 보완하기 위해 사용되는 방법들(예를 들어, 그 교사는 호기심을 자극하기 위해 시각 자료와 함께 언어 진술을 뒤이어 사용하는 경향이 있다.)과 같은 다양한 측면을 보여줄 것이다. 전체 빈도수나 퍼센트는 마지막 줄에 표시될 것이다. 특정한 교사들이 사용하는 주의를 끌기 위한 다양한 방법들을 관찰하게 되면, 여러분은 그것들이 학생들에게 미치는 효과에 대해 면밀히 살펴보고 싶어질 것이다. 이런 관찰은 자신의 수업에 주의를 끌기 위해 어떤 방법을 사용해야 할지 결정을 내리는 데 도움을 줄 것이다.

	구두 진술과 질문						시각매체				미디어			실물교재			
날짜	수업 주제	호기심	반박	논쟁 유발	놀람	기타	표/차트	칠판	사진/그림	기타	오디오	필름/TV/비디오	컴퓨터	살아있는 생물	모형	전문적/실습용 장비	기타

▶ 잠깐 실습해 볼까요.

다음은 서울 D고등학교 P 교사의 고1 지리 수업 동영상이다. 이 수업 동영상에서 학생들의 주의를 끌기 위해 어떤 방법과 도구가 사용되었는지 찾아보자. 일단 위의 체크리스트를 활용하여 양적으로 분석하고 난 후, P 선생님의 경우에는 어떤 관점과 방식으로 학생들을 동기유발하고 주의를 끌고 있는지 토론해 보자.
  ※ 해당 부분의 동영상도 함께 첨부할 것.

▶ 참고 자료: 동기유발을 위해 주의를 끄는 도구 사용하기

교수의 다양성의 가장 분명한 차원들 중의 하나는 주의를 끄는 도구들을 사용하는 것이다. 이것들은 학습자의 수용적인 양식(modalities)과 그것들과 관련된 인지적 과정들을 자극하기 위해 수업 도입 부분(때로는 수업 중간에)에서 사용된다. 주의를 끄는 도구들은 그림, 시청각 매체, 생생한 실연 등과 같이 다양한 형태를 띨 수 있다. 그것들은 도전적인 질문 던지기, 딜레마나 당황스러운 상황 제시하기, 독특한 시각 전시를 동반한 침묵하게 만들기 등 덜 극적인 형태를 취할 수도 있다. 극적이든 심세하든 간에 주의를 끄는 도구들은 시각과 청각 수용 양식을 일깨우고, 그것들과 결합된 인지적 과정들을 자극한다.(Goetz, Alexander, & Ash, 1992; Mayer, 1987) 초기 활동이나 수업의 분위기나 속도에서 이러한 의식적인 변화 없이, 학습자들의 주의는 수업에 완전히 집중될 수 없다. 주의를 끄는 도구들은 교실 생활을 보다 즐겁고 덜 엄격하게 만드는 (수업에 있어) 높고 낮음의 자연스러운 순환을 만드는 데 도움을 준다.

가장 일반적인 주의를 끄는 도구들 중 하나는 학생들의 호기심을 불러일으키는 것이다. 이것은 (측정의 단위에 대한 수업에서) "우리가 마력이란 단어를 어떻게 갖게 되었는지 생각해 본 적이 있나요? (신화에 대한 도입 수업에서) 그리스 신의 이름에서 온 인기 있는 자동차에 대해서 아는 사람 있어요? 또는 (양서류에 관한 수업 시간에서) 어떤 생물들이 물과 땅 모두에서 살 수 있는지 생각해 본 적이 있나요?"와 같은 사고를 불러일으키는 질문을 함으로써 성취될 수 있다. 이러한 질문들은 도입 (openers)이라고 불린다. 그것들은 하나의 정답을 가지거나 이어지는 상세한 내용을 정확하게 반영하여 기획된 것이 아니라, 학생들이 이어지는 보다 상세한 내용과 질문들에 보다 수용적이 되도록 학생들을 즐겁게 하고, 자극하고, 때때로 혼란스럽게 하기 위해 고안된 것이다. 도입(openers)으로서의 역할을 하는 다른 방식의 질문들은 다음과 같다.

☐ 놀라게 하고 충격을 주기 – 태양이 결국 모든 에너지를 쓰고, 지구는 완전히 어둡게 된다는 것을 얼마나 많은 사람들인 인식하고 있을까요?(과학 수업 시간에)
☐ 논쟁 촉진하기 – 어떤 작가들은 개인은 항상 그들이 사는 사회와 투쟁할 수밖에 없다고 믿는다. 다른 작가들은 개인이 사회와 조화를 이루면 살 수 있다고 믿는다. 어느 게 사실인가?(읽기수업 시간에)
☐ 모순을 제시하기 – 왜 그리스 제국이 최고로 강할 때 멸망했다고 생각하나요?(역사수업 시간에)
☐ 호기심을 자극하기 – 육안으로 하등 동물의 생활을 볼 수 있다고 생각하는 사람? (생물수업 시간에)

도표, 그림, 실물 같은 모형, 영화, 상호작용하는 비디오는 학습자의 주의를 끄는 다른 도구(보조물)들이다. 이러한 도구들은 이를 동반하는 구두 제시가 청각에 호소하는 동안에 학생들의 시각에 호소하는 데 사용된다. 이러한 종류의 도입(openers)들은 그날 수업에 사용되는 자료 샘플들이나 수업 시작 전에 학생들이 만지거나 느낄 수 있는 장비들(예를 들어, 저울, 버튼, 계량기)을 포함할 수 있다. 그래픽, 시각 자료, 또는 거의 대부분의 장비들이 특히 청각적인 제시보다 시각적인 것에 더 잘 반응하는 학생들에게 특별히 효과적인 도입(openers)이 될 수 있다.

V. 결 론 및 향 후 계 획

이 연구의 연장선 상에서 향후 사회과 수업 컨설팅 지원 프로그램의 개발 역시 기존의 세 가지 접근 방식으로 진행할 예정이다.

첫째, 다양한 사회과 수업 사례를 발굴하기 위하여, 수업 공개를 원하는 교사들을 추가로 섭외하여 매년 10편 이상의 사회과 수업을 촬영·분석하여 사례를 축적하려고 한다. 이와 더불어 기존의 공교육 체제 내의 사회과 수업뿐만 아니라 인가 혹은 비인가의 대안학교의 사회과 수업 촬영도 진행할 예정이다. 또 가능하다면 외국의 사회과 수업 사례들을 수집하여 분석하려고 한다.

둘째, 사회과 수업 전문성 기준의 상세화 작업이 어느 정도 완료되어, 이를 활용한 수업 분석 사례들을 축적하고, 교대 및 사대의 수업 참관 및 실습 일정에 맞추어서 예비 교사들의 수업 전문성을 분석하고 처방하는 프로그램을 개발할 예정이다. 교대 및 사대의 각 학년별로 개발해야 할 수업 전문성의 요소들을 선정하고, 이를 확인할 수 있는 도구 및 진단지 등을 개발하여 예비 교사 교육에 투입하고 동시에 초임 교사를 위한 수업 컨설팅 프로그램도 준비하고 있다.

셋째, 현장 수업 사례 발굴과 수업 전문성 기준별 분석이 어느 정도 제 궤도에 오르면, 주제별 수업 컨설팅을 본격적으로 진행할 예정이다. 우선 기존에 개발된 샘플들을 보다 정련화하여 탑재하고, 나머지 주제에 대해서 본격적인 개발을 진행할 예정이다. 또한 주제의 수정 및 새로운 주제의 발굴도 병행할 예정이다. 이렇게 개발된 주제별 수업 컨설팅 자료와 프로그램 역시 현장 수업 사례의 관찰 노트나 수업 전문성 기준별 분석 자료와 함께 온라인뿐만 아니라 오프라인 연수에서도 활용하려고 한다.

이러한 작업은 사실 연구자 개인의 노력으로는 불가능하며, 지금까지 그러했듯이 수업 컨설팅에 관심을 가진 현장의 사회과 교사들과 교·사대 사회과교육 전공자들의 참여와 협조 없이는 진행될 수 없는 일이다. 이 연구와 관련된 분들의 참여를 유발하는 작은 계기가 되기를 바란다.

참고 문헌

강대현(2002). **사회과교육 내실화 방안 연구: 좋은 수업 사례에 대한 질적 접근**. 한국교육과정평가원 연구보고 RRC 2002-4-4.

강대현 외(2004). **사회과 교수 학습 자료 개발 및 활용 연수**. 한국교육과정 평가원 연구자료 ORM 2004-11.

강대현 외(2005). **사회과 수업 장학 요원 연수**. 한국교육과정평가원 연구자료 ORM 2005-34-1.

강대현 외(2006). **사회과 수업 컨설팅 및 내용 교수법(PCK) 연수**. 한국교육과정평가원 연구자료 ORM 2006-18-2.

김병찬(1995). 교내 장학 과정에 대한 문화기술적 연구: 연구 수업 운영 과정을 중심으로. 서울대 석사학위논문.

남정걸(2002). **장학의 이론과 실제**. 서울: 교육과학사.

류현종(2004). 사회과 수업 비평: 예술 비평적 접근. 한국교원대 박사학위논문.

박영석(2005). 수업 장학에 대한 질적 사례 연구: 사회과 교사의 수업 장학에 대한 이해를 중심으로. 서울대 박사학위논문.

박은혜 외 역(2004). **교사 발달에 적합한 장학의 이론과 실제**. 서울: 정민사. / Reiman, A. J. (1998). *Mentoring and Supervision for Teacher Development*. New York: Addison-wesley Longman.

이화진 외(2005). **2005 KICE 교수학습개발센터 콘텐츠 개발·운영**. 한국교육과정평가원 연구보고 RRI 2005-1.

이화진 외(2006). **수업 컨설팅 지원 프로그램 및 교과별 내용 교수법(PCK)**

개발 연구. 한국교육과정평가원 연구보고 RRI 2006-1.

임찬빈 외(2004). **수업 평가 기준 개발 연구(Ⅰ)**. 한국교육과정평가원 연구
보고 RRI 2004-5.

임찬빈 외(2006). **사회과 수업 전문성 기준**. 한국교육과정평가원 연구자료
ORM 2006-24-6.

주삼환(2003). **교육의 질 향상을 위한 장학의 이론과 기법**. 서울: 학지사.

KICE 교수학습개발센터 중등사회과방 현장수업사례
(http://classroom.kice.re.kr/kice/content07/index.jsp?MENU_NO2=3)

KICE 교수학습개발센터 중등사회과방 수업전문성기준별 분석
(http://classroom.kice.re.kr/kice/content07/index.jsp?MENU_NO2=3)

KICE 교수학습개발센터 중등사회과방 주제별 수업컨설팅
(http://classroom.kice.re.kr/kice/content07/index.jsp?MENU_NO2=3)

강대현(康大賢)

서울대학교 사범대학 사회교육과 졸업
서울대학교 대학원 교육학 석사
서울대학교 대학원 교육학 박사
아주중학교 교사
서울대학교 조교
한국교육과정평가원 연구원(현)
상명대학교 교육대학원 겸임교수(현)

-주요 논문 및 저서-

『사회과 의사결정모형에 대한 비판적 연구』
『한국 시민사회의 성장 과정에 대한 분석과 시민교육적 함의』
외 다수

시민교육과 사회과

• 초판 인쇄   2008년 3월 10일
• 초판 발행   2008년 3월 10일

• 지 은 이   강대현
• 펴 낸 이   채종준
• 펴 낸 곳   한국학술정보㈜
           경기도 파주시 교하읍 문발리 513-5
           파주출판문화정보산업단지
           전화   031) 908-3181(대표) · 팩스   031) 908-3189
           홈페이지 http://www.kstudy.com
           e-mail(출판사업부)   publish@kstudy.com
• 등   록   제일산-115호(2000. 6. 19)
• 가   격   33,000원

ISBN   978-89-534-8280-7 98370 (Paper Book)
          978-89-534-8281-4 98370 (e-Book)